本书为"2017年度河南省高校科技创新人才支持计划（人文社科类）"（编号：2017-cxrc-025）阶段性成果。

天地开封:
中原华夏本源文化探研

TIANDI KAIFENG
ZHONGYUAN HUAXIA BENYUAN WENHUA TANYAN

韩鹏 柳素平 著

河南大学出版社
HENAN UNIVERSITY PRESS
·郑州·

图书在版编目(CIP)数据

天地开封:中原华夏本源文化探研 / 韩鹏,柳素平著. —郑州:河南大学出版社,2018.12

ISBN 978-7-5649-3619-8

Ⅰ.①天… Ⅱ.①韩… ②柳… Ⅲ.①文化史－研究－河南 Ⅳ.①K296.1

中国版本图书馆 CIP 数据核字(2018)第 301021 号

责任编辑	柳　涛
助理编辑	朱春华
责任校对	阮林要
技术校对	李　慧
封面设计	吉宏飞
出版	河南大学出版社
	地址:郑州市郑东新区商务外环中华大厦 2401 号
	邮编:450046　　电话:0371－86059701(营销部)
	网址:www.hupress.com
排版	郑州和尔文化传播有限公司
印刷	开封日报社印务中心
版次	2019 年 1 第 1 版　　**印次**　2019 年 1 月第 1 次印刷
开本	710mm×1000mm　1/16　　**印张**　19.25
字数	346 千字　　**定价**　68.00 元

(本书如有印装质量问题,请与河南大学出版社营销部联系调换)

绪　论

　　华夏本源文化，指华夏人文始祖肇始、人文先祖继承和不断完善的太极和合文化。我国上古时期的历史文明，起源于中华先人开化肇始的伏羲时期，是中华文化的根文化，也即本源文化。一种文明，弄清它的本源文化，弄清其肇始源地和自身内涵问题意义十分重大，不仅能搞清其以后的渊源流变、传承脉络，还有助于厘清其内核思想、精华本质，找到文明流变中一以贯之的规律，为文明自身发展过程中的最民族化、本土化的内质寻找人文、历史地理依存和原因。华夏本源文化问题对于地处中原的河南尤为重要，自"打造中原华夏历史文明传承创新区"战略定位以来，河南面临三大问题：一是如何证明华夏历史文明产生于河南，二是华夏历史文明发源地具体在河南哪里，三是如何传承和创新华夏历史文明。三者之间，华夏历史文明产生是河南传承创新的前提，华夏历史文明发源地是河南传承创新的依托，华夏历史文明传承创新是探索华夏历史文明产生和发源地的目的。这是河南历史研究者们义不容辞的责任。

　　华夏本源文化，是上古先哲智人创造的太极和合文化。"太极"指紫微宫中太极星，它是天之中央的象征，也是华夏文化中日父、地母等神仙居住的"天堂"之地。太极也称太一、太乙、太初、太易、北极、太始、昆仑等，既是华夏先民用象形、唯物、辩证的方式思维自然世界的理念，又是华夏先民运用大自然象形、唯物、辩证的方式解释宇宙发源和本质的方法。

　　华夏先民首先认识了天，又认识了地。于是，把自己的居住地称作"地之中""太极山"，也称作"太一山""太乙山""太初山""太易山""北极山""太始山""昆仑山""太山""泰山"等。之后，再用这种天地自然观来解释和指导自己的生活、劳作和氏族繁衍，并把华夏氏族领袖伏羲称作"太极"，也称"太一""太乙""太初""太易""北极""太始""混沌""昆仑"等。因此，太极文化也称伏羲太极文化，或伏羲八卦文化、太极和合文化、太极河洛文化，而先天八卦、河图洛书都是太极文化的一种表述形式。

　　由于华夏先民把"太极"看作是天、地、人的集中代表和象征标志，因而形成了太极"天地人合一"和"天地人之中"的"和合"文化观，创造了符合太极

"天地人合一"文化观要求的中央氏族邦国组织机制,也是原始道法自然的"制度文明",并在社会实践中将其建设在"天地人之中"的中土、中央、中州、中原地理方位,称其为"中央之国",简称"中国"。

华夏民族的本源文化,也可以用"天象地形"来概括。"天象地形"简称"象形","象"是宇宙日月星辰运转给大自然带来影响而形成的印记;"形"则是指大自然和日月星辰变化,对地球万物形态带来影响而形成的印记。古人将这种自然印记用象形的方法加以人格化,就出现了天地之间的天帝、神仙等人文传说。它是中国神话最早形成的思想基础和客观依据,也是古人"天人合一"世界观运用于现实实践中的一种方法。

我们华夏民族共同认定三皇五帝为自己的创世先祖。先民们将三皇五帝等创世先祖的道德功绩,用大自然中的日月星辰、山川河流以及地理、方位、节气和功能等进行比拟和传承,于是有了以天上神道设教来教化地上人民的天帝、神仙等象形文化传说,成为华夏先民最早崇拜自然天地、祭祀三皇五帝人文先祖的原始方式。

神道,就是人法地、地法天、天法道、道法自然的天道,也称自然之道、自然规律,是古代以天神之道教化后人、传承文化的重要方式。这就是《易经·观卦》所认为的:"观天之神道,而四时不忒,圣人以神道设教,而天下服矣。"此后,才有了以唯物、象形文化观为根本依据的神话故事,并以口碑的方式千古流传,使三皇五帝等华夏人文先祖与天上的日月星辰同辉,与地上的山川河流共存。

这种以天道设教来教化后人的方法,既是华夏先民受生存、生产和科学能力制约的一种无奈之举,也是华夏先民思想解放、因地制宜的一种发明创造,其巨大的历史意义和作用完全可以同中国四大发明相媲美。

天象地形都是大自然育化天地、世界的结果和存在形式。人既是大自然和天地、人类世界育化的产物,也是大自然和天地、人类世界的一部分。与天象地形一样,都是自然、物质存在的一种形式。

上古时期,华夏先民受思维、生产和科学能力的局限,只能通过直观感受来不断调整和适应日月星辰、风雨雷电和山川河流、气候季节的变化,以适应在变幻莫测的自然环境中生存、繁衍和发展。从而产生了反映大自然和天地运行规律的象形文化观。这种象形文化观,无论是从思维认识,或是从实践方法来看,都是以自然、物质和客观世界为根本依据的,是华夏先民主观意识对自然、物质和客观世界反映和创造出的人文成果。用马克思主义理论的观点解释,就是唯物观。

可见，这种以客观世界为根本依据的哲学观、宇宙观，自上古时期的中国就已经存在，并指导着华夏先民的生存和延续。正如马克思主义的唯物观直接继承欧洲古典哲学那样，中国人的唯物观也承继于中国上古的天象地形、河图洛书、太极八卦文化。

从这个意义来讲，象形文化观就是以自然界天地万物为根本依据的认识论和方法论。它存在于人类思维进化的混沌到开化过程之中，历经了从被动到主动、从不自觉到自觉、从低级向高级发展的历史阶段。它是华夏民族遵循的思想基础和行为规范。在不同的历史时期虽然表述的方式各有差别，但其根本道理、规律和结果是不会改变的。正所谓物竞天择，适者生存。适，就是世界万物都要以唯自然之物的象形观为根本原则，来适应大自然规律，也称客观规律而生存发展。中国华夏先民的天象地形文化观，就是上古时期的朴素唯物观，古人称之为太极八卦文化观。

没有上古时期的朴素唯物观，即太极八卦文化观，就没有华夏历史文明的产生和传承，就没有中国优秀传统文化的产生和传承。不懂得上古时期的朴素唯物观，即太极八卦文化观，就无法了解中国上古华夏历史文明形成的根本理念和创世实践的根本原则，就无法研究、甄别和解释上古时期华夏历史文明发源的地域、范围、方位及其与天象地形之间的对应关系，继承和弘扬华夏历史文明和中国优秀传统文化就会进退失据，无据可依。

因此，天象地形文化观，即太极八卦文化观，是打开华夏历史文明和中国优秀传统文化的总开关，也是研究华夏历史文明和中国优秀传统文化无法逾越的门槛。不然，很可能还要在黑暗中摸索更长时间。

不懂得甚至排斥天象地形文化观，即太极八卦文化，如何能得到华夏历史文明和中国优秀传统文化的真谛？又如何能深刻认识、弘扬中国朴素形象文化观和西方马克思唯物辩论哲学思想的本质内涵？

这就是我们研究和论证中国上古华夏历史文明发源、发掘和弘扬中国优秀传统文化过程中，得到的最大感悟和基本结论。

本书研究和论证的过程，就是运用天象地形文化观和华夏历史文明发源研究的成果，来不断发掘和充实三皇五帝等华夏先祖，在以东江（古汴水）、西河（古河水）、南淮（古沙水）、北济（古沇水）环绕的中原古陈留一带，肇始太极八卦文化，创建天地人合一于中央、中州、中国的天象地形、古代史典、人文遗存根据的过程。位于今日开封及周边地区的古陈留一带，其历史地理和人文意义，符合天地人合一于天地人之中的太极和合文化观要求，与天象地形中的日月星辰、山川河流、地理方位、气候季节彼此对应，是上古中国文明的最早开辟之地。

从这个意义上来说,中国人文天地的古陈留之地,就是盘古,即伏羲肇始太极八卦文化,即天象地形文化,开辟华夏天地文明,在天地之中的昆仑山建立上古九州、中州的神圣之地。

本研究的论证结果将告诉人们:这一神圣之地,就是自上古以来华夏民族创造、发展和传承中国华夏历史文明和中国优秀传统文化的发源地——中原地区的开封古陈留。

目 录

第一章 中国哲学思想源于"和合"世界观与"大同"社会理想 ……… 1
 一、太极"和合"文化是华夏民族的唯物世界观 ……………………… 1
 二、太极"和合"世界观与春秋道、儒文化传承 …………………… 6
 三、太极"和合"世界观的社会意义 ………………………………… 10

第二章 从孟元老"东京梦华"寻黄帝"华胥国梦" ………………… 14
 一、关于《东京梦华录》中"梦华"的本质含义 …………………… 14
 二、河洛九州学说与兖州、华胥国方位的对应关系 ………………… 26
 三、由"东京梦华"寻"华胥国梦"的几点感悟 …………………… 37

第三章 上古昆仑山"九州"之首"冀州" …………………………… 42
 一、华夏民族有大小"九州""中国"之说 ………………………… 42
 二、上古时期开封"九州"地理方位的划分 ………………………… 51
 三、古人对"冀州"文化和地理方位特点的认识 …………………… 57
 四、对星宿、州国与"中国""冀州"关系的理解 ………………… 67
 五、几点初步结论 ……………………………………………………… 72

第四章 上古九州与开封陈留的地理对应关系 ……………………… 77
 一、伏羲八卦、九宫与中原八风、九州的对应关系 ………………… 77
 二、上古九州在开封古陈留周边的遗存 ……………………………… 80
 三、伏羲八卦、九宫对应开封八方、九州客观存在 ………………… 92

第五章 华夏和合文化始于九州"北"方之位 ……………………… 95
 一、华夏和合文化研究存在失"北"现象 …………………………… 95
 二、华夏先民和合文化中的"北"在哪里 …………………………… 97
 三、上古"北"方是华夏先民和合世界观的反映 ………………… 102

第六章 "河洛"本在"荥雒"东 …………………………………… 105
 一、上古"河洛"地区是华夏文明发源地 ………………………… 105
 二、雒水产生于郑州荥泽以东的"荥雒" ………………………… 106

三、几点结论……………………………………………………113
第七章　开封"罗王"历史与中国"春神"文化…………………116
　　一、开封古陈留是商契后裔的祖地……………………………117
　　二、开封"罗王"来历与商汤"网开一面"…………………120
　　三、"罗"姓发源于上古时期的伏羲、句芒文化………………121
　　四、开封古陈留"罗王"是祭祀春神句芒之地………………124
　　五、伏羲在陈留、罗王肇始河图、罗网………………………125

第八章　清明·盘古·河图…………………………………………129
　　一、"清明"文化的发源与传承…………………………………129
　　二、开封盘古、西王母、黄帝人文历史传承…………………131
　　三、伏羲"河图"出自开封古陈留皇伯山之地………………135

第九章　轩辕何时归大梁…………………………………………139
　　一、开封北部"悬河之水"横穿昆仑…………………………139
　　二、黄帝出生在开封古浚仪"青丘"…………………………141
　　三、郑国东北部陈留才是黄帝帝都"轩辕丘"………………142
　　四、轩辕楼在济（黑、姬）水、江（赤、姜）水之滨………143
　　五、开封轩辕楼是昆仑山"天地之中"………………………143
　　六、开封昆仑山"悬水"本为"天汉之水"…………………145

第十章　帝喾四子出自开封狼汤渠之滨…………………………150
　　一、"浪荡渠"流域本是帝喾、帝尧"中国"之地……………150
　　二、帝喾娶四妃生四子于开封陈留古莘国……………………155
　　三、狼汤渠之滨的开封是帝喾后裔世代传承之地……………163

第十一章　后稷、生肖文化在开封的产生和传承………………167
　　一、后稷是上古时期开封黄帝、帝喾的子孙…………………167
　　二、生肖纪年是后稷时期农耕文化的体现……………………174
　　三、后稷子孙不窋自中原夏都流亡戎狄之地…………………179
　　四、几点结论……………………………………………………183

第十二章　庆阳义渠戎翟文化与中原华夏文明传承……………186
　　一、甘肃庆阳是上古中原八卦文化中"西戎"之地…………186
　　二、中原黄帝、帝喾、后稷为"义渠"先祖…………………187
　　三、周人、禹氏、月氏与中原华夏文化渊源…………………190
　　四、对甘肃庆阳"义渠""翟氏"文化地位的认识……………196

第十三章　开封陈留是帝喾、商汤最早的"亳都"……199
一、古陈留帝喾继承黄帝、颛顼帝位建古莘国"亳都"……200
二、"鸣条之战"使商汤回归先帝"亳都"成为现实……207

第十四章　开漳圣王与伏羲陈氏河洛文明传承……220
一、伏羲女娲成婚、建都于昆仑山"陈都"……221
二、炎、黄二帝继位于开封昆仑山"陈都"……224
三、"陈"氏为颛顼帝、帝喾氏族的族名……228
四、尧帝"陈""留"后裔在开封延绵不断……229
五、舜帝、商均出生及下葬在开封浚水、鸣条……231
六、夏商"陈氏"守望着开封"陈国"祖地……233
七、陈实、陈元光是弘扬中原华夏文明的践行者……236

第十五章　开封、苏州两地太极、昆吾、寒山文化一脉相传……241
一、关于开封、苏州太极、昆仑、地中文化的一致性……242
二、开封三皇五帝"中央邦国"与苏州历史文化传承……249
三、开封、苏州两地寒山寺、虎丘寺的文化关系……258

第十六章　金国女真族的发源与"逐鹿中原"……279
一、开封古陈留是金人先祖之地……280
二、金人萨满教传承着中原华夏太极八卦文明……284
三、金人建国与回归华夏开封文化的历史传承……289

第一章 中国哲学思想源于"和合"世界观与"大同"社会理想

2014年2月24日,在中共中央政治局第十三次集体学习会上,习近平总书记指出:"培育和弘扬社会主义核心价值观必须立足中华优秀传统文化。牢固的核心价值观,都有其固有的根本。"他强调:要"深入挖掘和阐发中华优秀传统文化讲仁爱、重民本、守诚信、崇正义、尚和合、求大同的时代价值,使中华优秀传统文化成为涵养社会主义核心价值观的重要源泉"。文中所讲"仁爱""民本""诚信""正义""和合""大同"等中华优秀传统文化,具有上古时期以来华夏民族朴素唯物观、价值观的本质特征,反映了华夏民族自古以来对自然、人类社会发展规律的根本认识观,是指导华夏民族适应自然环境、建设新型社会、推动华夏民族进步发展的世界观和方法论,也是中华优秀传统文化"固有的根本"。

为深入推动中国传统哲学理论和政治思想研究,从上古时期的华夏历史文明中发掘、继承和弘扬有益于现代国家治理、变革与转型的传统唯物辩证哲学理论,推动国家现代化建设效法天地和社会发展的自然规律之道,笔者下面就结合习近平总书记阐述的"和合""大同"传统文化和上古时期华夏先民创造的太极文化,谈一些粗浅的认识。

一、太极"和合"文化是华夏民族的唯物世界观

1. 对太极"和合"文化本质属性的认识

"和合",也称"太极和合",是对太极文化中阴阳平衡、天人合一、自然和谐等状态的一种概括,是华夏先民对天下大治、和平安定、大同世界怀有的理想愿景,也是古人对国泰民安、太平盛世社会景象的不同表述。

为此,战国时期秦相吕不韦《吕氏春秋·大乐》认为:"天下太平,万物安宁。"[1]所以,"太极和合"也称"太平和合",是阴阳调适、四时顺序、万物阜安、苍生和平、天下大治的象征。

"太极和合"观,是对上古时期华夏先民认识大自然万事万物的生存方式,所作的唯物、系统和理论总结。它源于三皇之一——伏羲肇始的先天八卦,即河图洛书文化,是华夏民族文明的原始起点,进而成为华夏先民认识、改造自然和人类社会的哲学观和方法论,并以此为指导,在"太极和合"之位的中原,建设起了三皇五帝昆仑山"中央之国",简称"中国"。

　　可见,"太极和合"观本是华夏先民历经千万年实践而形成的对世界唯物、象形和辩证关系的认识,是自上古时期以来中国华夏优秀传统文化的基本内涵之一,对指导中国传统文化的发掘、传承和发展具有广泛而久远的重大影响。

2. 太极"和合"文化是对大自然规律的一种概括

　　"太极"文化,也称"河洛"文化、"道"文化、"中庸"文化或"易"文化,探讨的是天、地、人之间,即客观自然世界的相互关系和运行规律。

　　因此,春秋时期哲学家和思想家、道家学派创始人老子《道德经》认为:"人法地,地法天,天法道,道法自然。"[2]本义是说,太极之"道"是阐述大自然运行规律的道德理论,天、地、人都是大自然孕育的产物,必须遵循和效法于大自然运行的顺序和规律。否则,就有失于太极之"道",自然也就没有了"道德"依据。所以,"道德"的最高境界是遵循、效法大自然运行的顺序和规律。天、地、人包括自然界和人类社会,无一例外。古人打着"替天行道"旗号治理天下的本质,无非在于表明:运用天地间运行的自然规律,来顺应客观世界发展变化和人民群众的正义呼声、正当要求,治理天下应符合天道运行规律和道德顺序规范。

　　天道,即太极之"道"运行的规律,不但通过主观认识可以把握和遵循,也在太极"和合"文化中居于"核心",即"中心""中央"之方位。所以,太极"和合"文化,也可称作太极"中和"文化,具有哲学、伦理、方位等多重含义。

　　对此,汉代礼学家戴圣《礼记·中庸》认为:"天命之谓性,率性之谓道,修道之谓教。道也者,不可须臾离也;可离,非道也。是故君子戒慎乎其所不睹,恐惧乎其所不闻。莫见乎隐,莫显乎微。故君子慎其独也。喜、怒、哀、乐之未发,谓之中。发而皆中节,谓之和。"[3]

　　文中"天命""性"均指大自然及其规律赋予天、地、人等万物的自然属性,而自然属性反映的本质就是自然规律之"道"。因此,"道"不可背离客观自然规律,背离了就是"无道""非道"。有学问、有修养的"君子",观察和处世"慎独"而为,言行不显现"喜、怒、哀、乐",才可称"中和"之道。因得而喜乐、因失而怒哀，便失去了心平气和、淡定从容的"中和"之"道"。所以，"和合""太和""中和"同义，都是指自然、人类社会的节制包容、共生共存和和平相处。这是客观世界一切事物生存发展的前提和基础。

3. 太极"和合"育化自然和人类社会发展

古人认为，天、地、人之间的太极"中和"，即"和合"，是大自然、客观世界、万事万物生存的本源和繁荣发展的中正大道。因此，阴阳"和合"回归太极，天地"和合"世界太平，日月"和合"时光轮回，男女"和合"子孙繁茂，社会"和合"国泰民安。

对此，南宋哲学家叶适评论《中庸》认为："古之人，使中和为我用，则天地自位，万物自育。"[4]就是说，君子要用"中和"，即"和合"的态度改变现实，回归天地间的自然法则，世界万物就会自然而然地顺时、孕育和生成。

太极"和合"，是由事物不同要素构成或创造出的一种"太平""和谐"状态，就像鱼、肉掺和水、火、盐、梅等，经过厨师的烹调与创造，而成为一种新品质的食物一样，其存在的状态得到了改进。对此，春秋时期史学家左丘明《左传·昭公二十年》记载著名思想家晏婴（子）说：和"如羹焉。水火，醯醢，盐梅以烹鱼肉，火单之以薪，宰夫和之，齐之以味，济其不及，以泄其过"[5]。

晏婴还认为："若以水济水，谁能食之？若琴瑟之专一，谁能听之？同之不可也如是。"大意是：如果以水加水，仍然是水，创造不出佳肴美食，谁愿去吃呢？同样道理，琴瑟如果只弹奏一个音符，没有其他音符相配，创造不出悦耳动听的乐章，谁又愿意去听呢？说明不同事物之间的"和合"是创造新生事物必不可缺的条件和环境。

可见，太极"和合"不是事物相同要素简单地相加与聚合，更不是事物单个要素自我存在的状态，而是事物不同要素之间经过"和合"育化之后，创造出的一种高于、优于原来事物的新生状态，承载着生存一体、同异包容、和平发展、繁荣创新等本质内涵。

4. 太极"和合"是自然、人类社会发展观的体现

从一般事物进化、发展层面理解，太极"和合"是自然、人类社会、万事万物演化、发展、创新的方式和过程。华夏先民运用太极"和合"文化，历经事物分合、合分的孕育、演变和传承，创造出了"中央"文化、"东夷"文化、"蛮越"文化、"西戎"文化和"北狄"文化形式，把上古时期三皇五帝创造的昆仑山"中央之国"，逐步建设成为古代的大中原和如今的大中国，实现了华夏民族和文化的大融合、大发展、大繁荣。

这种太极"和合"发展的规律和模式,在现代社会经济领域的发展中得到了新传承和应用。当今社会倡导和流行的"互联网+",就是通过"互联网"与不同类别的新技术、新工艺、新载体、新产品、新途径等"和合"相加的模式,实现移动互联网、云计算、大数据、物联网等与现代制造业、市场相结合,促进电子商务、工业互联网、互联网金融和文化快速、健康发展,引导互联网企业发展到一个新的、更高的阶段,带动了民生、医疗、教育、科技、产业等重新组合、演化为一个新的形态。

　　这种太极"和合"发展的规律和模式,也必将在社会政治、文化、哲学、道德等意识形态领域的发展中,得到传承和应用。可以毫不夸张地说,现代政治经济发展史,实际上就是各种意识形态与经济发展形态相互竞争、破产、重构、更新的"和合"历史。

　　因此,从自然、人类社会演化、发展的哲学角度而言,太极"和合"是世界万事万物同一性的表现形式,是"你中有我、我中有你"的太极混沌状态,是育化自然、人类社会新阶段、新层次的必由之路和必然方式,是推进"大同"世界观升华的新动力。

　　太极"和合"世界观是实现"大同"世界的思想基础和理论指南。古人把"大同"世界分为两个阶段:小康社会与大同社会,并对"大同"社会的标准做了详细描述。据汉代理学家戴圣《礼记·礼运篇》记载:"选贤与能,讲信修睦。故人不独亲其亲,不独子其子。使老有所终,壮有所用,幼有所长,矜寡孤独废疾者,皆有所养。男有分,女有归。货,恶其弃于地也,不必藏于己;力,恶其不出于身也,不必为己。是故谋闭而不兴,盗窃而不作。故外户而不闭,是谓大同。"

　　"大同"的含义大致是:人人都遵循道德规范,以天下为家,推举贤能者管理社会,讲究信义,善修和睦,各尽所能,各有所得,敬老爱幼,颐养送终,夜不闭户,路不拾遗。这种社会,便是古人理想中的"大同"世界。简单地说,就是人类社会发展到了一个层次更高、国泰民安的太平盛世。

5. 太极"和合"的发展观中没有终极社会形态

　　太极"和合"世界观告诉我们,只要自然、人类社会存在,人类社会发展进步的过程和新目标就永无止境。

　　那种试图一劳永逸地建成人类最美好社会形态的思想观念,不仅背离了华夏民族太极"和合"之"道"的自然规律,也与马克思主义哲学世界观毫无共同之处,还是导致社会极"左"、极"右"思想和行为反复出现的根源。

第一章　中国哲学思想源于"和合"世界观与"大同"社会理想

太极"和合"世界观的本质,决定了人类社会的发展,始终在遵循着事物内部不同要素共处一体、此消彼长的状态下,由低级向高级、循环往复以至无穷的发展规律。由事物内部不同要素之间组成的命运共同体,只有通过"和合共处"的方式才能实现"和平发展",创造出新事物。而新事物发展的方向,则由事物内部不同要素之间共同作用的结果来决定。古往今来,无不如此。

就人类社会发展规律而言,没有停滞、静态、绝对的"最终社会"和"最终目标"。"最终社会"和"最终目标"的提法,不符合华夏民族太极"和合"世界观,也不符合马克思主义哲学思想,不过是空想社会主义在新形势下复活和运用而已。而物理学中存在的"同性相斥、异性相吸"法则,正是自然、人类社会发展中"分久必合、合久必分""否定之否定"法则的不同表现形式。只是相比于事物分合、合分之前的状态,这种"否定之否定"的新形式,已经提升到了一个新阶段和新高度罢了。

因此,当人们回顾社会历史发展和历史人物作用时,往往会留下许多遗憾。这种"遗憾"的出现带有必然性,正是人们站在事物发展的新阶段和新高度,对历史、人物所进行的反思。

可见,任何社会形态内部都会在一定发展阶段出现"同化"与"异化"相互转化、不断提升的现象,"异化"是"同化"的新起点,"同化"是"异化"的新归宿。这是由太极"和合"之"道"、马克思"否定之否定"规律所决定的。承认它如此,不承认它也是如此,不以人的主观意志为转移。

太极"和合"的世界观在古代华夏先民的哲学思想中同样具有历史传承性。据中国最早的国别史著作《国语·郑语》记载:"夫和实生物,同则不继。以他平他谓之和,故能丰长而物生之。若以同稗同,尽乃弃矣。故先王以土与金、木、水、火杂以成百物。"[6]大意是说:"和合"才是创造事物的原则,而"同一"是不能连续、永远生存的。把事物许多不同要素结合一起,使它们创造出新的平衡、新的事物,称作"和合"。所以,它能够使事物不断成长、丰茂、兴盛起来。如果以事物相同的要素结合一起,便会出现同性相斥、自我消耗而难以"和合"为继了。所以,三皇五帝时期用太极五行之"土"和"金、木、水、火"不同物质加以"和合"的方式,来解释客观世界、万事万物生成、发展的基本规律,就是这个道理。

因此,古人得出结论:"和实生物,同则不继。"所以,古人倡导"求同存异"的社会环境和社交氛围,也是对太极"和合"世界观的认同和尊重。但这种"同",不是绝对的"同",而是"大同小异"的"同"。太极"和合"世界观,是古人建设昆仑山"中国"和"大同"社会的思想基础和哲学依据。

可见，上古时期华夏民族的太极"和合"世界观本身就包含着事物共同体内部的对立与统一。"和合"是指事物矛盾多样性组成的命运共同体。反过来讲，事物命运共同体的内部必然包含着多样性的矛盾。所以，"和合"是新事物孕育、产生和发展的源泉，是自然、人类社会、万事万物存在的基本形式和载体。

上古时期，三皇五帝不仅创造了太极"和合"世界观，还用太极"和合"世界观教化华夏先民，指导氏族邦国的建设和发展。《国语·郑语》认为：帝喾、帝尧时期的商人始祖阏伯，即"契能和合五教，以保于百姓者也"。意思是说，商契能把父义、母慈、兄友、弟恭、子孝等不同的人伦"五教"加以"和合"，实施于社会教化之中，使百姓精神有寄托，生活有着落，过上"安身立命"的安宁日子。

进一步表明，太极"和合"倡导和坚持事物内部是多样性相统一的世界观、道德观。这不仅突出了事物命运共同体内部不同要素组成的融合作用，强调了矛盾在事物命运共同体内部和谐与协调的重要性，而且也把"和合"作为事物命运共同体内部不同要素之间的融合，作为理想的组织结构和存在形式。

周至秦汉时期，这种理念受到当时多派哲学家、思想家、经学家的普遍推崇和重视。据汉代儒学家韩婴《韩诗外传·卷三》记载："天施地化，阴阳和合。"[7]汉代史学家司马迁《史记·循吏列传》也记载："施教导民，上下和合。"[8]而"太极"之"道"的形成，便是"阴阳和合""上（天）下（地）和合"的必然结果，也是古人用以"天施地化"，教化华夏民族进入文明社会的理论基础。

由此来看，太极"和合"的世界观自古就成了中国传统文化的精髓，它广泛而深入地融合于中国文化之中，指导和育化着华夏民族的精神生活和物质生活，深刻影响着思想观念和社会实践，是华夏民族生存、繁衍和发展的哲学观和方法论。

二、太极"和合"世界观与春秋道、儒文化传承

三皇时期，伏羲创造的太极"和合"世界观，经过五帝和夏商时期之后，在周代得到了新的发展和传承。

1. 老子、孔子传承太极"和合"世界观

春秋时期老子创作的《道德经·三十二章》认为："天地相合以降甘露，民莫之令而自均。"文中"天地相合"，也指"阴阳和合"的载体"太极""道一"。大意是讲，天地阴阳二气相互"和合"于"太极"之时，天下太平的瑞征"甘露"

不求而降，自然而均匀地落到人世间。

孔子创立的儒学文化也是对殷商"和合"世界观及礼乐文化的一种传承，并创造了具有"和合"世界观内涵的"中庸"文化观。儒学"中庸"之"中"在天地、阴阳"和合"的"太极""中央"之位，故"太极"之位就是"中央"，即"中"；"中庸"之"庸"，具有平常、平庸之意，也是天地、阴阳"和合"的一种平和、太平状态，即"太极"状态。所以，"中庸"文化观体现的本质也是太极"和合"世界观。

儒学"中庸"文化既是对太极"和合"世界观的传承，同时也代表太极哲学思想和方法论，强调以太极"正道"的"中正"方位，与外在"节气"的准确契合，以达到"和合"之"庸"，即天下太平的结果。"中庸"的基本原则是"太极""和合""中正""大道"；其外在表现是适度，无过不及，恰到好处；追求的目标是"中常之道"，内外协调，保持平衡，不走极端。

"中常之道"，也就是"中庸之道"。其主题思想是教育人们自觉地进行自我修养、自我监督、自我教育、自我完善，把自己培养成为具有理性人格，达到至仁、至善、至诚、至明、合外内之"道一"的君子，共创"致中和天地位"的"太平和合"境界。

所以，"中庸之道"便是"太平和合"之"道"。纵观华夏民族数千年文明历史，人类社会的万事万物一直遵循太极"负阴抱阳，冲气为和"的规律来生存、繁衍和发展。所谓"中庸之道"，就是坚守太极"中正"、太平"和合"哲学观的"大道""正道"。

对于"正道"，古人认为就是"中正"，即"得当""得中""得正"之位。周代《周易·离》记载："柔丽乎中正。"[9]著名古文字学家高亨注释："像人有柔和之德，附丽于正道。"[10]它处于不偏、不倚、不易的太极之位，以实现"天地人合一""天地人之中"的"大同"世界愿景为追求目标。

由此观之，"大同"世界也是天下太平、国泰民安的太极"和合"世界，或称社会安定、政治清明、经济繁荣、太平盛世的"和谐"社会，或许要比追求人类"最美好"的社会形态之说，更具有自然、唯物和辩证哲理，更符合华夏民族的世界观和方法论。

2. 太极"和合"世界观古今传承不绝

可以说，华夏历史文明的本质便是太极"和合"世界观。三皇五帝创建的昆仑山"中央之国"（简称中国），就是在太极"和合"世界观指导下，华夏先民不断实践、开创的人文成果。自然、人类社会和万事万物唯有通过不断求同存异的"和合"磨炼、推陈创新，才会具有强大的生命力。这也是中国文化如此源远流长、开拓创新、充满生气和活力的深层次原因。

太极"和合"的世界观和方法论造就了华夏民族的"和合",即"中合"文化特色,建国称"中央之国",建都称"昆仑山地中",居住在"中央、中土",称帝为"中央帝",道教讲"天地之中",儒教讲"中正、中庸",等等,虽逾数千年风云变幻,而更加穆然深厚、灿烂辉煌。

即使到了现代中国的"文革"时期,以太极"和合"世界观为突出代表的"中庸"文化,虽曾一度受到空前的大批判,却仍然在批判者思想深处留下了无法泯灭的印记。生活在这一时期的批判者,仍然把毛泽东的思想、路线视作"中庸""中正"之位正确的标志,来对党内外"左""右"倾思想、路线进行甄别和批判。

比如,"文革"时期坚持把毛泽东思想和毛主席革命路线,当作介于极"左"和极"右"机会主义路线之"中"的正确思想和路线,来加以维护、捍卫和宣传。如1969年4月1日,林彪在党的第九次全国代表大会上的报告中说:"中国共产党的历史,就是毛主席的马克思列宁主义路线,同党内'右'的和'左'的机会主义路线斗争的历史。"[11]这一时期,认定毛泽东思想是在反对各种错误思想,尤其是反对"左""右"倾机会主义斗争中产生的。这表明,介于"左""右"倾机会主义中间的"中庸"思想和路线,才是正确的思想和路线。

再如,1992年邓小平同志在南行讲话中,曾有一句名言:"中国要警惕'右',但主要是防止'左'。"[12]在这里,我们不对当时政治体制改革,或是经济体制改革中"左"或"右"的问题妄加评论,但就防止"左""右"而守"中"的文化观念而言,仍然是对太极"和合"世界观以及孔子"中庸"思想的潜移默化和继承。

这表明,拒"左右"而"守中"的世界观和方法论早已成为中国人世代相承的文脉,虽历经浩劫却无法割裂。对此,春秋时期著名哲学家老子《道德经》指出:"天地之间,其犹橐龠乎!虚而不屈,动而愈出。多言数穷,不如守中。""守中",就是坚持太极"和合"世界观和大道"中正""中庸"文化观。尽管现代的人们对于太极"和合"世界观和"中庸"文化观已知之甚少,但在思想深处却早已被这些观念潜移默化,深深融入潜意识之中。

据战国初期孔子之孙孔伋《中庸》记载:"不偏之谓中,不易之谓庸;中者,天下之正道,庸者,天下之定理。"又记载:"中也者,天下之大本也。和也者,天下之达道也。致中和,天地位焉,万物育焉。"[13]东汉经学大师郑玄所注《礼记·中庸》认为:"中庸者,以其记中和之为用也;庸,用也。"[14]这说明"中庸"文化既是对太极"中和""和合"世界观的理论阐述,也是人类社会在现实中对太极

"中和""和合"世界观的实践运用。

从某种意义上说,中国文化是太极"和合"的产物,唯其如此,中国文化才能源远流长,充满活力。

3. 太极"和合"世界观是"中庸之道"的理论基础

太极"和合"也称"阴阳和合""天地和合"或"天地人和合"。"和合"的方位在天地、阴阳交合的太极之地。

"太极"在天,为天之中,是指紫微垣中的"太极星",也称"太一星""北极星""天帝星""天皇星"等等。

"太极"在地,为地之中,是指昆仑山中的"太极山",也称"太一山""太(泰)山""太岳台""伏羲山"等等。

"太极"在人,为人之中,是指居住昆仑山的"伏羲",也称"宓羲""庖牺""伏戏""皇羲""太昊""天皇"等等。

古人把伏羲当作开天辟地的盘古,当作肇始八卦文明,即河图洛书的始祖,也是首创太极文化,掌握天、地、人运行规律的"天一""地一""帝一"和"道一"。本意是指天、地、人文化由"无极(〇)"到"太极(一)"开始的原点,"太极(一)"再发展成为"阴阳""天地""日月"两仪,进而衍生出"日月星""天地人"三才,为居天之中、地之中、人之中方位,也指居住、建都在"天地人合一"之位的天皇伏羲、地皇女娲、人皇炎帝。

天之中、地之中、人之中三者"合一",称"天地人之中",代表着天皇伏羲在"天象、地形、人事"方面具有"中"的神圣正位,即"太极"之位。"天地人合一"是指华夏民族天(皇)、地(皇)、人(皇)原始文明的起点于"一",即"太极""伏羲"。在太极八卦和节气文化中,"一"代表"混沌""元旦""冬至""太阴""北极"方位,是一年之始、阴降阳升、彼此交替、孕育万物生成的节气。这也是大自然、天地、日月、阴阳运行规律,在地球上的客观反映,而地球上万事、万物的生成,均要受到这种运行规律的制约。

由此,华夏民族通过观测天地、日月、节气运行规律,形成了与人类生存密切相关的太极阴阳"和合"世界观,以此指导华夏先民的生活、劳作和繁衍。这就是伏羲肇始太极八卦的文化意义和作用。

由于人类是天地自然界的产物,其生存环境、道德观念等必然受到天地自然规律的极大影响和制约。因此,人类也从不同方面印证着天地自然规律的存在,形成了在"天地人之中"方位体现和传承"天地人合一"道德观的人文理念。这种理念的形成,是人类自觉或不自觉适应和遵循大自然以及天地运行规律的结果。

无论人类社会如何发展,或发展到何等程度,生活在大自然天地之间的人类社会、组织和个人都无法摆脱它、违背它,而只有顺应它、效法它。这是中华民族世界观形成的基础,也是中华民族道德观形成的依据。上古时期和古代阴阳家、道学家、易学家、儒学家、理学家、哲学家、社会学家、政治家等等,无不以这种世界观和道德观来认识客观世界,把握客观规律,指导或管理社会组织的运行和发展。而大自然、天地之间、太极内部阴阳两仪的此消彼长、不断变化,正是社会效法大自然、天地、太极之"道"运行规律,形成"和合"世界观、建立"大同"社会的客观依据。

这些规律虽无法由人类极"左"极"右"的主观愿望所改变,却可以运用太极"和合"世界观和"中庸"文化观来把握它、适应它。

三、太极"和合"世界观的社会意义

人类社会是具有思想的个体组成的社会群体。思想是行动的先导,而思想的形成则是受大自然规律、社会实践、伦理道德、人文理念感知、育化的结果。太极"和合"世界观产生和传承的历史,也是华夏民族不断受这些思想感知、育化的过程。

这一历史过程,给我们以下启迪。

1. 太极"和合"社会是各种矛盾组成的命运共同体

无论在自然或人类社会形态中,任何大一统的组织内部都包含着矛盾,存在自我异化的现象。这是由客观世界以及事物内部不断变化、发展的动态过程所决定的,同样这也是推动自然、人类社会崭新形态孕育、产生和发展的动力。人们应该站在太极"和合"世界观和唯物辩证哲学观的高度,客观看待这种矛盾和异化现象产生和存在的必然性,善于把握矛盾和异化现象的特点和规律,因势利导,加以应对,使之有利于事物向积极、进步、提升的方向转变。

2. 太极"和合"世界观具有顺势而为的运行规律

对于自然、人类社会形态内部发生的矛盾和异化现象,要用太极"和合"、唯物辩证的世界观正确加以认识,根据事物发展的客观规律和发展方向顺势而为,推动事物矛盾和异化向积极的方面转化和发展。事物发展内部的矛盾,一般不宜采取主观压制和外力强制的手段解决,也不宜人为地改变矛盾和异化的正常进程。不然,事物发展过程可能会出现反复或出现更大的反弹,更不利于事物向积极、进步、提升的方向转变。

3. 太极"和合"世界观具有海纳百川的包容雅量

任何人类社会形态内部，都存在一个太极阴阳"和合""同"转"异"的孕育、生成过程，这是社会发展、进步、提升的内在动力和必经之路。

只要人类社会存在，就不会有一成不变的终极社会形态，或一成不变的终极意识形态。相反，必定会有发展、进步、提升的崭新社会形态和意识形态产生，会有顺应和符合人类社会发展规律的新思想、新方法、新道德、新制度推陈出新。采取极"左"冒进的行为，强制社会形态和意识形态转化的做法，欲速则不达，甚至可能出现大倒退的局面；而采取极"右"消极的行为，否定社会形态和意识形态转化的做法，被动无为，甚至可能丧失有利的发展时机，陷入更加被动的境地。所以，极"左"或极"右"两种方式，均非太极"和合"之"大道"。

而真正的"大道"，便是太极"和合"和世界"大同"之"道"。汉代戴圣《礼记·礼运·大同篇》开篇立论说："大道之行也，天下为公。"这就深刻揭示了中华文化的本质属性、道德操守和崇高精神所在，无愧于人类社会文化主脉、正源、根本的历史担当。

4. 太极"和合"是"小康""大同"社会的理论基础

马克思主义政治经济学告诉我们，生产力决定生产关系，经济基础决定上层建筑。也就是说，生产关系、上层建筑的发展水平，是由生产力、经济基础的发展水平所决定的。但是，生产力、经济基础的发展，却是一个动态过程。因此，生产关系、上层建筑的发展，也是一个随之发展的动态过程。两者始终处于"适应—不适应—再适应"的调整过程中。没有终止，没有最好，适应或比较适应就好。"适应"也就是华夏先民所追求的太极"和合"，即"适中""中庸""和谐"理念。

有什么水平的生产力、经济基础，就有什么水平的生产关系、上层建筑，也就有什么水平的社会形态。因此，古人理想中的"小康""大同"社会，也是与生产力、经济基础水平相适应的"小康""大同"社会。并不因为当时生产力、经济基础水平低下，就无法实现"小康""大同"社会的美好理想。

可见，"小康""大同"社会形态也是动态的、发展的，不是最终的、僵化的社会形态。因此，古人也不用生产力、经济基础发展水平，甚至经济收入的多少，作为规划和认定"小康""大同"社会形态的标准。所以，戴圣《礼记·礼运》记载孔子的"大同"社会中，没有"小康""大同"社会的具体经济标准；记载的"小康"社会中，同样没有"小康""大同"社会的具体经济标准。

据戴圣《礼记·礼运》记载："今大道既隐，天下为家。各亲其亲，各子其子，货力为己。大人世及以为礼,城郭沟池以为固。礼义以为纪,以正君臣,以笃父子,以睦兄弟,以和夫妇,以设制度,以立田里,以贤勇知,以功为己……是谓小康。"

大意是说,如今大道已经消逝了,天下成了一家一姓的财产。人们各把自己的亲人当作亲人,把自己的儿女当作儿女;财物和劳力,都为私人拥有。诸侯天子们的权力变成了世袭的,并成为名正言顺的礼制,修建城郭沟池作为坚固的防守。制定礼仪作为纲纪,用来确定君臣关系,使父子关系淳厚,使兄弟关系和睦,使夫妻关系和谐,使各种制度得以确立,划分田地和住宅,尊重有勇有智的人;为自己建功立业……这种社会就叫作小康。

这表明古人认为,无论什么样的生产力、经济基础水平,只要社会形态符合太极"和合"理念,社会和谐、人民安宁、丰衣足食、各得其所、国泰民安都可以称作"小康"社会或"大同"社会。

由于生产力、经济基础发展是动态的,"小康""大同"社会发展也是动态的。仅仅用生产力、经济基础发展水平来规划和认定"小康""大同"社会的标准和做法,不完全符合太极"和合""大同"世界观的理念,也不符合客观规律发展的实际。用这种静止、停滞和绝对的标准来规划、认定的"小康""大同"社会,必定是一个静止、停滞和绝对的社会形态。而这种社会形态在现实中是不存在的,也是违背太极"和合"和世界"大同"之"道",即科学发展观和客观规律的,是僵化的、终极的社会形态。

发掘和研究太极"和合"和世界"大同"之"道",对于帮助我们深刻认识、理解华夏历史文明和太极"和合"世界观的丰富内涵,促进中国哲学理论的提升和崭新的社会形态建设,都具有十分重要的启迪意义和参照作用。

社会主义核心价值观要立足于中华优秀传统文化之上,就不能背离太极"和合"和世界"大同"之客观规律,因为这是华夏民族"固有"的、"根本"的、科学的世界观和方法论。

文献来源:

[1](战国)吕不韦著,(东汉)高诱注:《吕氏春秋》,上海:上海古籍出版社,1989年版。

[2](东周)老聃撰,(西汉)河上公注,马连点校:《道德真经注》,北京:学苑出版社,2014年版。

[3](汉)戴圣著,陈澔译:《礼记》,上海:上海古籍出版社,1987年版。

[4]张义德:《叶适评传》,南京:南京大学出版社,1994年版。

[5](春秋)左丘明:《左传》,西安:三秦出版社,2010年版。

[6](春秋)左丘明著,张永祥译注:《国语》,上海:三联书店,2014年版。

[7]《韩诗外传集释》,北京:中华书局,2012年版。

[8](汉)司马迁撰,(宋)裴骃集解,(唐)司马贞索隐,(唐)张守节正义,顾颉刚领衔点校,赵生群主持修订:《点校本二十四史修订本〈史记〉》,北京:中华书局,2014年版。

[9]凌永放:《周易》,北京:中国画报出版社,2013年版。

[10]高亨:《高亨学术集林》,北京:清华大学出版社,2004年版。

[11]《人民日报》社论:《纪念中国共产党五十周年》,北京:人民日报出版社,1971年版。

[12]中共中央文献编辑委员会编辑:《邓小平文选·第三卷》,北京:人民出版社,1993年版。

[13](春秋)孔伋:《中庸》,长春:北方妇女儿童出版社,2011年版。

[14](汉)郑玄注,(唐)孔颖达正义,吕友仁整理:《礼记正义》,上海:上海古籍出版社,2008年版。

第二章　从孟元老"东京梦华"寻黄帝"华胥国梦"

提起宋人孟元老的《东京梦华录》，很多人并不生疏。此书在记忆北宋东京开封城市的历史文化方面，被一些学者上升到了与张择端《清明上河图》相提并论的程度，誉其为"文字版的《清明上河图》"。客观地讲，《东京梦华录》（如下图）确实从北宋开封城市生活的各个侧面，记述了当时东京"八荒争凑，万国咸通""雕车竞驻于天街，宝马争驰于御路""人物繁阜，人烟浩闹"的繁盛景象，描述了东京"节物风流，人情和美"的社会文化和生活氛围，表达了作者对故都开封无限怀念和深沉怅恨的复杂情感，以及对北宋皇都歌舞升平社会景象的美好追记。

所以，一些现代开封人多以"东京梦华"，来形容北宋时期开封历史辉煌的程度和繁荣盛世的景象。但是，这种形容和解读，只是对古代"东京梦华"基本状况的一种文化传承，却没有对古代"东京梦华"的本质含义和文化发源进行深入发掘。因而，无法从华夏文明的深层次来认识开封历史文化的厚重、悠久和丰富，来解释华夏文明发源于上古开封的人文、历史和地理原因。

为此，本文以探讨《东京梦华录》中"梦华"的本

梦元老 《东京梦华录》（书影）

义入手，谈一谈开封华夏文明的发源和传承问题，也把自己对"梦华"的理解表达出来，和大家切磋、交流。

一、关于《东京梦华录》中"梦华"的本质含义

1. 南宋孟元老《东京梦华录》名称的来由

《东京梦华录》的作者为南宋孟元老，原名"孟钺"，号"幽兰居士"。有学者认为，孟元老是北宋末年保和殿大学士孟昌龄的第四子，曾在东京开封居住二

十余年。孟元老也自述,幼年随父亲宦游南北,宋徽宗崇宁二年(1103年)来到京师开封,居住在城西的金梁桥西夹道之南长大成人,曾任开封府仪曹(掌吉凶礼制的礼部郎官)。

北宋末年,金军大举南下,开封先后两次被围。宋钦宗靖康元年(1126年),徽宗、钦宗被金军虏往北方,北宋灭亡,史称"靖康之难"。次年,孟元老离开东京开封,随宋高宗赵构南下后避地江左。因长江在安徽境内向东北方向斜流,古人便以此段江流为标准确定左东右西,江左大致范围在今苏南、皖南、赣东北等地。宋高宗绍兴十七年(1147年)之后,孟元老带着对故都开封的思念终老残生。

跟随宋高宗南下的中原人士,不少人也躲避在江左之地,待生活安定下来后,思念故国故乡之情无不时刻萦绕在心头。据南宋钱塘人、周邦彦之子周辉《清波别志》记载:宋高宗"绍兴初,故老闲坐必谈京师(开封)风物"[1]。孟元老就是其中一个典型代表。他在江南逃亡的数十年间,寂寞失落,时常想起当年东京开封繁华的景象,心中无限感慨,惆怅不已,便与年轻人谈及当时东京开封的繁华景象,但年轻人却"往往妄生不然"。为了不使谈论东京风俗者失于事实,也让后人开卷能一睹东京开封当时的繁华盛况,孟元老便在怅然中提笔,追忆东京当年繁华。最终于南宋绍兴十七年将这本《东京梦华录》编次成集。

孟元老在《东京梦华录·序》中写道:"谨省记编次成集,庶几开卷得睹当时之盛。古人有梦游华胥之国,其乐无涯者,仆今追念,回首怅然,岂非华胥之梦觉哉?目之曰《梦华录》。"[2]

文中的大意是:我慎重地把记忆中北宋东京开封城市盛况写下来,编汇成集,以便后人看到此书能够了解当年东京开封繁荣的历史情况。古人有梦游华胥之国,其乐无涯的典故,我如今追思往事,失意伤怀,这难道不是华胥之梦醒来之古人的感觉吗?因此,我把所撰写的书名称作《东京梦华录》。

由此可见,孟元老撰写《东京梦华录》的动机,是为了让后人了解当年东京开封繁荣的历史盛况,但撰写《东京梦华录》的文化理念却来源于古人"华胥之梦"的故事。可见,没有古人"华胥之梦"文化理念传承的前因,就没有《东京梦华录》之书和"梦华"书名出现的后果。两者具有前后、效法和继承的因果关系。所以,古人"华胥之梦"产生的历史、地理、文化内涵,应该是我们深入了解《东京梦华录》中"梦华"含义的重点所在。

2. "华胥之梦"来源于上古时期的黄帝文化

"华胥之梦"是指居住昆仑山的中央黄帝,梦游上古时期的华胥国,而后效法古人阴阳和合治国理念,实现天下大治的历史传说(如下图)。"华胥之梦"文化与伏羲肇始太极八卦,即河图洛书一样,首先出自中原地区的河济流域,是对黄帝称帝中土、治理中央邦国、建立太平盛世等历史功德的一种世代传承。

黄帝梦游华胥国图

据开封古陈留一带民间传说,黄帝即位三十多年后,因日夜思虑实现天下大治的理念和方法,三个月无暇管理日常事务,苦苦思考着建设氏族邦国的大政方略。忽一日白天,梦游到华胥氏之国。见其国上无国君、下无贵贱愚贤之分;人民无所嗜好,既不恋生也不畏死;既无亲疏背向之隔也无爱憎利害之心,是一个没有人间利害得失的极乐世界,深感奇妙。黄帝醒来,如获养身治国之道。于是,便以华胥氏之国为例,经过二十八年的不懈努力,一统华夏,大治邦国,万民安居乐业,达到了同华胥氏之国一样天下太平的景象。

传说,黄帝是活了百余岁的"老寿星"。他在河南封丘西南部的荆山丰隆宫(今称荆隆宫或称金龙宫)去世仙后,人们将这种天下大治的局面延续了两百年。当地百姓怀念他的功德,把他居住的开封"蓬泽"称作"太寿陂",把他称帝、下葬的"轩辕丘""荆山"称作"寿丘"。"寿丘"也是黄帝在封丘"鼎湖"(今黄池)铸造天、地、人"三鼎"之地。"鼎湖"也称"鼎胡"。"胡"由"古""月"组成,是古代母系先祖月氏的居住地,也是黄帝史官、元妃嫘祖父亲封钜和尧舜"八伯"之一后夔(封父、封伯、归伯)的分支,故以"胡"为氏。周代初期,"胡"人受封南迁于河南淮阳,建陈国称胡公,或称"陈胡公"。

据清代《康熙字典》解释"胡":"又丘名。《尔雅·释丘》方丘,胡丘。《疏》丘形四方者名胡丘。"四方形的方丘、胡丘在伏羲太极八卦的北方地坤、母系氏族居住的太阴之位,与南方天乾、父系氏族居住太阳之位的圆丘相对应。又解释:"《前汉·艺文志》胡非子三篇。《注》墨翟弟子。《又》封胡五篇。《注》黄帝臣。"[3]说明"胡"氏居住在"胡丘""方丘",即黄帝史官封钜、尧舜乐正后夔居住的"封父国",即"封丘"之地。所以,封钜氏也称方雷氏、方氏、封氏等;而"方丘"又称方山、房山、封丘等,而胡丘、方丘、封丘还称"寿丘"。

据清代知名学者段玉裁《说文解字注》解释"胡":"《士冠礼》:永受胡福。郑曰:胡犹遐也。《毛传》:胡、寿也。谥法。弥年寿考曰胡。民耆艾曰胡。皆谓寿命遐远。"[4]说明胡丘、方丘,即寿丘、封丘,具有黄帝居此有福禄、长寿之意。而汉晋著名医家皇甫谧《帝王世纪》、唐代著名史学家司马贞《史记索隐》均认为:"黄帝生于寿丘。"[5]据唐朝著名姓氏学家林宝《元和姓纂》[6]所载,相传黄帝生于寿丘,长于姬水,居轩辕之丘,建都于有熊(能),又称有熊(能)氏,其后有以地为氏者,称熊(能)姓。"寿丘"之"丘",为土阜高台状的土山。我国最早解释词义专著《尔雅·释丘》认为:"丘,一成为敦丘,再成为陶丘,再成锐上为融丘,三成为昆仑丘。"[7]东晋著名学者郭璞注释:"昆仑山三重,故以名云。"

黄帝居住建都的"昆仑丘(山)",也称"三能(熊)山""三台山""三公山""三层台""三成台""三重台"等等,与胡丘、方丘、寿丘、封丘同地,也是后裔舜帝出生、制陶、称帝、下葬之地。所以,汉代史学家司马迁《史记》记载:"舜陶于河滨,器不苦窳。舜作什器于寿丘。"[8]而"寿丘"因是黄帝轩辕氏的居住建都之地,也称"轩辕丘",是黄帝与炎帝长子防雷氏封钜之女嫘祖成婚、育子、建都之地。故唐代医学家王勰《广黄帝本记》、北宋张君房《云笈七笺》、南宋无名氏《轩辕黄帝传》等古典均记载:"帝娶西陵氏于大梁,曰嫘祖,为元妃。生二子玄嚣、昌意。初喜天下之戴己也。"[9]

农历九月初九,黄帝在开封北部黄池铸鼎、升仙后,开封古陈留的百姓以此为黄帝忌日,称"重阳节""登高节",每年都举行祭祀黄帝的活动,并以象征吉祥、长寿的黄色菊花供奉他(如下图)。这种习俗一直保持到北宋时期。据孟元老《东京梦华录·卷之八》记载:"九月重阳,都下赏菊,有数种:其黄白色蕊若莲房,曰'万龄菊'……都人多处郊外登高,如仓王庙、四里桥、愁台、梁王城、砚台、毛驼冈、独乐岗等处宴聚……诸寺各有斋会,唯开宝寺、仁王寺有狮子会。诸僧皆坐狮子上,作法事讲说,游人最盛。"轩辕氏世代守护在开封北部的昆仑高台轩辕楼之地,虽历经几千年而姓氏不变,祭祀之日不移,祭祀之习不改。

所以,古人祭祀黄帝的神庙,是以节气农历重阳节、长寿之物黄色菊花、地理大梁轩辕丘、河流沮水(古济水、睢水)、嫘祖有蟜氏"桥山"(古陈桥)、黄帝在开封府封丘"胙土封氏"的"封"地为中央黄帝文化地理坐标的。可惜,这些历史、地理和文化内涵大多已失传。即便是改革开放之后,开封每年举办的菊花花会,也只有菊花搭经贸之台的名称,却少了祭祀黄帝唱文化之戏的内涵,还失去了重阳节气、登昆仑高台、祭祀先祖黄帝的核心文化元素。

黄帝菊图

3. "华胥之梦"自古就有文化传承

自上古时期华夏先民进入原始文明社会以来,就开始用各种理念和方式构建自己未来世界的发展愿景。

在传说的华胥国中,没有统治和被统治之分,人民恪守按需所取的原则,没有超出必需的欲望,也淡然面对生与死。对人对物,和合相待,毫不偏废。既不宠爱什么,也不畏惧什么,一切都顺其自然。对这个理想的华胥国,古人在不同时期都有史典传承。如在春秋老子《道德经》中,称其是"鸡犬之声相闻,老死不相往来"的"小国寡民"[10];在战国圃田(今郑州东)人列御寇《列子》中,称其是《黄帝篇》里描写的"华胥国"[11];在汉代戴德《礼记》中,称其是"天下为公"的"大同世界"[12];在东晋陶渊明笔下,称其是"不知有汉,无论魏晋"的"桃花源"。可见,黄帝的"华胥之梦",就是古人梦寐以求的"公天下""大同梦""中国梦"。

第二章 从孟元老"东京梦华"寻黄帝"华胥国梦"

黄帝从这个"华胥之梦"中，受到了很大启发。传说，他一觉醒来，心情愉快，招来手下的大臣，说："我花了三个月的时间专心养神养身，希望能学到保养身体、应付外物之道，却没有得到，今天竟然梦到了这样的事情。现在我才知道，道不是说想求就能求到的，也终于知道什么是道了！"后人因此而说，黄帝得道了，称其为"玄圃真人"。古人认为，"真人"属于神仙，是道家的得道者，能寿敝天地，无有终时，古称黄帝轩辕丘为"寿丘"。

其实，黄帝所得之"道"，就是后来道家所倡导的自然之道、阴阳之道、和合之道。后世将黄帝、老子学说加以整合、继承，并称为"黄老之道"，本是以黄帝、老子学说为依托，发扬黄帝、老子思想的一个学派。

"黄老之道"是上古时期华夏先民创造的道法客观、自然的阴阳哲学观念和高尚政治理想，是以善道教化天下的华夏文明历史上最早的人文宗教。而"华胥之梦"便是表达以阴阳之道治理天下理念和目标的一种展示形式。

4. 关于"华胥国"的地理方位

上古时期到底有没有华胥国，古来说法不一。但我们认为，"华胥国"应该是一个真实存在，也能够在中原地理方位中找到其真实存在的历史依据。

据战国道家学派先驱者列御寇《列子·黄帝篇》记载："（黄帝）昼寝，而梦游于华胥之国。华胥氏之国，在弇州之西，台州之北，不之斯（离）齐国几千万里。"这说明"华胥氏之国"与九州之一的"弇州"相近。先秦古籍《山海经·大荒西经》也记载："有弇州之山，五彩之鸟仰天，名曰鸣鸟，爰有百乐歌舞之风。"[13]居住"弇州"的"五彩之鸟"，也称"鸣鸟""凤鸟""凤凰""骏鸃（浚仪）""俊鸟"等，是黄帝后裔帝喾、帝舜氏族的图腾，故帝喾、帝舜均可称"帝俊"。又因二帝出生在开封北部的"浚（夋）水"，故"帝俊"也称"帝浚（夋）"。

据汉代淮南王刘安《淮南子·地形训》记载："天地之间，九州八极……正西弇州。"又记载："正西弇州曰并土，正中冀州曰中土，西北台州曰肥土，正北济州曰成土。"[14]说明"弇州"在天地、阴阳和九州八极（卦）之中的"正西"方位。若以中央黄帝居住的开封昆仑山、寿丘为天地的中央，那么，九州的中央为中州，即冀州（后称豫州），西部为弇州，西北为台州，北部为泲州，东北为薄（亳）州（如下图）。而"薄（亳）州"，也是有莘氏帝喾和商代成汤灭夏建都之地。

汉代刘安《淮南子·地形训》记载："何谓九州？东南神州曰农土，正南次州曰沃土，西南戎州曰滔土，正西兖州曰并土，正中冀州曰中土，西北台州曰肥土，正北泲州曰成土，东北薄州曰隐土，正东扬州曰申土。""兖州"与"弇州"同义，且为济水，即兖水发源之地济源、荥泽方位；"西北台州"为周人始祖有台氏姜原的居住地,在新乡、延津、原阳"不周山"方位;"沛州"为北济水,即古"沛水""濮水"流经的封丘、滑县方位;"东北薄州"也称"亳州",为帝喾、商汤开封建"亳"都的古陈留"鸣条""苍梧之野"方位。

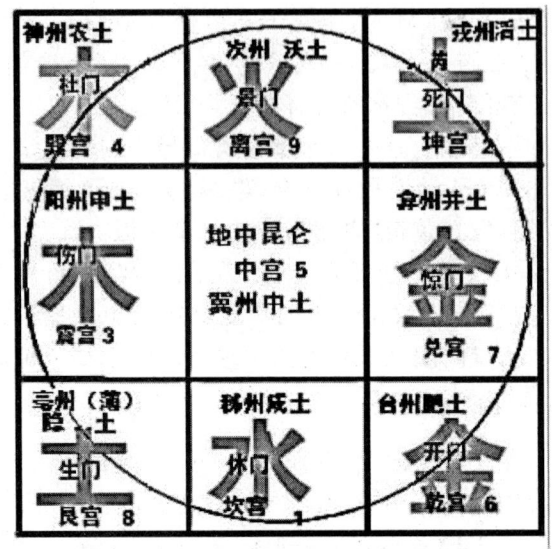

九宫九州九土昆仑位置图

此时,"冀州"位居正中。古典中记载较多,如汉代高诱《淮南子·览冥训》注释:"冀,九州中,谓今四海之内。"是九州的中心,即中央黄帝居住的开封昆仑山、寿丘。而弇州,即兖州、奄山、奄国、崦嵫山,正是太阳坠落所入的开封西部或西北方位。

但是,随着九州不断发展和扩大,这种地域名称也在不断发生变化。大致到了夏商中期,随着王都向北部安阳内黄"西河"一带迁徙,九州方位就有了新的定位。如中国最早史书《尚书·禹贡》认为:"冀州","济、河唯兖州","海、岱唯青州","海、岱及淮唯徐州","淮、海唯扬州","荆及衡阳唯荆州","荆、河为豫州","华阳、黑水唯梁州","黑水、西河唯雍州"[15]。《尔雅·释地》认为:"两河间曰冀州,河南曰豫州,河西曰雝州,汉南曰荆州,江南曰扬州,济河间曰兖州,济东曰徐州,燕曰幽州,齐曰营州:九州。"此时,河济之南的开封古陈留之地成为豫州的北部地区,虽与冀州交界且为中州之地,却也是古冀州之地,容易使人感到迷惑。

开封西部上古时期的"弇州"消失后,在开封东北部又出现了一个汉代陈留郡归属的"兖州"。上古行政区划往往以山川、河流等自然地理环境为根据,也受此因素的制约。因此,从九州的划分,也大致可以看出上古时期开封周边各州河流、山川分布的方位情况。夏、商、周三代均有关于"九州"或"十二州"的记载,虽地理方位所指有所不同,但三代皆有"兖州"作为地理概念用语。后来,"兖州"之地多指今河南东北部、河北东南部、山东西部一带(如下图)。春秋以后,诸侯国逐渐确立了自己的行政区划,由于各州地理概念的代名词仍然存在,但已不太适应行政区划用语的需要。因此,常易陷入混淆状态。

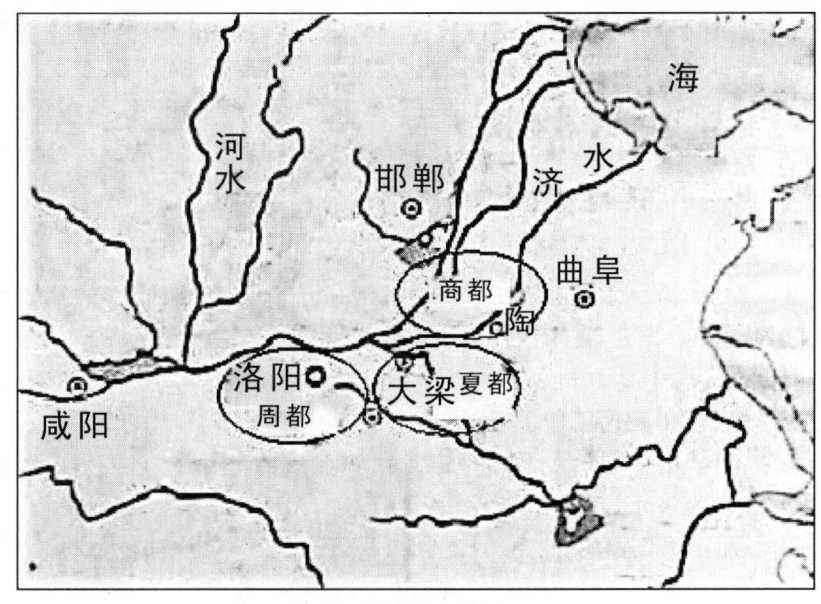

夏商周建都位置参考图

5. "华胥国""弇州"是上古母系氏族居住地

清代著名学者张玉书《康熙字典》解释"弇":"又地名。《淮南子·地形训》正西弇州曰并土。又山名。《山海经》大荒西有弇州之山。《穆天子传》天子宾于西王母,乃纪其迹于弇山,名曰西王母之山。《注》弇口之入。又弇兹,神名。《山海经》西海渚中有神,名曰弇兹。"西周初期"西王母"居住的"弇山""弇兹山",也称"南燕""燕然山""奄然山",本在上古时期开封中央黄帝昆仑山,即寿丘的"正西弇州"方位,也是上古"西海",即郑州东部的"圃田泽"之地。

据东汉许慎《说文解字》解释"奄":"释言曰:荒,奄也。弇,同也。弇、盖也。古奄弇同用。"说明"奄"与"西王母"居住"大荒""西海"之中的"弇山""弇兹山",同地也是同一方位;也说明上古时期"九州"之一的"弇山",与西周穆王相会"西王母"的"弇山"同在中原之地,而不是在中原西部之外青藏高原上的昆仑山。清代著名学者张玉书《康熙字典》解释:"奄〈形〉气息微弱的样子。奄，息也。——《方言》十奄息葱极。——《汉书·司马相如传》。注：'奄然休息也'。神奄留。——《汉书·礼乐志》。'按，安也'。"

可见，"奄"与"安"互通。因此，上古"正西弇州"的郑州东部"西海""圃田泽""弇山"之地，古有"安城"，与上古"弇州"、西王母"弇山"、西海神"弇兹"同地。据唐初魏王李泰《括地志·卷三》记载："故安城在郑州原武县东南二十里。"[16]战国时期属魏国，明代置安城县，后废县为安城驿。我们怀疑原武县东南的"安城"，就是大禹治水的"安邑"之地，而不是在山西夏县"安邑"。当然，有待进一步论证。郑州东部的"圃田泽"正是《列子》的作者、战国道家学派先驱者列御寇的家乡，《列子》中记载的黄帝梦游于华胥之国的故事，最早出自这里，正好印证了此地为上古弇州之说。

6. "弇州"是沇（弇）水、济水的发源地

古河"沇水"为济水的别称，源出中国河南济源，流经荥阳、开封和山东巨野后，再入渤海。据古籍《尚书·禹贡》记载："导沇水，东流为济，入于河。"沇水东流至河一段，正是弇州之地，古沇水也称潢水、浣水等，故上古时期此地也有"兖州"，即"浣州""沇州"之说。

北魏地理学家郦道元《水经注》记载："济水，出河东垣县东王屋山为沇水。东至温县西北为济水，南当巩县北，南入于河。王屋山今在济源县西八十里，沇水所出。北山经曰：王屋之山，水出焉。郭云：沇声相近，即沇水也。尚书某氏传曰：泉源为沇。流去为济。按泉出沮洳曰沇，引申为沇州。口部曰，九州之渥地也，故以沇名焉。"[17]这说明"沇水""济水"本在上古"弇州"方位的"九州之渥地"，即"山闲泥地"。据东汉许慎《说文解字·卷二》"口部"解释："口部下曰：山闲泥地，从口，从水败皃（儿）。盖字在古文则为沇水、沇州。在小篆则训山闲洺泥地……皆同形而古今异义也。古文作兖。小篆作沇。变作兖。此同义而古今异形也。"可见，"沇水""济水"也称"兖水"，而"沇州"则对应"弇州"。汉代司马迁《史记·夏本纪》也把"兖州"作"沇州"，也就是上古时期的"弇州"。

"济水"流入荥阳东南荥泽后，又经卷县（今河南原阳县旧原武西北）故城东、衡雍（今河南原阳县西，践土东北）城西一带后，成为雍（灉、灘）水、阴沟、十字沟等水的上源，此地本为上古九州之一的"雍（廱、壅）州"之地。雍州具有典型的"山闲泥地"的地理环境，是黄河、济水及其泥沙淤塞之地，也是"雍（廱、壅）"地之名产生的自然原因。"雍"字通"壅"字，具有堵塞之意。唐初经学家颜师古注释《汉书·中山靖王胜传》"今臣雍阏不得闻"时认为："雍读曰

壅。雍，塞也。"[18]开封中央黄帝昆仑山西北方位的"雍州"地名，由河水壅塞之意而来，并传承到了现陕西、甘肃一带雍城、雍州。但当地却不见上古"雍州"的自然环境和地理方位，有"雍"之名无"雍"之实。

上古时期的"雍州"有西王母居住的玄圃之"墉城"，位于开封中央黄帝昆仑山西北方位的"不周山""雍州"之地，现为新乡、辉县、原阳一带。"不周山"因在太极八卦、八风之一的"不周风"方位而得名。据《水经注·清水》记载："共（工）伯既归帝政，逍遥于共山之上。山在国北，所谓共北山也。"共工氏居住的"共山"，今为河南辉县市北的九峰山。

古人认为，昆仑山西北方向的"天、乾"之位是个缺口。《列子·汤问》记载："共工氏与颛（顓）顼争为帝，怒而触不周之山，折天柱，绝地维，故天倾西北，日月星辰就焉；地不满东南，故百川水潦归焉"。"不周山"所在的西北方位，正是八卦、地支的"天、乾、子"位所在，其水称"天水"，其门称"孟门"（今河南辉县西)，是水神共工氏怒触不周山和女娲居住、补天之地。西汉刘安在《淮南子·地形训》中认为，大地八极（卦)、八方有八座大山支撑着天体，其中支撑西北方向的山叫不周山。八极、八方之风统称"八风"，西北方向吹来的风称"不周风"。汉代著名易学著作《易纬·通卦验》记载："立冬，不周风至。""立冬"正是西北、天乾方位。所以，汉代司马迁《史记·律书》记载："不周之风居西北，主杀生。"

女娲、西王母等母系氏族不仅在此地补天，也在此地居住。据春秋史学家左丘明《左传·昭公二十一年》记载："鄘音容，本或作墉。"[19]"墉城"也称"鄘城"，又是西周卫国的"龟山""春山""玄圃"之地。北宋著名道士张君房《云笈七笺》引唐代著名道学家杜光庭《墉城集仙录·卷一·金母元君》记载：墉城，是西王母"所居宫阙，在龟山之春山。昆仑玄圃，阆风之苑"[20]。宋代开封籍人、经史学者王应麟在《诗地理考·卷一》也引唐代史学家杜佑《通典》："卫州新乡县西南三十二里有鄘城，即鄘国。《九域志》：熙宁六年（1073年)省新乡为镇入汲城，在汲县东北。补传曰，鄘本庸姓之国，汉有庸光及胶东庸生是其后也。"[21]这说明上古弇州、弇兹山、雍州、阴沟、鄘城（国)、不周山之地，正是华夏母系氏族华胥氏、女娲、西王母最早的居住之地。

居住上古弇州、弇兹山之地的弇兹氏，是已知中国历史上最早的一位女首领。她发明了用树皮搓绳技术，绳索有三种：单股的绳称作"玄"，两股合成的称作"兹"，三股合成的称作"索"（又作素)，被后人以地名相称。如"玄水"，指济水；"兹山"，指崦嵫山；"索水"，指由郑州索河和须水河汇流而成的索须河，曾流入济水。

后来，燧人氏首领与弇兹氏首领结合，建立起互为婚姻的血缘联盟，始称燧人弇兹合雄氏。燧人弇兹氏自立姓氏为"风"，这是中国人最早之姓，并在开封昆仑山立挺木牙交，为地之中；上指天穹中宫天极星，为天之中（如下图）。天极星在天的北面即北极，故又称北极星、太极星。史料记载，燧人弇兹氏伏羲肇始的"太极八卦"，即"河图洛书"就在开封昆仑山天之中。宋代学者罗泌《路史·后纪一》记载："天皇伏羲都陈留。"[22]伏羲为黄柏氏，北宋地理学家欧阳忞《舆地广记》记载："皇柏山在开封陈留县。"[23]"皇柏山"也称"伏羲山""皇人山"，均指天皇伏羲的居住地。宋代罗泌《路史·前纪六》记载：皇人山"（传说唐代著名地理学家贾耽所著）《方志华夷图》谓之伏羲山"。

所以，北极星也称太极星，是伏羲和太极的象征，首创者是燧人弇兹氏，故又称紫宫、紫微垣。"紫"是"兹""玄"的代称，紫宫即"兹宫""玄宫"，宫中女主女娲为天后星、阴德星，是为弇兹圣母九天玄女，而弇州、弇兹山、崦嵫山、燕子山、燕然山、弇然山、奄然山等均指开封昆仑山西部、西北部方位，是九州之一的弇州、雍州地区。

三垣四象二十八宿图

7. 上古九州之"豫州"为最早"华夏"之地

据《国语·郑语》记载：西周太史伯认为，"若克（虢、郐）二邑，鄢、蔽、补、丹、依、𫠓、历、华，君之土也"。又记载："史伯对桓公，虢、郐十邑，华其一也。"[24]"虢"指西周"东虢"，在今荥阳西汜水镇；"郐"指西周"郐国"，在今新密市曲梁乡大樊庄古城角寨村；"华"指西周"华国"或"华阳城"，在今新郑古郭店镇华阳寨村，也是传说中的古"华胥国"所在地。据唐初魏王李泰主编大型地理著作《括地志》记载："故华阳城在郑州管城县南四十里。"中国著名考古学家唐兰《西周青铜器铭文分代史微》认为："华，地名……在河南省（汉属）密县华阳，西为嵩山，是夏族旧居，所以华即夏，中华民族起于此。"[25]

自古以来，华夏民族就有"华君夷民"之说，当今中国周边一些小国就是这样受"华君"之封产生的，是华夏先祖为华夏民族的发展和繁衍，采取开疆拓土、拱卫中央、图谋发展的宽松政策创造的成果。由此，将华夏民族中央地区日益增多，华夏氏族分封到东夷、南蛮、西戎、北狄各地处做酋长、国君，也是大中原、大中国不断形成和壮大的重要原因。而西周时期的华国，便是华夏氏族最早的华君封地。

可见，华夏氏族最早的居住地本在上古以"豫州"为中央的周边地区，包括上古时期的郑州、密县、荥阳等"弇州"地区。对此，西周政治家姬旦《周礼·职方氏》记载，在天下九州的山镇中，主要有东南扬州的山镇会稽山，正南荆州的山镇衡山，河南豫州的山镇华山，正东青州的山镇沂山，河东兖州的山镇岱山，正西雍州的山镇岳山，东北幽州的山镇医巫闾，河内冀州的山镇霍山，正北并州的山镇恒山。他指出："周官曰：河南豫州，其山镇曰华山，其泽薮曰圃田，其川荥洛，其浸波溠，其利林漆丝枲。"[26]文中"华（阳）山""圃田泽""荥洛（荥水、雒水，即鸿沟）""林漆丝枲（即竹木、油漆、蚕丝、苎麻）"等，主要在郑州东部"豫州"之地。此时的"豫州"，已经自上古九州的"豫州"向西部扩展，到达了郑州、密县、荥阳、新郑甚至登封之地。所以，我国最早训解词义专著《尔雅·释山》记载："河南华，河西岳，河东岱，河北恒，江南衡。"而古代华国就位于昆仑山南麓，山南水北谓之阳，故曰"华阳"。这一方位，也符合前南华阳，后北黄河，左东洛水（鸿沟），右西济水的原则。

后来，"华"文化向西传承到陕西华山等地，向东传承到开封、兰考东南，民权北部及山东曹县交界的"蒙地"。道家学说主要创始人庄子曾受号"南华仙（真）人"，所作道家经文《庄子》又名《南华经》。宋代江苏巡抚宋章定《名贤氏族言行类稿》记载："宋戴公子考父说食采于华，因氏焉。"[27]兰考古考城也称"济阳""考父""戴国"。中国历史地理学家谭其骧《中国历史地图集》标注："（济阳）在今兰考县东偏北约20公里。"[28]"济阳"之"考城"在今兰考堌阳一带，故《辞海》记载："济阳古县名，治所在今河南兰考县东北。"[29]春秋"考城"在"葵丘"一带，故民国年间《考城县志》记载："考城，古之葵丘也。"葵丘在考城"旧城东南一里百十步郭内"[30]，现考城县旧城址在民权县林七乡西南三华里处，本是上古"华"人、庄子"南华"文化的传承地。

古人把"华"视为眼睛，是人的"神户"，故兰考古有"户牖"之称。传说帝舜二目重瞳,也称作"重华"。据东汉易学著作《尚书纬·帝命验》记载:"姚氏纵华感枢。"[31]东汉经学大师郑玄注释:"舜母感枢星之精而生舜重华。""重华"也是帝舜木德和木星的象形。汉代司马迁《史记·天官书》记载:"岁星一曰摄提,曰重华,曰应星,曰纪星。""岁星"是太阳系九大行星中的木星,在五行木、东方、青龙方位,古称"东明",今为开封兰考之地。

木星之余气形成"气星"后,追随木星在东方青龙方位,又名"景星",也称"紫气星",故有"紫气东来"之美誉,是祥瑞吉庆之星。

古人也把"神户""重华"称作神州、昆仑山(华山)、寿丘等,昆仑山(华山)、寿丘西南为新郑北部的"华阳"、开封南部的"太寿(蓬)陂"。古人还认为,左眉主财富,右眉、长眉主寿贵,并把主寿之眉称作眼睛的"华盖"。在地形中,又把神州、昆仑山、太华山、寿丘之北称作华台、滑台、滑州,今为河南滑县故城。据古典《尚书·舜典》记载:"蛮夷滑夏。"[32]汉代孔安国《传》解释:"夏,华夏。"东汉文字学家许慎《说文解字》解释:"夏,中国之人也。"说明"滑夏"与"华夏""中国"同义。春秋史学家左丘明《左传·僖公二十一年》也记载:"蛮夷猾夏,周祸也。"[33]"猾夏",即"滑夏""华夏"。"化"居"十"之上,为简化字"华"。"十"字是河济之水交汇的"洛水"形成的标志,也是"五"的倍数,在太极五行的"中央、土、黄"之位,是圣人教化华夏子民的"天下之中",也是黄帝居住的"中央邦国",故黄帝也称"中央帝"。

新郑具茨山石刻雷神大迹图

以上文化、历史和地理传承均表明,神仙之国古"华胥国"在郑州荥阳至开封兰考范围之内,而黄帝、老子、庄子、列御寇、张良、张道陵等古代道家先祖也大多居住、修道、"成仙"于这一昆仑山地区。新郑具茨山上的石刻雷神大迹,便是这一文化在中原的印证(如上图)。

二、河洛九州学说与弇州、华胥国方位的对应关系

1. 华胥国的华胥是伏羲、女娲之母

华胥,也称华胥氏、赫胥氏,风姓,是中国上古时期华胥国的女酋长。关于酋长之"酋",清代《康熙字典》引《扬子·太经》记载:"酋,西方也,夏也,物皆成

象而就也。"居住西方之华胥,也是伏羲、女娲共同的母系和炎黄二帝母祖,被中华民族尊奉为"人祖""始祖母"。

因此,华胥与子女伏羲、女娲同居于上古九州之地。据晋代著名方士王嘉《拾遗记》记载:"庖牺(伏羲)所都之国,有华胥之洲。神母游其上,有青虹绕神母,久而方灭,既觉有娠,历十二年生庖牺。"[34]

在中国神话中,一位名叫"华胥"的少女去野外游玩,在华胥之渚——雷泽岸边,看见了一个大迹,即大脚印,便好奇地踩了上去。于是便心动而孕,十二年后生下了伏羲。这种"履迹感生"的神话故事反映了上古时期母系氏族的婚姻情况。后来,"履迹"便成了上古华夏先民为氏族生殖而举行的祭祀仪式,代表神灵的巫师在桑社举行桑舞中领舞于前,适龄女子尾随其后,踏在神职人员的脚印上,亦步亦趋。仪式结束后,相爱的人在桑野幽静之处野合,从而受孕生子。商代元圣伊尹、春秋圣人孔子均由此而生。

华胥也踩着雷神脚印感应受孕,生下伏羲和女娲兄妹二人。据宋代史学家郑樵《通志·三皇纪》引《春秋世谱》:"华胥生男子为伏羲,女子为女娲,故世言女娲伏羲之妹。"[35]出自战国魏国大梁的《竹书纪年·前编》也记载:"太昊庖牺氏,太昊之母居于华胥之渚,履巨人迹,意有所动,虹且绕之,因而始娠。"[36]华胥在"华胥之渚"生下"太昊",即伏羲,名为风宠,庖戏,又称作宓戏、伏牺、疱牺、苍精、方牙、苍牙、苍梧,也称"太皓""太皡(昊)""太(泰)一"等。其母名"华胥",又名九河神女;父名"雷公",为巨人氏或燧人氏、雷泽氏之酋长。

大约在八千年前,华胥氏为了部族生存,带领上古先民们在黄河中下游结合部的河济流域繁衍生息,创造了许多渔猎、农耕等生存技能,为伏羲肇始八卦文明、河图洛书文化奠定了基础。"华夏"和"中华"之"华"字皆源于华胥氏之"华",是华夏先民和中华民族原始文明形成的先声。

战国时期魏国大梁《竹书纪年》还记载:"太昊伏羲氏,以木德王,为风姓。""木德"为太极八卦,即昆仑山地之中的东方、青龙、春季方位化育万物的春德。据东晋王嘉《拾遗记》记载:"春皇者,庖牺之别号。"商务印书馆《中国人名大辞典》记载:"庖牺(伏羲),始画八卦,造画契,都陈。"[37]"春皇"之"春"和"都陈"之"陈"都具有太极八卦、昆仑山地之中的东方、青龙、春季方位之义。

传说华胥氏族在一次大水泛滥中,遭受了灭顶之灾。只有伏羲、女娲兄妹侥幸存活下来。他们坐在葫芦里,被漂到了昆仑山,即华山,登上土阜高台才幸免于难。当时,昆仑山地区就剩下他们两个人,繁衍难以为继。为了人类延续,伏羲、女娲便采取滚盘石磨等方式占卜是否成婚。顺应天意,在昆仑山成婚育子,衍生了炎帝和黄帝子孙后裔,华胥氏由此成为中华民族的始祖母。后人为了纪念伏羲、女娲结合、繁衍人类的恩德,就在昆仑山滚盘石磨之地建起盘石庙祭祀先祖,至今在开封古陈留仍留下了盘石村、黄柏氏、陈陵、陈都、河图村、青龙湖等地名。从华胥到华夏,从华夏到中华,这些一脉相承的中华民族文化彰显出中华民族的同根、同源和血脉相连的同胞亲情。

2. 华胥之渚在开封东部青龙湖

古人对华胥履巨人大迹的"华胥之渚"也有解释。"渚"为水中的小洲,也就是上古时期的九州之一。东汉许慎《说文解字》引《尔雅》记载:"小洲曰渚。"又称洲渚、渚田、鼋头渚等。"华胥之渚"之地有"华胥之渊",因华胥氏居住而得名。"华胥之渊"也有多种表述,也称"平湖""龙湖""雷泽""雷夏泽"等。

"雷",始出于一年立春后的春季,俗话说"二月二,龙抬头"。"龙抬头"后不久的阴三月,就会出现"打雷"的自然天象。"雷"发出的声音为"隆",或"丰隆";"雷"显现的光形为"闪电""腾龙"。故汉代刘安《淮南子·天文训》记载:"季春三月,丰隆乃出,以将其雨。"[38]东汉训诂大家高诱注释:"丰隆,雷也。""华胥之渊""雷泽"本是太极八卦,即昆仑山东方、青龙方位的湖泽,也称"青龙泽(湖)"。

据先秦古籍《山海经·海内东经》记载:"雷泽中有雷神,龙身而人头。""雷神"就是华胥之夫,伏羲、女娲之父(如右图)。西汉淮南王刘安《淮南子·地形训》记载:"雷泽有神,龙身人头,鼓其腹而熙。"东汉高诱注释:"雷泽,大泽也。鼓,击也;熙,戏也。""雷泽"是伏羲的孕育之地。据魏晋时期著名医家皇甫谧《帝王世纪》记载:伏羲"母曰华胥,履大人迹于雷泽,而生庖牺于成纪"。说明"成纪"与"雷泽"相近或同地。北宋李昉《太平御览》也记载:"燧人之世,大迹出雷泽,华胥履之,生宓牺。"[39]所以,古人把伏羲视为燧人氏雷神之子,是有历史依据的。

雷泽,又称"雷夏泽"。据春秋史

华胥生伏羲女娲凤鸟图

官左丘明《左传·昭公十七年》记载：伏羲"大皞氏以龙纪，故为龙师而龙名"。而"雷泽"就是"龙纪"的"成纪"之地。所以，龙师伏羲出生的雷泽也称作"龙湖"。清代学者吴乘权《纲鉴易知录》也记载：太昊伏羲氏立"春官为青龙氏，夏官为赤龙氏，秋官为白龙氏，冬官为黑龙氏，中官为黄龙氏"[40]。所以，青龙氏伏羲出生于东方、青龙方位的"雷泽"，也称"青龙湖"。"青龙湖"至今尚存，就在河南封丘曹岗乡，与东部黄陵岗平街村，即上古"鸣条苍梧山"、古"平丘"同地，而"苍梧"也是伏羲的代称，正是舜帝去世后下葬之地（如下图）。故《长垣县志》记载："鸣条亭，舜崩处，陈留郡平丘县有鸣条亭。"[41]

河南封丘曹岗乡青龙湖图

河南封丘曹岗乡"青龙湖"和黄陵岗平街村"鸣条苍梧山""平丘"之地也是尧帝居住、下葬的"平湖""平（成）阳""灵台""尧冢"之地。对此，南朝宋时期历史学家范晔《后汉书·郡国三》在"济阴郡"条下载："古陶，尧所居……成阳有尧冢、灵台，有雷泽。"[42]而"陶"正在昆仑山的二成（层）台之位。汉代司马迁《史记·货殖列传》记载："昔尧作成（平）阳，舜渔于雷泽，汤止于亳。"这说明尧帝冢平（成）阳、舜帝渔雷泽、汤王都亳本在一地，也是上古昆仑山东北方位的薄州（后为兖州），即亳州之地。

而开封东北部、东部的"鸣条""平丘（阳）"、古"陈留""亳州"本在一地。据唐代名相魏征《隋书·卷六十九·列传第三十四》引西汉《易纬·稽览图》注释："太平时，阴阳和合，风雨咸同，海内不偏，地有阻险，故风有迟疾。虽太平之政，犹有不能均同，唯平均乃不鸣条，故欲风于亳。亳者，陈留也。"又记载：

"校考众事,太平主出于亳州陈留之地,皆如所言。"[43]这说明开封古陈留是中国历史上最早的"鸣条""平丘(阳)""亳州"之地,也是伏羲雷夏、尧冢平(成)阳、舜渔雷泽、汤王都亳之地,更是一种历史、文化和地理传承。

3. 关于"雷夏泽"形成原因的历史依据

对于"雷夏泽"之地,古人已多有记载。所以,我们要重新认定"雷夏泽"在开封、封丘一带,必须有充分的历史、地理和史典依据。

据中国古典《尚书·禹贡》记载:"雷夏既泽,雍、沮会同。"文中的"雷夏"泽也称"华泽",与"滑夏""华夏"同地,也称"负夏""阳夏"。据战国时期思想家孟轲《孟子·离娄下》记载:"舜生于诸冯,迁于负夏,卒于鸣条。东夷之人也。"[44]关于"负夏"的地理位置,宋代音韵学家丁度《集韵》记载:"地名,负夏,卫地。"[45]说明"负夏"属于周代卫国之地,而开封东北部的卫国"平丘"也称"平丘墩骨",正是公元前529年,晋昭公召集诸侯在卫国平丘会盟的古"鸣条苍梧山"之地,也是舜帝"迁于负夏,卒于鸣条"的开封古陈留。

为此,汉代礼学家戴德《礼记·檀弓》记载:孔子弟子"曾子吊于负夏。又阳夏,在开封"[46]。"吊于负夏"的原因,在于开封昆仑山"曾城"是曾姓先祖的发源地。曾子,即曾参,为鲁国人,被誉为与孔子、颜子(回)、子思、孟子比肩共称的儒家五大圣人。曾姓始祖是生于开封的黄帝次子昌意,曾子(参)的五十八世祖便是建都开封阳城的夏禹。所以,汉代刘安《淮南子·地形训》记载:昆仑山"中有曾城九重,其高万一千里百一十四步二尺六寸"。所以,曾子要到开封古"负夏"来悼念曾姓先祖。

开封的雷夏、滑夏、负夏、阳夏,也是"华夏"文化的最早发源地。由此可推,华胥履巨人雷神足迹的"华胥之渚(州)",与生伏羲,即宓牺的"雷泽""成纪""龙泽"同地。华胥履大迹于雷泽生伏羲,舜狩渔于雷泽,均源于此泽。据汉代司马迁《史记》记载:"舜耕历山,渔雷泽,陶河滨,作什器于寿丘。"又记载:"舜耕历山,历山之人皆让畔;渔雷泽,雷泽之人皆让居;陶河滨,河边器皆不苦窳,一年所聚成聚,二年成邑,三年成都。"舜帝活动的"历山""雷泽""河滨""成聚""成邑""成都""寿丘"本与孕育伏羲的"雷夏泽"和中央黄帝出生、成婚、育子、建都的开封昆仑山,即"寿丘"同地,而"雷夏泽",即"雷泽"正在开封昆仑山东部的青龙方位。

伏羲出生、舜帝狩渔的"雷泽"在历史上居于神圣地位,是孕育华夏先民的生命之泽。

4. 上古"灉水"源自九州之一的雍州河济之水

许多史典和当代史学家多认为,"雷泽"在周代曹国,即山东菏泽一带。尽管山东菏泽古曹国也在上古九州之一的"兖州"方位,但窃以为,要弄清楚"雷泽"之地,必须有一个可靠的地理参考依据。这个地理依据,就是上古时期"雍沮二水"会同之地。

据中国最早史典《尚书·禹贡·兖州》记载:"雷夏既泽,灉沮会同。"表明"雷夏泽""灉沮会同"在开封昆仑山东北的古"兖州"方位。战国吕不韦《吕氏春秋·有始览·有始》认为:"河、济之间为兖州,卫也。"[47]可见,上古时期九州之一的"兖州"与西周时期的卫国同地,而非与西周时期的曹国同地。

汉代经学家孔安国和唐代经学家孔颖达《尚书正义·禹贡第一》也记载:"雷夏,泽名。灉、沮二水,会同此泽。"既然"灉、沮二水"会同处与"雷夏泽",即"雷泽"同地,"灉、沮二水"会同的"雷夏泽"在"卫国""兖州"之地。那么,它的位置到底在哪里呢?

关于"灉"水,清代知名学者段玉裁《说文解字注》"灉"字解释:"凡首受河之水皆可名之矣。在宋,说者以汳水当之。"说明"灉水"的首受河水之地为"灉",就是上古九州之一的"雍州"之地。因此,"灉水"也称"雝水""雍水""澭水"。"灉水"由开封西北部"雍州"的河水分流而来,也称"汳水",即"汴水",又自开封西北向东部山东曹县、东南部河南商丘等地分流。

据山东省水浒文化研究会理事《梁山与水浒传·梁山泊的历史变迁》记载:灉水"自河南仪封县东北入曹县,分入菏泽县,东北至红船口入郓城县为(西)里河,亦称枣林河"[48]。说明流经开封、仪封的"灉水",是山东曹县、菏泽、郓城等地"灉水"的上游。

山东丁永林记载的"仪封县"曾设置在开封东北部、封丘东部的黄陵岗平街古"平丘",即上古时期的"雷夏泽""鸣条苍梧山"之地。据明代《仪封县志·卷之上·建置沿革》记载:仪封县"至金兴定二年(原注:据《金史·地理志》:宣宗元光二年,改考城黄陵岗为通安堡。)为通安堡,在沙沟南五百四十步有城。至大九年(原注:查我国历代纪元表:元武宗至大,只有4年,无9年。据考城县民国十三年本,谓金正大九年,割考城通安堡置仪封县。《秋涧集》云:金正大间,割考、襄、东明三邑地,立治于黄陵之通安堡为仪封县。故应从正大九年。)罢堡为县"[49]。文中"沙沟",即古沙水;"考城黄陵岗"就是今封丘县黄陵岗,与古"平丘""雷夏泽""鸣条苍梧山"同地。

战国时期吕不韦《吕氏春秋·察今》也记载:"荆人欲袭宋,使人先表澭水。"

说明战国时期河南商丘古"宋"国,也为古"潍水"流经之地。东汉许慎《说文解字》记载:汳"水。受陈留浚仪阴沟,至蒙为雎水,东入于泗"。"汳"水,即流经开封的"汴"水,也可称"雎水",而不是流至河南、山东交界的"蒙"地后才开始称作"雎水"的。据清代知名学者段玉裁《说文解字注》记载:"汳水,出阴沟于浚仪县北。又东至梁郡蒙县为获水。余波南入睢阳城中。获水,出汳水于梁郡蒙县北。又东过萧县南。睢水北流注之。又东至彭城县北。东入于泗。方舆纪要曰:汳水,或谓即禹贡之雎水。春秋之邲水。秦汉之鸿沟。"我们认为,"方舆纪要"记载"汳水""禹贡之雎水""春秋之邲水""秦汉之鸿沟"本是一水是正确的,只是不同历史时期有不同的名称而已。

上述史料记载说明:一是"雎水"出自开封昆仑山西北方位的"雍州",是古黄河、古济水的分支;二是"雎水"流经开封北部、封丘南部,在封丘县黄陵岗,即古"平丘""雷夏泽""鸣条苍梧山"一带与沮水汇合后,继续向东或东南而流(如下图)。

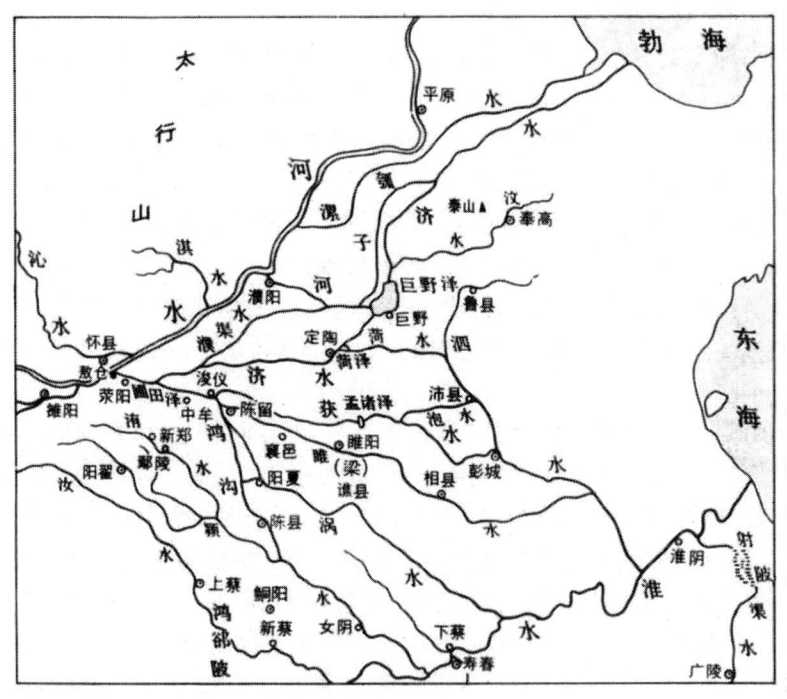

开封北部河济分流参考图

5. 上古"沮水"源自开封北部"冀州"的济水

雷夏泽由潍水、沮水交汇后而形成。但是,许多人却不知道,沮水便是睢水。据清末民初著名历史地理学家杨守敬等撰《水经注疏》记载：战国时期的"六国时沮、楚同音，朱脱音字"。又记载：东汉"许慎曰，河雎水在宋。灉之下流，入于睢水，睢水其沮水与？晁以道亦引，河出为灉，济出为濋，求之于韵，沮有濋音。胡胐明非之，以为汳、沮皆出豫入徐，于兖无涉。又云：灉、沮皆济水所出，而河不与焉"[50]。

河南商丘古代志书也印证这一观点。据清代陈锡辂、查岐昌纂修商丘《归德府志·方舆沿革表》记载："谨按：《尚书》蔡传以睢水为沮水，而志家遂谓郡在兖州之域。考《地理今释》云，《元和志》灉水、沮水俱出濮州雷泽县西北平地，宋时河决曹、濮间，灉、沮适当其冲，久而泥淤，二水遂湮。蔡传乃欲以汳、睢当之。韩汝节谓汳、睢在豫徐之境，无与于兖州。"[51]

这说明《水经注疏》《归德府志》均认为于沮、濋、睢同音，沮水就是睢水。同时也认为，灉水出自河水，沮水出自济水，其上游均在雍州，即河南辉县、新乡、原阳一带，流入豫州入于徐州，与兖州无关系。

其实，上古时期的沮水本是流经兖州的，只是这时的兖州不是现在山东兖州，而是上古时期开封北部两济之间的"兖州"，应该也包括西周时期的曹国。直到汉武帝元狩元年（前122年）置陈留郡时，开封仍归属兖州刺史部（治濮阳）管辖。此后，兖州地名才逐步向山东济宁一带迁徙。所以，沮水，即睢流经开封东北部两济之间的"兖州"、开封东南部的"豫州"和"徐州"，都是一种客观历史记载，只是对上古时期与古代、现代的"兖州""豫州""徐州"的历史渊源和变迁容易混淆而已。

古人认为，古沮水，即睢水流入汩（罗）水，但汩（罗）水早已湮塞无寻，仅有上游支流汇入开封惠济河的历史遗存。对此，清代《康熙字典》解释"睢"：《集韵》《韵会》《正韵》宣佳切，音绥。水名。在梁郡，受汴入泗。或作灉。"

沮水，即睢水，在天象中有"天睢"的星名作印证。据汉代司马迁《史记·天官书》记载："岁星与翼、轸，晨出曰天睢。"意思是说"岁星"当每年九月与翼、轸星一起在早晨出现时，称作"天睢"。说明"岁星"就是"天睢星"，也是古代东方东壁的"木星"。"岁星"也称"摄提""重华""应星""纪星"。所以，对应东方"岁星""天睢"的睢水，即沮水，自然也像舜帝"重华"居住、下葬的"鸣条苍梧山"一样，源于开封古陈留昆仑山东部的"鸣条苍梧山"之地。天上的星象与地上的山形及其方位、德性都是彼此一致的。

古人对这种文化多有记载，甚至现在中国的南部也有传承。如汉代著名地理学家桑钦《水经》记载："汳水出阴沟，东至蒙为狙獾。""狙獾"，即"沮水"，说明上游与开封北部的"汳（汴）水"和河南原阳西南、新乡南部的"阴沟""灉水"相通。而河南原阳西南、新乡南部正是上古时期"河水""济水"流经的"雍州"之地。

再如古"荆楚"一带也有"睢水"的记载。关于湖北荆楚一带的睢水,武汉大学历史地理学家石泉《古代荆楚地理新探》考证:"此睢水(又作沮水)必在成臼西北、汉水以西的宜城平原上,亦即今之蛮河下游。"[52]湖北为古荆楚之地,"荆楚"之"楚",源于流经河南封丘荆山荆隆宫的古"济水",即"濋水"之"濋",而"濋水"便是"济水""睢水"。晋代著名训诂学家郭璞《尔雅注疏·卷七·释水第十二》记载:"水自河出为灉,济为濋,汶为澜,洛为波,汉为潜,淮为浒,江为沱,涡为洵,颍为沙,汝为渍。"[53]说明济水、濋水、沮(睢)水互通,是楚国楚人先祖的发源地。

荆楚古人还把"沮水"写作音同、通用的"难水"和"滩水",认为是流经楚国郢都和江陵城附近的两条著名重要水道。这种传承也源于春秋时期的开封。据说老子骑青牛西去函谷关前,曾在开封古仪邑城南与弟子阳子居相会,两人一起向西乘船过难水,回到老子的居住地中牟水之沛北部的彭邑。据战国思想家庄周《庄子·杂篇·寓言》记载,一日,老聃骑牛行至梁(今河南开封)之郊外,正闭目养神,忽闻有人大呼"先生"。老聃闻声,睁开双目,发现是弟子阳子居。阳子居,魏国人,入周太学,闻老子渊博,曾私拜老子为师……老聃问:"安居何处?"阳子居道:"沛(今河南中牟圃田周朝太学府)。"老聃说:"正好相伴同行。"阳子居很高兴。欣然与老师结伴西行。行至难水,二人乘船而渡。老聃牵牛而先登,阳子居引马而后上。老聃慈容笑貌,与同渡乘客谈笑融融;阳子居昂首挺胸,客人见之施之以座,船主见之奉茶献巾。难水过,二人骑牲继续前行。

老聃,即老子,是西周聃国聃季载的后裔,开封东部的老丘是聃国国都旧地。春秋时期的"铸无射"改革失败后,老子被迫辞官,居住在河南中牟南之沛的"彭邑",在圃田周朝太学府讲学,经常在开封、老丘、苍梧山之间的昆仑山之地修身问道。故事中的"难水",即"滩水",也称睢水、沮水、浪荡渠水。此水在开封西部分为南北流,又在开封东部汇合。经此水,可以上达中牟西北部的周朝太学府和老子居住地古"彭邑"。

宋元时期学者金履祥《御批资治通鉴纲目前编·史评·史部》记载:南宋著名目录学家、藏书家晁公武"晁氏曰:'《尔雅》云,自河出为灉,济出为濋。求之于韵,沮有楚音。二水河济之别也。'二说未详孰是。会者水之合也。同者合而一也。桑土既蚕是降丘宅土。桑土宜桑之土。既蚕者可以蚕桑也。蚕性恶湿故水退而后可蚕。然九州皆赖其利,而独于兖言之者,兖地宜桑,后世之濮上桑间犹可验也"[54]。验证上古河出灉、济出濋的"九州""兖地"的"濮上桑间",本在春秋时期郑、卫两国之地。"濮上"为古濮水(如右图),即北济水的上游,今在封丘西南之地;"桑间"是郑、卫两国种桑养蚕的桑园。据汉代班固《汉书·地理志下》记载:"卫地有桑间濮上之阻,男女亦亟聚会,声色生焉。"[55]

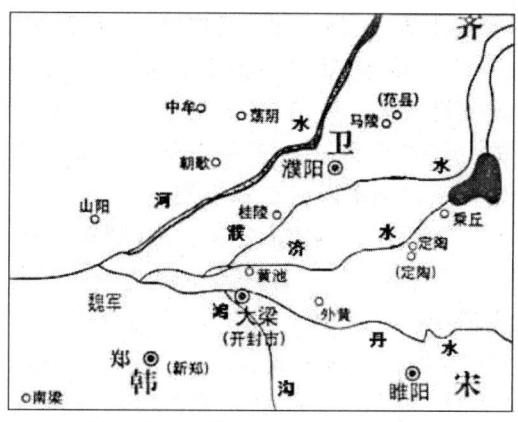

封丘西南部濮水、济水分流位置图

因此,湖北古荆楚之地的"荆楚""沮水""睢水"文化,不过是古代楚人对先祖之地中原济水、濋水文化的一种继承和再造而已。

虽然"沮水""睢水"在荆楚之地得到传承,但与最早发源于上古时期开封周边的雍州、冀州、豫州、兖州、徐州、封丘之地,并不矛盾,反而是一种印证。因此,古人记载"沮水""睢水"在开封周边之地的史料比较丰富。如北魏郦道元《水经注·卷二十四·睢水、瓠子河、汶水》记载:"睢水出梁郡鄢县,睢水出陈留县西,涣荡渠,东北流。《地理志》曰:睢水首受陈留浚仪涣荡水也。《经》言出鄢,非矣。又东经高阳故亭北。俗谓之陈留北城,非也。苏林曰:高阳者,陈留北县也。按在留,故乡聚名也。"文中"鄢",疑为开封杜良乡鄢陵府;陈留北县的"高阳故亭",大致在陈留北县杜良乡鄢陵府东部或东南一带,古为高阳乡。睢水,即沮水在陈留郡浚仪县(今开封杜良乡国都里,即老丘一带)北部与灉水汇合后,经开封杜良一带后向东南而流。

关于"高阳乡",古籍记载为春秋时期的开封古地名。北魏郦道元《水经注·卷二十二·颍水、洧水、潩水、潧水、渠水》又记载:浪荡渠水"又东经大梁城南,本《春秋》之阳武高阳乡也。于战国为大梁,周梁伯之故居矣"。这里的"周梁伯",或指战国时期迁都大梁的魏国国君魏惠王,因建都"大梁",魏国也称"梁国",魏惠王又称"梁惠王"。南宋学者罗泌《路史》引西汉易学著作《春秋元命苞·禅通记》中说:"仓颉居阳武而葬利乡……浚仪县即春秋之阳武高阳乡也,或称利乡。""高阳"地名本是开封人对黄帝之孙、昌意之子颛顼帝高阳氏和帝都高阳文化的一种继承和遗存。

山东菏泽也有古"沮水"的详细记载。据山东菏泽学者潘建荣《冤句城考》论证:"北济沟即北济水,亦即《禹贡》中的沮水。该水自河南封丘北出济水东北流,过济阳城、冤句城北,乘氏城(菏泽今城)南,东北流,汇濮水入雷泽。"[56]显然,潘建荣把南北济水、沮水同等看待了,这与历史上济水、沮水多次变道有关。于是,历史上再生了一个山东郓城之地的北济水,即"濮水"流域的"雷泽""历山"。正是华夏民族对先祖地理名称的不断再生和传播,才使华夏文明得到不断延续和发展。

清代段玉裁《说文解字注》解释:"沮水,出汉中房陵,东入江(江作鸿,鸿沟)。"先秦古籍《山海经》记载:"荆山之首曰景山,其上多金玉。沮水出焉,东南流于江。"文中"江"作"鸿",江水即指鸿(洪)水、鸿(洪)沟,也指"沮水";"房陵"本是上古时期黄帝史官、嫘祖父亲方雷氏沮诵(丰沮、封钜)的封地,也称"方丘""封山",又是"沮水"流经之地。

据战国魏国大梁编撰的《穆天子传·卷五》记载:"丁丑,天子里圃田之路:东至于房,西至于□丘,南至于桑野,北尽经林煮□之薮,南北五十□。"清代杨守敬《水经注疏·卷第六》也记载:济水"又东经房城北。会贞按:当在今封丘县西南。《穆天子传》五曰:天子里甫田之路,朱作圃田,《笺》曰:圃一作甫。戴改甫,下同。会贞按:残宋本、《大典》本并作甫。圃田详《渠水》篇。东至于房。疑即斯城也"。"房""房陵""房城"与封丘"方丘""封山""沮水"同地。

可见,济水、沮水流经的"房城",即"房陵",既是舜帝时期分封给尧帝之子丹朱的房地,也是西周昭王妃子、周穆王母亲房后的娘家。故战国大梁编撰的《竹书纪年》记载:"帝子丹朱避舜于房陵,舜让,不克。朱遂封于房,为虞宾。三年,舜即天子之位。"中国最早国别史《国语·周语》也记载:"昔(周)昭王娶于房,曰房后,实有爽(明)德,协于丹朱,丹朱冯身以仪之,生(周)穆王焉。"[57]大意是说,周昭王的房后出身于封丘西南部,是舜帝时期丹朱的封地"房",即"房陵",因"冯身"(凭借)先祖丹朱的威仪、明德,而生下了周穆王。据史料分析,"房陵"大致在今河南原阳东南十四公里的汉代"阳武"之地。

《康熙字典》记载:"《十三州志》漆沮,即洛水也。《诗·地理考》段氏曰:漆沮有二,皆出雍州,东入于渭,特有上流下流之别。诗漆沮入于渭之上流。书漆沮入于渭之下流。又沮泄,谓泄漏也。《礼·月令》地气沮泄,是谓发天地之房。又《广韵》侧鱼切《集》臻切,音菹。姓也。黄帝史官沮诵,三国沮授。"文中"漆沮",即"洛水",最早为上古时期九州豫州的古波水,也称播泽、荥播、荥泽、荥波、兖水、洛河、沮水、济水,而不是现在洛阳南部,或陕西北部的"洛水"。

这说明,上古时期九州之一的"雍州""漆沮""房"地、"沮诵(封钜、丰沮)",最早本在河南封丘西南之地,也是黄帝、方(房)雷氏嫘祖居住、成婚、生子和建都的昆仑山天地之中,更是包括西周姬姓王族在内所有炎黄子孙的祖地。

在《尚书·禹贡》中，睢水称作"沮水"，在北魏《水经注》中，睢水称"济水"。到了北宋，睢水演变为"广济河""汴水"，为当时四大漕河之一。金代时期，该水系被黄河所吞；元代时期，此水称"黄河北支"；明代称"灉河"。灉、沮两水汇同在原阳、封丘、开封、长垣一带的黄陵岗，即古"鸣条苍梧山""雷夏泽""平丘""青龙湖"之地后，南北分流。"沮"也读"渠""鞠""钜"等，为封丘封钜，即丰沮、沮诵之地。封钜为黄帝岳父、史官方雷氏。所以，方（房）雷氏先祖雷神居住的湖、池为雷池，黄帝居住的轩辕楼在雷池的西部，此地有黄池，即黄泽。黄帝在此地铸鼎升仙后，黄池也称作"鼎湖"，后人也称当地人"湖（胡）人"。封钜氏的先祖为"太昊伏羲氏，风姓"，即防风氏、汪芒氏、大人氏等（如右图）。大人氏，即"巨人"，或"钜人""沮人"。大人氏创造了弓箭，挎在身上，象形字为"夷"，是后来夷人、狄人、翟人、渠搜人的先祖。

封山防风氏（河伯）图

这就是唐代医学家王瓘《广黄帝本记》、北宋著作佐郎张君房《云笈七笺》、南宋无名氏《轩辕黄帝传》、元代著名道士赵道一《历世真仙体道通鉴卷》、清代《辞源》均认为黄"帝娶西陵氏于大梁，曰嫘祖，为元妃。生二子玄嚣、昌意"的历史原因。大梁不仅是黄帝、昌意、颛顼、帝喾、帝舜出生的太寿陂、寿丘、青丘、沮水、浚水之地，也是唐代天文学家张遂测定古浚仪岳台"地之中"。而黄帝居住的开封昆仑山，正是雷神、伏羲、炎帝地理文化的继承人，也是宋代孟元老通过编撰《东京梦华录》，来缅怀上古开封历代先祖、追思太平和合社会、传承开封历史文化的一种特有方式。

三、由"东京梦华"寻"华胥国梦"的几点感悟

感悟一：宋代孟元老撰写《东京梦华录》的历史渊源和文化理念，是对上古时期产生于开封华夏文明及其"华胥之梦"文化思想的一种传承和创新。

"华胥之梦"文化的核心思想，反映的是伏羲肇始太极八卦、和合大同的唯物、象形和辩证的阴阳论、实践论，是对自然、人类社会共生共存于太平、安乐

和发展环境的向往和期盼。

　　孟元老通过对北宋时期开封东京"节物风流，人情和美"的思想文化氛围，表达了对故都东京开封无限怀念和深沉怅恨的复杂情感，但更多是对北宋皇都辇毂之下，太平日久，人物繁阜；青楼画阁，绣户珠帘，金翠耀目，罗绮飘香；新声巧笑于柳陌花衢，按管调弦于茶坊酒肆；集四海之珍奇归市易，会寰区之异味在庖厨；花光满路，箫鼓喧空，歌舞升平，不识干戈，百年太平社会的美好追记。

　　这种思绪和情结与居住开封北部轩辕楼的中央黄帝始创"华胥之梦"，具有文化观念、社会理想、追求目标、眷恋伤感等方面的一致性。《东京梦华录》不仅是孟元老对北宋历史文化、盛世境况的描述和思念，也是对上古时期北宋开封华夏文明、大同和合社会的描述和思念。它印证的不仅是黄帝居住、成婚、育子和建都在开封的华夏历史文明，也印证了北宋开封皇都所形成文化观念、社会理想、追求目标，与黄帝时期"华胥之梦"所传递的文化观念、社会理想、追求目标是一脉相承的。

　　这就是北宋时期中国文化、哲学、经济、科技、社会等发展，之所以能够迅速达到世界高峰的一个重要原因。

　　感悟二：通过孟元老《东京梦华录》对黄帝时期"华胥之梦"历史文化的印鉴，我们对开封是华夏历史文明发源地，是伏羲太极八卦，即河图洛书肇始地，是三皇五帝居住建都地的观点，得到了进一步印证；也使我们对开封上古人文遗存、河流山川、地理环境的厚重感体会更深，尤其对上古时期的九州方位、河济主流、灉沮分支、昆仑阜丘、雷夏神泽、鸣条苍梧等地理遗存，与雷神华胥、伏羲八卦、河图洛书、华夏产生、黄帝嫘祖、五帝延续、陈留历史之间的文化、地理和传承关系，有了更深刻、更全面的理解和认识。

　　事实证明，华夏历史文明绝不是一种泛泛而谈的神话传说，更不是封建、唯心、迷信的主观臆想和无端揣测，而是具有唯物、象形、阴阳观和实践论的客观历史存在，是可寻、可见、可知、可定位的上古人文遗产。

　　在上古时期，当华夏先民创造的符号文字、象形文字还无法得到普及和广泛运用的情况下，华夏民族将自己先祖的功绩、家园、生存等历史，采用口碑的形式世代相传，不能不说是一种无奈而唯一的选择方式，也是我们发掘、研究和论证华夏历史文明发源的重要途径。

　　当华胥履雷神大迹、伏羲肇始符号文字、仓颉发明象形文字，以及官方记载、民间传说，与开封古陈留炎帝帝都空桑、黄帝帝都轩辕楼、颛顼帝都高阳、帝喾帝都古莘国、尧帝帝都平（成）阳、舜帝去世鸣条、夏禹王都阳城、商汤王都景亳等相交会时,统统可以在开封找到史典记载、人文传承、地理遗存、山水凭据。而孟元老《东京梦华录》对黄帝"华胥之梦"文化的继承,为我们发掘和认定这些开封华夏文明提供了新的依据和动力。

感悟三:通过对孟元老《东京梦华录》和黄帝"华胥之梦"文化的发掘和研究,我们再一次受到启迪:宋朝文化之所以能够在疆域残破、劲敌四立、道德沦丧、百物待兴的唐朝、五代之后,迅速发展起来,除了宋朝决策者适应人民愿望和社会发展趋势,对外尽力创造一个避战休兵、和平发展的良好环境,对内休养生息、与士人共治天下的政治环境之外,还有一个重要因素,这就是开封是华夏历史文化的发源地,人们世代受到以太极八卦,即河图洛书为核心内容的道教、儒教、佛教文化的熏陶,具有世代传承的社会大同、人民和合、天下太平的阴阳道德观,创造出了道法自然,"为天地立心,为生民立命,为往圣继绝学,为万世开太平"的理学文化,复活了先秦儒家的形上智慧,使天道性命之学、内圣成德之教重新光显于世,在人类文化史上独一无二地登上了先进思想、道德、文化的神圣殿堂,也开出了一个以开封为中心的大宋太平盛世。

孟元老《东京梦华录》和黄帝"华胥之梦"留给我们的历史遗产和文化内涵,是博大、丰富和深厚的,有待于我们进一步探讨和领悟。

文献来源:

[1](宋)周辉:《清波别志》,上海:上海古籍出版社,1987年版。

[2](宋)孟元老:《东京梦华录》,郑州:中州古籍出版社,2010年版。

[3]《康熙字典》最新整理本编辑委员会整理:《康熙字典(整理本)》,北京:中国书店出版社,2010年版。

[4](汉)许慎撰,(清)段玉裁注:《说文解字注》,上海:上海古籍出版社,1981年版。

[5](晋)皇甫谧:《帝王世纪》,沈阳:辽宁教育出版社,1997年版。

[6](唐)林宝著,岑仲勉注:《元和姓纂》,北京:中华书局,1994年版。

[7](晋)郭璞注,(宋)邢昺疏,王世伟整理:《尔雅注疏》,上海:上海古籍出版社,2010年版。

[8](汉)司马迁撰,(宋)裴骃集解,(唐)司马贞索隐,(唐)张守节正义,顾颉刚领衔点校,赵生群主持修订:《点校本二十四史修订本〈史记〉》,北京:中华书局,2014年版。

[9]《道藏》载(唐)王瓘:《轩辕本纪》,北京、上海、天津:文物出版社、上海书店出版社、天津古籍出版社联合重新印影涵芬楼本,1988年版。

[10](春秋)老子:《道德经》,北京:华文出版社,2010年版。

[11](春秋)老聃、(战国)庄周、列御寇著,张振点校:《老子 庄子 列子》,长沙:岳麓书社,2006年版。

[12]黄怀信:《〈大戴礼记〉汇校集注》,西安:三秦出版社,2005年版。

[13](晋)郭璞注,张解说:《山海经 穆天子传》,长沙:岳麓书社,2006年版。

[14](汉)刘安:《淮南子》,郑州:中州古籍出版社,2010年版。

[15]《尚书全集》,北京:海潮出版社,2013年版。

[16](唐)李泰、贺次君注:《括地志辑校》,北京:中华书局,1980年版。

[17](北魏)郦道元:《水经注》,北京:华夏出版社,2006年版。

[18](唐)颜师古注:《汉书》,北京:中华书局,1962年版。

[19]王守谦、金秀珍、王凤春:《左传全译》,贵阳:贵州人民出版社,1990年版。

[20](宋)张君房编:《云笈七笺》,北京:中华书局,2003年版。

[21](宋)王应麟:《著作集成:诗考 诗地理考》,北京:中华书局,2011年版。

[22](宋)罗泌:《路史》,北京:北京图书馆出版社,2010年版。

[23](宋)欧阳忞著,李勇先、王小红校注:《舆地广记》,成都:四川大学出版社,2003年版。

[24]《〈国语〉研究文献辑刊》,北京:国家图书馆出版社,2012年版。

[25]唐兰著,刘雨等整理:《唐兰全集》,上海:上海古籍出版社,2015年版。

[26](周)周公旦撰,吕友仁、李正辉译:《周礼》,郑州:中州古籍出版社,2010年版。

[27](宋)章定撰:《名贤氏族言行类稿》,上海:上海古籍出版社,1994年版

[28]谭其骧编:《中国历史地图集》,北京:中国地图出版社,1982年版。

[29]辞海编辑委员会:《辞海》,上海:上海辞书出版社,1980年版。

[30](民国)张之修、田春同纂:《考城县志》,北京:国家图书馆出版社,2010年版。

[31](东汉)郑玄:《尚书郑注》,上海:商务印书馆,1937年版。

[32](汉)孔安国、(唐)孔颖达正义:《尚书正义》,上海:上海古籍出版社,2007年版。

[33]《左传 吕氏春秋 战国策》,北京:北京出版社,2006年版。
[34](晋)王嘉撰:《拾遗记》,北京:中华书局,1981年版。
[35](宋)郑樵撰:《通志》,北京:中华书局,1987年版。
[36]方诗铭、王修龄:《古本竹书纪年辑证》载王国维:《今本竹书纪年疏证》,上海:上海古籍出版社,2005年版。
[37](民国)王存等:《中国人名大辞典》,上海:商务印书馆,1921年版。
[38](东汉)高诱注:《淮南子》,台北:艺文印书馆,1968年版。
[39](李)李昉等撰:《太平御览》,北京:中华书局,1998年版。
[40](清)吴乘权等辑:《纲鉴易知录》,北京:中华书局,2009年版。
[41](清)李于垣修,杨元锡纂:《长垣县志》,台北:成文出版社,1975年版。
[42](南朝宋)范晔:《后汉书》,北京:中华书局,2005年版。
[43](唐)魏征:《隋书》,北京:中华书局,1997年版。
[44](清)焦循撰,沈文倬点校:《孟子正义》,北京:中华书局,1987年版。
[45](宋)丁度等编:《宋刻集韵》,北京:中华书局,2015年版。
[46]黄怀信:《〈大戴礼记〉汇校集注》,西安:三秦出版社,2005年版。
[47](战国)吕不韦著,(汉)高诱注:《吕氏春秋》,上海:上海古籍出版社,1989年版。
[48]丁永林:《梁山与水浒传》,北京:中国文史出版社,2007年版。
[49]《嘉靖仪封县志》,上海:上海书店出版社,1990年版。
[50](清)杨守敬、熊会贞:《水经注疏》,南京:江苏古籍出版社,1989年版。
[51](清)陈锡辂、查岐昌纂修:《归德府志》,郑州:中州古籍出版社,1994年版。
[52]石泉:《古代荆楚地理新探》,武汉:武汉大学出版社,2013年版。
[53](晋)郭璞注,(宋)邢昺疏,王世伟整理:《尔雅注疏》,上海:上海古籍出版社,2010年版。
[54](宋元)金履祥:《御批通鉴纲目前编》,长春:吉林出版集团有限责任公司,2005年版。
[55](汉)班固撰:《汉书》,北京:中华书局,1962年版。
[56]潘建荣:《冤句城考》,豆丁网,2014年7月18日版。
[57](春秋)左丘明:《国语》,上海:上海古籍出版社,1998年版。

第三章 上古昆仑山"九州"之首"冀州"

我们关于开封是三皇五帝共同居住、建都的昆仑山"中央之国"(以下简称"中国"),是上古时期"九州"(以下指"小九州")之一的"冀州""中土""中央""天地人之中"(以下简称"地中"),是河南荥阳东部黄河与济水交汇后分流为"九河"之地的观点提出之后,受到了国内许多专家和学者的关注,有的予以肯定和支持,给作者带来了几分欣慰。

但是,真正能认真分析和思考笔者上述观点,并持有肯定态度的专家和学者毕竟还是少数,多数人对此则不予认可,甚至还用听天方夜谭作比喻的口气提出了质疑。在这些质疑的一些问题中,尤以上古时期中国最早的"冀州"到底是在开封"小九州"北部方位,还是在周朝时期"大九州"山西"冀州""晋"之地的争论为重点。

为了深入研究和发掘这一重要文化历史、地理方位问题,也为了进一步论证上述观点的历史客观性,我们现以古典史料记载和现实中的天象星宿、地形山川、人文州国等为主要依据,对上古时期"冀州"的历史文化、地理方位进行一次剖析,让大家全面理解我们关于"冀州""晋"在开封古陈留、大梁及北部方位的客观历史事实和文化传承。

一、华夏民族有大小"九州""中国"之说

自古以来,大小"九州""中国"的人文内涵就有历史、文化和地理方面的继承性。但在不同历史时期,却有面积大小、方位远近、地理分布之别。

1. 大禹曾把尧舜"中国""天下"划为"九州"

"九州",在上古时期为"中国"的代称。许多专家学者认为,"九州"一词是在大禹治水之后才开始出现的。

这种认识在史典中确实可以找到依据。据汉代史学家司马迁《史记·卷二·夏本纪第二》记载:"尧舜时,九河不治,洪水泛滥。尧用鲧治水,鲧用雍堵之法,九年而无功。后舜用禹治水,禹开九州,通九道,陂九泽,度九山。疏通

河道,因势利导,十三年终克水患。"[1]文中大意是说,尧舜时代,洪水泛滥为害于"中国"的天下,很多河流得不到治理。尧帝选大禹的父亲鲧负责治理水患,鲧采取堵塞洪水的方法治水,用了九年时间也毫无效果。后来,舜帝又选派鲧的儿子大禹治理水患,大禹因势而利导,将"中国"划分为"九州",历时十三年开通九条河道,把水泄入大海,终于成功地治理了"中国"的水患(如下图)。

大禹治水图

司马迁文中不仅印证了大禹划分"九州"、修筑"九泽"堤坝的历史事实,还印证了大禹辟通"九道(弯)"、计度"九山"脉络、治理泛滥"九河"之水的丰功伟绩。而大禹治理的"九州""九泽""九山""九河"之地,正是"中国""天下"之地。

对此,战国时期思想家孟轲《孟子》指出:"当尧之时,天下犹未平。洪水横流,泛滥于天下。"[2]又说:"当尧之时,水逆行,泛滥于中国,蛇龙居之。民无所定,下者为巢,上者为营窟。"说明"九州"与"天下""中国"可以相通,是同地、同义之说。

"洪水"也称"鸿水",在中国古文献中,"洪水"与"鸿水"发音相同,意思也相同,常可相互通用。清代《康熙字典》解释:"鸿取飞行有行列也。又通作洪,大也。"[3]汉代《汉石经·尚书·洪范》解释"洪水":"鲧堙(塞)鸿水,汨(乱)陈(水王颛顼)其五行。"[4]"洪(鸿)水",即流经开封古陈留之地的"洪(鸿)沟"之水,也是大禹治水的"九州""天下""中国"之地(如下图)。

由此,"九州"成了我国传说中上古帝王行政区划分的依据和"中国""天下"的代名词,"九河"(一称"九江")也成了上古时期"九州"河水横流、泛滥"中国"的根本原因和地理名称。

所以,西汉以前就有了尧、舜二帝时期大禹治水后划分"九州",即"天下""中国"的史料记载,还有以"九州"作为殷商或周朝行政辖制历史传承。

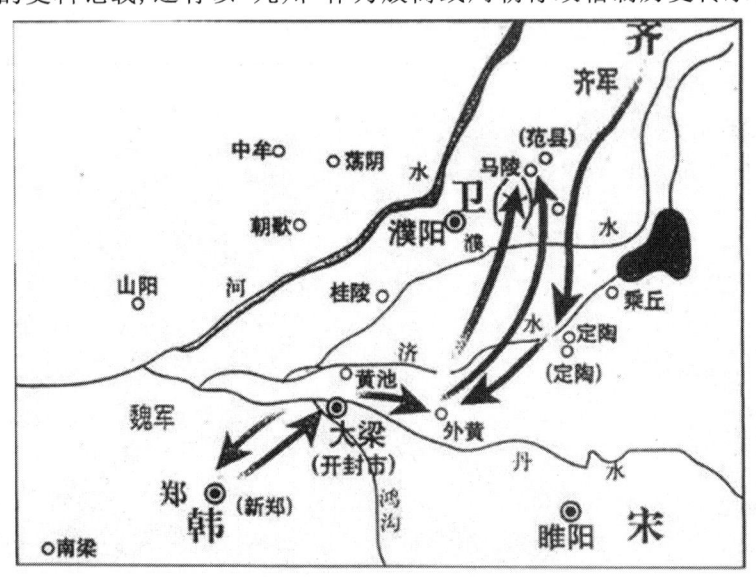

开封战国时期魏国古大梁鸿沟参考图

我们认为,夏、商、周三代"九州"行政区划分的历史应该是可信的,也是与太极河图洛书中的九宫图相对应的。不过,对于三代"九州"的面积大小、距离远近、方位变化等,不仅存在着不同的历史变迁问题,还存在着对伏羲时期"九州"历史文化传承性的认识问题。

2. "九州"历史始于伏羲八卦、"洛书"文明

关于"三皇"之一的伏羲居住昆仑山,即"九州"的观点,早在战国时期的魏国大梁(开封)便有历史传承。

据魏国襄王时期编撰的《竹书纪年·太昊伏羲氏》记载:伏羲"龙马负图出河,始作八卦,以成纪官,立九相九佐治九州。造书契,作甲历,造琴瑟,作立基之乐"[5]。文中"九州"的概念和分布,就是华夏先民按照太极八卦,即洛书九宫图的方位和理数学说,结合开封昆仑山周边山川位置、河流走向等情况建成的,其州际划分主要也以八卦、九宫图对应同一方位的山川、河流作为界限,形成"四面八方一中"的"九州"地理方位布局(如下左图)。

这就用事实说明，华夏先民是依照伏羲八卦与洛书九宫图文化来指导开封昆仑山"中国""九州"建设的，也证明伏羲八卦、洛书九宫图与九州方位相对应的存在和传承是一个客观现实（如下右图）。

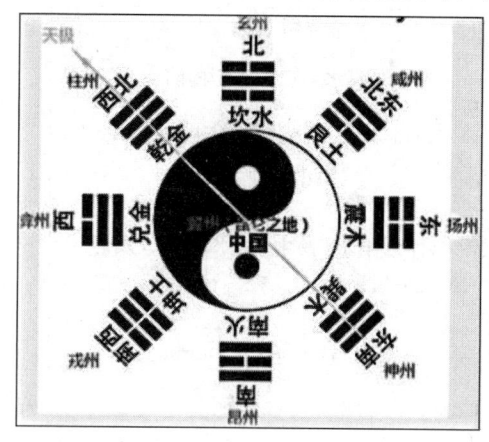 

伏羲八卦、九州对应昆仑、中国方位图　　太极洛书九宫图对应上古九州方位图

我们认为，伏羲八卦与洛书九宫图文化最早发源于开封昆仑山"中国"。早在战国时期魏国大梁，即开封的历史文化中，一直是认可和传承"伏羲肇始太极八卦、河图洛书，按照其对应的地理与理数方位治理九州"观点的。魏国大梁天文学家石申撰写的《石氏星表》[6]，就是开封认定和传承这一历史文化的凭证。

但是，上古时期"九州"的土地面积相比于商、周时期之后的"大九州"而言，已不可同日而语，只能称作"小九州"。它是三皇五帝在开封昆仑山创建"中国"的最早雏形，也是华夏先民按照伏羲太极八卦，即河图洛书文化理念，建设上古时期昆仑山"中国""天下""九州"的历史起点。

3. 地皇女娲在"冀州"治理济水救济众生

伏羲时期的"九州"不仅客观存在，而且在女娲时期得到了进一步治理，并出现了救济"九州"之一的"冀州"之说。而"冀州"，就是女娲在开封西北昆仑不周山救济众生、治理"黑龙"，即"黑水""济水"之地。在太极五行文化中，北方为"黑"、为"玄"，古称"玄武"。龙的寓意为水，"黑龙"寓意上古时期游流开封昆仑山西北、北部方位的水，也称"黑水""玄水""溟水"，即"济水"。后来，"黑龙"便成了中国北方江河之水的同义词，如"黑龙江"的地名文化至今仍在传承。而发源于云贵高原的南方之水，则称为"珠（朱）江""赤（炎）水"，与太极五行中南方"朱""赤""朱雀"文化相对应。所以，在先秦古籍《山海经》[7]

记载中,流经昆仑山的"中国河"有青水、赤水、白水、黑水之说,又与太极四象的方位相对应,本是分布在昆仑山东、西、南、北的四方(象)之水(如下表)。

流经昆仑山河流概况

河流名称	发源与流向	曾用名称变化
白水	源自昆仑山西北方之水	西水、河水、白沟、阴沟
赤水	流入昆仑山正南方之水	南水、姜水、浪荡渠、鸿沟、蔡水、沙水,为淮阳淮水源头
洋水	自昆仑西北方流向东南方之水	黄沟、羊水、扬水、阳水、姜水,发源于原阳黑洋山,为濉水、灉水、睢水源头
青水	自昆仑山西南流入东方之水	东水、江水、获水、汳水、汴水源头
黑水	自昆仑山西流入北、东北方之水	北水、济水、濮水,源头为沇水、沈水

说明上述各水历史上多有交汇、变迁或名称更改,仅供参考。

西汉思想家、文学家刘安《淮南子·览冥训》记载:"往古之时,四极废,九州裂。天不兼覆,地不周载。火爁焱而不灭,水浩洋而不息。猛兽食颛民,鸷鸟攫老弱。于是,女娲炼五色石,以补苍天;断鳌足,以立四极;杀黑龙,以济冀州;积芦灰,以止淫水。"[8]流经开封北部"九州"之一"冀州"的"黑水"因女娲救济众生而得名为"济水",又与"冀州"有着无法割开的历史和地理文化渊源。

济水由郑州荥阳"荥泽"东流,经原阳东南的阳武、中牟北部、封丘西南后分流为南、北济水(如下图)。开封北部、东北部为南济水,向东流入山东菏泽"巨(大)野泽"。上古时期"巨野泽"在开封昆仑山"中国"的东方,故也称其为"东海"。到了元明时期,开封北部"济水""黄沟"等河床被新乡、延津一带的古河水南迁夺道,"济水""黄沟"消失,"河水"也称"黄河"。自此,"河水"才迁到太极五行"中土黄"方位,真正担负起太极文化"中央河""土河""黄河"的神圣使命。

上古时期地处开封西北方,即太极八卦"天乾"之位的济水,成了女娲在昆仑山西北"天乾"方位"悬壶济世"的"悬河""天水",如今早已成了开封北部土阜高台之上奔流"黄河"的代称。

4. 人皇炎帝在开封昆仑山分"天下"为"九州"

三皇之一的人皇炎帝继承了天皇伏羲、地皇女娲治理昆仑山"九州"的文化传统。据明朝文学家张岱缀《夜航船·疆域》记载:"九州,人皇氏兄弟九人,分天下为九州,梁、兖、青、徐、荆、雍、冀、豫、扬是也。至舜时,以青地广,分冀东恒山之地为并州,分东北医无闾之地为幽州,又分青之东北为登州,共成十二州。"[9]文中"人皇氏",一般认为是指三皇之一的炎帝氏族;"舜"为尧帝时期的执政和帝位继承人。说明在炎帝、尧舜时期,伏羲"九州"文化得到了传承。

荥阳荥泽、郑州圃田、开封逢泽、济水位置图

炎帝居住在太极五行南方"火(炎)""赤"之地,故也称"南方帝""赤帝";流经"赤帝"居住"赤地"的水,也称"南河(水)""赤水";炎帝为"姜"姓,故"赤水"也称"姜水""江水"。由于"江"与"鸿"同义,"江水"就是流经开封古陈留的"鸿水",即"鸿沟"。可见,"赤帝""赤地""南河(水)""赤水""姜水""江水""鸿水""鸿沟"本在开封古陈留之地(如下图)。

而神农氏炎帝,即"赤帝"帝都就在"南河(水)""赤水""鸿沟"流域的开封古陈留"空桑"(今杞县葛岗空桑村)。据《吕氏春秋·执一》记载:"氏族神农以鸿。"[10]文中之"鸿",一则表示神农氏炎帝居住在开封古陈留的"南河""赤水",即"鸿水(沟)"之滨;二则表示炎帝时期,神农氏部族邦国宏图大展,繁荣兴旺。

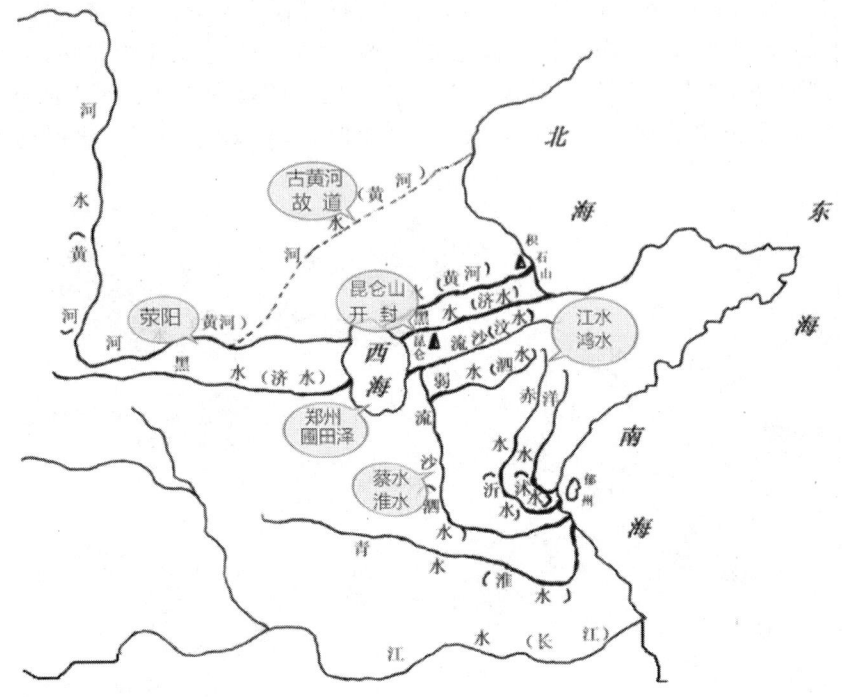

开封南河、赤水、即鸿沟、沙水位置图

炎帝将帝位传给了居住开封古大梁北部、济水南岸轩辕楼（丘）的黄帝。黄帝居开封昆仑山"地中"，也是太极五行"中土"之位，故黄帝也称"中央帝"，有"土德"。

上述情况说明，从伏羲、女娲到炎帝、黄帝，再到尧、舜时期，"九州"文化一直在连续传承，在舜帝时期，新增划了并、幽、登"三州"，均在开封昆仑山北部的"冀州"、东部"青州"范围之内，使"九州"变成"十二州"，但"冀州"仍然为其重要的一州。

5. 开封昆仑山"九州"的"四海"与"四渎"

上古时期，华夏先民把"州"看作是"四海""四渎"环绕、横流的昆仑山，即"瀛洲"，并分为"九部"，统称"九州"。

通过对开封昆仑山地形、水文等情况的分析研究，我们认为昆仑山周边的"四海"，分别是指东海：山东菏泽巨野泽；南海：河南开封逢泽；西海：河南郑州圃田泽；北（冥）海：河南延津"乌（巢）泽"，都是上古时期环绕开封昆仑山面积较大的池海之地。

"四渎"分别是指东渎：江水（或称青水，后称获水等）；西渎：河水（或称白水，后称黄河等）；南渎：淮水（或称南河、赤水，后称鸿沟、蔡水等）；北渎：济水（或称黑水、兖水，后称广济河、五丈河等）。正如前述，"四渎"在先秦古籍《山海经》中也称"中国河"，而"南河""北河"之间便是江、河、淮、济"四渎"的汇聚地——开封昆仑山，古人在天象星宿中也有"北河""南河""四渎"具体位置的记载（如右图），并且与开封昆仑山"北河""南河""四渎"地理方位上下对应。

天象北河、南河、四渎星宿位置图

由于上古时期开封昆仑山地区气候温暖、降水丰沛，生活在这里的华夏先民往往傍"九水"而居住在高阜土丘之上。因而，"九水"环绕的九个高阜土丘，又成了划分居住区域的名称"九州"。

据东汉文字学家许慎《说文解字·卷十一》中"川部"记载："水中可居曰州，周绕其旁，从重川。昔尧遭洪水，民居水中高土，或曰九州。"[11]这与上古时期三皇五帝居住在开封昆仑山"中国""九州"，被"四海""四渎"之川水环绕，经常发生洪水泛滥灾害的地理环境是一致的，也是自古以来女娲、共工、鲧、大禹、魏惠王、贾鲁等治水先祖在开封"黄泛区"一带持续治水的主要原因，开封昆仑山自然形成的地理地貌和水文环境也是导致历史上建都在开封的帝王们"兴也水衰也水、成也水败也水"的重要因素。

6. 关于开封昆仑山大小"九州"传承之说

对于大小"九州"、大小"中国"之说，并非我们所创造，古人早有相同认识，只是认识的程度具有地理、方位、距离等方面的差异而已。

目前，在已知较早提出大小"九州"、大小"中国"之说的古人中，以战国时期阴阳家学派创始者、齐国人邹衍具有代表性。据汉代司马迁《史记·孟子荀卿列传》记载：邹衍"以为儒者所谓中国者，于天下乃八十一分居其一分耳。中国名曰赤县神州。赤县神州内自有九州，禹之序九州是也，不得为州数。中国外如赤县神州者九,乃所谓九州也。于是有裨海环之,人民禽兽莫能相通者,如一区中者,乃为一州。如此者九,乃有大瀛海环其外,天地之际焉"。大意是说,儒家所谓的"九州",是对大禹治理的"中国"范围而言,但这只是"小九州",不称作"九州"。"中国"只不过是"赤县神州"内的"小九州",像"中国"这样的"小九州",天下还有八个,合起来共有九个州,称作"大九州"。

当然,这种观点只是古人具有代表性认识的一种,即使不把大禹治理赤县神州内的"九州"当作州数看待,可"小九州"却在客观上依然存在。

我们认为,这种观点始于上古时期的"九州"有了较大发展之后,并一直传承到了清代。清代外交家、政治家、教育家黄遵宪在《人境庐诗草·卷八·为何翙高兵部藻翔题象山图》的诗中认为:"裨瀛大海四围环,半在虚无缥缈间。天戴尧时州禹迹,分明认取自家山。"黄遵宪在《和周朗山琨见赠之作》中还认为:"万户侯耳岂足道,乌知今日裨瀛大海还有大九州。"[12]说明"裨瀛"就是指上古时期四海环绕昆仑山"九州",即"瀛洲",是尧帝时期大禹治水足迹走遍的"自家山"。"瀛洲"所具有奇特的地理地貌,只有在河南荥阳东部黄河、济水下游的开封周边流域才会出现,而"裨瀛"之外的"大九州"应理解为后人对昆仑山"九州"地域和观念的继承和发展。

清代著名历史学家马骕《绎史·黄帝纪》也认为:"自神农以上有大九州,柱州、迎州、神州之等,黄帝以来,德不及远,唯神州之内分为九州,黄帝受命,风后受图,割地布九州,置十二国。"[13]马骕所说神农氏炎帝以上的历史,应指三皇时期的"大九州"。比黄帝时期"神州"之内"九州"还要大的观点,目前我们无法认同。这很可能是古人对夏商之前之"九州",已发展成为西周之后"大九州"的一种自圆其说。

但是,早在大禹治水之前的三皇五帝时期,华夏民族就存在"九州"的事实应该不谬,至于如何客观理解和认识这些理念,却值得进行深入的探讨。

我们认为,三皇五帝的"九州""中国"是一个由形成到不断由内向外繁衍、发展、传承的历史过程。在这一过程中,"九州""中国"逐步演变成了"大中原""大九州",最终发展成为现在的大中国。可见,上古时期的"九州"和"中国"既是伏羲首创太极八卦文化中"九州(宫)""中土(央)"的地域方位概念,也是伏羲首创"九州""中土"等华夏文明中所包含的历史文化理念。

华夏民族正是按照这种文化理念与地理方位相统一的方法,来建设华夏先民世代居住、繁衍和发展的氏族邦国,即上古时期"九州""中国"的。而"九州"之一"冀州",就居于开封昆仑山"中央"之地和太极八卦的"首阳"位置。所以,开封北部的昆仑山,也被称作太极文化中的"首阳山""第一山"。

二、上古时期开封"九州"地理方位的划分

华夏先民朴素地认为,天是圆的,如锅盖;地是方的,如棋盘。天圆而动为阳父,地方而静为阴母,合称"天圆地方""九州方圆",也代指天皇伏羲、地皇女娲的"天下""九州"。

为此,西周文王所作《周易·说卦传》认为:"乾为天,为圆,为君为父。坤为地,为母,为方。"[14]战国时期吕不韦《吕氏春秋·圆通》认为:"天道圆,地道方,圣人法之,所以立上下。"清代《辞源》解释说:"古人以为天圆地方,亦以圆方作天地的代称。"[15]"方圆"也可指天地所在的面积范围,由上古时期的华夏文化传承而来。"天圆地方""九州方圆"之词现在已成为人们对"九州""中国"地大物博、气势磅礴景象的一种象形表达。

1. 开封昆仑山"九州"的最早区域范围

对于上古时期开封昆仑山"九州""中国""神州"的面积到底有多大,我们实在无法用现代人的度量标准去进行测定,也难以得出准确的数据。但是,绝非不可通过对比的方法来加以分析破解,得出一个昆仑山"九州"地域范围的大致轮廓。

关于三皇五帝居住的昆仑山"九州""中国""神州"土地"方圆"面积到底有多大,古籍中也确有较为具体的记载。如汉代易学著作《河图括地象》、西晋学者王嬰《古今通论》等古籍均认为:"地中央曰昆仑。昆仑东南地方五千里,名神州,中有五山,帝王居之。"[16]这说明,古人认为昆仑山在"九州"这个"地方"的"中央",也称"地中"。"中央"的东南称"神州",历来是上古时期的"帝王居"住和建都之地。

尽管昆仑山"九州""中国""神州"的土"地方"圆面积有"五千里",但仔细算起来,在现在开封市市辖之地就足以能够容纳。因为方圆5000里面积的昆仑山"神州",还不到现在开封市辖五县6444平方公里土地面积的一半。一般认为,现在的度量单位"公里"是古制"里"的一倍,加上古代度量单位要比现在的小,所以,昆仑山"九州""中国""神州"的面积最多不会超过现在开封市两三个县的范围,而且地理方位也与开封昆仑山东南古陈留、杞县的方位相对应。而那一方位,正是天皇伏羲(居开封小黄铺皇伯山)、地皇女娲(居开封禹王台平逢山、平台)、人皇神农(居开封杞县空桑)建"陈"都之地。

2. 伏羲本居开封"蔡水"之滨的盘石、神岗

开封昆仑山"九州""中国"也正与开封东南方位的"神州"之地相对应。

开封"神州"最早为伏羲等华夏列位先祖的居住地,后为陈、刘等姓氏祖茔之地。自古以来,"盘古"创世神话多源于中原地区,历史上力主"盘古"创世源于中原的学者也最多。而大禹治水、商汤伐纣、老子道教昆仑、孔子儒教中天、中国佛教弥陀文化均产生于中原东部的开封古陈留地区,史典也多有记载。

开封昆仑山"中国"东部一带至今仍有上古时期伏羲、女娲在昆仑山上滚动磨盘、占卜婚姻的神奇"盘石"和列位"神仙"居住的"神岗"地名存在。据南朝文学家任昉《述异记》记载:"古说:盘古氏夫妻,阴阳之始也……南海中有盘古国,令人皆以盘为姓。"[17]文中"盘古氏"指天地阴阳初开、肇始太极八卦文化的伏羲。伏羲因在昆仑山滚动"磨盘石"与女娲占卜定婚,又称"盘石氏"。古代"古""石"同义,本为一字。伏羲居住的黄柏山(皇伯山、伏羲山)就在开封上古"南海",即"逢泽"北部的高阜土台之地,"神岗"西北部约 2.5 公里处仍有"盘石"地名存在。所以,宋代学者罗泌《路史·后纪一》明确指出:"天皇伏羲都陈留。"[18]文中"陈留"郡治曾在开封古小黄县一带,本与伏羲"盘古国"和"都陈""神岗"同地。

据北宋史学家乐史《太平寰宇记》记载:"伏羲于蔡水得龟,因画八卦之坛。"[19]文中的"蔡水"就是大禹在开封治水的浪荡渠、鸿沟。此水流经下游的河南太康、淮阳(陈州)等地后入淮河。而"陈州"则是西周时期舜帝、商均、阏父的后裔陈胡公自开封古陈留顺着"蔡水"南迁的"陈国"之地。当年,大禹在这里治理浪荡渠,即"蔡水"时,为了打通开封"神岗"东西的河道,把泛滥于昆仑山"九州""中国"的洪水引向大海,曾将"神岗"南北一分为二,引水东流,故今神岗有"南神岗""北神岗"之分。岗的东部紧邻古陈留皇伯山伏羲"都陈"古小黄县(今称祥符区小黄铺)。小黄铺南部约 28 公里处,便是炎帝帝都古陈留"空桑",今为杞县葛岗空桑村。

由于炎帝在开封昆仑山和太极四象、五行中居南方、赤、朱雀方位,不仅"空桑"方位称"赤地""赤县",炎帝也被冠以"赤帝""南方帝"之号。据汉代司马迁《史记·孟子荀卿列传》记载:"中国,名曰赤县神州。"这正与开封昆仑山"九州""中国"的"神州""赤县"彼此呼应。

直到北宋建都东京,古陈留旧地的开封、浚仪两县仍被称作"赤县"。据北宋国史编修官王存《元丰九域志》记载:"东京,开封府(治开封、祥符二县)。辖县一十七。开封、祥符二县为赤县。"[20]这种奇特的地理和文化传承,在国内十分罕见。

3. 古代昆仑山"中国""九州"的地域划分

至于开封昆仑山"中国""九州"地域如何划分,现在已很难说得太具体,因为历史上不同时期都会根据帝王治理"中国"的客观需要进行调整,而不断发生变迁。当然,有一些变迁也很正常。所以,古代"九州"方位、名称也难有一成不变的定论,必须用历史变迁的观点来加以分析和论证。

中国第一部古典文集和最早的历史文献《尚书·夏书·禹贡》[21]中认为,大禹之时,天下划分的"九州"分别为:冀州、兖州、青州、徐州、扬州、荆州、梁州、雍州、豫州。昆仑山是"中国""九州"的同义词,范围大致在豫州北部与冀州南部、兖州西南部的交会处。这也是冀州、兖州都曾被称作"中冀""中土""中央钧天"的历史文化原因和地理方位原因(如下图)。

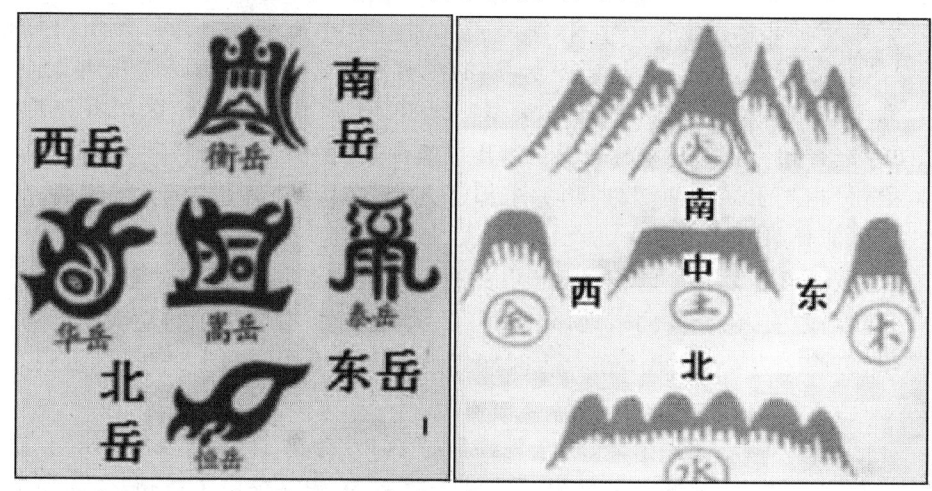

"中土"对应泰、嵩、恒、衡、华五山古图

但一般认为,昆仑山"中国""九州"的核心地区主要分布在"九州"之一的"豫州",其他州环绕在豫州周边地区,故"豫州"也称"中州"。又因"中州"地域土地平坦,原野广阔,后也称"中原"。据明代伟大地理学家和旅行家徐弘祖《徐霞客游记·游嵩山日记》记载:"余入自大梁,平衍广漠,古称陆海。"[22]文中古大梁"陆海",是指上古时期开封"昆仑山"被海水河水环绕,是陆地与海水的结合部,后冲积成为地势平缓、一望无际的原野,现为华北黄河冲积平原的一部分。

4. 洛阳"成周"最早在"九州""中国"之外

这一时期,"豫州"州界大致在荥阳西部一带,河南洛阳不隶属"豫州",而隶属于"司隶",或古"梁州"之地,自然不能作为昆仑山"中国""九州""中央"之位看待,也不可能是三皇五帝昆仑山"中土"之地,更不具备"四海""四渎"环绕开封昆仑山"瀛州"的地理地貌。

西周政治家周公旦《周礼·变官·职方氏》[23]认为，"九州"有幽州、并州，而无徐州、梁州；战国时期不韦《吕氏春秋》认为，"九州"有"幽州"而无"梁州"；中国最早一部解释词义专著《尔雅·释地》[24]认为，"九州"有幽州、营州，而无青州、梁州。

此外，各家所说的"九州"州际也有一些出入。如中国历史文献汇编《尚书·禹贡》[25]所说"九州"之一的"冀州"相当于河北南部、山西东南部一带，"九州"之一的"兖州"相当于河南省北部、山东省西南部一带，"九州"之一的"青州"相当于山东省东部和北部一带，"九州"之一的"徐州"相当于河南省东南部、安徽省东北部、山东省南部、江苏省北部一带，"九州"之一的"扬州"相当于安徽省南部、江苏省中部、江西东部、浙江省和福建省部分地区，"九州"之一的"荆州"相当于湖南、湖北两省及河南、贵州、广东、广西部分地区，"九州"之一的"豫州"相当于河南省荥阳东部、开封南部、安徽省北部一带，"九州"之一的"梁州"相当于陕西南部、四川省东部，"九州"之一的"雍州"相当于陕西、甘肃、宁夏部分地区。

这显然已是"大九州"之说，产生的时间不会早于商末周初时期。但即便如此，陕西西安、山西大同之地，仍然不在"大九州"核心区域的"冀州""兖州""豫州"范围之内，自然更不在上古时期三皇五帝昆仑山"中国""九州"范围之地。

一般认为，后来的"十二州"之说，是从"冀州"分出了并州，从"青州"分出了幽、营州，从"雍州"分出了梁州的结果。后来，梁州又分出了益州，雍州也分出了凉州，并已经发展到了今日中国大西南、大西北地区。这种划分变迁，既是对上古时期"九州"的地理传承，也是文化传承，两者传承都是华夏民族和历史文化发展的基本模式。

5. 西安、洛阳、登封不在"九州""中土"之内

到了汉代，古人运用伏羲太极八卦文化中的"天地人合一"学说，结合天象"星野"划分与地上"九州"地形的对应关系，对"九州"作了新的调整和完善。

东汉史学家班固在《汉书·天文志》"星宿分野说"中认为："角、亢、氐，对应为兖州；房、心，对应为豫州；尾、箕，对应为幽州；斗，对应为江、湖；牵牛、婺女，对应为扬州；虚、危，对应为青州；营室、东壁，对应为并州；奎、娄、胃，对应为徐州；昴、毕，对应为冀州；觜觿、参，对应为益州；东井、舆鬼，对应为雍州；柳、七星、张，对应为三河；翼、轸，对应为荆州。"[26]

对此，我们认为应该从历史发展的多种角度，来认识"九州"的星宿分野问

题。"九州"之"九",有时可指一个概数,不一定就是定数。如汉代的"十三州"刺史部为:交趾、青、兖、徐、豫、冀、并、凉、幽、朔方、益、荆、扬等,包括司隶(三辅、弘农、三河)在内共十四个超大型地域单位,总论却仍冠以"九州"之名。这说明此时的"九州",并非仅保留上古时期的"九州"之数。

对此,西汉刘安在《淮南子•地形训》中解释"何谓九州"时则认为:"东南神州曰农土,正南次州曰沃土,西南戎州曰滔土,正西弇州曰并土,正中冀州曰中土,西北台州曰肥土,正北泲州曰成土,东北薄州曰隐土,正东阳州曰申土。"他把"冀州"安置在开封昆仑山"中国"的"正中""中央""中土"方位;而把"弇州"安置在开封昆仑山"中国"的"正西""并土",即中牟、荥阳等方位。

就"弇""兖"文化产生的历史时序而言,开封西部的"弇"或许要早于开封东北部的"兖"。但就其地理和文化传承而言,都与对开封昆仑山西部"沇(弇、兖、奄、淹)水",即"济水"地理发源、文化传承的认识有关。

因此,上古时期"弇州"东方的"冀州""中冀""晋丘"等等,也就是清代《开封府志•卷十六古迹》[27]记载开封昆仑山方位的"晋丘"。这说明开封北部"晋"的地理方位和文化含义与"冀"相吻合,本指"中国""中央""中土"的北部方位。而开封昆仑山西部,上古时期也称"弇州""奄州",以及"崦嵫""燕然""嫣然",等等,本指昆仑山"中国"西部的中牟、原阳等方位,但历史上也曾向"西北"方位的荥阳、延津、新乡一带变迁。如战国时期魏襄王编撰于魏国大梁的竹简《穆天子传》[28]中,西王母居住的"弇山"、种植槐树的"崦嵫山"、祭祀河神的"燕然之山"等许多地名,大致就在开封的西部、西北部的中牟、原阳、延津一带。

6. 开封昆仑山西北有西王母居住之"墉城"

延津之"延"与兖水(济水)之"兖"、南燕国之"燕"不仅同音,也与《穆天子传》中记载的"弇山""崦嵫山""燕然之山"等地理名称同在河水、济水流经的"两河"流域,是西周时期华夏母系氏族的传人——西王母世袭女娲母族和会见西周穆王之地,也是对上古时期昆仑山"墉城"、商代"廓国"地理文化的传承。

"墉城"也称"天墉城",史典记载为西王母的居住地。对此,汉代东方朔《海内十洲记》、东晋南朝《上清外国放品青童内文》均记载:"昆仑,号曰昆崚,在西海之戌(为开封昆仑山西部偏北方位,五行里戌代表土,阴阳学说戌为阳)地,北海之亥(为开封昆仑山西北方位,八卦里亥为乾卦,代表水,为悬河、天河之位)地,去岸十三万里。……昆仑宫,其一角有积金,为天墉城,面方千里。

城上安金台五所、玉楼十二所。其北户山、承渊山，又有墉城。金台、玉楼，相鲜如流，精之阙光，碧玉之堂，琼华之室，紫翠丹房，锦云烛日，朱霞九光，西王母之所治也，真官仙灵之所宗。"[29]北魏地理学家郦道元《水经注·河水一》也记载："承渊山，又有墉城，金台玉楼，相似如一……西王母之所治，真官仙灵之所宗。"[30]

文中"墉城"也称"雍城""鄘城""灉""灘"等，是开封昆仑山西北部西王母氏族居住地，也是上古时期最早的墉（雍）州之地。据唐朝政治家、史学家杜佑《通典》记载："鄘城在新乡县西三十三里，古鄘国也。"[31]《新乡县志》也记载："鄘国都城位于现新乡县大家店（代店、店后营）村周围。"[32]据当地资料记载，20世纪50年代，此地还遗留两个半环形的土岭。1978年曾在大家店西北古鄘城遗址挖出古城垛两个（如下图）。

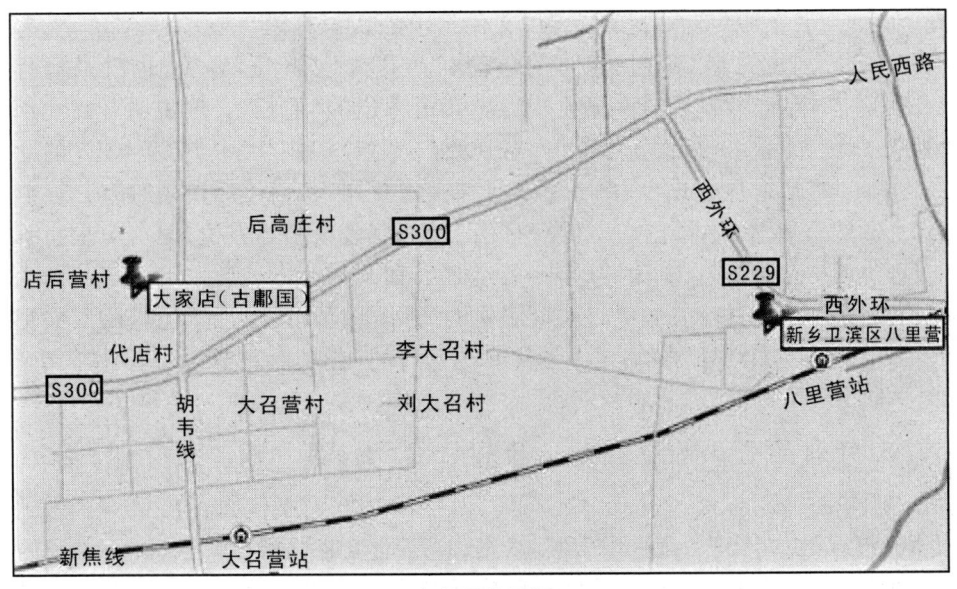

古鄘国位置图

西王母是华夏民族女娲母系氏族的世袭传承者，一直到了汉代仍有西王母活动于中原地区的史料记载。"鄘城"文化遗址应该得到保护、发掘和传承。

由此可见，汉代司马迁《史记·孟子荀卿列传》中记载邹衍所分天下"九州"之说，其含义有二：一是指开封昆仑山"赤县神州"之"中国""九州"，二是指三皇五帝之后向开封昆仑山"赤县神州"四方外部发展的大"中国"、大"九州"。

无论是"中国"、大"中国"，或是"九州"、大"九州"，虽然它们距离开封昆仑山"赤县神州"的距离有远近之分，但其地理方位却基本上被延续了下来，并符合太极八卦方位学说,逐步形成与此方位相对应的河南豫州、中州,河北冀州、幽州、晋州,山东兖州、青州,江苏徐州、扬州,陕西梁州、雍州;湖北荆州,以及河南焦作为"冀州雍国",新乡、武陟、淇县古属"冀州"、有"酂国",新郑古属"冀州"与"豫州"交叉的历史传承和地理方位名称(如右图)。

尽管古代这些"九州"或"十二州"的方位地名在传承过程中有一些地理变化调整,但追溯其历史文化渊源,都是以伏羲在开封古陈留肇始华夏文明"八卦",即"河图洛书"中的地理方位为基础确认的,也是古人以开封昆仑山"中国""九州""赤县神州"为太极"中土""地中"的根本依据。这已经深深地印记在华夏民族的思想文化观念和历史地理地名之中,无法抹去。

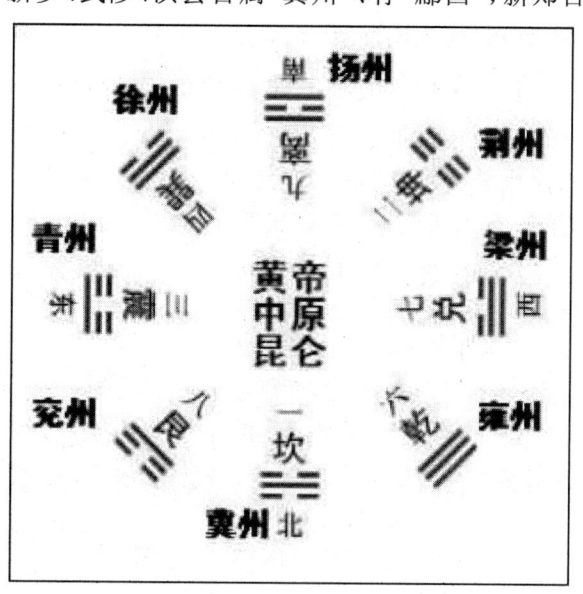

昆仑、黄帝、中原、九州方位图

值得一提的是,新乡古为"冀州"之地,春秋归属卫国,战国归属魏国,魏国襄王时期编撰的竹简《竹书纪年》《穆天子传》就埋葬在此地西北方位的卫辉山彪镇西北之地。说明魏国襄王时期编撰《竹书纪年》《穆天子传》的原因,是因为魏国占有上古时期三皇五帝昆仑山、西王母"酂城"和"冀州""中国"的特殊地理和文化优势。

这也同时表明:中国上古时期伏羲肇始的华夏历史文明是具有历史文化、天象地形、山水方位可寻的客观存在,不能仅仅当作虚无缥缈的神话传说来看待,而应该作为一门历史地理和文化科学来进行深入发掘和研究,切实将其打造成为国务院要求的"华夏历史文明传承创新区",打造成为海内外华夏儿女寻根问祖的精神家园和文化旅游胜地。

三、古人对"冀州"文化和地理方位特点的认识

古人认识和记述"冀州",大致从帝王建都、地理方位、文化传承、河渎流

域、五行中土、天下之中、天象星宿等方面来进行的。因此,分析和研究"冀州"历史文化和地理方位,不能仅仅局限于单一方面。不然,很容易出现误读的现象。下面我们就来对古人关于"冀州"的不同论述加以分析,以了解古人心目中"冀州"的真实面目。

1."冀州"有帝王建都地的政治色彩

据春秋末期定陶人、经学家谷梁赤《谷梁传》记载:"冀州者,天下之中州,自唐虞及夏殷皆都焉,则冀州是天子之常居。"[33]文中的"天子",应指陶唐氏尧帝、有虞氏舜帝、有姒氏禹王、子姓商汤。他们居住和建都均在"冀州""天下之中州"。由于定陶在古"兖州"之地,位于开封东北济水之阴(南)的水陆交通要道,也曾冠以"天下之中"的美誉;"天下之中州"本来是相对于"冀州"南部、"兖州"西南部的开封昆仑山"中土"而言,但历史上周边地区多有借用(如右图)。

东汉涿郡人、经学家卢植《冀州风土记》认为:"唐虞以来,冀州为圣贤之泉薮,帝王之旧地。"[34]进一步认证"冀州"曾经是上古时期"帝王"居住建都的"旧地"。

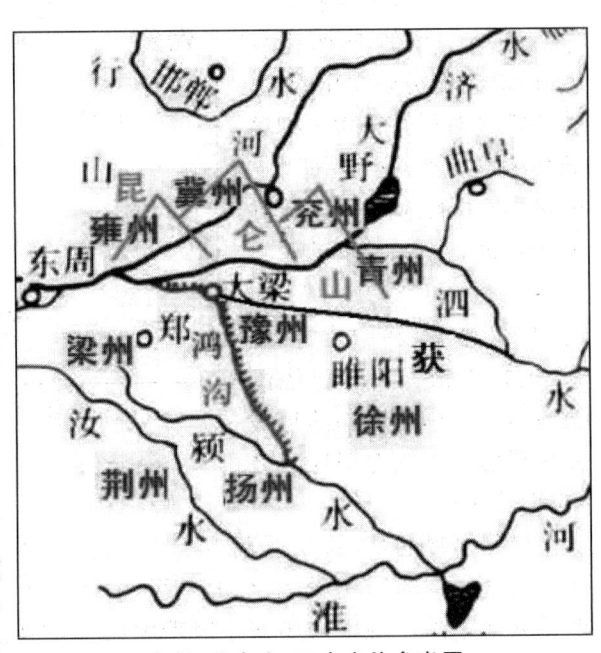

九州、昆仑山、四水方位参考图

南宋学者蔡沈《书集传》认为:"冀州,帝都之地。三面距河,兖河之西,雍河之东,豫河之北。"[35]文中的"兖河"也称"沇水""济水",源头在河南济源,经荥泽、开封北部流入山东菏泽、定陶"巨野泽"。后人多以菏泽、巨野一带为"兖州";"雍河"也称"灉水"(上古时期也称江水、获水)、"濉水""汳水""汴水"等,发源于河南新乡西南"墉城"(上古时期也称雍州)一带,与"沮水"(睢水)分流于河南原阳东南后,流向河南兰考、山东曹县南等地后入东海;"豫河"也称"豫州之河",流经开封昆仑山南部,也称"南河"(淮水)"浪荡渠""鸿沟"

"沙河""蔡河""小黄河"等,汇入淮河。

值得注意的是,上古时期包括江(鸿)、河、淮、济(汉)"四渎"在内的所有重要河流都与河南荥阳东部"河济"交汇、分流的开封昆仑山"大荒"周边有关。古人认为,这里是上古时期华夏民族人文历史上最早"州""山""河""海"的发源地,而洛阳成周则不具备江(鸿)、河、淮、济(汉)"四渎"环绕以及"州""山""河""海"发源地的人文、地理和方位特征。

尽管西周之后,周人将"九州"和"豫州"中心西移到了洛阳成周及山西东南部的所谓"冀州"一带,并将尧、舜、禹治理的"天下""中国"也部分地附会到了这一地区,可"九州"和"豫州"的重心却始终没有离开中原。中原作为三皇五帝以及夏商诸王居住、建都和昆仑山华夏历史文明发源地的历史、文化、地理地位却没有也不可能撼动。

据汉代司马迁《史记·货殖列传》记载:古冀州之地"淮之北,常山以南,河济之间"。文中古"淮""常山""河济之间"均指荥阳东部、开封昆仑山南北的"中绳"一线。"淮"指现在已经南迁的淮河,也曾称作"洛水""雒水""沙水""鸿沟""蔡水"等,流经河南淮阳南部,"淮阳"之"淮"由此而来。据东晋散骑常侍徐广《史记集解》记载:"'雒',一作'淮'。"唐朝著名史学家司马贞《史记索隐》也记载:"雒阳汉书作'淮阳'。"说明上古时期的"淮""洛"字与"雒"字通用。由此说明,"淮阳"因在淮河北部河滨近地而得名,而"雒阳"也称作"淮阳"。自上游开封流到"淮阳"的"淮水",也称"雒阳"的"雒水"。"雒水"又称"洛水";"常山"本指古"冀州"河北曲阳北岳"恒山",现"恒山"地名迁移到了山西浑源县城南。司马迁认为,"河济"在河北曲阳北岳"恒山"正南的开封昆仑山方位。

我们认为,上古时期的"淮河"本是流经开封昆仑山南部的"南河"——"鸿沟",为上古时期的"四渎"之一。后来,淮阳南部"淮河"水名南移至现在的"淮河"一线,并逐步被鸿沟、沙、蔡、颍(殷、溵)等水名取代,仅留下"淮阳"一个孤单单的地名忠实地守护着"淮河"流经当地的古老记忆。

这愈加说明,开封昆仑山"帝王都"在上古时期冀、兖、豫"三州"和江、淮、济"三河"的交汇地带。若以开封昆仑山"帝王都"为中心坐标,则东部为江水(也称获水、丹水、汴水)、西部为河水(上古时期古黄河不流经开封)、北部为济水、南部为淮水(鸿沟、蔡水等)。

所以,汉代司马迁《史记·殷本纪》引商朝初期《汤诰》记载:"古禹、皋陶久劳于外,其有功于民,民乃有安。东为江,北为济,西为河,南为淮,四渎已修,万民乃有居。"战国时期思想家孟轲《孟子·滕文公章句下》也记载:"当尧之时,水逆行，泛滥于中国，蛇龙居之，民无所定；下者为巢，上者为营窟。《书》曰：'洚水警余。'洚水者，洪水也。使禹治之。禹掘地而注之海，驱蛇龙而放之菹，水由地中行，江、淮、河、汉是也。险阻既远，鸟兽之害人者消，然后人得平土而居之。"

这说明，江、河、淮、济"四渎"环绕交汇之内才是洪水泛滥的"中国"之地，也是大禹治理的"天下"之水。而"济水"最早也曾称"汉水"，是天上紫微垣"天之中"与开封昆仑山"地之中"上下对应的"天汉"，即银河之水。"天汉"的渡口古称"天津"，对应地上的"延津"，因在昆仑山北部太阴"子"位，最早也称"玉门""孟（从子）津"。西周初期为"孟侯"封叔，即卫国康叔的封地。后来，地名向西部迁移。西周时期的"天汉"，即"汉水"之名，就像"淮水"之名一样，逐步在开封昆仑山北部"子"位消失，并依次向河南淮阳、鄢城和陕西南部、湖北中西部一带的"汉水"传承；而开封北部的"玉门""孟津""天津"之名，也逐步向河南荥阳、孟州，甘肃玉门，天津市一带传承。

开封昆仑山西部"河水"、北部"济水"和南部"淮水"曾与开封的"浪荡渠"交汇，正是泛滥于昆仑山和尧、舜、禹"中国"的"洪水"，又称"鸿水""鸿沟""洪沟""浲（逄、逢）水""蔡水""沙水"等，是上古时期"淮水"文化的源头。开封昆仑山三面环河，一面为江，黄河自西方流向东北方位，即河南延津的北海"乌巢泽"，也是印证上古时期开封昆仑山北部地理方位的一个重要特征。

所以，明朝文学家张岱《夜航船·疆域》篇也记载："陶唐九州，冀州，《禹贡》：帝都之地三面距河，时盖黄河入海也。"[36]而开封昆仑山三面距河，环绕尧舜帝都的地理环境，正是洪水经常泛滥于"中国"、大禹首先在开封昆仑山治理浪荡渠等水系的主要原因。

对此，古人多有相同解释。东汉史学家班固《汉书》指出："冀州，尧所都，故禹治水自冀州始也。"唐朝经学家孔颖达《尚书正义》也认为："九州之次，以治水先后，以水性下流，当从下而泄，故治水皆从下为始。冀州帝都，于九州近北。故首从冀起。"这进一步证明，开封昆仑山本是尧、舜、禹居住的"中冀""中国"和"冀州帝都"之地。

战国时期，封地在山东定陶的秦相范雎也认为，开封为天下的中枢，即"中国"之地。据西汉著名经学家刘向《战国策·卷五·秦三》记载范雎对秦昭王说："今韩、魏中国之处，而天下之枢也。"[37]文中"中国"，是指与上古时期开封昆仑山同地的战国韩国、魏国。

东汉学者刘熙《释名》认为："冀州，亦取地以为名也。其地有险有易，帝王所都，乱则冀治，弱则冀强，荒则冀丰也。"[38]唐代著名政治家房玄龄《晋书·地

第三章　上古昆仑山"九州"之首"冀州"

理志》引《春秋元命苞》认为:"昴毕散为冀州,分为赵国,其地有险有易,帝王所都,乱则冀安,弱则冀彊,荒则冀丰。"[39]在太极八卦文化中,"易"具有阴阳交会变化之"道(规律)"的内在含义,其位在"帝王所都",即昆仑山"天地之中";"易"始变的规律,在"太极"阴转阳的起始位置,即"帝王所都""天地之中"北部日月交会的"子"位,又称"交子"(如右图)。

古人将"交子"文化演变成了吃"饺子"的冬至时节和"易"物交换的纸币"交子",一个是突出北方太阴向东方少阳转换的方位和时节概念,一个是强调推动事物不断"易"变的交换功能和媒介作用,其本质都在于一个"变"字。所以,"变"就是"易"。大自然一年、一日最

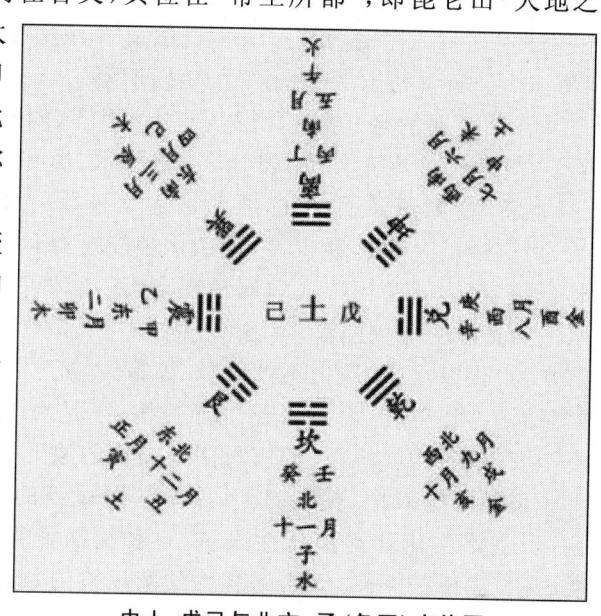

中土、戊己与北方、子(冬至)方位图

新、最早循环往复、不断"易"变的方位,在太极八卦正北方太阴的"坎""子"之位,也是"冀州"方位。

"冀州"方位是帝王居住的地方,是一个新阶段的开始之地,是年年岁岁天下人寄予厚望之地。因此,东汉文字学家许慎《说文解字》认为:"冀,假借为望也,幸也。"[40]古人赋予了"冀"以希望、寄托的文化含义。传说后晋皇帝高祖石敬瑭曾在山西太平县(襄汾县)掘地得到一块石头,上面写着"天子,冀州人"。由于汉代司马迁《史记·五帝本纪》记载"舜,冀州人",石敬瑭便自认为有天子舜帝之命,后在山西柳林(今山西太原东南)称"大晋(冀)皇帝",不久便迁都于上古时期真正的"冀州"——唐代汴州开封,直到去世。

这种传说虽有附会之嫌,却也告诉人们:古代确有天子帝王出"冀州"的既定文化传承。不然,谁还会相信石敬瑭的一派胡言。

2."冀州"有河济"两河"之间的地形优势

我们初步分析认为,"河洛"很可能就是指"河济"。因为只有"河济"之"两河"才是中国人文历史上最早、最重要的"四渎"之一,而"四渎"之外其他河流

所承载的人文历史,无法与之相比,也无法取"四渎"之中的"河济"而代之。

在太极先天八卦文化中,"河"在"天乾"阳位,为翻腾激荡的浊水,出龙马,负"龙图",即"河图";"洛"在"地坤"阴位,为柔弱润物的清水,出龟鳖,负"龟书",即"洛书"。"洛水"的这种自然属性和文化特色,正是"济水"所具有的"清流"品格,故称其为"清水""大清河"等。

春秋时期的老子,在《道德经》中称"济(弱、若)水"为"上善之水,厚德载物"[41];西汉淮南王刘安《淮南子》赞济水"通和宜脉";魏文帝曹丕《祭济渎文告》颂济水"瞻洪津而怀德,乘长波而钦智"[42];唐代著作郎、兼修国史许敬宗认为"(济)渎之为言独也,不因余水独能赴海也,济潜流屡绝,状虽微细,独而尊(贵)也"[43];唐代诗人白居易在《效陶潜体诗十六首》中诵"济水澄而洁,河水浑而黄。交流列四渎,清浊不相伤"[44];清代乾隆皇帝在《祭告济渎文》中誉济水为"伏以流谦,湑之不浊"[45];等等。"济水"被赋予了文静似处子、谦谦若君子、洁净比兰荷、温润如昆玉等美德,正是对上古时期生活在"济水"河滨华夏圣女母祖女娲、嫘祖、西王母阴德品格的象形写照。

现代中国人把"黄河"比作孕育华夏民族的"母亲河",窃以为如果从太极阴阳、河洛文化和河流特性来讲,这种提法值得商榷。因为黄河具有浑厚粗犷、大气磅礴的阳刚之气,是男性父亲风格的象征,在龙马负图的河阳之地,代表伏羲所在的父系氏族"天乾"之位,应称作"父亲河";而济水则具有荫庇万物,细微无声的阴柔之气,是女性母亲风格的象征,在龟鳖出书的济阴之地,代表女娲所在的母系氏族"地坤"之位,应称作"母亲河"。这也与父为日、阳、天、乾,母为月、阴、地、坤的太极阴阳观是一致的。

"河洛"本应指伏羲肇始太极八卦时,"河出图、洛出书"的"河"与"济"二水,"河洛"文化具有华夏民族文字、文明之源的重要历史地位。不仅伏羲"河图洛书"中的符号、理数文字肇始于开封昆仑山"黄柏山(皇伯山,今称小黄铺)"一带,而且黄帝史官仓颉创造中国最早的象形文字也在开封昆仑"夷门山(夷山,今称铁塔)"一带。

所以,我们认为"洛水"应指"济水"。上古时期的"河洛"与"河济"同地同义,也是与开封昆仑山"中国"北部的"冀州"和"晋"方位相互对应的。所以,战国时期吕不韦《吕氏春秋·有始览》记载:"两河之间为冀州,晋也。"一般认为,"晋"为山西之"晋",与古代的开封无关。这种解释仅适用于西周之后的"大九州"地理方位名称,而不适用于上古时期的开封昆仑山"九州"地理方位名称。

但在历史上,开封北部的"冀州"之位恰恰有"晋丘"之地名存在和传承。据

第三章 上古昆仑山"九州"之首"冀州"

清代《开封府志·卷十六古迹》记载:"晋丘:在祥符县界。一名清丘,又名元池。"文中"祥符县",即汉代开封浚仪县;开封西北部的"晋丘",古称"晖台";"清丘",即"青丘",是黄帝、阏伯的出生之地;"元池",现称"黑池",南部与唐代测定的开封太岳台"天地之中"同地。这说明,开封昆仑山北部的冀州之"冀"与"晋"同义同地,不是一种猜测。最早的训解词义专著《尔雅·释地篇》认为:"两河间曰冀。冀,近也。"[46]而"近"的对象却是上古时期"两河"之间的开封昆仑山"中国",这里居住着三皇五帝以及夏商诸王。

有学者认为,"两河"分别是指"大河"和"清河"之间的地带。其实,古代的"大河",即指浑浊的黄河;"清河",即指清流济水。两河之间便是开封昆仑山"中国"和伏羲太极八卦文化的最早发源地。

对中原历史研究使我们意识到,上古时期的"河济"或许就是中国历史上伏羲始肇八卦、河图洛书之地的"河洛",而不是西周之后洛阳南北的"河洛"。就是说,上古时期"济水"也称"洛水"。因此,上古时期流经开封昆仑山一带的"两河",既称"河济"又可称"河洛"。

尽管西周之后洛阳之地出现的"洛水"已经将"河济"之"两河"与"河洛"之"两河"地理方位以及"济""洛"的文化含义分开,却不影响古人对"两河"统一性、重要性意义的认识。如汉代司马迁《史记·孙子吴起列传》记载:"夏桀之居,左河济右泰华。"文中"河济"与"河洛"同地不同义,而本应指开封昆仑山,也称"泰(太)一山""太岳山(台)"的"泰华",已演变成了陕西"华山"。《史记·封神书》还记载:"昔三代之居,皆在河洛之间。""河洛之间"也已演变为山西东南和洛阳南北之地。唐代房玄龄《晋书·左思传》记载:"河洛为王者之里。"这里的"三代"和"王者",一般应指夏、商、周诸王,以及他们误认为的洛阳"河洛"之"两河"了。

而洛阳南部的"河洛"文化,不过是西周公旦按照周文王《周易》后天八卦地理方位建都成周时期,对殷商"顽民"旧都古"冀州"之地"河洛"地理文化的一种传承而已,其本质仍然是对"河济""两河"地理方位的一种效仿和再造。

古代洛阳曾称"司(隶)州",至于称作"豫州""河南(郡)",应是西周以后的事了。据说,秦朝洛阳名为"三川郡",最早是战国韩宣王所置,以境内有河、雒、伊"三川"而得名。"韩宣王",即"韩宣惠王",公元前323年由韩威侯称王而来。但此时的洛阳仍是东周天王之都,区区韩国诸侯如何能在洛阳周王都内设置"三川郡"治,实在难以让人信服,自然也存在争议。况且,西周之后的河、雒、伊"三川"不是上古时期江、河、淮、济"四渎"之中的"三河",也不在上古时期甚至西周时期的"冀、兖、豫""三州"之内,如何能担当得起上古时期华夏"河渎"文化、昆仑山"中国"文化源头的盛名。

直到西汉高帝二年(前205年)将"三川郡"改为"河南郡",治所才安置在雒阳(今河南洛阳),其时辖地仍在今河南黄河南部洛水、伊水下游,双洎河、贾鲁河上游地区,辖二十二县,大致相当于今河南省孟津、偃师、巩义、荥阳、原阳、中牟、郑州、新郑、新密、临汝、汝阳、伊川、洛阳等县市。直到此时,才与河南荥阳东北原阳、中牟"河济"之间的古"冀州"地理方位有缘。

隋朝时期,洛阳属"洛州"。隋大业元年(605年)将"洛州"改称"豫州"。以上情况或许可以证明,西周之前的"冀州""兖州""河济""河南""豫州""帝王建都"本在洛阳、登封的东部地区。只有开封昆仑山地区,才能与"河济"的正南、正北方位彼此对应。

西周公旦《周礼·职方》认为:"河内曰冀州。""河内"最早是指中原古黄河以北地区,大致为河南荥阳东部黄河下游的北部一带,即后来的"豫北"之地。"河内"有时也称"河间"的瀛州,应是对开封北部"两河之间"的简称。可见,上古时期最早曾把荥阳下游古黄河以北,今豫北之地,皆称作"河内"。

但是,秦代的"河间"地名,顺着荥阳东部的黄河下游向东北方位迁移,现在位于河北冀中平原腹地,属沧州管辖。楚汉之际又置"河内郡",开始管辖新乡古黄河北部和西部地区,治怀县(今河南武陟西南);西晋移治野王(今河南沁阳);隋代于野王为河内县。这时的"河内""河间"开始与洛阳相邻了。

历史上无论"河内",还是"河间",其地理方位最早却在开封昆仑山北部和西北部一带。这种地理、河道、方位的文化传承与特色优势,在洛阳一带是无法找到的。

3."冀州"是上古帝王的"天下"之州

"天下"古时多指"中国"范围内的全部土地。东汉史学家班固《汉书》认为:"冀州,尧所都,故禹治水从冀州始。"说明大禹治理洪水,即浪荡渠,首先是从尧帝帝都开始进行的。清代学者陈逢衡《逸周书·尝麦篇》补注中认为:"古者指天下为冀州。"[47]"天下"也指三皇五帝居住建都的昆仑山"中国"。

"冀州"是"天下""中国"的重要组成部分,甚至代表着"天下"地域的象征。东汉涿郡人、学者高诱在《淮南子·地形训》注释中认为:"冀为天下之号。"说明"冀州"一词,已经成为三皇五帝昆仑山"中国"和"天下"的代名词,是上古"帝王之州"。

对于与开封昆仑山交会的"冀州",被称作"帝王之州",古人是有认同的,也不乏文字记载和赞颂之词。如金代山西太原平晋人、诗人李汾在《汴梁杂诗》中写道："夷门自古帝王州。"[48]诗中"夷门"就是炎黄时期仓颉夷门氏称帝建都一百一十年的夷门山之地，也是战国时期魏国大梁城监门小吏侯嬴看守的东门，今在开封铁塔公园一带。古人把"夷门"当作开封古大梁的代称。金代诗人李汾把开封视作"自古帝王州"的所在地，本质上是对开封自上古时期为昆仑山、"冀州"交会地，是三皇五帝及夏商诸王"天下之州""天下之中"文化的一种地理认可和文化传承。

金代诗人李汾本是山西太原平晋人，他不赞颂山西太原"属《禹贡》冀州地"，是"帝王州"，反而赞颂开封自古就是"帝王州"，愈加说明"冀州"在开封昆仑山"中国"，而不在西周所封的山西"晋国"之地。

4."冀州"是上古时期"九州"核心之地

宋代著名学者罗泌《路史》认为："中国总谓之冀州。"说明"冀州"就是"中国"的称谓。明末清初著名思想家、史学家顾炎武《日知录》认为："古之天子常居冀州，后人因以冀州为中国之号。"[49]也说明"冀州""中国"与古代帝王"天子"居住地同义。

而东汉学者高诱在《淮南子·览冥训》注释中认为："冀，九州中，谓今四海之内。"就是说，"冀州"在上古时期昆仑山"九州"的"中央"之位，在"四海"之内。上古时期的"四海"，一般认为是指东海——山东菏泽巨野泽；南海——开封逢泽；西海——郑州圃田泽；北海——河南延津乌巢泽，而"冀"应在其之中。

清代经学家、地理学家胡渭《禹贡锥指·卷三》写道："《九歌》云，览冀州之有余，横四海兮无穷。"[50]进一步说明"冀州"在三皇五帝的"中国""天下"，即"四海"之内，是"九州"的"中央"之地。

5."冀州"可称"中州""中土"和"北方州"

一般来说，古代的"中州""中土"和"北方州"本在一地，其义也是互通的。据战国时期经学家谷梁赤《谷梁传》认为："冀州者，天下之中州也。"说明"天下之中州"，在开封昆仑山"天下（地）之中"方位，古代"冀州""豫州"均可称"中州"。

东汉许慎《说文解字·北部》认为："冀，北方州也，从北异声。"又说："北方名冀，而因其以名其州也。"清代段玉裁《说文解字注》："北方州也。周礼曰，河内曰冀州。尔雅曰，两河间曰冀州。据许说是北方名冀，而因以名其州也。"但是，汉代司马迁《史记·孟子荀卿列传》记载战国时期阴阳学家邹衍认为："九州之内，名曰赤县。赤县之畿，从冀州而起。"这说明"九州"中心"赤县"的北部，与"冀州"的南部相连。而"冀州"地域划分，南部的始点应在开封昆仑山

"赤县"的中心位置。就是说"冀州"本应在上古时期开封正北方位,而不是在洛阳正北方位。

古人把"冀州"南部起点也称作"神州赤县",即昆仑山"中国""中央""中土"之地。因此,汉代刘安《淮南子·地形训》认为:"正中冀州曰中土。""中土"一词,最早本是伏羲太极八卦文化五行"中土"的方位概念,也是三皇五帝居住和建都的昆仑山"天地之中",自然也被古人当作北方"冀州"的起点。所以,"冀州"南部就是太极五行"中土"和昆仑山"天地之中",而"冀州"之外的各"州"鲜有"中土"之称。当然,只有开封古代曾属"兖州""豫州"之地,所以才成为一个例外。

唐代政治家魏征《隋书·地理志》认为:兖州"其地兼得邹鲁齐卫之交,旧传太公唐叔之教,亦有周孔遗风"[51]。"邹鲁齐卫之交"的兖州也包括春秋时期卫国开封古"仪"邑之地。汉元封五年(前106年),兖州成为西汉武帝行政区划名称,辖有山阳、东郡、陈留等8个郡(国)和100多个县,其位置、范围与《禹贡》"九州"大体一致。东汉时期,豫州成为一级行政区域,下辖颍川、汝南2郡,梁、沛、陈、鲁4国。开封属"豫州""梁国"之地。

可见,"中土"与开封昆仑山、"冀州""兖州""豫州"同在,而其他各"州"尚不见如此担当。

6. 天象星野与"九州""冀州"相互对应

伏羲肇始的太极八卦文化具有"天地人合一"的唯物、象形特征。唯物,就是以天上日月星辰、风雨雷电,地上山川河流、动物植物等为标志物;象形,就是天地物质之间客观存在、主观认识以及效法、对应的关系。因此,华夏先民依照天象中的星宿位置,在地形中划分不同氏族居住的地理方位,也称"州"。

据《吕氏春秋·有始览》明确指出:"天有九野,地有九州。""天有九野",也称"九天",与"地有九州",也称"九地",上下彼此对应。虽然,吕不韦所认定"九野""九州"的地理中心,已经向中原西部的洛阳、山西东南偏移了,但这种思想理念和划分方法却仍然被继承了下来,为我们研究上古时期三皇五帝在昆仑山建设"九州""中国",找到了十分重要的参考依据。

这说明,代表伏羲太极八卦、河洛文化内涵的"天地人合一"观念,并不只是一个上古文化中的一个理论概念,更是社会生活中的一个实践概念。可以认为,上古时期的"天地人合一"观就是华夏先民理论与实际相结合所创造的唯物、象形学说,既是世界观又是方法论。遵循这一原理,上古时期的华夏先民划分了"九州"或"十二州"地理方位,并与天象中"二十八星宿"、反映节气的"十二地支"等形成了互相对应的关系。这便是"天地人合一"文化的一种应用和表现形式。

上古时期,"九州"划分明显地与开封昆仑山地形、太极八卦方位和自然界河流、瀛洲的分布、形状相互对应,具有三皇五帝氏族邦国,即"天下""九州"行政区划的本质属性。

知道了"九州"分别对应天上星宿的位置,也就等于找到了地上"九州"各自分封、建立的地理方位。上古时期华夏先民在没有地图、没有钟表,不知道方向和时间的情况下,能够用天象中的日月星辰来确定地上的方位和节气,满足自己氏族生存、劳作和发展的需求,不能不说是唯物、象形世界观的绝佳表现,也是实践出真知的伟大创举。

中国最早的朴素唯物辩证哲学观和方法论由此在生活、生产劳动的实践中应运而生,成为华夏民族建设大小"九州"、大小"中国"的思想基础和行动指南,为后来道教、儒教、理学等文化的产生和发展奠定了基础。

中国古代占星家认为,把天象中的某些星宿与地形中的某些州国相对应,可以通过天象中星宿发生的某种变化,来预测地形州国中某些事物受天象影响而随之发生的变化。这种天地或天人感应方法,就是古人"分野"或"星野""星野说"的理论依据。

自三皇五帝时期开始,由于昆仑山小"中国"、小"九州"的面积不断向大中原、大九州、大中国的四面八方延伸拓展,"星野"的运用范围也自然由小"中国"、小"九州"向大中原、大九州、大中国的四面八方演变,上古时期"星野"与古代"星野"方位也要进行相应的调整。

因此,不同历史时期的"星野"学说必定也与当时地形面积相互对应。如果用上古三皇五帝昆仑山小"中国"、小"九州"的"星野"学说,来解释夏、商、周,甚至秦、汉、唐时期大"中原"、大"九州"地形面积的对应关系,显然会出现不灵验的情况。对此,唐代杰出天文学家李淳风由《周髀算经》指出:"是时汉都长安,而向言测影处所。若在长安,则非晷影之正也。"说明观测日月运行天象、推算岁时节候的"九州""星野"学说自古源于中原。

四、对星宿、州国与"中国""冀州"关系的理解

1. 史典中关于"冀州"的分野记载

据传说周公所作《周官》、汉代《史记·天官书》记载:"天星皆有州国分野。角亢氐兖州,房心豫州,尾箕幽州,斗牵牛婺女扬州,虚危青州,营室东壁并

州,奎娄胃徐州,昴毕冀州,觜觿参益州,东井鬼雍州,柳七星张三河,翼轸荆州。"

而唐代学者张守节在《史记正义》引述《星经》中,则有与《史记·天官书》"分野"略有不同的记载:"角、亢,郑之分野,兖州。氐、房、心,宋之分野,豫州。尾、箕,燕之分野,幽州。南斗、牵牛,吴、越之分野,扬州。须女、虚,齐之分野,青州。危、营、壁,卫之分野,并州。奎、娄,鲁之分野,徐州。胃、昴,赵之分野,冀州。毕、觜、参,魏之分野,益州。东井、舆鬼,秦之分野,雍州。柳、星、张,周之分野,三河。翼、轸,楚之分野,荆州也。"这比《周官》《史记》的星宿、州际对应记载中,多了春秋时期与星宿、州际相对应的侯国记载,也对星宿所对应的州际、侯国进行了一些调整。

冀、兖、豫州对应于亢、角、氐宿图

2."冀州"所在星宿、侯国的地域特点分析

从上述两家记载的对比中,我们大致可以看出如下显著特点:

一是,尽管两家记载的"星宿"彼此相同,但是所对应的"州""国"却出现了一些变化。如西周时期《周官》记载角亢氐为兖州,房心为豫州;而唐代《史记正义》则记载角、亢为郑国之分野,对应兖州。氐、房、心为宋国之分野,对应豫州。郑国、兖州少了氐宿,而宋国、豫州多了氐宿。说明天象中的星宿未变,但州国划分位置却出现了重新分封的情况,所以才出现了上下之间相互对应的变化。

二是,虽然"州""国"对应的"星宿"有所调整,州国的名称、方位有所变化,但主要"星宿"所对应的客观地理位置,如山川、河流等没有变化。如战国时期《周官》记载昴毕冀州;而唐代《史记正义》则记载胃、昂(昴),赵之分野,冀州。战国初期赵国的"邺"，秦代属于邯郸郡、河内郡管辖。公元前 195 年，西汉高帝置"魏郡"，属于冀州，辖境包括河南滑县、浚县、内黄等十余个县地。作为赵国"魏郡"，即冀州南部的河南滑县、浚县等地，历史上也曾为开封大梁魏国占有。可见，"冀州"的范围虽有调整和变迁，但它在开封昆仑山北部"两河之间"的基本方位仍是相对稳定的。

三是，虽然角、亢分野的郑国为兖州，氏、房、心分野的宋国为豫州，但两地同在开封古陈留东西之地。如春秋前后，开封古"启封"曾先后归属宋国和郑国所有。据清代《汇考·卷七》记载："开封者，故宋微子启所封地因以为名。汉讳改开封。"[52]南宋笔记文作家吴曾《能改斋漫录》记载："京师开封县，其城本郑庄公所筑，昔卫之水有浚，浚之地有仪封人，掌仪地之封疆，郑人得而城焉，以为开封（启封），此其始也。"[53]说明古代开封本在"角、亢、氐"星野之下，与郑、宋两国星野彼此交会，也彼此印证。

四是，唐代学者张守节《史记正义》记载："危、营、壁宿为卫国之分野，在并州。"但开封"仪"邑便是卫国西南之地，本属"冀州"，后来虞舜认为"冀州"南北太远，而由"冀州"分出为"并州"。有的说夏朝为"冀州"，周朝为"并州"。

据周公旦《周礼·职方》记载："正北曰并州，其山镇曰恒山，薮曰昭余祁，川曰滹沱、呕夷；浸曰涞、易。"这说明，"冀州""并州"本在开封昆仑山的正北方位，这一本质属性没有变化，故与赵国"魏郡"的恒山、滹沱、浸水、涞水、易水等同在开封正北方位；也说明，到了周朝"并州"已经变迁成为东都成周洛阳正北部或西北部山西太原一带"大九州"的"并州"了，"并州"的面积已逐步扩大到了开封昆仑山西北方位。因此，周朝把"并州"也调整到了洛阳正北、西北方位了。

3."冀州"在开封昆仑山北部方位稳中有变

无论上古时期的历史地理文化如何演变，"九州"之一的"冀州"南部、"兖州"西南部、"豫州"北部、天象中的"角、亢、氐"星野都对应开封昆仑山北部、东北部和"中央"方位。而开封古陈留正是北部"中冀（州）"、东北部"兖州"、南部"豫州"、昆仑山"中央""河济""两河"交汇的上古"中土""中国""中州""天地之中"。这些对应关系无法改变。

对此，西汉淮南王刘安《淮南子·天文训》指出："中央曰钧天，其星角、亢、氐。"而开封正在"角、亢、氐"分野之位和"中央、钧天"之地。据清代《陈留县志·星考》记载："分陈留、豫州域，土孕角亢无疑。"[54]清代《开封府志·卷三星野》也记载：开封"大梁在兖豫之区，其分野，则角亢氐房心五者皆东方宿也。

而已土中当之"[55]。文中"兖豫之区",说明开封在"兖州"与"豫州"之区交会之地;"已"与"己"通,为"阴土",又与"土中"同为"冀州""中土"交会之地。

这种星野、州际交会于开封的现象也在侯国之间得到了印证。如唐代杰出天文学家李淳风《乙巳占·日辰占第十七》记载:"戊,为韩、魏、中州、河济;己为韩、魏。"[56]文中"戊"和"己"均属太极五行"中、土"方位。"土"分阴阳,"戊"为阳土,代表着伏羲父系氏族居住方位;"己"为阴土,代表着女娲母系氏族居住方位。据汉代礼学家戴德《礼记·月令》记载:夏末农历六月为季夏,季夏之月"中央土,其日戊己,其帝黄帝,其神后土"[57]。文中"中央土"之"日戊己"本在黄帝等王者居住的"中央"之位。唐代医学家王瓘《轩辕本纪》记载:黄"帝娶西陵氏于大梁,曰嫘祖,为元妃"[58]。黄帝成婚的帝都"大梁"在开封北部的古济水(今为黄河)南岸,正与开封昆仑山三皇五帝"中国"同位,而战国时期的"韩(国)、魏(国)、中州、河济、中央土、日戊己也在这一地理方位。

但是,到了周朝时期,各州尤其是豫、冀、兖三州的州际却有了较大变迁。据战国时期吕不韦《吕氏春秋·有始篇》记载:"河汉之间为豫州,周也;两河之间为冀州,晋也;河济之间为兖州,卫也。"说明包括"豫州"在内的整个"中国""九州"的中心,已经向西部的周朝东都洛阳偏移了。如开封昆仑山南部"河汉"之间的"豫州",其西部州际已由河南嵩山一带,向西移至河南灵宝西南一线,偏离了开封昆仑山的正南方位;"两河"之间的"冀州"州际,不仅自太行山东部向西移至山西西部的黄河一线,还把"两河"含义重新解释为山西西部南流黄河和河南太行山东部东北流黄河的广大地域;"河济"之间的"兖州"州际,已向西移至河南新乡的西南部一线,成了开封昆仑山的正北方位。

虽然,豫、冀、兖三州仍与上古时期开封昆仑山三皇五帝"中国"交会或相近,但西部州际却已有了不小变迁。

4. 天象星宿印证"冀州"与开封昆仑山同地

上古时期不仅太极五行方位、地理河流、九州划分、侯国分封等均以开封昆仑山、"冀州"为"地中"方位,天象星宿也是如此。据汉代司马迁《史记·天官书》记载:"昴、毕,冀州。"汉代刘安《淮南子·天文训》记载:"胃昴毕,魏也。"中国最早解释词义的专著《尔雅》也记载:"大梁,昴也。"在这里"冀州""魏国""大梁"同在一地,既是指"胃、昴、毕"星宿,也是指古代"冀州"和战国时期魏国国都"大梁",即开封昆仑山"中央"。

中国古典史料中有多种记载表明,"中央""土中(地中、中土)""钧天""角、亢、氐"星宿、"天地之中"之位同时指向开封古陈留、大梁的昆仑山、"冀州"之地,说明开封昆仑山在一个较小的区域范围内是可信的。

据汉代易学著作《河图括地象》记载:"昆仑,地之中也。"东汉经学大师郑玄注释认为:"昆仑,居地之中。"说明"昆仑"与"地之中"同地同义。

"地之中"的"昆仑"还可以用河海方位来佐证。如先秦地理类重要古籍《山海经·大荒西经》记载:"西海之南,流沙之滨,赤水之后,黑水之前,有大山,名曰昆仑之丘。"文中"西海"指郑州东北部的"圃田泽";"流沙"指郑州中牟东部的"官渡水",因水流中含沙量较大,亦名"沙水(河)";"赤水"指太极四象的南方、"赤"位之水,即"赤水",也是开封昆仑山南部"浪荡渠""鸿沟"之水;"黑水"指太极四象的北方、"黑"位之水,即"黑水",也是开封昆仑山北部"兖水""济水""广济水""五丈河";"昆仑之丘"就是上古时期三皇五帝共同居住和建都的"中国"之地,又称"中土""中央""地中""天地(下)之中""天地人之中"等。

5. 开封昆仑山"地中"与古人测量位置相符

对于"地中"的地理方位,古人不仅在天象星宿、地形河海、人文州国等文化中,可以得到认定和传承,也可以采用古代土圭占卜、天文测量的方法获得和传承。

据北宋史学家欧阳修《新五代史·卷五十八》记载:唐朝"开元十二年(724年),遣使天下候影,南距林邑,北距横野,中得浚仪之岳台,应南北弦(子午线),居地之中。大周建国,定都于汴"[59]。这就运用天文测量的方法,印证了开封古代汴州浚仪"岳台"为"地之中",与天象星宿、地形河海、人文州国认定的结果相吻合。

对于"地之中",即"地中"文化的含义,西周公旦《周礼·大司徒》认为:"地中,天地之所合也,四时之所交也,风雨之所会也,阴阳之所和也。然则百物阜安,乃建王国焉。"文中"天地合""四时交""风雨会""阴阳和",就是伏羲肇始八卦的"太极"之地,而"太极"就代表着伏羲。

可见,开封古代汴州浚仪"岳台"的"地之中",正是昆仑山"太极"伏羲等三皇五帝及夏商诸王,按照"太极"文化共同"建王国"之地。

若以河南洛阳为华夏民族最早的昆仑山"中央""土中""钧天""地之中"方位,则洛阳北部为黄河、济水"两河"东流之地固然无疑,但洛阳北部受太行山局限,"河济""两河"之间面积狭窄,并无上古时期划分"冀州""并州"的宽阔地理环境。且当地黄河东流、济水东南流向,会合于郑州荥阳广武镇北岸,然后河水东北流向,济水东部流向。洛阳北部的地形和历史中,没有开封北部

"两河"分流于荥阳和"兖州河济之间"后,向东北方"兖州"流去的地形和历史凭证。

因此,从九州分野、天象地形、山川河流、州国方位来分析,西周时期东都洛阳的"宅兹中国""天下之中",在上古时期都不具备三皇五帝昆仑山"中央""中土""钧天""九州""中国""豫州""天地之中"存在的客观条件和自然环境,更不用说西周之后山西"大九州"之地的"冀州"和"并州"了。

总之,由于"冀州"在开封昆仑山正北方位的"冬至"之时,在太极八卦中处于阴极之至、阳气始生、万物孕育、天地循环开始的"太阴"时节和"首阳""子"位,是上古时期帝王居住和建都之地,也是孕育、衍生天地人万物之地。因此,昆仑山被列为"天下"第一山;"冀州"被列为"九州"第一州。无论从太极文化、天象星宿、地形河流等方面来对照,或是从州国分封、天文测量、史典记载等方面来分析,都是彼此对应的,也是当之无愧的。

五、几点初步结论

根据上述研究分析的情况,我们大致将其归纳为三点结论。

结论一:上古时期三皇五帝开创的"九州"是以开封北部的土阜高台昆仑山为太极"中土""中央""地中""中国"核心之地的,开封昆仑山是"中国"地理方位形成的发源地。上古时期,以开封昆仑山为"中央"的"九州",其方位的大致分布有九。

北方:冀州,有太极四象"角"宿"天田"北部之意;

东北方:兖州,有太极四象北部兖(济)水流经地之意;

东方:青州,有太极四象东部"青龙"方位之意;

东南方:徐州,为岁星在辰位,蛰物敷舒(执徐)之意;

南方:扬州,有太极四象南方"太阳"(后项城)之意;

西南方:荆州,有八卦西南古荆水(汝水上游)之意;

西方:梁州,有四象"白虎"胃、昴宿(汝水北)之意;

西北方:雍州,有河水壅塞地和西王母"墉城"之意;

中央:豫州,有太极中和、安详之气与荆河交会之意。

居住在开封昆仑山"九州"的华夏先民均为父系伏羲、母系女娲的后裔,在历史不同时期逐渐迁离昆仑山"中土",无论到了何时何地,仍然以不同形式传承着发源于伏羲"中国""九州"的太极、河洛文化。

结论二:随着华夏先民不断向四面八方迁徙,开封昆仑山"中国""九州"的面积也在不断发展扩大,大中原、大九州、大中国概念日益形成。尤其西周在中原西部建立宗周丰镐(西安)、成周洛邑(洛阳)后,导致上古时期的"中国""九州"重心西移,豫州、冀州州际分别到达山西黄河一线和河南灵宝、淅川一线。其他各州面积、方位也不同程度地向四方发展,"大九州"的地理方位和格局基本确定。

传说中的"禹贡九州图"应是战国时期魏国大梁传承上古时期"九州"的地理方位图,经过魏国整理后,绘制成了符合西周"大九州"理念的地理方位图。只是由于山川、河流无法随着"大九州"中心的西移变迁,给后人留下许多疑团。如面对《禹贡》夏代河道、交通都汇集于魏国大梁的状况,著名史学家白寿彝、历史地理学家史念海的解释是:《禹贡》是魏国设想称雄诸侯、实现统一后,提出治理国家的方案,是战国时期魏国人士托名大禹的伪作。然而他们却忽视了战国时期的《竹书纪年》《穆天子传》《石氏星经》等重要史典均出自魏国大梁,以及战国史书《世本》、西晋皇甫谧《帝王世纪》、宋代李昉《太平御览》、宋代王应麟《通鉴地理通释》[59]等史典均记载"夏后居阳城,本在大梁之南,于战国大梁魏都,今陈留浚仪是也"的历史事实。

其实,开封昆仑山"中土"是三皇五帝和大禹、启、杼等夏王建都之地,也是唐代天文学家测定"地中"的历史事实,在多部重要史典的白纸黑字之间均留下了历史记载,魏人何以需要"托名大禹"而伪作,又何以能对魏国大梁周边的山河地形进行伪作。

结论三:开封北部的昆仑山,自三皇,到五帝,至夏商中期,都是帝王居住和建都的"中国""九州"核心之地。夏商中后期,逐步开始向开封北部"太阴"方位、古黄河一线的河南滑县、浚县、汤阴县"西河"(早于周代的山西"西河")迁移。"河济之间"的商朝由此也开始被称作"殷(阴)商""北殷""衣(依、一)商",对应天象北斗星中的"玉衡"宿,代表二十四节气北方的"立冬"时节,在十二地支中的"亥"位,也就是开封昆仑山北方"太阴"方位。西周灭殷商之后,建立东都成周洛阳,取代了开封昆仑山北方"西河"一带的商都"殷墟",并由此带来上古时期的"九州""中国",尤其是"冀州""兖州""豫州"重心西移,以及"大九州"地理方位的最终形成。

这就是我们研究开封昆仑山"中国""九州""冀州"历史地理和伏羲太极河洛文化后,得出的初步观点,愿与大家分享和商榷,使之不断得到充实和完善。

文献来源：

[1]（汉）司马迁撰，（宋）裴骃集解，（唐）司马贞索隐，（唐）张守节正义，顾颉刚领衔点校，赵生群主持修订：《点校本二十四史修订本〈史记〉》，北京：中华书局，2014年版。

[2]（战国）孟轲：《孟子》，西安：三秦出版社，2008年版。

[3]（清）张玉书等编撰，王引之等校订：《康熙字典》，上海：上海古籍出版社，1996年版。

[4]徐森：《汉石经斋文存》，北京：海豚出版社，2010年版。

[5]方诗铭、王修龄：《竹书纪年》，北京：上海古籍出版社，1981年版。

[6]瞿昙悉达撰，常秉义点校：《开元占经》，北京：中央编译出版社，2006年版。

[7]（晋）郭璞注：《山海经 穆天子传》，长沙：岳麓书社，1992年版。

[8]（汉）高诱注：《淮南子》，上海：上海书店出版社，1986年版。

[9]（明）张岱著，刘耀林校注：《夜航船》，杭州：浙江古籍出版社，2012年版。

[10]（战国）吕不韦著，陈奇猷校释：《吕氏春秋》，上海：上海古籍出版社，2002年版。

[11]（东汉）许慎：《说文解字》，北京：中华书局，1963年版。

[12]（清）黄遵宪著，钱仲联校注：《人境庐诗草笺注》，上海：上海古籍出版社，1981年6月版。

[13]（清）马骕著，王利器整理：《绎史》，北京：中华书局，2002年版。

[14]（魏晋）王弼：《周易注校释》，北京：中华书局，2012年版。

[15]《辞源》，北京：商务印书馆，2010年版。

[16]《纬书集成·河图括地象》，石家庄：河北人民出版社，1994年版。

[17]（南朝）任昉：《述异记》，长春：吉林大学出版社，1992年版。

[18]（宋）罗泌：《路史》，上海：上海古籍出版社，2003年版。

[19]（宋）乐史撰：《太平寰宇记》，北京：中华书局，2007年版。

[20]（宋）王存撰，王文楚、魏嵩山点校：《元丰九域志》，北京：中华书局，1984年版。

[21]（汉）孔安国撰，（唐）孔颖达正义，黄怀信整理：《尚书正义》，上海：上海古籍出版社，2007年版。

[22]（明）徐弘祖：《徐霞客游记》，上海：上海古籍出版社，2010年版。

[23]（周）周公旦：《周礼》，上海：上海古籍出版社，2004年版。

[24]（晋）郭璞注，（宋）邢昺疏，王世伟整理：《尔雅》，杭州：浙江古籍出版社，2011年版。

[25]董原注：《尚书 礼记》，西安：三秦出版社，2012年版。

[26]（汉）班固：《汉书》，北京：中华书局，1962年版。

[27]开封市地方史志办公室：《开封府志》，北京：北京燕山出版社，2009年版。

[28]（晋）郭璞编，张耘点校：《山海经 穆天子传》，长沙：岳麓书社，2006年版。

[29]《汉魏六朝笔记小说大观（海内十洲记）》，上海：上海古籍出版社，1999年版。

[30]（北魏）郦道元注，（清）杨守敬、熊会贞疏：《水经注疏》，南京：江苏古籍出版社，1989年版。

[31]（唐）杜佑：《通典》，上海：上海人民出版社，2008年版。

[32]新乡县志编纂委员会编：《新乡县志》，北京：三联书店，1991年版。

[33]（春秋）谷梁赤：《谷梁传》，北京：中国文史出版社，1999年版。

[34]刘纬毅：《汉唐方志辑佚（冀州风土记）》，北京：北京图书馆出版社，1997年版。

[35]（南宋）蔡沈：《书集传》，南京：凤凰出版社，2010年版。

[36]（明）张岱：《夜航船》，北京：中国书籍出版社，2010年版。

[37]（汉）刘向：《战国策》，上海：上海古籍出版社，2015年版。

[38]（东汉）刘熙著，（清）毕沅疏，王先谦补：《释名疏证补》，北京：中华书局，2008年版。

[39]（唐）房玄龄等撰：《晋书》，北京：中华书局，2003年版。

[40]（汉）许慎撰，段玉裁注释：《说文解字》，北京：中国书店出版社，2011年版。

[41]（春秋）老子：《道德经》，南京：凤凰出版社，2001年版。

[42]（魏）曹丕著，易健贤译注：《魏文帝集全译》，贵阳：贵州人民出版社，2009年版。

[43]（后晋）刘昫：《旧唐书》，北京：中华书局，1975年版。

[44]（唐）白居易：《白居易全集》，上海：上海古籍出版社，1999年版。

[45]（清）高宗敕撰：《钦定皇朝通典》，上海：上海古籍出版社影印，1987年版。

[46](晋)郭璞注:《尔雅》,上海:上海古籍出版社,2015年版。

[47]黄怀信:《逸周书汇校集注》,上海:上海古籍出版社,2007年版。

[48](金)元好问:《中州集》,北京:中华书局,1959年版。

[49]《日知录集释》,上海:上海古籍出版社,2013年版。

[50](清)胡渭著,邹逸麟整理:《禹贡锥指》,上海:上海古籍出版社,2006年版。

[51](唐)魏征:《隋书》,北京:中华书局,2013年版。

[52](清)沈自南著,陈志明绘:《艺林汇考》,北京:东方出版社,2012年版。

[53](宋)吴曾:《能改斋漫录》,上海:上海古籍出版社,1979年版。

[54]开封县地方史志办公室:《宣统二年·陈留县志校注》,北京:北京燕山出版社,2011年版。

[55]开封市地方史志办公室 整理:《开封府志·康熙三十四年(整理本)》,北京:北京燕山出版社,2009年版。

[56](唐)李淳风撰:《乙巳占》,台北:新文丰出版公司,1984年版。

[57](西汉)戴德、戴圣:《增广贤文 礼记》,北京:线装书局,2013年版。

[58](唐)韩若云、王瓘:《广黄帝本行记 轩辕黄帝传 韩仙传》,北京:中华书局,1991年版。

[59](宋)欧阳修、张传玺主编,邵育欣译:《新五代史》,北京:现代教育出版社,2011年版。

[60](宋)王应麟著,傅林祥点校:《通鉴地理通释》,北京:中华书局,2013年版。

第四章　上古九州与开封陈留的地理对应关系

自国务院提出河南"打造中原华夏历史文明传承创新区"战略定位以来，地处中原的河南面临三大问题：一是如何证明华夏历史文明产生于河南，二是华夏历史文明发源地在河南哪里，三是如何传承和创新华夏历史文明。三者之间，华夏历史文明产生是河南传承创新的前提，华夏历史文明发源地是河南传承创新的依托，华夏历史文明传承创新是探索华夏历史文明产生和发源地的目的。不然，河南打造中原华夏历史文明传承创新区就无从谈起。

对此，我们在开封及其周边地区华夏历史文明发掘和论证的基础上，提出了"华夏历史文明肇始于伏羲太极八卦文化；河南荥阳东部河、济之间是伏羲画八卦、定八方、观八风、立九宫、分九洲、划九州之地；地处河、济南北分流夹角之间的开封古陈留，是太极、中宫、中央、中土、中州（国）之地"的基本结论。

对于开封古陈留为上古时期太极、中央、中州、中宫之地等观点，有些历史文化大家表示有茅塞顿开之感，予以很高的评价；有些则表示无法认同，尤其对九宫、九州在黄河下游首端的开封古陈留之地，更是难以接受，认为缺乏上古地理方位和人文遗存作支撑。

为了找回和提供上古九州在开封古陈留一带的地理、方位、人文、遗存等客观历史凭证，我们以上古九州天象地形、史典记载和人文传承作参照，采取上古九州中央与周边各州历史遗存相对应的方法，来印证上古九州在开封古陈留周边地区的客观存在，进而说明华夏历史文明发源、传承于开封古陈留之地的历史必然性，为河南"打造中原华夏历史文明传承创新区"，为华夏民族找回精神皈依的先祖故土家园，提供历史文化支撑和地理方位依据。

一、伏羲八卦、九宫与中原八风、九州的对应关系

伏羲八卦是上古时期华夏先民的氏族领袖天皇伏羲所肇始的八卦文化。因为伏羲八卦肇始于人文"天地"形成之前的无极、混沌状态，故也称"先天八卦"。

先天八卦由乾、坤、震、巽、坎、离、艮、兑组成(如下图),分别代表天、地、雷、风、水、火、山、泽。它承载着天地运行的规律、自然万物变化的本性,又将阴阳事物、社会进化、劳动经验等融于八卦文化之中,尽览物性,穷探天理,洞悉人事,是对客观世界万事万物和自然发展规律的科学总结。

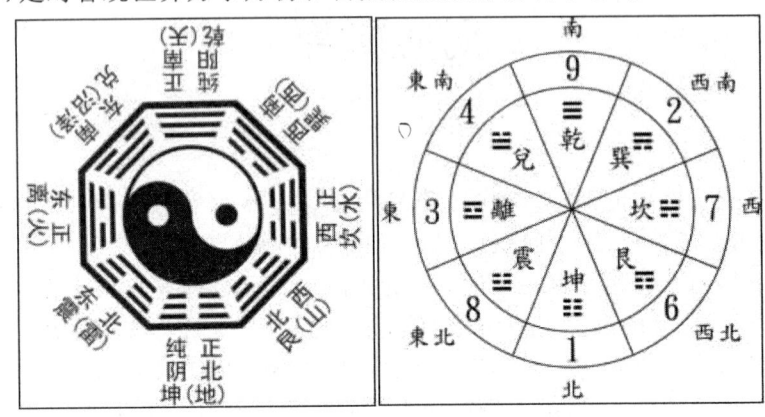

伏羲太极八卦八方图

伏羲八卦包含着符号文字、理数文字等丰富内涵,是华夏民族文字、文化和文明起源的象征。如:

"☰"卦,代表乾、天、阳、正南、9、九宫、扬州等;

"☷"卦,代表坤、地、阴、正北、1、一宫、冀州等;

"☲"卦,代表离、火、正东、3、三宫、青州等;

"☵"卦,代表坎、水、正西、7、七宫、梁州等;

"☳"卦,代表震、雷、东北、8、八宫、兖州等;

"☶"卦,代表艮、山、西北、6、六宫、雍州等;

"☱"卦,代表兑、沼泽、东南、4、四宫、徐州等;

"☴"卦,代表巽、风、西南、2、二宫、荆州等。

上古伏羲肇始的先天八卦是由效法大自然、客观世界的事物而来。所以,与先天八卦的发源地的天象、地形、人文等有着密切关联与唯物象形的对应关系。而伏羲先天八卦符号文字、理数文字所代表的内涵,就是天象、地形、人文等事物在先天八卦中的本质反映。

王忠伟、宋香谒在《太昊伏羲的管理思想》中引东汉文字学家许慎的《说文·序注》说:"伏羲造书契应是文字的萌芽,意义重大。"[1]上古时期的华夏先民在伏羲太极八卦文化的指导下,根据河南荥阳东部的河、济二水及其分支流经当地时,自然冲刷、淤积形成的河洲分布情况,对应八卦、九宫图地理、方位特征,将其大致划分为九个河洲,以保证华夏先民居住地不被鸿水灾害所吞没和生活安全,由此形成了与八卦、九宫图相对应的九州地理方位传承,印证了上古时期太极八卦、九宫理论的指导作用,也印证了上古时期九州、开封地理方位与太极八卦、九宫图相辅相成的客观存在。

对此,战国时期魏国大梁编撰《竹书纪年·前编》认为:"伏羲始定四海之广,作八卦分九州,制九宫,因此制九州。"[2]《竹书纪年·太昊庖牺氏》也认为:伏羲"以龙纪官,立九相六佐治九州。"这不仅说明上古时期的九宫、九州形成于伏羲肇始的八卦文化,也产生于伏羲始定的"四海"之内。这个"四海",就是孔子"四海之内皆兄弟"的"四海",也是"四海之内"的"九州"之地。"四海"大致是指东海巨野泽(今山东定陶东北)、南海逢泽(今开封东南)、西海圃田泽(今郑州圃田)、北海乌泽(今河南延津一带),并与上古时期九州的面积、方位相对应。

上古时期,伏羲太极八卦、八方与九宫、九州、四海地理方位的对应关系大致如下:

八卦"☰"卦,代表南方、九宫、扬州、南海逢泽;

八卦"☷"卦,代表北方、一宫、冀州、北海乌泽;

八卦"☲"卦,代表东方、三宫、青州、东海巨野泽;

八卦"☵"卦,代表西方、七宫、梁州、西海圃田泽;

八卦"☳"卦,代表东北方、八宫、兖州,或薄(亳)州;

八卦"☶"卦,代表西北方、六宫、雍州,或庸(灉)州;

八卦"☴"卦,代表东南方、四宫、徐州;

八卦"☱"卦,代表西南方、二宫、荆州。

由于上古时期的河、济二水及分支形成的河流不断改道,华夏民族居住地及名称也被迫迁移、变化,以保生存。因此,九州方位在不同时期也有一些地理或名称调整。但是,其根本地理方位不会出现大的差异。对此,古代史典中作了较多和明确的记载。

如战国时期魏国大梁传承的夏代《禹贡》认为,上古九州是:北方冀州、东北兖州、东方青州、东南徐州、南方扬州、西南荆州、中央豫州、西方梁州、西北雍州。魏国大梁属于中央豫州,即中州。

西周著名政治家周公旦《周礼·夏官·职方氏》记载:"东南曰扬州,正南曰荆州,河南曰豫州,正东曰青州,河东曰兖州,正西曰雍州,东北曰幽州,河内曰冀州,正北曰并州。"[3]魏国大梁在河、济两河之南,属于河南豫州。

战国时期吕不韦《吕氏春秋·有始览·有始》记载:"何谓九州？河、汉之间为豫州,周也。两河之间为冀州,晋也。河、济之间为兖州,卫也。东方为青州,齐也。泗上为徐州,鲁也。东南为扬州,越也。南方为荆州,楚也。西方为雍州,秦也。北方为幽州,燕也。"[4]"河、汉"原指"河、济",后汉水南分,而魏国大梁在河、汉之间,属于豫州。

我国最早的综合性辞书《尔雅·释地》记载:九州即"两河间曰冀州,河南曰豫州,河西曰雝州,汉南曰荆州,江南曰扬州,济河间曰兖州,济东曰徐州,燕曰幽州,齐曰营州"[5]。

西汉淮南王刘安《淮南子·地形训》记载:"何谓九州？东南神州曰农土,正南次州曰沃土,西南戎州曰滔土,正西弇州曰并土,正中冀州曰中土,西北台州曰肥土,正北泲州曰成土,东北薄州曰隐土,正东扬州曰申土。"魏国大梁的北部为冀州的南部,称正中、中土。

南朝刘宋时期历史学家范晔《后汉书·张衡传》注引易学著作《河图》称:"天有九部八纪,地有九州八柱。东南神州曰晨土,正南卬州曰深土,西南戎州曰滔土,正西弇州曰开土,正中冀州曰白土,西北柱州曰肥土,北方玄州曰成土,东北咸州曰隐土,正东扬州曰信土。"[6]

唐朝学者徐坚《初学记》卷八州郡部总叙州郡第一引易学著作《河图括地象》称:"天有九道,地有九州。天有九部八纪,地有九州八柱。昆仑之墟,下洞含右；赤县之州,是为中则。东南曰神州,正南曰迎州一曰次州,西南曰戎州,正西曰拾州,中央曰冀州,西北曰柱州一作括州,正北曰玄州一曰宫州,又曰齐州,东北曰咸州一作薄州,正东曰阳州。"[7]魏国大梁北部为中央冀州,又可称昆仑、赤县、县圃、悬圃、玄圃、原圃等。

此类关于九宫、九州与地理、方位对应的史典记载还有很多,由于不同历史时期、不同华夏氏族、不同称呼表达的传承存在差异,也给后人留下了不同名称、不同方位、不同表述的记载,都属于正常现象。但是,古人一般不否定九州的本义,最初是指河、济两河之间自然形成的河洲。而"九州"只不过是按照伏羲八卦、九宫所对应的地理、方位关系,加以区分、命名而已(如下图)。离开了伏羲八卦、九宫学说,九州不仅失去了文字、理数的含义,也失去了地理、方位的依托。

二、上古九州在开封古陈留周边的遗存

由于上古华夏历史文明久远、传承地繁多,导致中原地区关于伏羲八卦、九宫、九州文化逐渐遗失,难以寻觅,也无法认定,甚至被当作神话传说。但

第四章 上古九州与开封陈留的地理对应关系

是,当我们重新运用伏羲八卦、九宫文化进行地理、方位和人文甄别时,仍然可以在中原开封的周边地区找到九州地名、文化曾经存在的人文印记。下面仅就上古时期几个关键的州地加以论证。

九宫、九数、九州与八风、八方、八节对应图

1. 冀州

冀州在今河南开封北方,也就是古豫州北部境内,地理位置主要包括今河南新乡、鹤壁等地。西周之后,因地处古卫国地,也称"卫州",治所长期在河南汲县(今河南卫辉),历史上稍有变更。这与清代历史地理学家顾祖禹《读史方舆纪要·卷四十六·河南一》中,关于"自河以北,则赵境也,今怀庆、卫辉、彰德三府,本古冀州地,春秋属卫属晋,战国兼属赵魏"[8]的记载基本相符。而开封古陈留,为春秋时期卫国与郑国、宋国、陈国交会之地;战国时期,也正是魏国与韩国、赵国交会之地。

唐代地理学家李吉甫《元和郡县图志·卷第十六》引魏国人士托名夏代"大禹"编撰的中国第一部地理著作《(尚书·禹贡)》记载:卫国为《禹贡》冀、兖二州之域。在夏为观扈之国。春秋时为晋地。按沙麓崩,在今元城东南四十里是。战国时为卫、魏二国地。秦灭魏,置东郡;灭赵,置邯郸郡"。[9]又记载:"《禹贡》冀州之域,覃怀之地。周为畿内及卫、邢、雍三国。春秋时属晋,七国时属韩、魏二国。秦兼天下,灭韩为三川郡,灭魏为河东郡,今州为三川郡。"还记载:"冀州之域。后为殷都,在今州东北七十三里卫县北界朝歌故城是也。"

以上记载说明,上古时期的冀州,在春秋、战国时期的卫国、魏国与郑国、韩国的北部地区,也位于开封古陈留北部地区,这与上古时期冀州在荥阳东北部西河、济水之间的史典记载是吻合的。

由于上古时期的冀州在战国时期的魏国之地,所以魏国大梁人士才会继承上古时期夏代大禹在当地治水时流传下来的《禹贡》之说,也印证了大禹治水地域在上古冀州、战国魏国的一致性。至于"晋地""邯郸郡""覃怀之地"的冀州之地,不过是西周之后对卫国、魏国与郑国、韩国北部冀州的历史传承而已,无法否定上古"冀州"在开封北部西河、济水之间的历史本源。

2. 雍州

雍州在开封古陈留西北部,古称"庸武县",也称"怀庆府修武县"(今为河南修武)。古字"容、庸、雍"音近通用,而"庸、雍"或出自"容",比黄帝时期制定历法的大臣容成氏要晚。但在商代甲骨文中,已有"庸"字存在。商汤灭容氏国后,曾把容氏族民当作修筑城邑的奴隶,故"庸"字具有奴隶的含义。 战国时期郑国圃田人列御寇《列子》记载:"黄帝与容成子居空桐之上。"[10]"空桐"本指昆仑山西北部的崆峒山,是容氏始祖容成子居住的"容、庸"之地,也是《列子》作者、列御寇居住的圃田泽北部之地。

现代著名古文字学家于省吾在《甲骨文字释林·释庸》中记载:"西周铜器《韵簋》的'先虎臣后庸',以庸为奴隶。《尔雅·释诂》训庸为劳。《史记·陈胜吴广世家》的'尝与人佣耕',《索隐》引《广雅》训佣(佣)为役,佣即庸的后起字。《楚辞·怀沙》的'固庸态也',王(逸)注训为'厮贱之人'。庸训为劳为役为厮贱之人,均是被奴役之义。"[11]我国第一部诗歌总集《诗经·大雅》中记载:"以作尔庸。庸,城也。"[12]在宋代罗泌《路史·前纪五》中也记载:"庸成氏,庸成者,垣墉城郭也。"[13]

清朝训诂学家朱起凤在《辞通·庸》中解释:"容、庸同声同用。《庄子·胠箧篇》:'容成氏'。《六韬·大明篇》作'庸成氏',是其例也。"[14]现代著名学者顾实在《结绳而治时代之文书》中也解释:"容成氏即庸成氏,《穆天子传》称:'群玉之山,庸成氏之所守,先王之策府。'"[15]进一步引证西周穆王巡守中原、发掘宝玉、会见西王母之地,正在庸成氏居住的上古雍州崦嵫山,即昆仑山庸城之地。

显然,容成氏后裔因为商王修城的奴隶而始称为"庸"氏,后因参与修筑殷都(今河南安阳)有功,又被商王封为庸(写作鄘)国。南宋经史学者王应麟在《诗地理考》中描述:"鄘城,即鄘国,本庸姓之国。"[16]本是黄帝时期"容成氏"

第四章　上古九州与开封陈留的地理对应关系

最早的居住地。

清朝光绪年间撰著的《彭县志·沿革志》记述："庸城县在今怀庆府修武县。"[17]怀庆府修武县，即今河南修武。庸国因善于铸造刻有历法的大钟，得到商王室的信任，被封为诸侯"庸"国，由加"邑"偏旁而称"鄘"。由于大钟为金器，后人便在"庸"字左边加"金"旁，成为"镛"字。关于容成、容城、庸成、庸城、墉、鄘、鄘、佣、镛的历史考证和解释，就是庸国本为上古雍州之地的历史来源。

宋代著名学者罗泌《路史·前纪五》认为："庸成氏，庸成者，垣墉城郭也。"《路史·后纪》还认为："女娲氏灭共工氏而迁于中皇之原，所谓女娲山也。""中皇之原"即古代中原的全称，也是华夏民族母系始祖女娲居住的女娲山和西王母居住的墉城之地。北魏地理学家郦道元《水经注·河水一》记载：墉城"西王母之所治，真官仙灵之所宗"[18]。唐末五代间医家杜光庭《墉城集仙录·序》认为："女仙以金母为尊，金母以墉城为治。"[19]"金母"就是居住昆仑山墉城，即西陵不周山的西王母；"共工"是上古时期治水氏族，居住今河南辉县"共工城"。共工曾因与开封杞县空桑的高阳氏颛顼争夺帝位失败，而怒触开封西北雍州之地的不周山，导致雍州之地河水的分支灉水，即鸿（洪）水淹没开封、陈留和杞县空桑，人为鱼鳖。留下了杞人忧天，即担忧开封西北方位乾天之水泛滥的千古名句，传承至今。而共工氏治理的"共"水、"工"水加三点"水"，也称洪（鸿）水、江水，即流经开封古陈留的浪荡渠、狼汤渠、鸿（洪）沟、汴水，本是商王"汤"的出生之地，商人也称"荡人""汤人"。

"不周山"由开封西北方位的"不周风"名称而来（见右图）。东汉文字学家许慎《说文解字》认为："东方曰明庶风，东南曰清明风，南方曰景风，西南曰凉风，西方曰阊阖风，西北曰不周风，北方曰广莫风，东北曰融风。"[20]汉代史学家司马迁《史记·律书》也认为："不周之风居西北，主杀生。"[21]汉代易学著作《易纬·通卦验》记载："立冬，不周风至。"[22]说明"不周"是在九州豫州，即开封西北方位，也是农历八大节气的"立冬"时节。在太极八卦、九宫、

清明风 立夏四 东南方	景风 夏至九 南方	凉风 立秋二 西南方
明庶风 春分三 东方	招摇五 中央	阊阖风 秋分七 西方
条风 立春八 东北方	广莫风 冬至一 北方	不周风 立冬六 西北方

九宫、八方、八节、八风位置图

九州、节气文化中，两者方位都是与开封西北雍州、不周、立冬以及新乡、辉县、延津、修武方位相对应的。

不周风的"不"当读 pī，即"丕"字，作"大"解，故当地古有"大伓山"地名，后传至荥阳、浚县一带。周代历法也称"丕周""大周"，本由"不周"文化传承而来。

不周风约起于农历九十月份，在开封西北方位，这里是后稷和吉妃居住的"不周山"之地，也称"燕然""奄然""弇然""南燕"等，今为河南新乡、辉县、原阳、延津一带。"南燕"为黄帝"胙土封氏"十二姓之一的"姞"姓居住地，故延津至今仍有"胙城"地名遗存。南燕国始封国君伯倏为轩辕黄帝之后吉光的后裔，地在今河南延津东北约 23 公里处，地名"城上"，正与"胙城"同地。

据唐代著名古籍专家孔颖达《春秋左传正义》记载："《世本》：'燕国姞姓。'《地理志》：东郡燕县，'南燕国，姞姓，黄帝之后'也。"[23]春秋时期史学家左丘明《左传·宣公三年》也记载："姞，吉人也，后稷之元妃也。"[24]后稷是周人始祖。后稷元妃吉氏居住于河南延津一带的"南燕国"，与河南辉县共工城、延津不周山、新乡墉城同在开封西北上古时期的雍州之地。

商代，此地建立的庸国位于殷商王都（今河南安阳、汤阴）的西南方。其国日益强盛后，引起商王室的不安，便将其强行迁于秦岭余脉东部熊耳山一带（今河南卢氏）。据北魏郦道元《水经注·河水》记载："河水又东合庸庸之水，水出河东垣县宜苏山，俗谓之长泉水。"卢氏县的古庸（漋）水，就以庸国迁徙此而得名。后来，庸国为逃避商王征伐，又带领国人翻越秦岭，迁居于新梁州东部（今陕西山阳、安康之间），仍称"庸国"。战国时期，秦国曾在庸国故地（今陕西山阳）设置"上庸县"。

值得一提的是，河南洛阳与上古时期西河北岸的雍州相邻（如下图），历史上也曾称作"南雍州"。据清代顾祖禹《读史方舆纪要·历代州域形势四（下）》记载：北魏"泰常（416～423 年）中，尝置南雍州于洛阳，后改曰洛州"。这说明中原西部、西河北岸的郦国、庸县、雍州，本由商周时期开封西北部的雍州文化传承而去。

3. 梁州

梁州在开封古陈留西部，后称"梁邑"，又称"南梁"，今为开封西部的汝州之地，管辖范围南到伏牛山，东到禹州，西至嵩县，北至登封、洛阳的广大地区。

中岳嵩山南麓的汝州北部山区古称为"梁山"，本是上古九州之一"梁州"之地。据春秋时期史学家左丘明《左传·哀公四年》记载："（楚）为一昔之期，袭梁及霍。""梁及霍"就是河南汝州"梁山"之地。北魏地理学家郦道元《水经注·汝水》记载："汝水又东，黄水注之，水出梁山，东南经周承休县（今河南汝州）故城东。"又记载："霍阳山水又经梁城西。按《春秋》，周小邑也，于战国为南梁矣。"宋代学者罗泌《路史·国名纪戊》也记载:"梁,(周)平王子唐,封南梁也。今汝州,治梁县,有梁山。"[25]可见,早在春秋之前汝州就有"梁"地。

商代地名与九州方位对应图

大约公元前1027年,周武王带大军打败商纣王后,挥师霍国,商代霍侯主动开城投降,周武王遂封霍侯儿子为西周霍侯。周平王迁都洛阳(公元前771年)后,汝州的战略地位显得十分重要,遂将二儿子姬唐封于汝州"霍"地,又改"霍"为上古梁州之"梁",迁霍后人至杨楼一带,建小霍城进行安置,也称"梁小邑"。很明显,汝州"梁"地是由上古"梁州"、古代"梁山"取名而来。《汝州市志》及汝州历史大事记也认为:"东周,今汝州地区古为梁邑,又称南梁……商朝,'霍'(即南梁)作为灭夏有功的侯国,地位得到巩固,管辖南到伏牛山东到禹州西至嵩县北至登封的广大地区。"[26]

春秋时期,梁国西南曼氏国兴起,一度将梁和霍纳入自己的版图。曼氏国后被楚国所灭,汝州成为楚的北部边地,这也是对上古时期梁州与荆州南北相连的历史传承。郑国打败楚国后,把汝州楚地纳入郑国的版图。春秋时期的郑国新郑为上古时期"豫州"与"梁州"交界之地,进一步印证了豫州新郑西部与梁州汝州东部交会之说。

战国时期,汝州"梁城"位于洛阳东南门户,战略地位重要,"梁地"遂成为诸侯争夺的重要地带。韩国灭郑国后,梁地归韩国管辖。因韩国由晋国三分而来,晋国的陕西有西(少)梁,魏国的开封有"大梁",故韩国称汝州"梁城"为"南梁",以示区别。这一时期,汝州"南梁"附近出现了注人城(庙下东一带)、阳人城（梁古城）、郸狐聚（临汝镇一带）、赫人聚（杨楼石台村一带）等若干城池。

公元前221年，秦始皇统一中国，实行郡县制管理，并在汝州西部设置梁县，归三川郡（今河南洛阳）管辖，东部置郏县和阳城县，归颍川郡（今河南禹州）管辖。汝州、颍川、洛阳之地正与上古时期的"梁州"方位相符。

汉承秦制，汝州西部仍为梁县。公元前206年，汉朝将三川郡改为河南郡，梁县归属河南郡。公元前113年，在尚庄乡榆庙村一带置承休国，安置周的后人姬嘉。公元前112年，在小屯一带置成安国。到了东汉时期，改河南郡为河南尹，梁县属河南尹。

三国时期，此地仍为梁县，为魏国的司州河南尹管辖。东南部的小屯一带归豫州的颍川郡管辖。西晋将河南尹分为河南郡和荥阳郡，汝州仍为梁县，归河南郡管辖。东部小屯一带归襄城郡管辖。

南北朝时期，汝州建制随北朝变迁而变动。北魏时期，汝州属司州，归中央直辖。公元494年，在今汝州城设南汝原县。公元527年，在今杨楼梁故城置汝北郡，共领石台、梁县、治城、南汝原、东汝原五个县。

公元534年，北魏分裂为西魏和东魏，汝州属东魏，同年改南汝原县为汝原县。公元543年，改汝北郡为汝阴郡，废治城县入梁县。公元577年，改汝阴郡为和州。

宋代汝州建制仍袭唐制。公元1105年划郏县归颍昌府。公元1115年汝州属京西北路，领梁县、襄城、叶县、龙兴、鲁山五县。公元1127年，汝州被金国占领。汝州属南京路，领梁（含今汝阳）、郏城、鲁山、宝丰、叶县、襄城六县。

公元1271年，忽必烈建立元朝，汝州属河南江北省南阳府管辖，领梁、郏县、鲁山三县，宝丰废县为镇，归梁县管辖。公元1368年，朱元璋建立明朝，汝州仍为南阳府管辖，将梁县省入汝州，领郏县、鲁山两县。

可见，汝州作为上古时期的梁州，历史文化传承久远而不绝。

上古时期，汝州、禹州、登封、嵩县、洛阳一带，本是九州之一的"梁州""荆州"交界地，后为"司州"之地。"南梁"之名早于周代的"少（西）梁"（今陕西韩城南）、"大梁"（今开封城北）。

汝州之地始有上古梁州、梁山、梁地，后有梁城、梁姓、南梁，再有梁县、梁河等，历史上留下多座"梁城"遗址，是中国"梁"姓族人心仪的祖地。它由上古梁州、霍阳山、梁山、梁城文化演变而来，也由黄帝姬姓传承而来。

据魏国大梁传承的夏代《禹贡》记载："华阳、黑水唯梁州。"[27]"华阳"古为郑州南部的华阳城，位于上古豫州开封西部方位；"黑水"是指发源于上古豫州西部的济水。两地之间就是上古豫州西部的梁州之地,与汝州、禹州、嵩县、登封、洛阳方位一致。

4. 荆州

荆州在开封古陈留西南方位,又称"荆楚""蛮楚""南荆"等,上古时期为高阳氏颛顼帝后裔昆吾氏、祝融氏居住地。昆吾氏最早为黄帝时期的陶正,据战国时期卫人吕不韦《吕氏春秋》记载:"黄帝有陶正昆吾作陶。"尧舜时期,昆吾氏自开封杞县颛顼帝都空桑、高阳一带,逐步向西南新郑祝融氏旧地、鄢陵许由寨一带迁徙。今鄢陵县陈化店乡有许由岗、许由寨、许由冢等遗迹。夏代,昆吾氏为侯伯,一说是伯益的后裔。中国最早国别体著作《国语》记载:"昆吾为夏伯。"[28]

夏末,昆吾氏是夏朝没落政权的维护者,曾参与伐商,后被商汤讨伐夏桀之前所消灭。据战国时期魏国大梁所编《竹书纪年》记载:"夏仲康六年,锡仲康命(昆吾)作伯。帝厪四年,昆吾氏迁于许。帝癸二十八年,昆吾会诸侯伐商。三十年,汤乃兴师率诸侯自把钺以伐昆吾。"这说明早在夏代,昆吾国就已存在。

《诗经·商颂》也记载:商汤"韦顾既伐,昆吾夏桀"[29]。可见,商汤讨伐夏桀之前,消灭昆吾国可信。

商周时期,曾协助二王讨伐东夷。西周初年,许由裔孙文叔被封于许地,建立许国,也称"许男国"。西周穆王巡守开封一带时,曾在尉氏洧川鸿台寺、桑野一带召见许男国君。古许国都城后迁至许昌县东南一带。据唐朝大型地理著作《括地志》记载:"许故城,在许州许昌县南三十里,本汉许县,故许国也。"[30]唐代地理总志《元和郡县志·卷八·许州许昌县》记载:"故许昌城,县南四十里,即许国故城。"唐宋时期的许昌县城,即今许昌县的张潘镇古城村。与鄢陵县许由寨直线相距仅数里。

据春秋时期史学家左丘明《左传·昭公十二年》记载:"昔我(楚)皇祖伯父昆吾,旧许是宅。"昆吾为长,故曰伯父。昆吾氏居住的"旧许"是许人的发祥地。春秋时期,许人迁于楚地,建楚国为楚人,"旧许"之地入郑。楚人南迁蛮地后,也称"荆蛮"。

楚人始祖为鬻(音玉)熊,芈姓,子爵,是楚国开国君主熊绎的曾祖父。鬻熊九十岁拜见周文王,周文王把他当作老师。到了周武王、周成王,都把他当作老师。据汉代司马迁《史记·楚世家》记载:"鬻熊先生辅佐文王,去世早。"所谓"去世早",是指未及受封就去世了。周成王平定三监作乱后,曾大量分封异姓诸侯。此时，鬻熊的儿子熊丽、孙子熊狂都已去世。周成王便封他的曾孙熊绎于南蛮之地，建立楚国，建都于南阳、淅川一带，子孙都以熊为姓。

其实，楚人居住的荆州也是一个方位概念，其最早活动范围大致在开封古陈留西南和鄢陵、许昌、襄城南部一带。如楚庄王县沈（今河南平舆）；楚灵王县陈（今河南淮阳）、蔡（今河南上蔡），东不羹（今河南襄城）、西不羹（今河南舞阳）；楚平王县城父（今河南宝丰）；楚惠王县叶（今河南叶县）。

据清代顾祖禹《读史方舆纪要·历代州域形势四（下）》记载：北魏太和十八年（494年）"徙荆州于鲁阳（今河南鲁山）。二十二年（498年），复移荆州治穰城（今河南邓州市），领南阳等郡。又东荆州治泚阳（今河南泌阳县古城村），太和以后置"。泌阳古"荆州"与汝州古"梁州"相邻，也应是两州的分界线。

可见，楚人以鬻熊为始祖，居住在开封古陈留西南方位的"荆楚"之地，也是上古九州之一的"荆州"之地。后来，荆州地名逐步往中原西南的湖北"荆州"方位迁徙，符合伏羲八卦九宫图和八方、九州的地理方位之说。

5. 扬州

扬州在开封古陈留南部（后偏为东南）方位，与上古时期豫州的南部相邻。扬州在太极八卦四象文化中具有南方、太阳、夏至、赤水、沙水、洪河、淮水等含义，是江、河、淮、济"四渎"之一的淮水，即浪荡渠、鸿沟、洪河、蔡水流域的河洲之地。因此，上古时期扬州区域内的华夏文化也多与此相关。

到了西周时期，豫州的南部地区大致延伸到了陈国（今河南淮阳）一带。此时的上古"淮水"也是称沙水、蔡水、颍水等。陈国南部的项子国（今河南沈丘、项城）一带便是上古时期的扬州之地，直到现在仍然保留这一名称不变。

项子国又称项国，为周王朝子爵姬姓封国，在今河南省沈丘县与项城市之间，都城在今沈丘县槐店镇赵古台，与陈国、蔡国、顿国、沈国相毗邻，地跨颍水而立。据宋代著名理学家朱熹《新安项氏谱序》记载："项氏之先始于黄帝颛顼之后，别于虞舜，衍于姬周，而氏于所封。世居陈蔡之间，陈州项城因氏焉。"[31]

项子国的首任国君为周武王姬发的异母弟弟季毂，他在周武王时任虎贲中郎将，在讨伐商纣王的牧野之战中立下大功。到了周成王平定三监作乱后，为了防止东南淮夷入侵西周东都洛阳，被周成王封于项地，子孙以邑为姓。

据春秋时期左丘明《左传》记载：公元前643年，即"鲁僖公十七年，师灭项，时在戊寅"。战国时期的公元前278年，楚顷襄王国都纪郢（今湖北江陵西北）失守于秦国，被迫迁都于陈地（今河南淮阳），设项城为别（陪）都。

第四章 上古九州与开封陈留的地理对应关系

秦代置项城为项县,治于古项子国都。两汉、三国、魏、晋,项县均属豫州,曾为三国魏时期的豫州治所。南北朝的北魏时期,合陈县入项县(今沈丘县槐店),属陈郡,隶北扬州。项城由此恢复为上古时期扬州地名。据北魏地理学家郦道元《水经注·淮水》记载:"淮水出南阳绕扬州城,项城古曰扬州。"

南北朝的东魏(534～550年)时期,置项城为秣陵县,仍属扬州丹阳郡,州、郡、县均治于古项子国,即项县、秣陵县。北齐(550～577年)时期,移项县于故陈城,属信州,隶北扬州。北周(557～581年)时期,改信州为陈州(陈州名自此始),项县属之,隶北扬州。隋代析项县置宛丘县(宛丘名自此始),并置临蔡县,属陈州淮阳郡,隶豫州。唐代武德四年(621年),置沈州于项城,属河南道。

古代的上蔡、陈州、南顿、南阳、北宛、项城相邻相近,也称南阳、扬州,本指一地,不是现在的河南南阳和江苏扬州。而上古时期扬州、荆州、豫州地域的划分,也是以开封南部的淮水作为重要依据的。可见,淮水是"四渎"中的南方地理方位之水。

所以,汉代司马迁《史记·殷本纪》引商汤《汤诰》认为:"东为江,北为济,西为河,南为淮,四渎已修,万民乃有居。"而修治"四渎"之水、让万民有居者,就是夏代的大禹。这说明上古时期的"四渎"之水,均汇集于河南荥阳以东的开封古陈留周边地区,与"四渎"环绕、流经的九州,即中央、中土、中州、中国同在一地。

开封古陈留地处上古时期豫州北部之地,境内的赤水、羊(阳)水、阴沟也称济水、沙水、浪荡渠、鸿沟、洪河、蔡水、贾鲁河、小黄河、颍(阴、澮)水等,流经鄢陵、扶沟、太康、西华、淮阳、项城等地后,也称汝水、沙水、淮水、清流河、浒水等。中国最早解释词义专著《尔雅》指出:"淮水为浒,然淮水与澧水同源俱导,西流为澧,东流为淮。"说明古代淮水,本是上游开封古陈留沙水、浪荡渠、鸿沟、洪河、蔡水、贾鲁河、小黄河、颍(阴、澮)水,后来传承而至淮阳、项城一带,而后又向息县、淮滨一线传承。

上古时期淮水流经的项城之地,正就在扬州区域。

6. 兖州

兖州在开封古陈留,即上古豫州的东北方位。兖州之"兖"与"沇"相通,而沇水,即兖水,也称济水。为此,上古时期的兖州本在开封北部、封丘西南部的南、北济水流经之间。

"沇"字的篆文立水旁写作横水置于"允"上,后又隶变为"六",改为"兖"

字。而"六",在伏羲八卦九宫理数中,本指天乾、西北、雍州方位,也正是济水、沇水、兖州(也称奄、弇、浣)的最早发源之地,而下游的济阴、济阳、兖州、济南之名,均由此传承而来(如右图)。

巽 4 东南	离 9 南	坤 2 西南
震 3 东	5	兑 7 西
艮 8 东北	坎 1 北	乾 6 西北

九宫图天乾、6(六)、西北方位图

在伏羲太极八卦、四象五行文化中济水因太极中央、中土、5(五、吾)、中宫的北部也就是开封古陈留的北部,又称太阴、玄武、黑水之地,所以济水也称黑水、阴水、溟水。正与汉代司马迁《史记·殷本纪》引商汤《汤诰》中的"北为济"相符。

上古时期九州的划分,是以河济、四渎之中的河洲为根据确定的,受地理环境因素的制约。自伏羲肇始八卦、分九州以来,三皇五帝时期均有关于九州的不同记载。虽由于诸多原因在方位上略有调整,但多有"兖州"之名,本是地理方位的概念用语,并无具体地点定位。上古"兖州"大致是指今河南东北部、河北东南部、山东西南部一带,正是南北济水流经之地,其实也就是开封古陈留,即上古豫州、中州的东北部。

直到春秋以后,诸侯国才逐渐以上古九州地名,参考地理方位因素,确立了自己的行政区划。但是,由于上古九州的地理名词不断变迁和传播,已难以与上古时期九州地理方位相互对应,常常出现地理不符、方位不对等混乱现象,错用了伏羲八卦、九宫、九州地理方位文化的本质内涵。因此,到了秦代不得不废除州名,全国实行郡县制,九州也逐渐失去了辨别地理方位的功能,基本完成了它的历史使命。

汉代为加强中央集权统治,扩大了疆域规模,把全国重新划分为十四州,设十四州刺史部,兖州是其中之一,治所设在濮阳,辖山阳(辖瑕丘、橐县等)、东郡、陈留、济阴、泰山、东平六个郡国。所以,即使到了汉代,开封古陈留仍归属兖州之地。西汉王莽时期,也认为汉代"州名及界,多不应经",便把州名作了调整、合并,但兖州仍在。

东汉建武元年(25年)改今兰考县北十公里的东明县为东昏县,属兖州陈留郡。今东明县北境属兖州济阴郡离狐县,东境属兖州济阴郡句阳县,东南属兖州济阴郡冤句县,西部属兖州陈留郡长垣县,西南属兖州陈留郡济阳县。东汉建武十一年(35年)兖州治所在昌邑(今山东菏泽巨野县昌邑镇),下辖陈留、东郡、任城、泰山、济北、山阳(今兖州属山阳郡,治所在菏泽巨野县城区)、济阴、东平八个郡国,大体范围在今山东西南部、河南东北部。

公元223年,废今兰考县北二十里的东昏县为东昏镇,归属陈留国外黄、济阳二县。今山东东明县北、东及东南部属济阴郡离狐、冤句,西及西南部属陈留国长垣、济阳。

晋朝疆域归属沿袭了东汉,陈留郡东昏归属与三国时期相同,今山东东明县北及东部属兖州济阴郡离狐、句阳,东南属兖州济阴冤句,西部属陈留国长垣,西南属陈留国济阳。

南北朝时期,东昏镇及今山东东明县归属北魏司州济阳。北周武帝宣政元年(578年),改西兖州为曹州,东昏镇及今山东东明县归属西兖州冤句、离狐二县。据清代顾祖禹《读史方舆纪要·历代州域形势四(下)》记载:"泰常初,兖州置于滑台,后得瑕丘(今河南濮阳),因改置焉。初曰东兖州,后曰兖州,领鲁郡(今山东曲阜)等郡。其滑台之兖州,则曰西兖州。"文中"滑台",今为河南滑县之地,正为北济水流经之地。

对此,许多史典记载开封古陈留为兖州之地,多是指今开封东部的古陈留郡之地。如宋代学者罗泌《路史》所讲:"空桑者,兖卤也,其地广绝。高阳氏所尝居,皇甫谧所谓'广桑之野'者。"说明上古时期的炎帝帝都空桑、高阳氏颛顼帝所居、广桑之野均在开封古陈留之地。又如明代易学家陈士元《荒史》记载:"空桑,兖地也,一曰'广桑'。"[32]进一步印证了上古时期空桑、兖地、广桑在开封古陈留存在的历史事实,也印证了上古时期九州中央、中土、中宫、中国在开封古陈留的客观存在。

7. 青州、徐州

关于青州、徐州的地理方位大致在开封古陈留东部、东南部方位,也就是南济水之南的古获水、睢水下游流域,本是上古时期青州、徐州之地。青州之"青",在太极八卦四象中为东方、苍、木、青龙之地,为伏羲青龙氏、少昊青阳氏的居住地。而徐州之"徐",在太极八卦四象中也为东方苍、木、青龙之位,与星象太岁,即木星、岁星相对应,故太岁也称青龙。

所以,中国最早解释词义的专著《尔雅·释天》认为:"太岁在辰曰执徐。""辰"在地支的第五位,属(青)龙,地理上指东南偏东之地。时节是指上午七点至九点,古义同"清(青)""晨"。徐州之"徐",不仅与"清(青)""晨"的"辰"星同一方位,也是高阳氏颛顼帝后裔之"姓"。据清代《康熙字典》解释"徐":"又姓。(北宋官修韵书)《广韵》自颛顼之后,春秋时,徐偃王假行仁义,为楚文王所灭,其后氏焉,出东海、高平、东莞、琅琊、濮阳五望。"[33]而颛顼之后徐偃王"徐"姓"五望"之地,多在开封古陈留东北、东和东南方,与"青""徐""辰"、青州、徐州的地理方位,基本是对应的。

三、伏羲八卦、九宫对应开封八方、九州客观存在

从上述分析中,使我们看到了以下基本历史事实:

开封古陈留中部、南部,本是上古时期豫州、中州之地;

开封古陈留东北部、古两济之间,本是上古时期兖州之地;

开封古陈留北部、古河水之南,本是上古时期冀州之地;

开封古陈留西北部、古河水之西,本是上古时期雍州之地;

开封古陈留西部、古河济之南,本是上古时期梁州之地;

开封古陈留西南部、古淮水之西,本是上古时期荆州之地;

开封古陈留南部、古淮水之东,本是上古时期扬州之地;

开封古陈留东部、东南部、古济水之南和获水、睢水流域,本是上古时期青州、徐州之地。

从上古时期九州的产生和传承的探索中,我们可以看到以下规律:

一是上古时期九州的产生,是以伏羲在开封古陈留黄柏山、古赤水,也称丹水、沙水、浪荡渠、浚水、汳水、蔡水、汴水等岸边,肇始的太极八卦、洛书九宫图文化作为天象、地形、方位依据的。伏羲八卦的创立为中原地区九宫、九州地域的划分提供了地理、时节和方位等方面的理论指导,而九州地理、时节、方位与太极八卦、洛书九宫学说也完全相符。可以肯定地说,没有伏羲太极八卦、洛书九宫文化,就不可能有上古时期九州的划分和传承。

二是上古时期九州的划分,是以流经开封古陈留之地的江(鸿沟)、河、淮、济"四渎"冲积形成的河洲及其地理方位为基础确定的。因此,九州之间范围的甄别,也大致是以河流流向、区域为根据来区分的。尽管上古时期开封古陈留地区的河道多变,但是,其大致范围和流向是有规律可循的,也是我们研究和论证上古时期九州地理方位存在的客观依据所在,而这种文化、地理和方位之间的特殊对应关系,在中国或许只有开封古陈留地区才会存在。

三是通过对上述中原人文历史的探索和论证,开封古陈留一带作为上古时期九州及中央、中宫、中土、地中、豫州、中州的观点,得到了中原历史地理、人文遗存、古典史料进一步认证和支撑。这与清代顾祖禹《读史方舆纪要·卷四十六·河南一》中关于"豫州在九州之中,言常安逸。又云:禀中和之气,性

理安舒,故云豫也……战国时,为韩魏列国地"的记载是一致的。而"韩魏列国地"正是上古时期豫州、中州、中土、中宫、中国之地,也是开封古陈留之地。

以上事实表明:上古时期九州在开封古陈留周边一带的存在,是一个无法抹去的客观历史传承。上古时期神话中伏羲一画开天、河图洛书、赤县神州、九宫九州等文化传说,绝不是毫无根据的空穴来风,而是一种可以用天象、地形、人文、史典等印证的华夏历史文明发源和传承之说。

文献来源:

[1] 王忠伟、宋香谒:《太昊伏羲的管理思想》,鞍山:辽宁科技大学学报,2008 年 Z1 期 9。

[2] 范祥雍:《古本竹书纪年辑校订补》,上海:上海古籍出版社,2011 年版。

[3] (西周)姬旦撰,(汉)郑玄注:《周礼》,上海:商务印书馆,1919 年版。

[4] (战国)吕不韦、(汉)刘安著,(汉)高诱注,杨坚点校:《吕氏春秋 淮南子》,长沙:岳麓书社,2006 年版。

[5] (晋)郭璞校注:《尔雅》,上海:上海古籍出版社,2015 年版。

[6] (南朝宋)范晔撰,李贤等注:《后汉书》,北京:中华书局,1965 年版。

[7] (唐)徐坚:《初学记》,北京:中华书局,2004 年版。

[8] (清)顾祖禹:《读史方舆纪要》,北京:中华书局,2005 年版。

[9] (唐)李吉甫著,贺次君校:《元和郡县图志》,北京:中华书局,2008 年版。

[10] (战国)列御寇:《列子》,上海:上海古籍出版社,2006 年版。

[11] 于省吾:《甲骨文字释林》,北京:中华书局,2009 年版。

[12] 金启华:《诗经全译》,南京:江苏古籍出版社,1984 年版。

[13] (宋)罗泌撰:《路史》,北京:国家图书馆出版社,2003 年版。

[14] (清)朱起凤:《辞通》,上海:上海古籍出版社,1993 年版。

[15] 顾实撰:《穆天子传西征讲疏》,北京:中国书店出版社,1990 年版。

[16] (宋)王应麟:《王应麟著作集成:诗考 诗地理考》,北京:中华书局,2011 年版。

[17]《彭县志》,成都:四川人民出版社,1989 年版。

[18] (北魏)郦道元:《水经注》,北京:华夏出版社,2006 年版。

[19] (唐)杜光庭:《墉城集仙录》,收录于《道藏》,北京、上海、天津:文物出版社、上海书店出版社、天津古籍出版社,1988 年版。

[20](汉)许慎撰:《说文解字》,北京:中华书局,2013年版。

[21](汉)司马迁撰,(宋)裴骃集解,(唐)司马贞索隐,(唐)张守节正义,顾颉刚领衔点校,赵生群主持修订:《点校本二十四史修订本〈史记〉》,北京:中华书局,2014年版。

[22]林忠军:《易纬导读》,济南:齐鲁书社,2002年版。

[23](唐)孔颖达撰:《春秋左传正义》,北京:国家图书馆出版社,2003年版。

[24](春秋)左丘明撰,(晋)杜预集解:《春秋左传集解》,上海:上海人民出版社,1977年版。

[25](宋)罗泌撰:《路史》,北京:国家图书馆出版社,2003年版。

[26]汝州市史志编纂委员会:《汝州市志》,郑州:中州古籍出版社,1994年版。

[27]顾颉刚:《禹贡》,北京:中华书局,2010年版。

[28]上海师范大学古籍整理研究所校点:《国语》,上海:上海古籍出版社,1998年版。

[29]王秀梅注:《诗经》,北京:中华书局,2006年版。

[30](唐)李泰撰,贺次君辑校:《括地志辑校》,北京:中华书局,1980年版。

[31]王周晃等编:《走进朱熹(附:《朱熹家谱》发现始末)》,北京:中国文史出版社,2006年版。

[32](明)陈士元:《荒史》,北京:线装书局,2003年版。

[33](清)陈廷敬等编撰:《康熙字典》,北京:社会科学文献出版社,2008年版。

第五章　华夏和合文化始于九州"北"方之位

我们拟从寻找华夏和合文化发源的"冀州""北"方为起点，以论证"昆仑山""九州""中国""冀州""中州"，即"神州"在开封古陈留产生的历史原因和过程，来探讨"神州"与"冀州""北"的地理方位关系，进而解释上古时期伏羲八卦、炎帝农耕、黄帝轩辕车以及象仪、文字、历法、丝绸、音乐、酒醴、药茶、博弈、菊花、星象等文化创造的历史渊源。

本文仅对华夏和合文化的"太极""中央""中宫""中国""中州""神州"与"冀州""北"的关系作一些简要介绍，以飨读者。

一、华夏和合文化研究存在失"北"现象

"北"是一个地理名词和方位概念。但若追究是谁规定了"北"的地理方位，答案无疑是始肇太极八卦的伏羲，因为"伏羲"太极"八卦"都是华夏民族阴阳和合和地理方位文化的起点。在华夏先民创造的天象紫微垣（宫）星宿文化中，"伏羲""太极"也称"天皇（帝）星""太一星""北极星"等（如下图）。因此，"北极星"之"北"位也被古人视作天的核心、中央、中宫和华夏和合文化的开元。

所以，不研究伏羲"太极八卦"文化，就不知道华夏和合文化起点在哪里，又如何知道上古"中国"最早的"北"在哪里？不知道上古"中国""北"的地理方位，又如何谈论"阴阳和合""天地相交""四象聚会""大同世界"等华夏历史文明与传承发展？

当前，华夏历史文明、和合文化中出现的张冠李戴、背离自然的现象比较突出，甚至在某些"正史"中，也存在着把"东夷"之事"调配"在"西戎"之方，将"北狄"之人"任命"到"南蛮"之地，把阴阳和合文化片面地理解为古代主观唯心思想的情况发生。究其根本原因，就是在中国历史文化研究中缺乏阴阳八卦、和合文化的理论指导，致使思想观念、地理方位迷失所带来的必然结果。

由于缺乏阴阳八卦、和合文化理论指导，一些研究者在有意无意中背离了中国文化最早的象形思想、地理方位学说，混淆了华夏历史文明发源地与

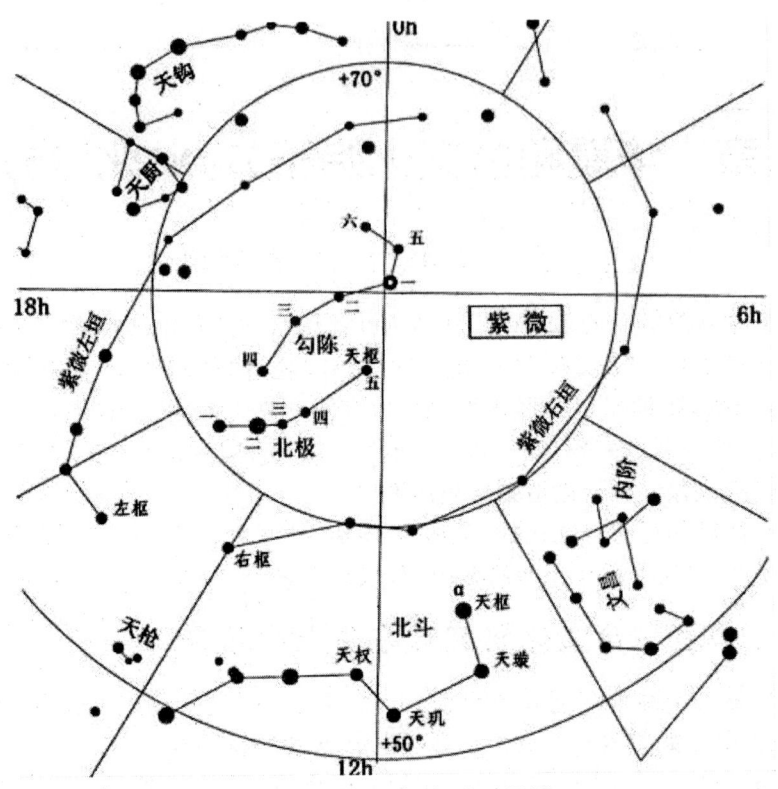

紫微垣北极星、勾陈、北斗星图

传承地的区别，导致以背离华夏民族阴阳八卦、和合文化"西来"为主要观点的"西风"向中原吹来，盛行一时，却无视华夏先民世代居住"天地人之中"、建设昆仑山"中央之国"的历史事实与和合文化传承。（如右图）有的用主观、否定的态度看待华夏先民创造的唯物、象形和辩证的"天地人和合"观，人为地将三皇五帝及夏商诸王居住、繁衍、建都、下葬之地分离开来，导致华夏人文先祖天各一方，至今无法回归中原故土。更重要的是，由此产生了许多所谓的中国上古历史文化定论，进而导致不少研究者抄袭了不少与上

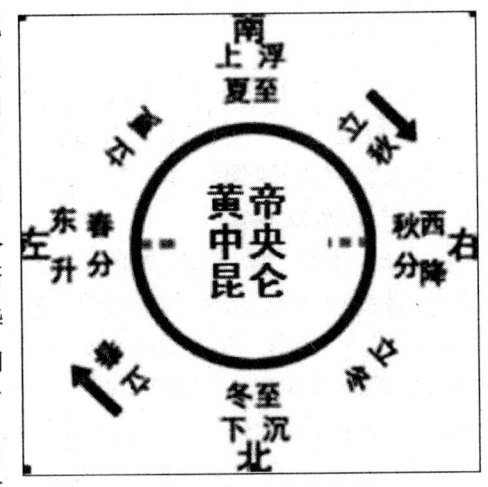

八节、北方、中央方位图

古华夏先民唯物、象形、辩证世界观格格不入的鸿篇巨论,却失去了华夏民族和合文化的本质内涵,也失去了指引华夏历史文明方向的"北"。

理数方位的"太极之道""天地之道""和合之道""中和之道"是华夏先民对自然、人类、社会进行唯物、象形、辩证认识的世界观,是效法天地、自然、客观规律的人文精神,是华夏先民数千年以来所始终恪守和遵循的创世方法论。

二、华夏先民和合文化中的"北"在哪里

中国古人讲究和合之"道"。春秋时期思想家李耳《老子》认为:"天之道,损有余而补不足。"西汉道学家河上公注:"天之道,损有余而益谦,常以中和为上也。"[1]"道"是自然、人类社会周而复始、循序渐进运行的"规律"。它最先运行的起点被华夏先民规定在了"北"方之位。

"北"是天地交会、阴阳和合、冬尽春来、万物孕育、蓄势待发之位,是造就华北大平原的黄河、济水"两河"分流形成的夹角之地。早在"丝绸之路"正式形成之前,华夏和合文化中的阳河阴济(洛)"两河"、昆仑山"空中花园""西王母""大夏""大宛""大月""蚕神嫘祖"等文化就伴随着华夏先民的迁徙,通过不同途径、不同形式传承到了中原西部的犬戎、青藏高原、南亚、中亚和西亚等地区,开创了"丝绸之路"的先声。

1."北"在河阳、济阴南北分流的"两河"之间

郑州荥阳一带,为黄河、鸿(洪)水"两河"分流处。"两河"分流的夹角之间为"北"。"北"的下(南)方是天帝在人间"地方"的"天下之田"。东汉文字学家许慎《说文解字》"田"注释:"即陈字,叚田为陈也。树谷曰田,种菜曰圃,树果曰园。见口部,象形,各本作象四,今依韵会正。今人谓为从口从十,非许意也。此象甫(圃)田之形。毛公曰,甫(圃)田为天下田也。"[2]甫(圃)田"今在开封西部、郑州东部的"圃田泽"一带,也是上古时期开封陈留之"陈"地,故"田"与"陈"义相同、地相邻、姓相传。

"圃田"之"田"正是北河黄河、南河鸿(洪)水"两河"分流夹角之间的天帝之"田",也是开封陈留之"陈"地。因"陈"在东方"卯""田"之位,故"卯""田"组合也称"留"。古代"田""陈""留""卯",本指太极八卦、"昆仑山""中国"的东方之地,是东方青龙氏伏羲观测天象运行、肇始太极八卦的仪象台之地。

"田"的下方是炎帝后裔共工氏治理"共(洪、鸿)水""工(江、姜)水""赤(丹)水"的"渠(钜、巨)""勾(句、沟)"之地,在天象紫微垣中称作"天后""陈勾",是地皇、"天后"女娲之位。人皇炎帝继承地皇女娲皇位后,在这里建都"空桑"。共工氏最早居住于炎帝的"空桑"之地,后因为受命治水和氏族争斗,

逆着"洪(鸿)水(沟)"迁徙到了河南新乡辉县"共工城"一带,也是"北(邶)"部之位。

"北"下(南)为"田","田"下(南)为"共",三者组成一个"冀"字。所以,"冀"就是由炎帝后裔"共"地和天帝之"田"上位之"北"方组成的中国象形文字。上古时期开封陈留"北"部就是"冀州",即"晋""北"地。据明代嘉靖、万历年间《仪封县志·卷之上·建置沿革》记载:"唐虞仪邑,为冀州也,夏商因之。""仪邑"为春秋时期的开封、浚仪,也就是唐尧、虞舜居住和建都的"冀州""中国"。同时,浚仪也称祥符,是九州"冀州"与"豫州"的结合部。据《新修祥符县志·卷二》记载:"祥符县古豫州域,虞夏商周因之,春秋郑地……汉高帝析三川郡为陈留、河南二郡,总统于兖州司隶部,置开封县。"[3]这说明上古时期的开封古陈留地处冀州、兖州交会之地。

清代《开封府志·卷十六古迹》也记载:"晋丘:在祥符县界。一名清丘,又名元池。"[4]"晋丘"也指开封西北方的"青丘""黑(玄)池"之地,这说明"晋丘"之"晋",与"冀州""中国"同地。明末著名地理学家顾炎武《日知录·集释卷二》认为:"古之天子常居冀州,后人因之,遂以冀州为中国之号。"[5]所以,开封古陈留之"仪邑""冀州""晋丘"与"河济""中国""天下田""甫(圃)田"同地(如下图)。

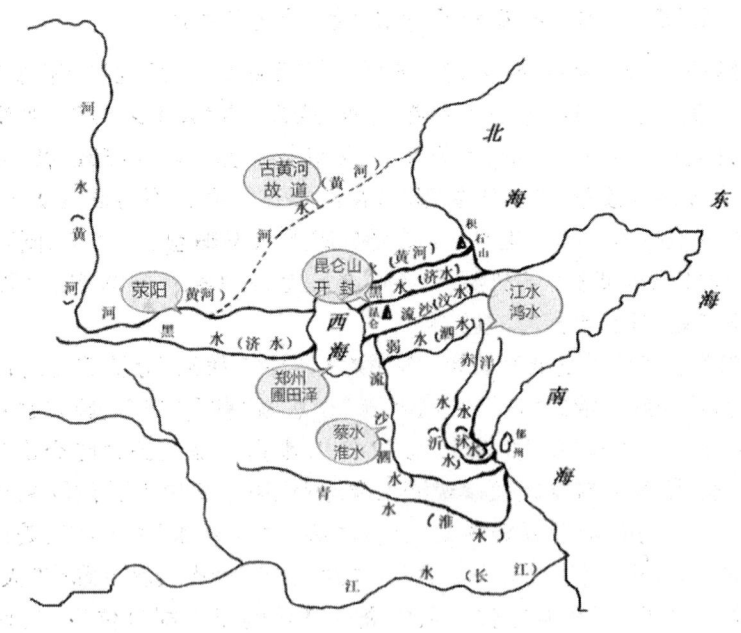

河水、济水、鸿水、圃田泽位置图

2. "北"在上古"九州"北部的"冀州"之地

华夏先民认为，(河济)两河之间为"冀州"。战国时期吕不韦《吕氏春秋·有始览》记载："两河之间为冀州，晋也。"[6]而"冀州，晋"丘本在两河之间的开封古陈留"仪邑"之地。

冀州"北"之下(南)的天帝之"田"，即"天田"，是天地四方、山川河流均衡、交会、十字交叉的"要冲(中)""中央""中宫"之地，古称"中州""豫州"。"中州""豫州"本在太极八卦和九州的"中央"之位，也是河图洛书"九宫"中的"中宫"之位，更是伏羲始肇先天八卦的"河洛(济)"两河之地。

中原人对"河沟"的认识，最早并非是指黄河，而是指浪荡渠、洪水，即鸿(洪)沟之水。据汉代司马迁《史记·秦始皇本纪》记载："秦王政二十二年(前225年)，秦派大将王贲攻魏，引河沟水灌大梁。"[7]对于"河沟"之地，清代地理学家胡渭《禹贡锥指·附论历代徙流》解释："河沟者，鸿沟也。"[8]我们认为，"河沟"应该是对黄河、鸿沟两者的合称或互称。"河"有北河"黄河"、南河"鸿沟"之分，"洛"也有南济"兖水"、北济"濮水"之别。伏羲先天八卦中的图画和符号文字，也因形成于河(鸿)、洛(济)之间，而称"河图洛书"。把"河洛"当作洛阳南部"洛水"和北部"河水"方位看待，不过是西周之后的事，与伏羲先天八卦文化中的地理方位不符，却与商末周文王后天八卦中的地理方位文化相对应。因此，洛阳的"河洛"文化不过是对上古时期"河济之间"伏羲先天八卦文化的一种传承而已。

上古时期华夏先民以"地中""豫州"为"中央"，划分了"九州"。据汉代许慎《说文解字》解释："水中可居曰州。"说明"九州"是按照"河济"之水及其分流中瀛洲、岛地的方位，来划分水中"九州"的。所以，"九州"也称"九州岛"，不过是"河济"之水分流的"九河""九水""九江"之"洲岛""瀛洲"而已，而"九州"也可称作"济州岛""瀛洲"。这种文化甚至传承到韩国济州岛。

上古时期，认定"九州"是在江河淮济"四渎"、东西南北"四海"环绕之中，并以不同水流走向划分"九州"的不同地理方位(如下图)，大致是：北方为冀州，在两河之间；东北方为兖州，在河、济之间；东方为青州，在江(获、汴)水流域；东南方为徐州，在江(获、汴)、睢之间；南方为扬州，在睢、鸿(洪)、淮水南部；西南方为荆州，在鸿(洪)、淮水、古汉水(颍水)西南；西方为梁州，在华阳、黑(济)水之地；西北方为雍州，在黑(济)水、西(黄)河交汇的西北，即灉水以西；中央为豫州，在黑(济)、汉之间。由于上古时期此地水道变化无常，名称多有改变，只能是一个大致的方位划分。

冀州理数为"一",豫州理数为"五",两地交会之地正是天地人合"一"、天地人之"中"的阴阳和合之位,自然也是阴阳和合文化的产生之位。

3."北"在"三皇五帝"居住的"昆仑山"之阴

"北"在时间上为一年的开元之始的冬天;在华夏文化二十四节气中为"冬至";在地支中的第一位"子";在四象中为"太阴";在帝王中为颛顼帝、殷商王朝,是玄武、邶国之位(如右图)。"南"在时间上为一年的过半夏天;在二十四节气中为"夏至";在地支中的"午"位;在四象中为"太阳";在帝王中为炎帝,是夏后王朝、夏阳国、朱雀之位。"东"在时间上为一年的春天;在节气中为"春分";在地支中的"卯"位;在四象中为"少阳";在帝王中为太昊伏羲,是陈都、青龙之位。"西"在时间上为一年的秋天;在节气中为"秋分";在地支中的"酉"位;在四象中为"少阴";在帝王中为

九宫九州对应图

少昊、玄嚣,是妣(邺)(今郑州东南)城、白虎之位。"中"在节气中"冬春、夏秋"交会之际;在四方、四象的"中央"之位;在五行的"中土黄"之位;在帝王中为中央黄帝、舜帝,"执中"之位;在九州中为"中(豫)州"之位(如下图)。所以,地处冀州、兖州、豫州交会之地的开封古陈留是中央黄帝居住、成婚、育子和建都之地。唐代医学家王鹳《广黄帝本记》、北宋著作佐郎张君房《云笈七笺》、南宋无名氏《轩辕黄帝传》、元代道士赵道一《历世真仙体道通鉴》等古典均记载:黄"帝娶西陵氏于大梁,曰嫘祖,为元妃。生二子玄嚣、昌意。初喜天下之戴己也"[9]。"天下之戴己"就是指轩辕在开封古大梁被华夏先民拥戴为中央帝,即黄帝。

"北"是"冬至"时节"北斗七星"斗柄所指方向。所以,古人抬头望见"北斗星",就想到了执政中枢、指引方向的"黄帝"。由于"北斗"执政运转于天象紫微垣"中枢"之地,中州人也把"黄帝"比作"北斗星",居住天地的"中央"。"中央"有"三层台",在天的"中央"称"三能""三台";在地的"中央"称"昆仑""地中"。所以,天上的"三层台"、地上的"昆仑山"、人间的"中央帝(黄帝)"分别居住在天、地、人的中央,也称"天地人和合"的中宫之位。

所以,"中"本是"天地人和合"之"中",是天地人上下对应、互通之"中"。因此,"昆仑""黄帝""天地人之中"等在洛书"九宫"的"中宫""(北)斗纲"运

第五章　华夏和合文化始于九州"北"方之位

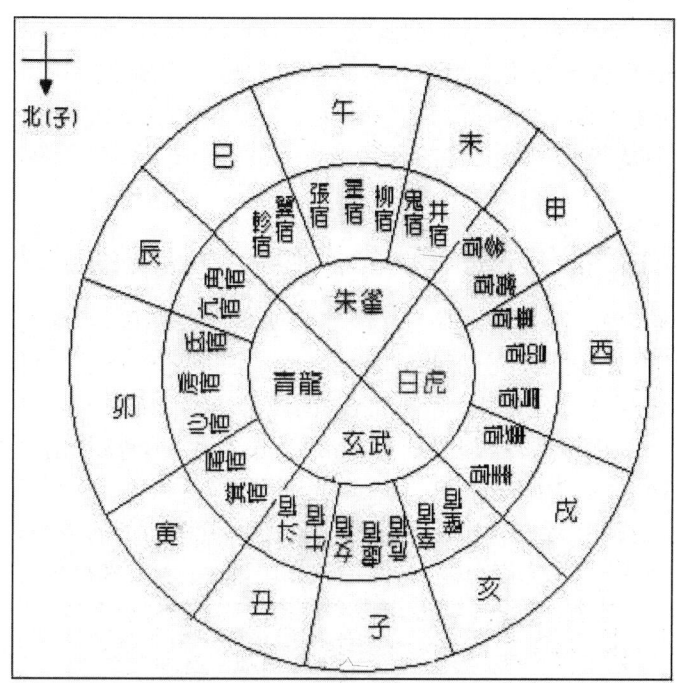

子午卯酉四正图

行的"中枢"位置；在"九州"的"中州""豫州"位置。"昆仑"最早不可能在中原西部"戎狄"之地的青藏高原，那里也不是华夏文明的发源地，却像中原西部的山、陕、甘地区一样，本是华夏文明的传承地。

"中州""豫州"在黄河、济水出河南荥阳之后，南北分流夹角之间"冀州""兖州"和"豫州"的结合部。不仅三皇五帝的"九州"之"北"在这里定位，三皇五帝的"中央""中国"也在这里产生，并且面积大致有"地方五千里"，也就是古制"方圆五千里"。对此，汉代易学著作《河图括地象》指出："昆仑东南地方五千里，名神州，中有五山，帝王居之。"[10]文中"神州"指"九州"或"九州"的中央地区，也是我们认定的开封古陈留之地。它以开封东部的古陈留郡小黄县"神岗"和天皇伏羲建都的"黄柏山（皇伯山）""陈陵"为核心。"五山"指"五方帝"居住的山丘，这正在昆仑山东南方位。如以"昆仑山"东南"九州""五山"中的"中州""中山"为太极"中央"和洛书九宫"中宫"，其"九州""五山"的半径不过在百里之内。这一范围之内，就是三皇五帝及夏商中前期诸王最早共同居住、建都和繁衍华夏先民之地。到了夏商前中期之后，曾一度向北部的安阳汤阴、"邶国"的"西河"地区迁徙。

商代末期，三公之一的西伯侯姬昌在安阳汤阴羑里城，效仿伏羲唯物象形观和创世方法,观天象、府地形、察人间万事万物,创造出了太极后天八卦。周武王之弟周公旦以此理论为指导,在河南登封测定"天地之中",又在河南洛阳占卜"洛宅",建王都于成周雒邑。尽管这一测量结果被唐代天文学家一行(张遂)所否定,但从华夏和合文化的意义来讲,算是回归了三皇五帝、天地和合的中原之地。

三、上古"北"方是华夏先民和合世界观的反映

商周时期,华夏民族逐渐失去了三皇五帝最早共同居住、繁衍、建都的"昆仑山""阴阳和合"之地。由于此地是上古时期三皇五帝居住、立国之地,所以后世帝王必定要选择在先祖"阴阳和合"的圣地"天地之中"建都修社,告慰先祖。对于这一文化传承,战国时期吕不韦《吕氏春秋·慎势》指出:"古之王者,择天下之中而立国。""天下之中"就是"天地之中"。

即使周人打败商纣王、实现回归始祖后稷故土"中原"的梦想之后,也要在"天地之中"建都修社,以祭祀先祖(如下图)。可是,由于华夏地理方位文化遗

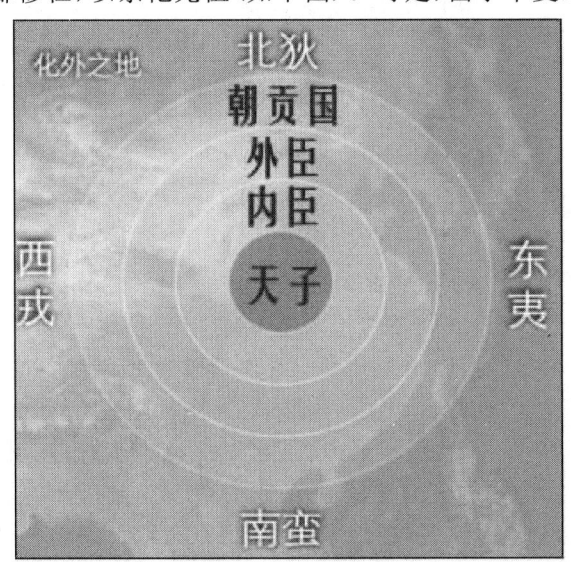

天子居四方中央图

失,却不知自己要回归的"天地之中"在何处。周公旦只好采取上古"土圭测景"的方法,占卜河南登封"阳城"为"天地之中",可堪舆家认为登封缺失"风水"而难以被认可。于是,再次通过"风水卜宅"的方式,认定河南洛阳"雒邑"为"中国"之地,可又远离登封"天地之中",致使两地至今争论不休。西周东都"雒邑"的确立,进一步造成上古"昆仑山""中国""天地之中"地理方位的迷

失和混乱。

但是，西周东都"雒邑"的确立也具有重要的历史功绩。它推动了上古"中国""九州"之重心，开始由郑州荥阳东部的商朝核心地区，向西周东都"雒邑"迁移。大"中国"、大"九州"、大"中原"的地理和文化概念由此开始出现、形成和发展，直到现在。

"夏商周断代工程"难以取得突破性进展的重要原因，就是分不清上古时期小"九州"之小"冀州"、小"中州"与西周之后大"九州"之大"冀州"、大"中州"的本质区别，又如何能找到上古时期真正小"九州"之小"冀州"、小"中州"和"洛书九宫"之"中宫"在何处？没有了上古华夏民族"北""冀州"与和合之"中""中宫（州）"文化的地理定位，也就失去了华夏历史文明所规定的地理和方向。地理和方向既失，岂有不迷失华夏和合文化学说的道理。

从伏羲肇始的太极八卦方位文化而言，西周大"九州"的出现，是遗失华夏先民地理方位的必然结果，进而失去了"九州""昆仑""天地人和合"和"天地人合一"的"中央""中土""地中"之地，至今仍无法找回华夏历史文明和三皇五帝及夏商中前期诸王的发源地。这不仅是一个技术方法问题，而是能否确立阴阳和合的指导理念问题。问题的关键在于华夏民族和合理念、河洛文化和唯物象形观的缺失。

这就提出了找"北"的历史意义和现实意义所在，也提出了坚持和找回华夏民族"北"方、三皇五帝及夏商前中期诸王发源地的和合文化理念的根本思想、方法问题。寻找"北"方的历史过程必定是重新认识和论证华夏先民太极"和合之道"等唯物象形观和创世方法的过程，更是建设自然人类、社会"大同世界"必须要效法客观规律的内在要求。不然，很可能还要用更多的人力物力、更久更长的时间，去寻找"和合"文化和"北"方之位的哲学真谛所在。

因此说，华夏民族认定的"北"极之位是太极阴阳和合、天地和合之位，也是华夏民族唯物、象形、辩证大同世界观的形成和发源之地。

文献来源：

[1]（汉）河上公等注：《老子》，上海：上海古籍出版社，2013年版。

[2]（汉）许慎撰：《说文解字》，北京：中华书局，2013年版。

[3]（清）黄舒昺纂：《新修祥符县志》，清光绪二十四年（1898年）刻本卷。

[4]《开封府志·康熙三十四年（整理本）》，北京：北京燕山出版社，2009年版。

[5]（清）顾炎武著，陈垣校注：《日知录校注（全三册）》，合肥：安徽大学出

版社,2013年版。

[6](战国)吕不韦著,(东汉)高诱注:《吕氏春秋》,上海:上海古籍出版社,1989年版。

[7](汉)司马迁撰,(宋)裴骃集解,(唐)司马贞索隐,(唐)张守节正义,顾颉刚领衔点校,赵生群主持修订:《点校本二十四史修订本〈史记〉》,北京:中华书局,2014年版。

[8](清)胡渭:《禹贡锥指》,上海:上海古籍出版社,2013年版。

[9]《道藏·(唐)王瓘〈广黄帝本记〉》,北京、上海、天津:文物出版社、上海书店出版社、天津古籍出版社,1988年版。

[10]《纬书集成》,石家庄:河北人民出版社,1994年版。

第六章 "河洛"本在"荥雒"东

商代之前,"河洛"本指出自河南荥阳流往东部(含东北、东南方位)的"河"水和"洛"水。华夏先民以开封古陈留为天地和四方的中央。因此,把"河"称作"西河",汉代以后称作"黄河";又把流经开封古陈留北部的"洛"水称作"黑水""玄水""阴水""济水"等。故汉代史学家司马迁《史记·殷本纪》认为:"东为江(汲水),北为济,西为河,南为淮(鸿沟),四渎已修,万民乃有居。"[1]均以开封为"中央"而言。

可见,上古时期的"河洛"本指黄河、济水"两河",是华夏文明的发源地,也是中国水、水神、河伯、沟渠、河渎文化的发源地。"两河"的水资源来自中原的西部地区,而"两河"的水文化却来自伏羲八卦、仓颉造字的开封古陈留地区。所以,具有太极八卦含义的"河阳洛阴""河图洛书""龙图龟书"本是独具中原陈留历史文明和地域方位特色的"两河",即"河洛"文化。

一、上古"河洛"地区是华夏文明发源地

作为"两河"的"河"与"洛"又各有"南河""北河"之分(如下图)。

"河"分"北河"为古黄河,流经新乡、滑县、浚县、汤阴等地;"河"分"南河"为古浪荡渠,流经中牟、开封、杞县等地。"南河"浪荡渠在先天八卦中为"河阳(乾)",故出伏羲(开封古陈留)先天八卦文明;"北河"古黄河在后天八卦中为"河阳(乾)",故出周文王(汤阴羑里城)后天八卦文明。先天八卦中的"河阳(乾)",正是"河出图""龙马负图"的陈留之地。

"洛"分"北洛"为古濮水、漯水等,流经原阳东南、封丘西南后,向东北流经长垣北入山东菏泽巨野之"东海";"洛"分"南洛"为古沇水,流经原阳东南、封丘西南后,向东流经长垣南入菏泽巨野之"东海"。濮水也称"北济水",沇水也称"南济水",为先天八卦中的"水阴(坤)"之地。"南洛"沇水在先天八卦中为"洛阴(坤)",故出自伏羲(古陈留)先天八卦;"北洛"古濮水在后天八卦中为"河阴(坤)",故出自周文王(羑里城)后天八卦。先天八卦中的"洛阴(坤)"是"洛出书""神龟负书"之地。

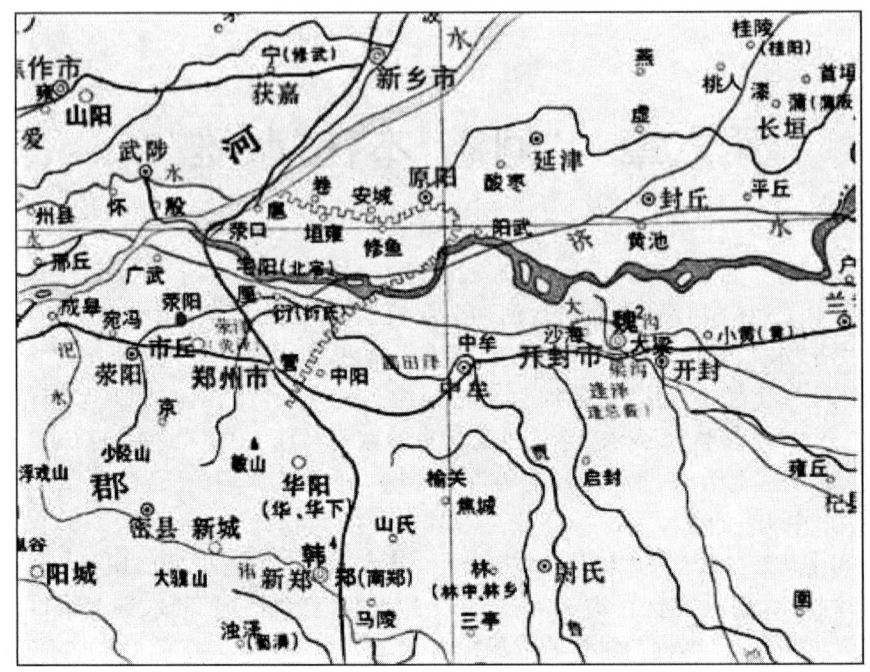

西河、济水、大(鸿)沟参考图

河水之阳与洛水之阴便是伏羲先天八卦和周文王后天八卦文化中"太极""太一""中宫""昆仑(五、吾)"的发源地。

伏羲先天八卦创建地古"陈留"是三皇五帝及夏商前期诸王居住、建都之地,周文王后天八卦创建地古"汤阴"是夏商后中期诸王居住、建都之地。西周之后,"河洛"文化随着失去殷商王都(河南安阳一带)的殷商"顽民"搬迁,而传承到了周人"归中"的东都成周。"洛邑"建成后,这里始有"河洛""伊洛"之说。后来,人们便逐渐失去了对"河洛""伊洛"历史、文化和地理本源的了解,也失去了伏羲始肇太极先天八卦文化之地。

二、雒水产生于郑州荥泽以东的"荥雒"

"河洛"也称"河雒"。"洛"与"雒"互通,本指同地一水,其来源有四种出处。

1. "雒水"源自荥阳东部"荥雒"之水

荥阳东部的"荥雒"是沇水,即济水在荥阳东部流通受阻后,壅塞形成的"荥泽雒水"。古籍《尚书·禹贡》记载:"荥波既猪。"[2]宋代儒学家孔传解释:"荥泽、波水,已成遏猪。"[3]唐朝经学家孔颖达疏:"遏猪言壅遏而为猪,蓄水而成

第六章 "河洛"本在"荥雒"东

泽,不滥溢也。"[4]由于荥阳东部的"荥泽""波水"是济水(黑水)、黄河(西河)"壅遏"之地,上古时期也称"壅州",即"雍州",在小九州西部偏北方位,是梁州、冀州和豫州的结合部。

"雍州"的"荥泽""波水"流经小九州之北部"冀州"、东北部"兖州",在太极五行中也称"邶水""阴水""黑水""西河"等。古籍《尚书·禹贡》认为:"黑水西河唯雍州。""荥泽""波水"流经东部的豫州也称"荥雒"。唐初史学家令狐德棻《周书·职方》则认为:"豫州其川荥雒,其浸波溠。"[5]说明"荥雒"本是"雍州"与"豫州"交会地的真实反映。

可见,滞留于荥阳东部的"荥泽"之水也称"荥波""荥雒",其水流之源来自上游的沇水、兖水、济水,其文化之源却来自荥阳东部荥泽。自荥泽东流之水,才可称作"波水""雒水"。而荥阳西部的西周"雒邑""洛邑"不在上古时期"荥雒""雒水"流经的"豫州",即"中州"之地,所以今有"雒水""洛水"之名,却无"济水""沇水"之实(如下图)。

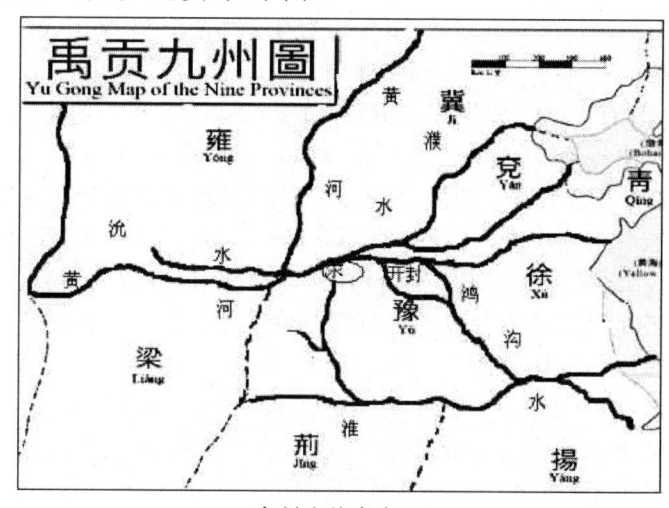

九州方位参考图

2. "洛"字为形声字,从水旁从各声

"洛"在古代本写作"雒",两字通用,为最早的水名,来自"洛书(字)"文化。"各"意为"十字交叉"。"水"与"各"组合成的"洛"字本义为"十字交叉的河流"。"雒"意为"大鸟栖息的水"。"十字交叉"的水"各"与"隹"组合成的"雒"字本义为"洛水边的短尾大鸟",也称"鸿",既代表鸿沟、江水,也代表鸿沟,即江边的短尾大鸟,如鸿雁、天鹅一类。

"河洛"水流经荥阳后开始分流,形成了由"荥雒"向东北方而流的古黄河水、东方古济水(兖水)、东南方古浪荡水(鸿沟)的"十字交叉"流向。浪荡水(鸿沟)流经开封、杞县一带后,称作"落架水",即"洛水",再次形成"十字交叉"流向,分为获(漷)水、睢(濉)水、淮水,三水均以"隹"字组成,下游汇合于"泗水",也具有"洛水边短尾大鸟"的含义。而鸿沟流经开封古陈留之地正是伏羲始肇先天八卦,即河图洛书的地方,今有"凤凰城""仓王庄""河图庄"等地名为凭。所以,鸿沟、获水、睢水、淮水流域本是华夏历史文明的重要发源地,也是"四渎"之一江水、济水、淮水河道、名称变幻无常的流域。

中国的"水"文化——"水神""河伯""水族"就产生于这一流域。如"水族",是由古代"骆越"文化发展而形成的单一民族,这是史学界公认的史实。据中华民族史专家何光岳《百越源流史》记载:"骆乃越的一支,历来认为是广西土著民族;其实不然,它起初是由两个不同的民族结合而成,即骆人自黄河南迁到江南后,与早先由黄河迁到江南的越人群团中的一支结合,逐渐形成为骆越。骆人系出黄帝之后的任姓,越人则为夏禹之后。"[6]而开封的太极八卦、黄帝帝都"轩辕楼"、仓颉造字地、夏杼六世王都"老丘""豕韦氏""濉水""睢水",正是"骆人""水族"的最早发源地。

因此,中国的"水族"先民居于开封、封丘"豕韦氏"和"睢水"之地(如下左图)。在贵州"水族"中,传承着一种类似甲骨文和金文的古老、独特的文字符号"水书",被誉为象形文字的"活化石"。贵州民族学院教授潘朝霖认为:"水书在水语中被称为'泐(le)虽',仅有400多个单字,大概由三类文字组成,一是图画文字,二是象形文字,三是借用汉字。含有神本意识、易学精神和逆反文化。前两者是从古华夏文化中传承下来的,后者是水族古文字在发展过程中逐渐形成的特色文化。"[7]

"水书"体现的主要思想源于易学的太极八卦。贵州省文史研究馆馆员、贵州水家学会名誉会长王品魁认为:"水书的源头是从《洛书》和《周易》派生出来的。水书源于《洛书》,根据易卦、星象、五行之理,进而推演凶吉,预测祸福,解决疑难。从水族古文字看,涉及阴阳五行八卦方面的文字是相当全面的。"

"水书"也称"水字",其实就是水族的文字。就如同发掘于开封仓颉墓的仓颉"二十八字",被宋代称作"仓颉书"一样的道理。南开大学文学院孙易博士指出:"水族人民把自己的文字和用这种文字写成的典籍统称为'泐(音 le)虽'。由于'泐'在水语里既有'书',又有'字'的意思,所以人们一直把这种文字和用这种文字记录成册的书籍都称为'水书'。"故"泐虽"也称"水书""睢书"(如下右图)。

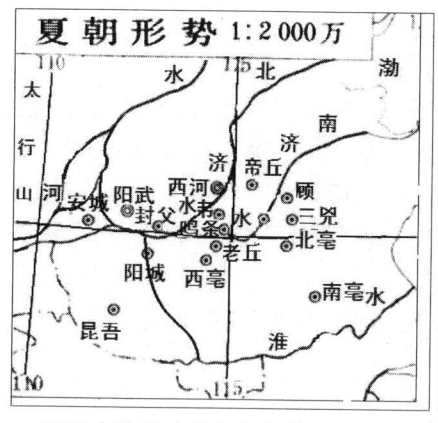
开封古陈留鸣条北部韦城图

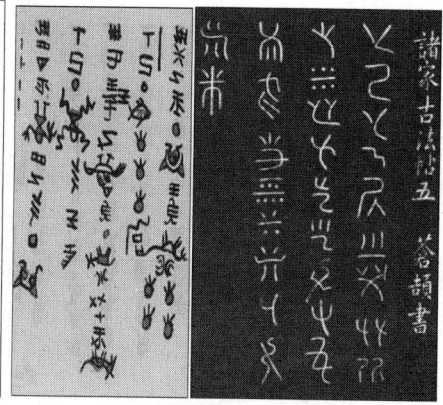
水书与仓颉书对比图

"睢""水"一声之转,音同字通。"水书"的传承者们认为,自己的祖先源于黄淮一带古老的"睢水"流域,其水族"水"字由"睢"字字音谐变而来。因此,贵州学者潘朝霖、韦宗林《中国水族文化研究》认为:"水族古文化的发祥地在中原睢水流域及豕韦一带,是睢水的乳汁哺育了水族先民。"[8]

这说明水族的"水书""睢书"发祥于"睢水"流经的开封古陈留和睢县流域,正是中国伏羲符号文化和仓颉象形文字的发源地。据唐代学者徐坚等人编辑的《初学记·卷九》引相传黄帝所著《归藏·启筮》记载:伏羲"太昊之盛,有白云出自苍梧,入于大梁"[9]。文中"白云""苍梧""大梁"均在"睢水"流经的开封古陈留之地。宋代学者罗泌《路史·后纪一》引《世纪》《天皇》记载:"天皇伏羲都陈留。"汉代易学著作《春秋元命苞》记载:仓颉称帝"治百一十载。都于阳武。终,葬衙之利乡亭"[10]。罗泌所撰《路史·禅通纪》引北魏张楫《禅通纪》认为:"仓颉居阳武而葬利乡。"又记载开封"浚仪即春秋之阳武高阳乡也,或曰利乡"。可见,开封古浚仪、陈留正是"太昊""天皇"伏羲和史皇氏仓颉建都之地。

据睢县《睢州志·山川篇》记载:"川有睢水,首受浚仪莨荡渠,至此始大,东经取虑县(今睢宁县)入泗。"[11]莨荡渠就是流经开封的古灉水、鸿沟、汳水、汴水,也是"睢水"的上游。故水族自称以"睢(音sui)"而得名,"水书"也称"睢书",本与伏羲"八卦"符号文字和"仓颉书"象形文字一脉相承。

这也是"洛水"源于灉水、鸿沟、睢水流域,具有伏羲"洛书""仓颉书"文化的地理原因。易学家认为,"洛书"内包含三套十字纹样:"洛书"中心十字纹样(代表"天心",对应"地心",即对应"昆仑山")、天十字纹样(代表"天")、地十字纹样(代表"地")。这就是说,"洛书"的纹样确实是由"十字交叉"形状组成的。故"洛书"的词义是：从一条十字交叉形状的河流中出现的十字交叉纹样。"纹","文"也,是"书"与"字"所要传达的内涵。

所以,洛书九宫图中西北"新洛宫"、东南"阴洛宫",均在河道"十字交叉形状"出现的开封西北"河济"交汇和东南"获、睢、淮三水分流"之地。这些十字形状的河流均称"洛水",本有"洛书"文化传承而来。

这种"十字交叉"的"洛水"形状,即便在河南洛阳古"洛邑"南部"伊洛"和东北部"河洛"交汇处,也徒有"三川交叉"的"洛水"之名,而无"十字交叉"的"洛水"形状之实。因为这里不是上古时期华夏"洛水"文化的发源地。

3."雒水"为流经豫州南部的"淮水"

古人把"雒水"之"雒"与"淮水"之"淮"当作同一个字看待。据东晋散骑常侍徐广《史记集解》记载："雒,一作淮。"因此,又把"雒阳"写作"淮阳"。唐朝著名史学家司马贞《史记索隐》也记载："雒阳,汉书作淮阳。"以此类比,"雒水"也称"淮水",而"淮水"又称"沙水""浪荡渠""鸿沟""蔡水"等。

追寻古"淮水"的上游之源,本是荥泽流出的"荥雒""雒水",而"淮水"古称"沙水""浪荡渠""蔡水"等,本是流经上古小九州"中央之州",即"豫州""中州"之水,这与唐代史学家令狐德棻《周书·职方》关于"豫州其川荥雒"之说相吻合,最早均出现在荥阳东部的"豫州"之地。

西周之后,尽管流经"淮阳"的"淮水"之名已向南部息县、淮滨、寿县一线传承,但是河南"淮阳"之名依然遗留着后人对"淮水"流经"淮阳"南部的历史记忆,也正是夏代小九州的"豫州"之地。

4."雒水"之滨为炎帝雒氏居住地

东汉文字学家许慎《说文解字》认为："雒,鸮䳋也。怪鸱。今称鸺鹠,也叫横纹小鸮。"[12]居住于豫州开封古陈留的炎帝氏族,有分支以"鸺鹠",即"雒"为氏,称作"雒氏""合雒氏""雒陶氏"等。"雒陶氏"为舜帝时期制作陶甄的同族名称。

据东汉史学家班固《汉书·古今人表》记载："舜友有雒陶,为雒姓之始。"[13]"雒陶氏"是舜帝时期执政的贤者,故战国时期著名道家学者尸佼《尸子》记载："舜事亲养老,为天下法。其游也,得六人,曰雒陶、方回、续身、伯阳、东不识、秦不空,皆一国之贤者也。"[14]

"雒陶氏"与舜称帝、居住和下葬的开封古陈留"鸣条苍梧山"同地。据战国时期魏国大梁编撰的《竹书纪年·帝舜有虞氏》记载："四十九年,(舜)帝居于鸣条。五十年,帝陟,义君封于商,是谓商均。后育,娥皇也。鸣条有苍梧之山,帝崩遂葬焉。"[15]

"鸣条"在今封丘黄陵岗平街,春秋时期为"平丘",是夏代"河伯"和妻子"雒嫔"居住的封父国之地。"雒嫔"即"洛嫔",是古籍中所称的"雒神",而"洛水"就是女神"洛嫔"经常出没之地,也因居住在"洛水"之滨而得名。

"雒水"也称"济水",因在开封北部和八卦"太阴、玄、黑"方位,故也称"阴水(沟)""玄水""黑水"。"雒嫔"是长着湛黑甚美、光可以鉴的雒水女神"玄妻",或称"宓妃""纯狐"等。

据春秋史学家左丘明《左传·昭公二十八年》记载:"昔有仍氏生女,湛黑而甚美,光可以鉴,名曰玄妻。乐正后夔取之,生伯封。"[16]"后夔"也称"封伯",或"风伯"。"玄妻"为"封伯"之妻。"封伯"与"玄妻"生子为"伯封"。据北宋宋祁、欧阳修《新唐书·宰相世系》记载:封伯之"封氏出自姜姓,炎帝裔孙钜为黄帝师,胙土命氏,至夏后氏之世,封父列为诸侯,其地汴州封丘有封父亭,即封父所都"[17]。封伯之子"伯封"也称"河伯",曾为"封父"国君。

"伯封"在史典中被称为"大猪""封豕""豕韦"等。据春秋史官左丘明《左传·昭公二十八年》记载:"伯封,实有豕心,贪惏无厌,忿颣无期,谓之封豕。"南朝刘宋史学家裴骃《史记集解》引两晋著名训诂学家郭璞注:"封豕,大猪。"

据五代后唐史学家刘昫《旧唐书·李密传》记载:"三河纵封豕之贪,四海被长蛇之毒。"[18]说明"封豕",即"伯封"居住的封丘古封父国,本为河水、济水、浪荡渠三河流经之地。上古时期,出自黄河的"灉水"与出自济水的"沮水"在"伯封"的封父国南部汇同,而"睢水"也由此而出。清代《康熙字典》认为:"豕韦氏亦豨韦氏,古帝王号。"[19]所以,中国"水族"大姓"韦氏""封豕氏""豕韦氏"就发源于此地。

商周时期,"豕韦氏"曾在封丘北部的滑县一带建韦城、豕韦国。据南朝刘宋历史学家范晔《后汉书·郡国志》记载:"东郡白马(县)有韦乡。"[20]西晋著名学者杜预《春秋左传注》记载:"(河南滑县)县东南有韦城,古豕韦氏之国。"[21]"封豕",即"伯封",也为天星"奎"宿的别称。故汉代司马迁《史记·天官书》认为:"奎曰封豕,为沟渎。"封丘"伯封"之地是上古时期最早的"沟渎"发源地,也就是"水"的发源地。

可见,中国"水族"先民是生活在中原华夏之地最早的炎黄子孙,也是中国最早的"华夏族"。

居住于封丘封父国的"伯封"因反对后羿篡夺夏王之位而被射杀。后羿又强占其母"玄妻",即"雒嫔"为妻。战国时期屈原《楚辞·天问》指出:"胡羿射夫河伯,而妻彼雒嫔。"[22]这里的"妻"本指"伯封"之母"玄妻"。东汉著名文学家王逸注释:"雒嫔,水神,谓宓妃也。"这也是"玄妻""雒嫔""宓妃"三者同指"水神"的凭据。

直到西周时期,"雒嫔"居住的封丘西南之地仍因地处"雒水",即"济水""洛水"的转弯处,而称"曲洛",今为封丘荆隆宫乡"洛寨村",与黄帝下葬的荆隆宫,即"丰隆宫"同地。所以,出自战国魏国大梁的《穆天子传·卷五》记载:"天子东游于黄泽(池),宿于曲洛(原注:洛水之回曲,地名也)。"[23]说明中国最早的"封父国""河伯""伯封""雒嫔",与"封丘""雒水""济水""洛水""黄池"同地,而不是后来"河伯""雒嫔"文化传承的陕西洛南、河南洛阳洛河、河北漳河之地。

流经上古冀州南部、豫州北部和封丘西南部的"雒水"西部与黄河相连,是古代重要的运河之一,故史典《尚书·禹贡》记载:"豫州:浮于雒,达于河。"这也是对"灉沮汇同"于封丘南部、开封北部之地的一种认同(如下图)。北魏地

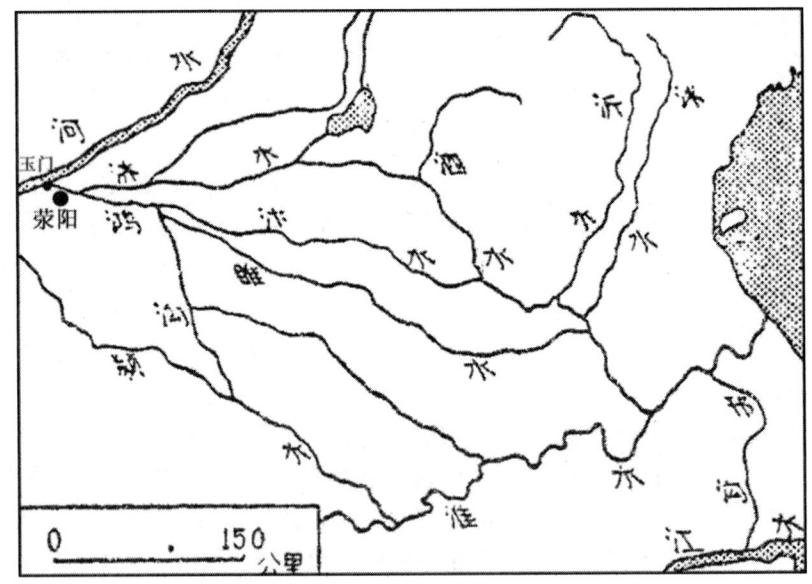

开封(大梁)周边水系图

理学家郦道元《水经注·卷二十三 阴沟水、汳水、获水》也记载:灉水,即"汳水又东,枝津出焉,俗名之为落架口。《西征记》曰:落架,水名也"[24]。"落架水"为"睢水"的上游,也称"落水",或"洛水""雒水",流经炎帝帝都和"雒"氏居住的古陈留、杞国"空桑"之地。

"雒水"之"雒"最早是鸿水的分支。鸿水之"鸿"本为"江水"之"江"。因

为"江"边有很多鸟类栖息,"江"字加"鸟"字为"鸿"字。所以,"江""鸿"同义,"江水"也称"鸿水",即"鸿沟"。上古时期的"鸿沟"流域有大泽圃田、逢池,江河、水陂,沼泽草丛遍布,鱼虾蛛虫很多,是鸟类栖息和觅食的天堂。因此,鸿沟下游水的分支都冠以含鸟类"隹"字的水名。如鸿沟流经今河南兰考东南、民权北部,山东曹县南部的水,称作"濩(获)水";流经杞县、睢县、睢阳南部的水,称作"睢水";流经太康、淮阳南部的水,称作"淮水"等。而"淮水"就是"雒水",故"淮阳"汉代也称"雒阳"。

这说明中国最早的"淮水",与"江水",即"鸿水""鸿沟"和"雒水"同源,并逐步自古陈留向淮阳及南部迁徙,后称"沙水""鸿沟""蔡水"等;也说明"江水"在开封"东"部,后称"丹水""获水""汳水"等。正对应商汤所作《江(汤)诰》中"东为江,北为济,西为河,南为淮"的四渎之说。按照伏羲八卦文化而言,"东为江",也称"青水";"北为济",也称"黑水、玄水";"西为河",也称"金水、白水";"南为淮",也称"赤水、羊(姜)水"。

这些与伏羲八卦、河图洛书文化密切相关的地理水名最早均发源于郑州荥阳东部的开封古陈留地区,因为这里是中国上古时期河渎、四渎、河洛等水文化的发源地,自然也是华夏民族和三皇五帝居住和建都之地。

三、几点结论

通过上述"洛水"发源的历史、文化、地理探索分析,我们大致产生了以下认识:

一是"洛水"文化是对伏羲太极八卦、河图洛书文化解读、展示和传承的具体形式。无论所表现的形态和内容如何,都与太极八卦、河图洛书文化密切相关,是解开太极八卦、河图洛书文化的一把金钥匙,也是印证伏羲及其太极八卦、河图洛书产生于中原地区,而不是别的地区的重要人文遗存。

二是"洛水"文化最早发源于郑州荥阳古"荥泽",即"荥雒"以东地区。大致在周代初期,随着殷商遗民向洛阳、陕西一带迁徙,他们把周文王后天八卦文化传承到了"雒邑""雒水"和陕西"北洛水"流域,形成了中国三个"洛水"体系。但只有"荥雒"之"雒水",才是上古时期小中国、小九州的"中州",即"豫州"北部之地,是三皇五帝和夏商前期诸王共同居住、建都及繁衍华夏先民的神圣之地。

三是"洛水"之地是华夏民族一切河渎、沟渠、水及水神文化的最早诞生地,也是上古中国一切"河水"文字名称的发明地。伏羲、仓颉在这里创造了华夏民族最早的符号文字和象形文字,即"河图洛书"和"仓颉书"。包括"水"文化在内的华夏原始文明,从这里向四面八方传承和发展。

四是重新发现和认识"洛水"的历史、文化、地理含义,对于研究和探索华夏各族人民和华夏历史文明的发源地,具有十分重要的意义和作用,对纠正被误导的中国历史、地理文化,破解夏商周断代之谜,还原华夏先民世代居住、繁衍、传承于以开封古陈留为核心的中原地域,打造河南中原华夏历史文明传承创新区,可提供重要的历史文化资源、地理方位、人文遗存支撑。

这就是我们研究"洛水"文化后,得出的初步认识和观点。

文献来源:

[1](汉)司马迁撰,(宋)裴骃集解,(唐)司马贞索隐,(唐)张守节正义,顾颉刚领衔点校,赵生群主持修订:《点校本二十四史修订本〈史记〉》,北京:中华书局,2014年版。

[2]李民、王健撰:《尚书译注》,上海:上海古籍出版社,2010年版。

[3](清)王先谦:《尚书孔传参正》,北京:中华书局,2011年版。

[4](汉)孔安国、(唐)孔颖达、黄怀信:《尚书正义》,上海:上海古籍出版社,2007年版。

[5](唐)令狐德棻:《周书》,北京:中华书局,1971年版。

[6]何光岳:《百越源流史》,南昌:江西教育出版社,1989年版。

[7]潘朝霖、韦宗林:《400个字传承的古老文化》,北京:人民日报海外版,2003年12月9日版。

[8]潘朝霖、韦宗林:《中国水族文化研究》,贵阳:贵州人民出版社,2004年版。

[9](唐)徐坚等:《初学记》,北京:中华书局,1962年版。

[10](宋)罗泌:《路史》,北京:北京图书馆出版社,2010年版。

[11]睢县史志编纂委员会:《睢州志》,郑州:中州古籍出版社,2010年版。

[12](汉)许慎撰,(宋)徐铉等校:《说文解字》,上海:上海古籍出版社,2007年版。

[13](汉)班固撰:《汉书》,北京:中华书局,1962年版。

[14](战国)尸佼:《尸子》,上海:华东师范大学出版社,2011年版。

[15]方诗铭、王修龄:《古本竹书纪年辑证》载王国维:《今本竹书纪年疏证》,上海:上海古籍出版社,2005年版。

[16]王守谦、金秀珍、王凤春:《左传全译》,贵阳:贵州人民出版社,1990年版。

[17]（宋）欧阳修、宋祁：《新唐书》，北京：中华书局，2003年版。

[18]（后晋）刘昫等撰：《旧唐书》，北京：中华书局，1975年版。

[19]（清）陈廷敬等编撰：《康熙字典》北京：社会科学文献出版社，2008年版。

[20]（南朝宋）范晔：《后汉书》，北京：线装书局，2010年版。

[21]（春秋）左丘明著，（晋）杜预集解：《春秋左传集解》，上海：上海人民出版社，1977年版。

[22]（战国楚）屈原：《楚辞》，长春：吉林大学出版社，2011年版。

[23]（晋）郭璞注，张耘解说：《山海经 穆天子传》，长沙：岳麓书社，2006年版。

[24]（汉魏）桑钦著，（北魏）郦道元注：《水经注校证》，北京：中华书局，2007年版。

第七章　开封"罗王"历史与中国"春神"文化

开封祥符区有一个"罗王乡"。据当地调查获知,"罗王"村之名,本由当地罗、王、何、朱等姓村庄重组而成。在清代咸丰年间(1851~1862年),为防黄河水患,罗村、王庄、李洼、黄楼四村合筑土寨,因"罗、王"二姓居多,故称"罗王"村。1949年3月,在村南建乡,以驻地村名取"罗王乡",有回、白、傈、纳西等少数民族。关于"罗王乡"之"罗王"的更深历史,目前一概不知,也没见有史料记载,无法把握它的历史文化渊源和传承。

罗王乡西南的王陈寨村、何寨村、朱寨村3个村庄之间的岗地上有个"虎丘寺"遗址(如下图)。据清代《陈留县志·卷十四寺观》记载:"虎丘寺在县东北四十里,创于唐时,元末重修,明成化三年(1467年)有重修。"[1]《陈留县志·卷四城池》又记载:"虎丘保,今归并高阳。""保"是低于或相当于今乡镇的社会组织单位。"高阳"也称"高阳里",汉代高阳酒徒、广野君郦食其曾居住此地。

开封祥符区罗王乡虎丘寺考古现场图

从虎丘寺遗址散落、发掘的陶器、石器、骨器、蚌器、青铜器、瓷器、铁器、砖瓦等文化年代来看,有大汶口(距今6500~4500年)、龙山(距今4350~3950

年)、二里头(距今 3900～3500 年)、早商、晚商、西周、东周等文化遗迹和遗物,几乎包含了中原华夏历史文明发源和传承的全部过程。这在中国考古历史上实属罕见,用事实支撑了我们关于"开封为三皇五帝及夏、商前中期诸王居住和建都地"的观点。

对此,本人结合中国古代史典和开封地理文化传承,就"罗王""虎丘"历史文化作一些初步分析和论证。希望通过此文,与热心开封华夏历史文明研究的大家进行沟通、切磋和交流。

一、开封古陈留是商契后裔的祖地

开封"罗王"本指罗、王二姓的合称,为姓氏文化的组成部分,其历史文化渊源很早。古人认为,罗、王二姓由上古时期"百王之先"的伏羲和华夏先民发明的"罗网"文化传承而来,本是伏羲王发明的捕捉鸟禽的工具。在道教文化中,称天皇伏羲为天罗王、地皇女娲为地罗王,故有"天罗地网"之说。捕鸟氏族以伏羲王发明的"罗网"作为本族的图腾,即"罗",也是上古时期伏羲王、颛顼帝、帝喾的同族,其后裔因"罗网"职业而得"罗"姓,并世代承袭。而开封祥符区罗、王二姓,又与"罗网"谐音,符合罗姓家谱关于伏羲"王"和"罗网"文化的传承,也与商人在此地发源的历史有关。

商人的始祖契(阏伯)出生在开封西北部的青丘玄池(今开封水稻乡黑池)。据北宋史学家乐史《太平寰宇记》记载:开封"浚仪青丘,亦曰玄池。女娀简狄浴于青丘之水,有玄鸟遗卵,吞之,生契。即此水也"[2]。"契"出生的"青丘"也是黄帝的出生地,又称"寿丘"。据清代辑佚家黄奭《河图稽命征》记载:"附宝见大电光绕北斗枢星,照耀郊野,感而生黄帝于青丘。"[3]"青丘"与天上的"北斗七星"、地上的"昆仑山"相对应。据东汉易学著作《尚书纬》记载:北斗"七星在人为七瑞。北斗居天之中,当昆仑之上,运转所指,随二十四气,正十二辰,建十二月,又州国分野、年命,莫不政之,故为七政"[4]。因此,黄帝出生、称帝、成婚的轩辕丘(楼)也在开封"昆仑山""青丘"之地。

"契"本是居住在开封"罗王"西部古莘国(今祥符区杜良乡东辛庄)帝喾的儿子,曾为尧帝的火正官,封号曰"商",死后被称为"商星"。而帝喾本是居住开封"青丘"黄帝的曾孙。因此,开封黄帝"青丘"、古莘国是也商汤先祖帝喾、契的故地。帝喾的古莘国国都古称"亳",或"景亳",东距"罗王"直线距离约八公里。据唐代史学家李吉甫《元和郡县图志》记载:"汴州陈留县古莘城,在县东北三十五里古莘国也。"[5]文中"古莘国",在历史上虽因鸿水泛滥多有小范围迁徙,如陈留镇东辛庄也曾为"古莘国"之地,但却不曾有大的范围变化。

开封"古莘国""罗王"一带也是商代元圣伊尹和商汤吉妃的母国,东南部为夏代"葛伯国"(今河南宁陵北);南部"伊水"(今祥符区圈章河)、"空桑"为伊尹的出生地;西部"连山"(今祥符区罗王乡连山庄)传说为夏朝易经《连山》文化和连山氏重黎(一说祝融)的产生地;北部"老丘"(今祥符区杜良国都里)为夏杼六世建都约两百年的王都,当地历史文化十分久远、厚重和丰富。

　　夏代末期,商汤自北亳(今山东曹县南十公里处)出发,经葛伯国,渡过洛架水、伊水向西进军,在开封古莘国北部的"鸣条之战"(今河南封丘黄陵岗平街)中,一举打败夏桀建立商朝后,会盟三千诸侯,重新在先祖帝喾的开封古莘国"景亳"旧地建都。清代《康熙字典》"亳"字解释:西晋"皇甫谧曰:梁国有三亳。南亳在谷熟,即汤都。北亳在蒙,即景亳。汤所受命地偃师为西亳,即盘庚所徙"[6]。可是,"偃师"并非"梁国"之地,令人质疑。或者说"偃师""西亳"在"梁国",即开封陈留之地,不然无法解释,也与"鸣条之战"地理位置不符。

　　从文化意义而言,"鸣条""亳"本应在一地(如下图)。汉代易学著作《易纬·稽览图》、唐代魏征《隋书·列传第三十四》均记载:"太平时,阴阳和合,风雨咸同,海内不偏,地有阻险,故风有迟疾。虽太平之政,犹有不能均同,唯平均乃不鸣条,故欲风于亳。亳者,陈留也。"[7]产生"鸣条"的原因,在于社会失去太平,阴阳失去和合,这才是商汤在"鸣条""亳"地讨伐夏桀的主要原因。因此,春秋史学家左丘明《左传·昭公四年》记载:"商汤有景亳之命。"[8]"景亳之命"也就是有继承帝喾在"鸣条"南部帝都"景亳"和夏王天下的天子之命。

长垣县南部发现的"商汤夏桀鸣条之战旧址"碑

　　许多史学家认为,帝喾"亳都",商汤"景亳""西亳"应在洛阳偃师一带。对此,我们并不赞同,古代学者也有异议。如北魏地理学家郦道元在《水经注·汳(汴)水》中提出疑问:正"如孟子之言,汤居亳,与葛(伯国)为邻,是即亳与葛比(邻)也。汤地七十里,葛又伯耳,封域有限,而宁陵去偃师八百里,不得童子馈饷而为之耕。今梁国自有二亳,南亳在谷熟,北亳在蒙,非偃师也"[9]。虽然《水经注》也有商汤建"亳"都于偃师尸乡的记载,但偃师尸乡所谓的"亳"都距离商丘谷熟南亳、山东曹县北亳、开封东北商汤"鸣条之战"地毕竟太远,又缺乏伏羲、炎帝、黄帝、颛顼居住和建都之地的传承作支撑,文化不通,地理不合,历史不符。

偃师尸乡之"尸"字的本义为祭祀先祖时代表死者受祭的人。东汉许慎《说文解字》认为:"尸,陈也。"[10]"尸"字在古籍中也有"东夷人"之义。显然,洛阳缺乏"陈""东夷人"文化发源地的基础。"偃师"之"偃"文化也由东部延津一带的"燕""匽""兖""延""延师"等文化传承而去。况且,罗王、虎丘南部有商汤下葬地"桐陵"之说。据南朝史学家范晔《后汉书·郡国三》记载:"陈留志曰:有桐陵亭,古桐丘。"[11]"桐陵亭"遗址本为伊尹放太甲的"桐宫"处,即商汤桐陵,是早商时期商王离宫所在。所以,在开封陈留和洛阳偃师西亳、景亳、古莘国、桐宫之争中,我们倾向于在开封古陈留,当然也值得进一步深入探讨。出自《水经注》之前的战国时期魏国大梁(开封)的《竹书纪年》等先秦文献中,也未见商汤在开封"鸣条"消灭夏桀、回归帝喾"景亳"之后,再西迁"八百里"外洛阳偃师建都的具体记载。

窃以为,不仅商汤南亳"谷熟"(今商丘虞城县谷熟镇,实在商丘睢阳区坞墙镇)、北亳"蒙"(今山东曹县南)不在偃师,而且帝喾古莘国"亳都",商汤"西亳""景亳"也不在洛阳偃师,本应在战国魏国"大梁"和汉代梁孝王古"梁国"之地,而商汤南亳、北亳、西亳"三亳"之地均应在夏代葛伯国周边地区。尧舜称帝时期,帝喾古莘国的"亳都"是羲和(重黎)氏观测日景(影)运行的仪象台,故称"景亳";又因"景亳"在商汤"北亳"(今山东曹县南十公里)西部数十里外的开封,故也称"西亳"。

撇开炎帝帝都"空桑"、颛顼帝都"高阳"、帝喾帝都"亳"同在开封古陈留一地不谈,仅以夏杼王都"老丘"(今开封祥符区杜良乡国都里)、夏廑王都"西河"(今河南汤阴菜园镇西河村)、夏桀灭亡于"鸣条"(今河南封丘黄陵岗平街),以及夏朝葛伯国(今河南宁陵北)、顾国(今河南范县东南)、韦国(今河南滑县东南)、昆吾国(今河南许昌东北)、郕国(今河南范县或山东宁阳东北)、三朡国(今山东定陶东)、商汤北亳、商汤吉妃古莘国均在郑州东部地区的地理分布而言,认定商汤建都"西亳""景亳"在"八百里"外的洛阳偃师之地,已经失去了基本历史、人文和地理依据。

开封罗王乡"虎丘寺"历史文化遗存的考古发现从一个方面印证着帝喾古

-119-

莘国,商汤"西亳""景亳"在洛阳偃师是一个重大历史地理误判,应予以更正。

二、开封"罗王"来历与商汤"网开一面"

开封帝喾古莘国的"罗王"地名,又与商汤建都"景亳"后仁义治国、"网开一面"的成语有关。传说商汤灭夏朝时,外出时见人为了捕鸟而四面结网,欲将飞禽一网打尽(如下图)。便劝阻捕鸟者把罗网撤去三面,只留一面,还祈祷说,禽鸟想到左边去的,就去左边;要想到右边去的,就去右边;确实不要命的,那就进到网中来吧。夏朝诸侯听说这件事后,都认为商汤的仁义和恩德都施惠到了禽兽身上,更何况是我们夏朝遗民呢。于是,便纷纷归顺,商朝顺利实现了天下一统。

商汤"网开一面"图

对此,汉代史学家司马迁《史记·殷本纪》记载:"汤出,见野张网四面,祝曰:'自天下四方,皆入吾网!'汤曰:'嘻,尽之矣!'乃去其三面,祝曰:'欲左,左;欲右,右;不用命者,乃入吾网。'诸侯闻之,曰:'汤德至矣,及禽兽。'"[12]这实际上是说,商汤以仁义之德,教育商人对灭国的夏人要宽大为怀,给夏朝遗民以生存的出路。

不久,商汤便将夏王后裔封于帝喾古莘国的东南部,建立了杞国(今开封杞县),以奉夏后氏祀。这进一步体现了商汤以仁义道德治理天下的政治理念,在古莘国旧地的开封祥符区留下了"网开一面"的历史成语,也留下了"罗网",即"罗王"的文化地名。不仅是对"百王之先"伏羲氏,即"罗王"发明"罗网"文化的传承,也是对商汤仁义道德的历史印证。

伏羲氏发明"罗网"于开封古陈留一带,上古时期这里气候温和,雨水充

第七章　开封"罗王"历史与中国"春神"文化

沛,四海四渎环绕,是海水、河水的交汇之地,也是各类兽禽繁衍的天堂,尤其以麋鹿、鸿雁为基本标志。所以,这里上古时期的人文遗址中发掘出的鹿骨、雁骨较多,"逐鹿中原""鸿沟为界"也源于这里的历史环境和地名文化。因此,流经开封的鸿水(江水、鸿沟)、濩水(丹水、甾水、获水)、睢水、雒水(洛架水)、淮水(蔡水、沙水)等河流交横,都以具有"隹"特征的"鸟"类象形文字来命名,自古为天王狩猎的苑囿之地。

采用"罗网"的方式捕获禽鸟,是弥补当时华夏先民食物不足的重要手段。伏羲氏时期发明了捕获禽鸟的工具"罗网",古人便将"百王之先"的伏羲氏称作"罗王",世代进行祭祀、传承。可见,罗王、罗网均是民间称呼东方春神、青阳(龙)氏伏羲、句(gōu)芒的代名词。

三、"罗"姓发源于上古时期的伏羲、句芒文化

上古时期,最早制作"罗网"者有两说:一说是黄柏氏、青阳(龙)氏伏羲,一说是伏羲的裔子、东方春神句芒。句芒的图腾是白色四方人头鸟身,罗网下面的"鸟"代表句芒,图腾的本意便是罗网猎鸟。所以,"罗"姓图腾由一张"网"和"鸟"组成(如下图)。

句芒也称"勾芒""木正"等,是上古时期中国汉族神话中的木神。因为太极五行的"木"代表东方,时节为春季,故也称"东方句芒",或"春神句芒",是主管树木发芽生长、春天农耕之神(如下中图)。对"春神"句芒的祭祀,早在洛书九宫图中就已有体现。华夏先民在九宫图的东方设有"青阳太庙",年年举行迎春仪式,祭祀东方"春神""木正"句芒,也是东方"木帝""青阳(龙)帝"伏羲。这说明,古人早已把"木帝""青阳(龙)帝"伏羲与"春神""木正"句芒同等看待(如下右图)。

罗姓图腾

东方句芒图

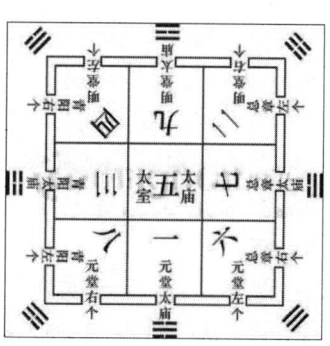

太极九宫图太庙位置图

对于东方春神句芒，古籍多有传承，又多与伏羲相联系。据中国最早史书《尚书·洪范》记载："东方之极，自竭石东至日出博木之野，帝太皞神句芒司之。"[13]开封民间认为，"竭石"本指盘古开天地的"盘石"，也是盘古、伏羲的同义词，因此也把盘古、伏羲称作"盘石"，至今开封"盘石"之地仍有大量关于伏羲、女娲的传说。相传句芒为"太皞"伏羲氏的大臣和后裔，后又成为少昊氏及其后裔，称作"重""黎"，或"重黎"。

据战国时期吕不韦《吕氏春秋·孟春》记载："其帝太白皋，其神句芒。"[14]东汉训诂大家高诱注释："太白皋，伏羲氏，以木德王天下之号，死祀于东方，为木德之帝。句芒，少白皋氏之裔子曰重，佐木德之帝，死为木官之神。"汉代礼学家戴德《礼记·月令》也记载："孟春之月其帝太皞，其神句芒，余春月皆然。"[15]宋代著名理学家朱熹注释："太白皋伏牺，木德之君。句芒，少白皋氏之子，曰重，木官之臣。圣神继天立极，先有功德于民，故后王于春祀之。"[16]

这都说明，太皋（皞、昊）氏伏羲、少昊氏之子句芒、重等，本是不同时期、同一氏族的称呼；也说明古人对东方春神句芒的功德和神祀地位，是世代传承和认可的。因此，祥符区罗王至今仍有祭祀太皋伏羲、造人女娲的"泰山庙"存在。泰山庙又称"太一庙""奶奶庙""泰山行宫"等，传说已有千年历史。庙内的皂角树现为县级文物保护树种。

古人史典记载的"重""黎"，即"重黎"，是指居住在开封杞县高阳镇的颛顼帝高阳氏之后，也是居住在开封祥符区杜良乡古莘国帝喾有莘（辛）氏的火正官。据中国最早史书《尚书·吕刑》记载：尧"乃命重黎，绝地天通，罔有降格"。汉代儒学家孔安国传疏："重即羲，黎即和。尧命羲、和世掌天地四时之官，使人神不扰，各得其序。"[17]唐朝经学家孔颖达疏："羲是重之子孙，和是黎之子孙，能不忘祖之旧业，故以重黎言之。"进一步说明重黎和羲和是观测日月天时四季运行、制定古代历法的天文学世家（如下图）。

中国最早国别史《国语·楚语下》也认为："颛顼受之，乃命南正重司天以属神，命火正黎司地以属民……尧复育重黎之后，不忘旧者，使复典之，以至于夏商。"[18]说明颛顼、重黎与羲和同族同地，直到夏商时期连绵不绝。据《中国古今地名大辞典》引《太平寰宇记》记载："高阳城，在河南杞县西。颛顼高阳氏佐少昊有功，受封于此。"[19]文中的"高阳城"，即是杞县炎帝帝都"空桑"南部的高阳镇。

夏商之前，无论重黎与羲和如何称呼和分工，他们都是辅佐帝王管理太极阴阳（天地）、四象（四时）的天象之官。所以，先秦时期史官修撰《世本·作篇》认为："羲和作占日。"[20]"占日"就是指羲和在仪象台观测太阳的运行规律，不仅是指羲和占日的仪象台之地，还是上古时期太极、河图方位文化中的"春门""仓门""龙门"之地。尧舜时期大禹治水，排泄鸿水（洪水、鸿沟）的"龙门"就在开封祥符区八里湾和杞县阳堌的东部一带。"龙门"为土质，是太极四象东方之位"青龙门"的简称，与开封古陈留、古莘国的东部方位相互对应，而不是河南洛阳南部或山西西部黄河上的石质"龙门"。羲和、龙门等文化内涵也与开封祥符区罗王乡虎丘寺之地发现的夏商之前出土文物年代彼此相印证。

羲和追日图

关于主日月之神的重黎与羲和的居住地，古人还有其他形式的记载。如晋代著名学者郭璞所注《山海经·大荒南经》记载："羲和盖天地始生，主日月者也。故《(归藏)启筮》曰：'空桑之苍苍，八极之既张，乃有夫羲和，是主日月，职出入，以为晦明。'"[21]文中"归藏"为商代易书，作于夏代易书"连山"之后，应与开封祥符区罗王乡连山庄，即帝喾古莘国同地；"八极"是指伏羲在开封东部"陈都"肇始的太极八卦、八方（东北方）文化及其发源地；"空桑"泛指伏羲、颛顼、帝喾、"羲和"的居住地，也是商代元圣伊尹的出生地，今为开封杞县葛岗镇空桑村。"归藏""八极""空桑"三者之间彼此互为凭证，同在开封古陈留之地（如右图）。

开封杞县空桑宋代真宗御碑图

对于羲和仪象台的位置，后人有明确的历史记载。如清代著名地理学家顾祖禹《读史方舆纪要·河南》指出：开封"夷门（今开封铁塔公园）之下，新里（今祥符区小黄铺一带）之东，浚水（古鸿水）之北，象而仪之（羲和仪象台），以为邑名。后魏陈留郡治浚仪（今祥符区小黄铺东部一带）"[22]。文中"浚仪"来源于羲和占日的"仪象"文化，唐代自小黄铺东部迁往战国"大梁"城旧址，今开封古城西北一带。

对于羲和居住的开封古陈留"空桑"之地，古籍中也有明确记载。清朝总督河南山东军务、兵部右侍郎王士俊《河南通志·古迹·开封府》认为："空桑城，在陈留县南十五里。《世纪》云：伊尹生于空桑。"[23]文中"空桑"为连山氏炎帝帝都，位于开封市祥符区罗王乡虎丘寺南直线距离约25公里处，与青阳（龙）氏伏羲、高阳氏颛顼、有辛（莘）氏帝喾同在开封古陈留之地。

四、开封古陈留"罗王"是祭祀春神句芒之地

古人认为，每天早上太阳从东方的神树扶桑上升起时，便开始归属句芒管理。而太阳升起的东方也正是春神句芒的居住之地。上古时期，一年之中的春季很重要，故有"一年之计在于春"之说。中国自古为农业国，立春既是一个节气，也是一个重大节庆。人们为了祈祷每年有个好年景、好收成，每到立春时节都要祭祀主管春季农耕之事的春神句芒，亦称"芒神"。

这一文化习俗，也传承到了西周王朝，周人迎接立春的仪式也定在立春之日。立春前三日，天子开始斋戒；到了立春日，天子亲率三公九卿诸侯大夫，来到句芒神居住的太极东北、立春方位的"天留""八宫"，即"八里"之郊迎春，行布德施惠之令。所以，帝王之都东部与春祭地名相关的"春门""八极""八里"等地名便世代传承和延续，印证着这些历史文化的客观存在。开封祥符区八里湾乡东里（里，即李、黎，为狸，为虎）、初刘（刘，即留，为天留、陈留之地）、曲兴（曲直为木，为东）一带就是华夏先民最早祭祀伏羲和春神句芒的地理方位。为了祭祀青阳（龙）帝伏羲和春神句芒，唐代古人在八里湾乡东里、初刘之地建有"清（青）阳寺"，至今寺庙遗址和石碑尚存。

宋代开封仍然保持着在开封东部迎春贺节的文化习俗。据宋代学者吴自牧《梦粱录》记载："立春日，宰臣以下，入朝称贺。"[24]百姓们则争先出城，纷纷到城东宋门外的快活林、勃脐坡、独乐冈、蜘蛛楼、麦家园、虹桥、王家园；曹门和宋门之间的东御苑、乾明崇夏尼姑寺院；城东北的砚（宴）台、模天坡角桥、仓王庙、十八寿圣尼寺、孟四翁酒店等地探春。

据宋代孟元老《东京梦华录·立春》记载："立春前一日，开封府进春牛入禁

中鞭春。开封、祥符两县,置春牛于府前,至日绝早,府僚打春,如方州仪。府前百姓卖小春牛,往往花装栏坐,上列百戏人物,春幡雪柳,各相献遗。"[25]可见当时迎春贺节的规模不小,热闹非常。

在太极河洛文化中,"清明"之位在东南方,时节为春季,也是古人祭祀先祖伏羲肇始"河图"的日子。因此,开封自古就形成了在开封东南方"上河"祭祀伏羲肇始"河图"的习俗。宋代画家张择端所作《清明上河图》的起点,就在开封东南部、古陈留"河图庄"方位,也是伏羲肇始"河图"之地。

句芒的象形是鸟,也被称为"俊鸟""鸷鸟"等,为乘着两条神龙的人面鸟身形象(如下图)。唐代诗人阎朝隐有诗记载:"句芒人面乘两龙,道是春神卫九重。"[26]其实,就是指协助"首德于木、百王之先"伏羲管理天下东方的春官和青阳(龙)氏。后来,句芒的形象变成了春天一位骑牛的牧童,头有双髻,手执柳鞭,亦称"芒童",现在我们只能在祭祀仪式和朱仙镇年画中见到他了。

"芒童"与开封朱仙镇木版年画《牧童》图

五、伏羲在陈留、罗王肇始河图、罗网

无论把春神当作伏羲,或是春神句芒,再或是将伏羲、句芒合二而一,都表明伏羲、句芒居住在太极阴阳两仪的"阳"地、五行的"东方",是华夏民族祭祀的东方神灵。据民间流传,天帝伏羲居住在太极阳地、四象青龙、五行东方之位,也是昆仑山大阜"地之中"的东部,图腾为"陈"。"陈"的"阝"字在左,代表昆仑山大阜山陵,在"陈"的西部;"陈"的"东"字在右,代表昆仑山大阜山陵的东部,为春秋郑人"留"邑(今祥符区杜良乡东辛庄)、汉代陈留郡(今祥符区杜

良乡国都里北部)之地,代表着伏羲居住在昆仑山、太极五行东部的"青阳(龙)"之位。"陈"的东部有文(汶)山(今河南兰考县三义寨老文村一带),故"陈(陳)"字的右(东)边加"文",也写作"敶"。

而伏羲的臣子句芒,因辅佐伏羲司春、管理东方之地,也成了他的属神和春天的神明,并向后裔世代传承。

伏羲居住和建都的昆仑山东部"青阳(龙)""陈"地本在太极九宫图"八宫""天留""仓(春)门"之位,故称"八极(宫)""陈留""陈仓"(如下图)。古"陈留"为夏代不窋,商代姬亶、姬昌和汉代刘邦的先祖帝喾、后稷、丹朱、刘累居住之地,随着大九州的发展,也把太极九宫图"陈""陈仓"文化带到了陕西"宝鸡""陈仓"之地。"陈留"为太极"启(开)阳封阴"的"阴阳"之地,故也称作"启(开)封";太极由阴阳"两仪"组成,故"两仪"开封之地又称作"仪"邑。因此,若以开封为太极阴阳"两仪"交会的"中央"方位,则开封东部的"阳"地、"陈留""小黄铺"一带本在"东""木""青龙(阳)"之地,与黄柏氏伏羲"陈都"、陈留"河图庄"方位相互对应。

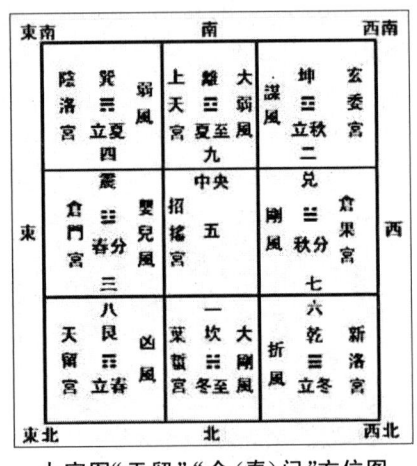

九宫图"天留""仓(春)门"方位图

为此,北宋史学家乐史《太平寰宇记·卷一》认为:开封"大梁城东三十里,汴水北五里,有黄柏山"[27]。"黄柏山"之"黄柏"是柏树的一种,也是东方神社种植的神树。据唐代官修类书《初学记·卷十三》引《尚书·无逸》记载:"大社唯松,东社唯柏,南社唯梓,西社唯栗,北社唯槐。"[28]"东社",即祭祀伏羲的"青阳大社",种植的神木为"黄柏",也是伏羲"黄柏氏"的象征。开封"大梁城东"的小黄铺(古小黄县)"黄柏山"就是伏羲"陈都"之地,也称"陈陵"。据宋代史学家乐史《太平寰宇记·卷一·开封府》记载:"陈陵,在县北二十里。按《城冢记》云:大梁城东三十里,汴水北五里,有黄柏山陈元方祖父墓二十区,有碑存。""大梁城东"的伏羲"陈都""黄柏山"本是"陈"氏先祖世代传承的茔地"陈陵"。现在当地仍有不少关于上古时期盘古、女娲兄妹滚磨盘石、开天地的文化传说,土柏岗乡的盘石村正在修建祭祀伏羲、女娲的庙观,印证史典记载是可信的。

所以,宋代学者罗泌明知太昊伏羲陵在陈国淮阳,却仍然在《路史·后纪一》中记载:"天皇伏羲都陈留。"[29]这进一步说明,战国魏国国都"大梁"、汉代陈留郡"小黄县"本是上古时期伏羲"黄柏山""陈都""陈陵"之地。而淮阳陈国、伏羲陵本是西周陈胡公在受封地始建的祭祀先祖之地,虽有开封蔡(淮、沙)水、大禹玉圭(一说白龟)、蓍草等文化遗传,却无法用伏羲太极、河洛、星象和方位学说对"陈"姓文化进行解释。

伏羲在陈留听八方风音,用当地盛产的"苍梧",即梧(泡)桐木和空桑蚕丝制作琴瑟,在陈留汴水(今为惠济河)北岸的河图庄画出"八卦"河图,又模仿蜘蛛织网,制作了捕鱼、捕鸟的"罗网",是华夏先民从太极混沌时期步入中国原始文明的领路人。

伏羲和华夏先民创造的"春天"伴随着东方、震旦、苍龙、雷声、春雨、青木、少阳,滋润着中华民族和农耕文化,从上古时期开始一步步地向我们走来。祥符区蕴藏的"罗王""虎丘"文化距离我们也将会越来越近,越来越清晰。

文献来源:
[1] 开封县地方史志办公室:《宣统二年陈留县志校注》,北京:北京燕山出版社,2011年版。
[2] (宋)乐史:《太平寰宇记》,北京:中华书局,2007年版。
[3] 《纬书集成》,上海:上海古籍出版社,1994年版。
[4] (清)黄奭:《尚书纬 河图 洛书》,上海:上海古籍出版社,1993年版。
[5] (唐)李吉甫:《元和郡县图志》,北京:中华书局,1983年版。
[6] (清)陈廷敬等编撰:《康熙字典》,北京:社会科学文献出版社,2008年版。
[7] (唐)魏征:《隋书》,北京:中华书局,2012年版。
[8] (春秋)左丘明撰,(晋)杜预集解:《春秋左传集解》,上海:上海人民出版社,1977年版。
[9] (北魏)郦道元:《水经注》,北京:华夏出版社,2006年版。
[10] (汉)许慎:《说文解字》,北京:中华书局,2013年版。
[11] (宋)范晔撰,(唐)李贤等注:《后汉书》,北京:中华书局,1965年版。
[12] (汉)司马迁撰,(宋)裴骃集解,(唐)司马贞索隐,(唐)张守节正义,顾颉刚领衔点校,赵生群主持修订:《点校本二十四史修订本〈史记〉》,北京:中华书局,2014年版。
[13] 李民、王健:《尚书译注》,上海:上海古籍出版社,2000年版。
[14] (战国)吕不韦、(汉)刘安著,(汉)高诱注,杨坚点校:《吕氏春秋 淮南子》,长沙:岳麓书社,2006年版。

[15]黄怀信:《〈大戴礼记〉汇校集注》,西安:三秦出版社,2005年版。

[16](宋)朱熹注:《周易》,上海:上海古籍出版社,1987年版。

[17](汉)孔安国传,(唐)孔颖达疏:《尚书正义》,北京:北京大学出版社,1999年版。

[18](春秋)左丘明:《国语》,上海:上海古籍出版社,1978年版。

[19]臧励龢等编:《中国古今地名大辞典》,上海:上海书店出版社,2015年版。

[20](汉)宋衷注,(清)秦嘉谟等辑:《世本八种》,北京:北京图书馆出版社,2009年版。

[21](晋)郭璞注,张解说:《山海经 穆天子传》,长沙:岳麓书社,2006年版。

[22](清)顾祖禹:《读史方舆纪要》,北京:中华书局,2005年版。

[23]《河南通志》,上海:上海古籍出版社,1987年版。

[24](宋)吴自牧:《梦粱录》,杭州:浙江人民出版社,1984年版。

[25](宋)孟元老:《东京梦华录》,北京:人民出版社,2010年版。

[26](清)彭定求编:《全唐诗》,北京:中华书局,1960年版。

[27](宋)乐史:《太平寰宇记》,北京:中华书局,2007年版。

[28](唐)徐坚撰:《初学记》,北京:中国书店出版社,2012年版。

[29](宋)罗泌撰:《路史》,北京:国家图书馆出版社,2003年版。

第八章 清明·盘古·河图

现代人将"文化""文明"视作是天地万物（包括人）信息产生、融会、渗透的过程，最常见的是物质文明、制度文明和精神文明"三层次说"。而包括"清明节"在内的"中国文化"，又称"中华文化""华夏文化""华夏文明"，是自上古时期以来华夏先民将天地人万物自然规律的信息，转化为物质、制度和精神文明的总和，是华夏民族普遍认可、传承的一种道德观念，或意识形态，具有超越华夏先民不同氏族部落、不同诸侯方国、不同地理方位的特征，是本于良知与理性都能认同的普世价值和道德观念。

本着对华夏历史文明基本规律的现有认识，我们下面就来对清明、盘古和河图之间的历史渊源、传承，加以探讨和分析。

一、"清明"文化的发源与传承

1. 何为"清明节"

清明节又叫"踏青节"，时间在一年的仲春与暮春之交，也就是冬至后第108天，春分后15天，是二十四节气之一，与太极四象"东"、天干"乙"、地支"卯辰"、二十八星宿"氐"方位相对应。

关于"清明"一词，最早见于西汉淮南王刘安《淮南子·天文训》记载："春分后十五日，斗指乙，为清明。"[1]文中"清明"包含三层意思：一是节气，二是方位，三是节日。宋代学者陈元靓《岁时广记》引西汉著名天文历法学家刘歆《三统历》认为："清明者，谓物生清净明洁。"[2]可见，"清明"就是天地、世界"清净明洁"的简称。

按照现代公历制，"清明节"一般在每年的4月5日前后。古代清明节期较长，一种说法为节前10日至节后8日；一种说法为节前10日至节后10日。如果此说属实，清明节前后近20日内均属节期。

清明节与春节、元宵、端午、中元、中秋、冬至、除夕合为中国传统文化中最重要的"时年八节"，也是祭祖和扫墓的日子，因此也有"扫墓节"之说。

传统的清明节不晚于周代,距今至少有两千五百年的历史。作为华夏民族后裔的满族、赫哲族、壮族、鄂伦春族、侗族、土家族、苗族、瑶族、黎族、水族、京族、羌族等少数民族均有过清明节的习俗,而扫墓、祭祖、踏青、戏水、歌舞、野宴、郊游则是较常见的形式。

清明节与古代帝王将相的"墓祭"之礼有关,后来在民间沿袭为祭祖扫墓,成为中华民族一种固定的文化风俗。2006年5月20日,"清明节"经国务院批准列入第一批国家级非物质文化遗产名录。

清明时节一到,气温开始升高。正是春耕春种的大好时节,故有"清明前后,种瓜点豆"的农业谚语之说。

2."清明节"的来历

"清明节"来源于"上巳节"。上巳节形成时间不晚于周朝,开始为农历三月第一个"巳"日。魏晋时期以后,改为农历"三月三日"。因此,"上巳节"俗称"三月三",早在周朝时期就固定在农历三月"上旬巳日"。最初的"上巳节"是"祓禊"的日子。西周政治家周公旦《周礼·春官·女巫》记载:"掌岁时祓除衅俗。"[3]意思是女巫职掌每年祓除仪式,在上巳节为人们衅浴除灾。东汉经学大师郑玄注解:"岁时祓除,如今三月上巳如水上之类。"古代中原华夏民族每年都于春季上巳日在水边举行祭礼,洗濯去垢,祓除疾病,清洁身心,消除不祥,古称"祓禊"。

这种活动不仅是一种祛邪求祥的巫术仪式,更是一种自由快活的春游之旅。从先秦到汉代,上巳节文化习俗一般有三项内容:一是到水边举行祭祀仪式,并到水中洗浴,以祓除过去一年中的污渍与秽气,称为"祓"或"禊";二是认为先祖、亲人的灵魂如同万物一样,经历元(春天复苏)、亨(夏天生长)、利(秋天结果)、贞(冬天死亡)的四季变化过程,故要在春天的野外或水边召唤先祖、亲人的魂魄苏醒、回归;三是青年男女到野外踏青嬉戏,自由择偶或交合。

上古时期,这种习俗还具有仲春月份,华夏先民在桑社祭祀生育之神高媒(女娲)、相会男女、祈求生育和桑林采桑育蚕等重要内涵。青年男女在桑社举行过桑祭之后,便可以自由地与意中人在野外桑林、水边野合。据说这有利于繁衍出聪明、健康的后代,伏羲、炎帝、后稷、伊尹、孔子均为母亲在野外或履大人脚印,或与神龙感孕,或桑林野合所生的圣人。

据西周公旦《周礼·地官司徒第二·媒氏》记载:"中春之月,令会男女,于是时也。奔者不禁。若无故而不用令者,罚之。"可见,"三月三"仲春之月祭高媒、会男女、求生育已成为当时人口生育制度的组成部分,违背这一制度还要

3. 开封是"郑卫之音"发源地

春秋时期卫国的"桑间濮上"是农历三月三上巳节"男女幽会"和"淫靡风气"盛行的代名词,也是传承上古时期"祓禊"文化习俗的核心之地。

商末时期,乐官师延在"桑间濮上"为商纣王作曲,商纣王听而厌倦;再命师延作靡靡之音,师延不肯;商纣王欲杀之,师延无奈而谱曲。商纣王喜好声色,朝歌暮舞,通宵达旦,随失天下。周武王伐商纣王时,师延持琴逃走,投濮水而死,葬在今河南滑县万古镇梁村西古濮水之滨,传说当地常有音乐声靡靡传出。

这一文化习俗延续到了西周时期。周朝五世穆王巡守开封,居住在范宫(为魏国范台宫室,今开封禹王台)时还曾观摩当地桑社祭祀活动。据编撰于战国时期魏国大梁的竹简《穆天子传·卷五》记载:"甲寅,天子作居范宫,以观桑者,乃饮于桑中。"[4]文中的"观桑"是指仲春之月当地男女桑间野合之前,周穆王在桑台神社观摩祭祀高媒女娲、祈祷生育之神的桑舞仪式。

据谭其骧主编《中国历史地图集》[5]记载,"濮水"在开封北部的黄池一带,自封丘西南分出后,大致沿天然渠走向,至长垣县赵堤,又沿回木沟走向进入濮阳境内。"濮阳"之名因在濮水北阳之地而来。"桑间"也是仲春之月古人祭高媒、会男女、求生育之地,在濮水的上游,也就是春秋时期卫国和郑国之间的开封一带。

古人把开封一带"桑间濮上"流行的民间音乐称作"郑卫之音",后成为著名的"中州古调",俗称"河南板头曲"。流行于河南的筝曲大多是在河南板头曲的基础上吸收地方戏曲音调形成的。流行于南方的"客家筝曲""昆曲"也称"中州古调",以示其来自中原"郑卫"之地。

开封人在"上巳节"之时,把荠荠菜花撒在灶台、坐卧之处,据说可驱除蚂蚁、蟑螂等虫害;把荠荠菜花、泡桐花藏在毛皮、羽衣内,可预防虫蛀;妇女把荠荠菜花戴在头上,可预防头痛病,夜晚睡得香。开封清明时节也盛产荠荠菜与蒲公英、茵陈蒿三种新鲜野菜,都具有清热解毒功效,不伤害肠胃,是人们长期喜爱食用的时鲜野菜,俗语道"农历三月三,荠菜煮鸡蛋,吃了胜仙丹"。

二、开封盘古、西王母、黄帝人文历史传承

相传,"三月三"是建都在昆仑山轩辕丘黄帝的诞辰日。民俗认为:"二月二,龙抬头;三月三,生轩辕。"于是,中国人把这一天作为黄帝子孙祭祀先祖

的传统节日。黄帝居住和建都的昆仑山,实则在开封北部的小黄城,现称轩辕楼。对此,唐代王瓘《轩辕本纪》记载:黄"帝娶西陵氏于大梁,曰嫘祖,为元妃。生二子玄嚣、昌意"[6]。文中魏国国都"大梁"遗址在现开封北部,与黄帝轩辕楼同地;黄帝元妃"嫘祖"的母族为西陵氏,与女娲后裔西王母同族,也是黄帝时期居住在开封昆仑山北部方雷(封钜)氏女儿和西北部西王母的象征。

还有一种说法:"三月三"是追念伏羲、女娲的日子(如右图)。伏羲和其妹女娲抟土造人,繁衍了华夏后代子孙,开封一带尊称伏羲为"人祖爷",即"人文始祖";称女娲为"人祖奶奶",即"仙天老母"。女娲居住在"平逢山",也称"逢山""平台""龙马古堆",与伏羲"龙马负图"始造八卦同地。传说为开封禹王台,当地有祭母祖、求生子的"老母洞"(古称太室、天地台)人文遗址。每年农历二月二到三月三之间,是华夏民族在青阳、太室神庙(见上右图)祭祀伏羲、女娲,朝拜人祖的日子。

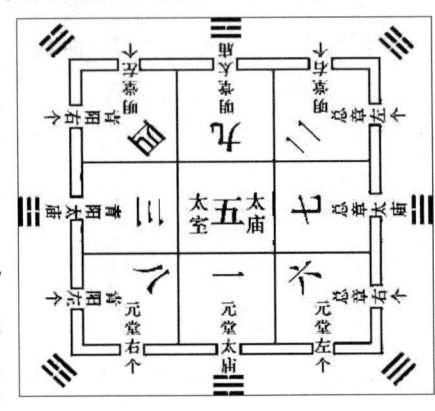

太极九宫图祭祀伏羲的青阳太庙方位图

民间传说认为:在鸿蒙开封时期,中原地区发生了一次大灾难,天塌地陷,鸿水泛滥,人类和动物多遭毁灭,只有盘古伏羲、玉人女娲兄妹受到神灵的保护而存活下来。为了人种的延续,兄妹俩在昆仑山采用滚盘石(磨盘)测取天意认可的方法结为夫妻,抟土造人,后来人烟又逐渐稠密起来。因为兄妹俩滚盘石成亲那天正好是三月三,为了纪念他们繁衍人种的伟大功绩,以后每年三月三这一天,人们都要祭祀人祖爷爷和人祖奶奶。从三皇五帝至夏禹商汤都承续这一古制,使三月三上巳日祭祀人文始祖的习俗得以传承。

到了周朝时期,虽然已有婚嫁六礼的严格规定,但为了人口繁育,仍延续着上巳日、会男女的礼仪制度,以顺应天时节令自然规律,鼓励适龄男女嫁娶生育,促进社会和谐发展。所以每到这一天,上至天子诸侯,下至庶民百姓,都穿上新缝制的春装,倾城邀约而出,或到江河之滨嬉戏沐浴,或至岗台桑间采摘兰草,或去郊野陌上宴饮行乐,至晚方归,不亦乐乎。

即使到了宋朝理学盛行时期,三月三上巳节仍然是开封人野外踏青、野宴、游乐及青年男女相互交往谈情说爱的日子,既顺应了气候和人体生理发育的自然节令,又利于人类和谐繁衍与社会文明进步。

这说明,"盘古"就是父系始祖伏羲,或称太昊氏、东王公等;"玉人"就是母系始祖女娲,或称西王母等。古人认为,天皇是伏羲,地皇是女娲,他们同为人首蛇身的华夏始祖,也是太极天阳父、地阴母"两仪"的开始。

对于盘古与伏羲的关系,国内学者也多有定论:盘古就是伏羲。伏羲、女娲二者皆由葫芦(太极混沌)而出。著名艺术考古学家常任侠《沙坪坝出土之石棺画像研究》一文中说:"伏羲一名,古无定书,或作伏戏、包牺、宓羲、虑牺,同声俱可相假。伏羲与盘瓠为双声。伏羲、庖牺、盘古、瓠,声训可通,殆属一词。"[7] 著名学者闻一多《伏羲考》一文也考证:"盘古即匏瓠,也就是葫芦,也就是包。"[8]"包",即"包牺""伏羲"。

伏羲居住、建都于东方,在太极阴阳两仪中为左、为阳、为父方位,在太极四象中为东、为木、为青阳(少阳、青龙)方位(如下图)。九宫图中以东方作为祭祀伏羲的青阳太庙,即神社之位。据东汉著名史学家班固《白虎通义·卷二》记载:"天子有大社也,东方青色,南方赤色,西方白色,北方黑色,上冒以黄土。故将封东方诸侯,取青土,首以白茅。各取其面,以为封社明土谨敬洁清也。"[9] 古人还在太极东西南北中五方大社(太庙)内种植不同树木,作为氏族的标志。据中国最早的皇室文献《尚书·逸篇》记载:"太社唯松,东社唯柏,南社唯梓,西社唯栗,北社唯槐。"[10] 如伏羲青阳太庙内种植"柏"木,作为伏羲氏族的图腾。因此,伏羲氏也称"黄柏氏",居"黄柏山"。因太极五行的"黄"与"土"在同一方位,又称"土柏山(岗)"。"黄柏氏"的一支为"柏(伯)"姓。

昆仑山(中)东(左)青龙伏羲、西(右)白虎女娲图

"柏(伯)"姓认为,自己的先祖伏羲黄柏氏(又称皇伯氏、柏皇氏等)居住在开封古陈留黄柏山。传说上古时期,伏羲手下有个以"柏"木为图腾的大臣柏芝,他协助伏羲治理天下,建立诸多功劳,深得伏羲信任和百姓的拥戴,后来继承伏羲皇位,当上东方华夏部落首领,住在开封古陈留皇柏山上,被尊为"柏皇",史家又称他为"柏皇氏""黄柏氏""皇伯氏"等,子孙以"柏""黄""土

(涂)"为姓。

据北宋龙图阁直学士、知开封府王存所著的《元丰九域志》记载:"畿,陈留(京东五十二里。四乡。北南、城西、城南、城东、河口萧馆七镇。有皇伯山、狼丘、汴河、睢沟)。"[11]文中"皇伯山"也被称作"黄柏山""皇人山"。南宋著名学者罗泌《路史·前纪六》记载:"皇人山,谓之伏羲山。"[12]北宋著名地理学家乐史《太平寰宇记·卷一》也记载:"大梁(开封)城东三十里,汴水北五里,有黄柏山……"[13]文中"黄柏山"后称"小黄"城,现位于开封市祥符区杜良乡小黄铺之地,名称由城北轩辕楼一带"小黄城"传承而来。

对此,唐初魏王李泰主编大型地理著作《括地志》记载:"小黄故城在汴州陈留县东北三十三里。"[14]而清代《开封府志·卷十六古迹》却记载:"小黄城:在府城北,汉置县,属陈留郡。"[15]两种记载稍有差异,应为古代人文地理方位搬迁所致。

这说明开封东部的小黄铺一带,就是"柏"姓子孙认定的伏羲皇都所在地,古代这里有百余个土丘堆,俗称神仙居住的"百(柏)神岗",与昆仑山东南的"神州"方位一致,现称"南北神岗"。所以,宋代著名学者罗泌《路史·后纪一》认为:"天皇伏羲都陈留。"

陈留小黄铺一带不仅是伏羲居住的皇都,还是盘古女娲以"滚盘石"(磨盘)测天意而成婚的"盘石"之地。因此,小黄铺西部约9公里的古代"柏"姓居住地土柏岗北部,至今仍有"盘石"的古村名存在,不能不说是对开封伏羲皇都存在的一种旁证。

据北宋整理《太公六韬·大明》记载:"天道净清,地德生成,人事安宁。戒之勿忘,忘者不祥。盘古之宗不可动也,动者必凶。"[16]文中"盘古之宗"所规范的"天道""地德""人事",是说自然、社会或人类若想吉祥、安宁、固如磐石,就必须始终不渝地遵循人文始祖"盘古之宗",即伏羲首创的太极八卦原则,也就是天地自然世界和人类社会运行发展的客观规律。背离了这些基本规律必然会遭到惩罚,古称"天谴",自然也会带来不祥和凶险。

后人也将"盘古之宗"称作"盘石之宗"。"盘古之宗"之"古"与"盘石之宗"之"石"字形相似,从古人将其混用的情况来看,最早应为一字。如汉代司马迁《史记·孝文本纪》记载:"高帝封王子弟,地犬牙相制,此所谓盘石之宗也,天下服其强。"[17]东汉历史学家班固《汉书·景十三王传》也记载:"诸侯王自以骨肉至亲,先帝所以广封连城,犬牙相错者,为盘石宗也。"[18]大意仍然是说,封建诸侯,国土犬牙相交,即可互制,又可互助,皇帝稳坐天下,国家固如磐石。

清朝著名学者、文献学家陈梦雷编辑的《古今图书集成》[19]中,则直接将郦道元《水经注》记载的"盘石山"称作"盘古山"。这也从一个侧面证明,开封小黄铺、土柏岗"盘石"一带正是盘古开天辟地、伏羲女娲滚盘石成婚、始开天地阴阳、伏羲居住建都的皇伯山之地。

三、伏羲"河图"出自开封古陈留皇伯山之地

"河图"是天皇伏羲时期肇始的太极先天八卦图(如右图),因其出自东方青龙之地故又称"龙图",被认为是华夏历史文明的起源,是阐明宇宙从无极而太极,以至万物化生过程的科学理论。

伏羲太极先天八卦图

"柏"姓后裔认为,上古时期的三月三节气,开封皇伯山东南之阳的河中(古称鸿沟、汴河等,今称惠济河)突然出现一只高八尺五寸的"龙马"神兽,在波涛中游来游去。伏羲和大臣柏芝闻讯后立即赶到河阳之滨。神兽见伏羲到来更是精神抖擞,背上旋毛如星,会成一个闪闪发光的图案。伏羲忙命人摆香案顶礼膜拜。而柏芝则灵机地捡起一块烧过的木炭,迅速把神兽身上的图案画在一块大石上。等伏羲祀拜完毕,"龙马"神兽已不见踪迹。伏羲这才想起神兽身上的图案没有记下来,十分遗憾。此时,大臣柏芝正好把刚抄在木板上的图案献给伏羲。伏羲大喜,回皇都后与大臣柏芝日夜钻研,终于画成对后世产生极大影响的天下第一图——太极先天八卦图。

后人将"龙马负图"之地称作"河图庄",现在祥符区陈留镇惠济河之阳(水北为阳),并传承至今。

元代书法家郑构、刘有定撰注《衍极并注·卷一至朴篇》记载:"太皞之时,龙马负图出于荥河,帝则之画八卦,以龙纪官,乃命飞龙朱襄氏造六书,于是始有龙书。"[20]文中"太皞",即太昊、伏羲;"荥河"为自荥泽东流经原阳、中牟、开封古陈留之水,也称"荥水""浚仪渠""鸿沟""汴水(渠)""惠济河"等,是"龙马负图"的河水。西周穆王巡守开封一带时,曾在开封西部的"荥水"流域垂钓、狩猎、射雁、演奏盛大乐曲。据东晋著名学者郭璞所注魏国竹简《穆天子传·卷之五》记载:"甲辰,浮于荥水(今荥阳荥泽是)。乃奏广乐。"[21]文中把"荥泽""荥水"当作一水注释,"荥泽"在郑州荥阳东部8~20公里的"河(水)之阴(南),汴(水)之阳(北)"方位(如下右图);"朱襄氏"又称"飞龙氏",也指

伏羲、炎帝时期首创华夏八卦符号文字的史皇氏"侯冈颉",黄帝时期称"仓颉",曾建都开封夷门山赤城(也称"朱邑")一带约110年,陵墓在开封黄柏山西北部的仓王庙造字台(今龙亭区刘庄)附近。据宋代著名学者罗泌《路史·禅通纪》记载:"都于朱,故号曰朱襄氏。陈留株邑,朱襄氏之地也。"后来向开封南部朱仙镇、东南襄陵(一称襄台,今睢县老城)、西南新郑祝融沰地迁徙;"龙书"最初指伏羲时期史皇氏侯冈颉创造的八卦符号

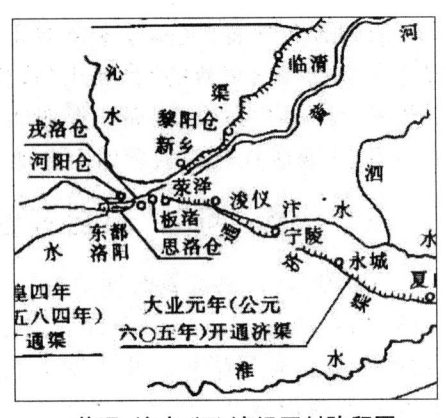

荥泽、汴水(河)流经开封陈留图

文字,后指黄帝时期夷门氏仓颉创造的象形文字,宋朝被命名为"仓颉书"。后人把造字方法归纳为象形、指事、会意、形声、转注、假借等"六书"。

古人把"河出图"视为天下吉祥、社会清明的象征。因此,当地老辈人至今还传说:陈留镇老城依地形建造,北门偏东,东门、西门朝南开,而南门却又稍稍向西南开,整个形状像一只卧息的大鸟,于是后人就称陈留镇古城"凤凰城"。据清代《陈留县志·卷之首》记载:"我义父老相传,城以凤凰名,堪舆家言。"[22] 文中"堪舆家",是指"天地(阴阳)学家",也称"风水学家"。春秋时期的孔子周游列国四处碰壁,喟叹"凤鸟不至,河图不出"。他自陈国返回卫国途经"凤凰城"陈留的"龙马负图"之地时,惊异于此地的灵异和风水,感叹"惜不生于斯"。这说明"凤凰""河图"都是陈留吉祥的地理标志。

宋朝真宗时期,在所开展的"天书"运动(人为模仿"河出图、洛出书"行为)中,古陈留郡浚仪县被改称"祥符"县,民国初期改称"开封"县,如今又恢复为"祥符"区。"祥符"同样是陈留吉祥的地理标志。

宋仁宗时期,包羲(即伏羲)的"包"姓后裔、龙图阁学士包拯为祭祀先祖包羲肇始华夏文明太极八卦的历史功德,在祥符县象形文字"仓颉书"发源地仓王庙留下了亲笔书写的"龙马负图处"碑刻。清初,此碑被移置到黄河决堤的黑岗口大王庙,作为镇降洪水灾害、寄托黄河安澜的吉祥物,至今被保留在开封市北大寺之内。

宋朝徽宗时期,翰林图画院著名画家张择端(如下右图)创作的巨幅画卷《清明上河图》不仅从历法方面传承了"三月三"节气、市民踏青出游和天下清净明洁的古老文化习俗,而且此图开卷之首也起自开封外城东南方向,正在上古时期龙马负河图、伏羲画八卦和二十四节气清明方位的古陈留"祥符"之地。

第八章　清明·盘古·河图

后人还在古祥符县"龙马负图处"建有"河图庄""和尚（天地人三界至高无上者）庄""仓（东方苍青色）王村""河庄寺""马神庙""太平庄"，作为祭祀东方伏羲、仓王、仓颉、青马等青阳神祇的庙祠。据清代《陈留县志·卷之十三·祠庙》记载："马神庙：县旧察院左（一般指东）。"《陈留县志·卷之十四·寺观》又记载："河庄寺：在县北三十里，创于明初，崇祯年（1628～1644年）圮，顺治十二年（1655年）重修。"此外，唐朝还在今祥符区八里湾乡东里南部建有祭祀太昊伏羲的"清阳寺"（即青阳大庙）。

张择端像

这些"马神庙""河庄寺""仓王庙""清阳寺""太平庄"等与"龙王庙"的文化内涵本质相同，都具有祈祷龙马负图、海晏河清、天下太平的本质属性，也都是祭祀开封古陈留伏羲、天乾、龙马、河图、祥符的一种习俗方式，共同印证着上古时期伏羲、天乾、龙马、河图、青龙发源于开封古陈留东南一带的华夏历史文明传承。

总之，农历三月三的清明时节，作为上古时期历法时节、地理方位的标志和天地明净、社会吉祥的象征，是大自然客观世界周而复始运行、万物繁衍生长、盛世太平安定的最佳状态，是人文始祖伏羲首创太极八卦、河洛启蒙文化的发源地，是华夏先民对于自然、社会、人类清明、吉祥、安宁生存环境的精神向往和世代追求，也是当代中华民族对实现更加美好的和谐世界所憧憬的中国梦。华夏民族"清明"文化的发源地，应在开封古陈留，今仍为开封"祥符"区之地。

文献来源：

[1]（汉）高诱注：《淮南子注》，上海：上海书店出版社，1986年版。

[2]（宋）陈元靓撰：《岁时广记》，上海：上海古籍出版社，1995年影印本。

[3]（周）周公旦：《周礼》，上海：上海古籍出版社，2004年版。

[4]（晋）郭璞注：《山海经 穆天子传》，长沙：岳麓书社，1992年版。

[5]谭其骧：《中国历史地图集》，北京：中国地图出版社，1996年版

[6]（唐）韩若云、王瓘：《广黄帝本行记 轩辕黄帝传 韩仙传》，北京：中华书局，1991年版。

[7]常任侠：《常任侠文集》，合肥：安徽教育出版社，2002年版。

[8]闻一多：《伏羲考》，上海：上海古籍出版社，2006年版。

[9]（汉）班固等：《白虎通义》，上海：上海古籍出版社，1992年版。

[10]（汉）孔安国传，（唐）孔颖达正义，黄怀信整理：《尚书正义》，上海：上海古籍出版社，2007年版。

[11]（宋）王存：《元丰九域志》，北京：中华书局，2004年版。

[12]（宋）罗泌：《路史》，北京：北京图书馆出版社，2010年版。

[13]（宋）乐史：《太平寰宇记》，北京：中华书局，2007年版。

[14]（唐）李泰：《括地志》，北京：中华书局，2005年版。

[15]《康熙三十四年·开封府志（整理本）》，北京：北京燕山出版社，2009年版。

[16]（周）吕望：《太公六韬》，郑州：中州古籍出版社，2008年版。

[17]（汉）司马迁撰，（宋）裴骃集解，（唐）司马贞索隐，（唐）张守节正义，顾颉刚领衔点校，赵生群主持修订：《点校本二十四史修订本〈史记〉》，北京：中华书局，2014年版。

[18]（汉）班固撰：《汉书》，北京：中华书局，1962年版。

[19]（清）陈梦雷纂：《古今图书集成》，北京：北京图书馆出版社，2005年版。

[20]（元）郑杓、刘有定：《衍极并注》，上海：上海书画出版社，1979年版。

[21]（晋）郭璞编，张耘点校：《山海经 穆天子传》，长沙：岳麓书社，2006年版。

[22]开封县地方史志办公室：《清·宣统二年〈陈留县志〉校注》，北京：北京燕山出版社，2011年版。

第九章 轩辕何时归大梁

农历"二月二"是传说中轩辕黄帝出生的日子(一说三月三)。战国时期,开封为魏国国都大梁,大梁城北悬河之滨的轩辕楼一带便是古人记载的轩辕黄帝文化发源地。

华夏民族自古有祭祀三皇五帝神祇、缅怀列祖列宗功德的传统习俗。为祭祀人文始祖黄帝的历史功德,我们谨以探讨轩辕文化在开封产生、发展和传承之文,来寄托缅怀之情。

一、开封北部"悬河之水"横穿昆仑

开封、中牟北部一线,在古人史典中被称作"悬圃"和"苑(菀)圃",也曾称"玄圃""县圃""原圃""圃中"等。自上古时期以来,这里就是帝王狩猎、巡游、休闲的乐园。传说中的"悬圃"高耸在开封、中牟北部土阜高台之上,上接天中,下通地中,又与四渎、阴沟、沙水、沙(少)海、逢(蓬、逢)泽交叉相连。这里生长着各种飞禽、动物、神树和异草,尤其以原圃、逢泽麋鹿而著名,是黄帝居住的帝都和空中花园(如下图)。

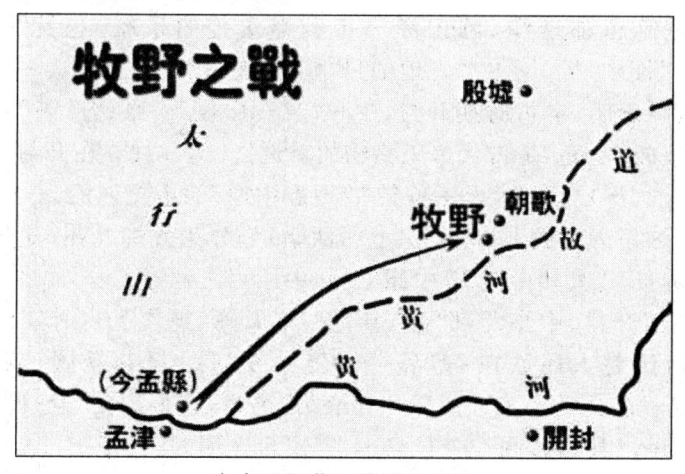

商末周初黄河故道位置图

对此，春秋史学家左丘明《左传·哀公十四年》记载："逢泽有介麋焉。"[1]唐朝经学家孔颖达《春秋左传正义注疏》记载："中牟县西圃田泽，则原圃地名，以其地为囿，知与具囿皆囿名也，囿者，所以养禽兽，故令自取其麋鹿焉。天子曰苑，诸侯曰囿。"[2]"圃田""原圃"与"逢泽""悬（玄）圃"本在古陈留一地。流经开封、中牟北部土阜高台"原圃""悬（玄）圃"之上的"鸿沟""济水"因高于南部开封、中牟地平面，故也称"悬水"，或"玄（黑）水""悬河"。

开封北部土阜高台上的"悬（玄）圃"也称"天子菀（苑）囿"。对此，南朝史学家范晔《后汉书·志第二十一郡国三》记载："尉氏《陈留志》曰：有陵树乡，北有泽，泽有天子苑囿，有秦乐厩，汉诸帝以驯养猛兽。"[3]文中"陵树乡"在尉氏东北三十五里的汉代"平陆县"。北魏地理学家郦道元《水经注·卷二二渠水》认为："《陈留风俗传》曰：陵树乡，故平陆县也。"[4]"平陆县"北部的"泽"为开封逢泽，也称"太寿陂"，为公元193年东汉陈留、济阴太守夏侯惇截断太寿水修复的蓄水池沼。"太寿陂"之阳（北）就是开封北部的土阜高台"苑囿"，也称"太寿丘"，即"寿丘"，为黄帝出生和养身之地。

黄帝寿逾期颐而花甲重开，活了120岁，被称作"寿星"，与开封"苑囿""悬圃""寿丘"地理和文化相对应。所以，战国魏国大梁编撰《竹书纪年》、西晋《帝王世纪》均记载："黄帝生于寿丘，长于姬水，故以姬为姓。"[5]"姬"姓是黄帝在开封"悬圃"称帝后，"胙土封氏"的十二姓之一，开封北部"胙"城、"封"丘、"北邙"、"寿"丘、"姬水"等地名均源于黄帝文化。"姬水"在开封"寿丘"北方之位，也称"玄水""黑水""济水"。

《后汉书》中的"天子苑囿"就是上古时期天子逐鹿的"悬圃"，也是秦汉时期的帝王在陈留郡逢泽、圃田泽一带驯养禽兽的乐厩，也称"苑囿""县圃""玄圃""囿中"等，同中牟之地的"原圃""圃田"逶迤相连。

考古资料表明，上古时期开封、中牟"悬（县）圃""原（苑）圃"一带盛产可口的佳肴"麋鹿"，"鹿"是古代帝王猎物的首选之一。由此，在开封、中牟之地产生了"逐（浊、涿）鹿营""天王狩猎""逐鹿中原"的历史词汇。

古人将这里天上的北斗九星（七明两暗）划分为九神九州，是华夏先民最早的"神州赤县""九州中央""中州原圃（中原）"之地。

古人还把开封、中牟北部"悬（县）圃""原圃"视作上古时期的昆仑山三层台。如战国楚人屈原在《楚辞·天问》中发问："昆仑悬圃，其尻（居）安在？"[6]东汉著名文学家王逸注释："昆仑，山名也，其巅曰县（悬）圃，乃上通于天也。"[7]可见，"县（悬）圃"在"昆仑山"三层台之巅，与天相接。

所以，流经昆仑山三层台之上的"悬（县）圃""玄圃"之水被称作"天河之水"，或"天水"。清代的《康熙字典》解释："河，又银河，天河也。"[8]说明古人将开封、中牟昆仑山三层台与上天相接的河水视作自天上流下的"银河""天河"，也就是"悬河""玄水""天汉""天水"。南北朝时期的南梁史学家沈约《宋书·乐志》引汉代《陌上桑》记载："济天汉，至昆仑，见西王母，谒东君。"[9]可见，"济天汉"也称"济河""济水"，本与昆仑山、西王母、东君（伏羲）同地。开封西北部的水稻乡"黑池"被称作"玄池"，"济水"被称作"玄水""黑水""悬河"的历史，由来已久。

可见，开封北部的"悬水""悬河""黑水""玄水""济水""天水"等文化名称最早本是由华夏民族太极河洛文化中，流经天宫紫微垣的"天河"和昆仑山三层台上"悬圃"之水传承的结果，而非南宋之后流经开封北部的黄河淤积而成。

二、黄帝出生在开封古浚仪"青丘"

古人把黄帝看作是乘坐"帝车"、四季运行的"七星北斗"（如下图）。据宋代学者罗泌《路史》记载："《河图握拒》云：黄帝名轩，北斗黄神之精。"[10]所以，黄帝便与北斗星结下了不解之缘。据战国时期开封天文学家石申《星经》记载："北斗星谓之七政，天之诸侯，亦为帝车。"[11]"帝车"就是"北斗七星"，代表黄帝及其巡守和管理的日月五星"七政"，也指黄帝大臣在开封逢（蓬）泽、太寿陂发明的轩辕车，都是轩辕、黄帝文化的重要标志。

黄帝乘七星北斗帝车图

关于黄帝的出生地，汉代易学著作《河图稽命征》认为：黄帝母亲"附宝见大电光绕北斗枢星，照耀郊野，感而生黄帝于青丘"[12]。由此，"青丘"便成了黄帝文化的又一重要地理标志。

开封是"青丘"所在地。据北宋地理总志《太平寰宇记》《祥符县志》等古籍记载：开封"浚仪：青丘，亦曰玄池。女娲简狄浴于青丘之水，有玄鸟遗卵，吞之，生契。即此水也。"[13]文中"玄"为"黑"色，"玄池"就是"黑（济）水"流入开封水稻乡的"黑池"。因"玄池"在昆仑山三层台"玄圃""悬圃"之地，"玄池"亦称作"悬池"。而"黑（济）水"自然也称作"悬水""悬河"；文中"契"为商人始祖"阏伯"，是黄帝曾孙帝喾和妃子简狄的儿子，他与先祖黄帝一样出生在开封昆仑山"青丘"；文中"青丘"，即"寿丘"，由百岁寿星黄帝居住地文化演变而来，也与黄帝出生、成婚、生子的开封柳园口"轩辕丘"，或称"轩辕楼"同在一地。

三、郑国东北部陈留才是黄帝帝都"轩辕丘"

对于黄帝居住、建都在开封柳园口"轩辕丘"，汉代司马迁《史记》认为："黄帝居于轩辕之丘。"[14]汉代戴德《大戴礼•帝系》认为："黄帝居轩辕之丘，娶于西陵氏之女，谓之嫘祖氏，产青阳及昌意。"[15]新郑黄帝故里清代乾隆二十九年（1764年）《重修大殿记》碑进一步记述："古传，郑邑为轩辕氏旧墟，行在北有轩辕丘遗迹，乃当年故址。"[16]

新郑碑记中的"郑邑"是对春秋时期郑国城邑的泛称，并非专指郑国国都"新郑"。春秋时期开封启封、陈留都曾归属郑国，均可称作"郑邑"。如汉代班固《汉书•地理志》记载：三国时期著名学者"孟康曰：留，郑邑也，后为陈所并，故曰陈留"[17]。可见，郑国"郑邑""陈留""北"部，才应是"轩辕丘遗迹"，也与开封古大梁同地。

可是，开封古大梁一带有黄帝活动的明确史典记载吗？答案是肯定的。唐代医学家王鹊《广黄帝本纪》、北宋著作佐郎张君房《云笈七笺》、南宋无名氏《轩辕黄帝传》等均记载：黄"帝娶西陵氏于大梁，曰嫘祖，为元妃。生二子玄嚣、昌意。初喜天下之戴己也"[18]。黄帝娶元妃、生子、建都的"大梁"本指开封柳园口乡"轩辕丘"，与黄帝出生的昆仑山"太寿陂""青丘黑池""寿丘"同地。

开封"轩辕丘"今简称"轩楼"，东北临黄河大堤。据1999年12月开封市民政局编撰的《开封市地名志•第二编政区、聚落地名编》记载："相传轩辕黄帝曾在这一带活动，其后裔繁衍生息至今。明代轩辕姓村民在其北约3公里的黄河滩高地居住，称轩辕氏寨，简称轩寨。清代因河患迁至今址，建有楼房，称轩楼。"[19]

清代"轩辕楼"之所以建楼房，是有历史渊源的。据汉代司马迁《史记•孝武本纪》、班固《汉书•郊祀志》记载："黄帝为五城十二楼。"唐初经学家颜师古注引东汉学者应劭曰:"昆仑玄(悬)圃五城十二楼,仙人之所常居。"文中"仙人"便是自开封昆仑山玄(悬)圃修真得道升仙的轩辕黄帝,南北朝道教思想家陶弘景在《真灵位业图》中称轩辕黄帝为"玄圃真人"。

可见,昆仑山玄(悬)圃五城十二楼与黄帝五城十二楼本指一地,也是"轩辕楼"的最早来历。开封柳园口"轩辕楼"黄帝后裔至今仍复姓"轩辕",虽历经近五千年漫长历史,而不离先祖故土,不改黄帝姓氏,其仁其孝、其忠其义可谓天下楷模。传说黄帝于农历"九月九"重阳日在封丘荆(丰)隆宫升仙,开封人自古以九九重阳登高、种植黄帝菊、举办菊花节会世代进行祭祀。

而新郑"黄帝故里",既无"昆仑""青丘"名山为凭,也无济水、江水(鸿沟)等大溟悬河环绕,又无黄帝"轩辕"姓氏历史文化传承,更非古人测定的"天地之中",其"黄帝故里"来历实在令人不解。

四、轩辕楼在济(黑、姬)水、江(赤、姜)水之滨

黄帝轩辕丘在炎帝帝都杞县"空桑"北部。宋代学者罗泌《路史·前纪七》认为:"轩辕氏作于空桑之北,绍物开智,见转风之蓬不已者,于是作制乘车。"又说:"横木为轩,直木为辕,以尊太上,故名轩辕氏。"说明杞县"空桑"在开封柳园口轩辕氏居住地"轩辕楼"的南部,与太极五行中央黄帝与南方炎帝居住、建都的地理方位是对应的。

轩辕楼北部为济水,以中央黄帝"姬"姓取名,也称"姬水";轩辕楼南部为鸿水,也称"南水"。南朝史学家裴骃《史记集解》认为"江"读如"鸿"。中国现代著名史学家徐旭生也认为,"鸿"从"江"。所以,"鸿(洪)水"也称"江水""鸿(洪)沟""浪荡渠""汴(汳)水"。"江水"以嫘祖祖父、南方"赤(炎)帝"的"姜"姓取名,也称"赤水""姜水"。沿浪荡渠之滨有多座"赤城",如北魏郦道元《水经注·卷二十二》记载:浪荡"渠水又东南而注大梁也;又东至浚仪县,渠水东南经赤城北"。"赤城"为炎帝氏族的居住地。所以,中国最早国别体著作《国语·晋语》认为:"黄帝以姬水成,炎帝以姜水成。成而异德,故黄帝为姬,炎帝为姜。"[20]说明炎黄二帝均以母系和自己出生地的水名为姓。

五、开封轩辕楼是昆仑山"天地之中"

黄帝的象征是七星北斗、寿星,又生活于青丘、寿丘和昆仑山"悬圃"。因此,开封柳园口轩辕楼就是青丘、寿丘和昆仑山"悬圃"之地。青丘、寿丘和昆仑山"悬圃"的上空对应着天之中紫微垣内的"寿星""七星北斗",也称"珠玑",故自开封迁徙到南方的客家人认为,开封为"珠玑巷(乡)"之地。

对此,汉代易学著作《尚书纬》指出:"七星在人为七瑞。北斗居天之中,当昆仑之上,运转所指。"[21]可见,黄帝轩辕楼、昆仑山地之中、"悬圃"不仅与"七星北斗""天之中",即"天地之中"上下对应,也同在一地。

据北宋史学家欧阳修《新五代史·卷五十八》记载:唐"开元十二年(724年),遣使天下候影,南距林邑,北距横野,中得浚仪之岳台,应南北弦,居地之中"[22]。开封"岳台"在古"浚仪"西部、黑(玄)池南部,"地之中"也称"天地(下)之中"(如下图)。黄帝在"地之中"称帝为"中央帝",所建邦国也称"中央邦国",简称"中国"。又因上古"中国"在"九州之中""原圃",也称"中原""中州",而九州的"中州"也称"豫州"。

"天地之中"对应"中央钧天",而"中央钧天"便是黄帝"寿星"之位。汉代刘安《淮南子·天文训》认为:"中央钧天,角宿、亢宿、氐宿。"[23]中央钧天的"角宿、亢宿"为二十八星宿中东方苍龙七宿中第一、第二宿,旧传为"寿星"。辞书之祖《尔雅·释天》佐证:"寿星,角亢也。"[24]所以,开封星野也为"角亢"。据清朝总督河南山东军务王士俊《河南通志·卷五星野》记载:"按唐天文志曰角亢寿星也……自原武管城郑州滨河济之南,东至封丘陈留开封,即古陈留郡。"[25]

中国道教尊黄帝为道家之祖,昆仑山是黄帝修道成仙的地方,为"万山之祖""天下之中"(如下图)。东汉道教创始人张道陵早年在八世祖张良家乡陈留郡酸枣县"泰山天洲城"(今原阳县齐街乡留侯村)隐居修道,后虚设"北斗治",以纪念先祖之地。据宋代史学家乐史《太平寰宇记·卷一开封府》记载:酸枣有"张平墓,在县南十五里,(张)良之父也"。

天师张道陵祖籍"北斗治"所在的"泰山"也称"泰一山""太一山""天一山""昆仑山";"天洲城"之"天洲"本指天上水中的陆地,也指开封西北鸿沟、济水环绕的昆仑山"悬圃",与天地中央同位。对此,汉代的易学著作《河图括地象》认为:"昆仑者,地之中也。"[26]东汉的经学大师郑玄注释:"昆仑,居地之中。"[27]可见,张道陵祖地"北斗治""泰山天洲城"与开封岳台、昆仑山"地之中"和中央黄帝"中央邦国"同地。

所以,五十四代天师张继宗《崆峒问答》指出,黄帝下葬的"北邙治河南开封之北,当天下之中,受天下之正炁,如人之五脏居于胸腹,脉则行四肢也"[28]。道教"北邙"山和"天下之中""天下正炁"学说均源于上古时期开封昆仑山"悬圃""姬芒"、荆山丰隆宫、"七星北斗"和太极"中土黄"文化。

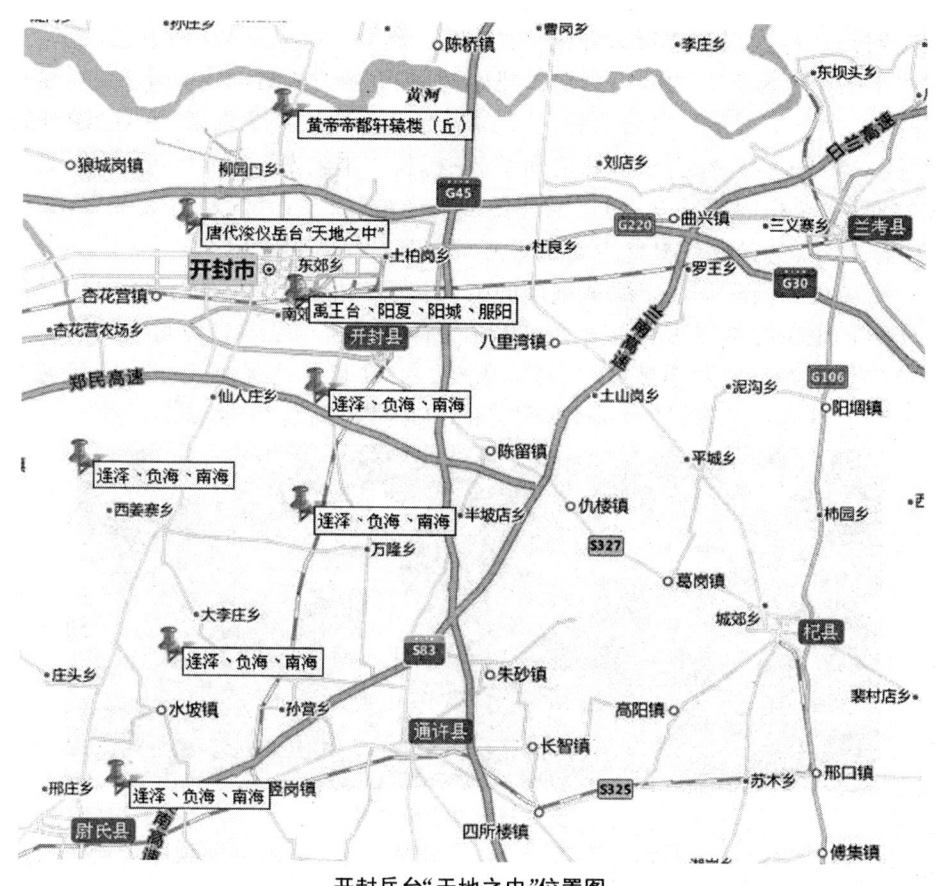

开封岳台"天地之中"位置图

六、开封昆仑山"悬水"本为"天汉之水"

既然开封古浚仪岳台为"天地之中"、昆仑山"悬圃",那么,流经这里的济水也可称"悬圃之水",也就是"悬水",与流经昆仑山天上的紫微垣"天河""银河""天汉"上下对应、天地合一。据古代儒家伦理著作《孝经·援神契》记载:"四渎之精仁,河者水之伯,上应天汉。"[29]这说明包括环绕昆仑山"济水"在内的"四渎",都可称"天汉""汉水"。宋代开封皇都南部御道上的"州桥"正名为"天汉桥",其文化来源就是天上"银河桥"、地上"鸿沟(汴水)桥"。

"天汉"也称"云汉""河汉""银汉""汉水"等,都是流经天上"紫微宫"、地上天子"皇宫"之水,也是流经战国大梁刘邦出生之地和刘邦母亲下葬地"昭陵"的鸿沟。据汉代司马迁《史记·高祖本纪》记载:"刘媪尝息大泽之陂,梦与神遇。是时雷电晦冥,太公往视,则见蛟龙于其上。已而有身,遂产高祖。"大意是刘邦之母刘媪在大梁大泽之陂边休息,梦中与神龙交合(如下图)。当时雷鸣电闪,天昏地暗,太公正好前去找她,见到有蛟龙在她身上。不久,刘媪有了身孕,生下了刘邦。这与居住于开封南部赤仓城的炎帝母亲"女登"游开封万隆乡"华阳",被神龙绕身,感应而孕,在杞县白羊陂、空桑生下炎帝的历史文化相通,地域相同。所以,刘邦也与炎帝一样被称作"赤帝",即"炎帝"。文中"大泽之陂",就是汉代夏侯惇在开封陈留修建的"太寿陂"。

据汉代班固《汉书》记载:"战国时刘氏自秦获于魏。秦灭魏,迁(出)大梁,都于丰。"说明在魏国灭亡前不久,30岁左右的刘邦一家才自开封大梁迁徙到江苏丰县。明代学者李濂《汴京遗迹志·卷之九》记载:"灵昭陵在(开封)城东北四十五里马尾墙保。"[30]"灵昭陵",即刘邦母亲"刘媪"的陵墓。

女登与神龙梦合图

汉朝以前,"汉族"称作"华夏族"。刘邦称帝后,以出生地魏国大梁"天汉"之"汉"称作"汉朝","华夏族"也称"汉族"。开封古陈留的"华夏""中央""陈仓""天汉""汉水""天水"等文化也随着刘邦称帝逐步传承到了陕西汉中、宝鸡等西部地区。

战国孟轲《孟子·滕文公》认为:"水由地中行,江、淮、河、汉是也。"[31]汉代司马迁《史记·殷本纪》、辞书之祖《尔雅·释水》认为:"江、河、淮、济为四渎。"可见,流经开封昆仑山"地之中""四渎"之一的"济"水之济字与"汉"字可以互换。"济水"就是"汉水""天水""天汉之水",也就是上古时期的"悬水""悬河"。

汉代许慎《说文解字》认为:太极八风(卦)"西北曰不周风"[32]。与昆仑山西北方位的"不周山"同地。"天汉"之水流经开封悬圃西北的"不周山"河堤,被居住新乡辉县"共工城"、掌控"四渎"的水神共工扒开,导致西北"乾、天"方位之水向原阳、开封、杞县古"杞国"倾泻,杞人屡遭水涝灾害,人为鱼鳖,自然

第九章　轩辕何时归大梁

常忧天倾。忧的是杞国、开封西北上游"不周山""乾、天"方位的"悬圃"河堤崩塌，"天汉"之水自"乾、天"方位向下游倾泻（如右图）。"杞人忧天"是对自然生存环境的必然反映。

轩辕黄帝与炎帝孙女嫘祖建都开封时期，在天皇伏羲、地皇女娲、人皇炎帝"三皇"居住的昆仑山"天地人之中"，为华夏先民创建了"天地人合一"中央邦国，繁衍了颛顼、帝喾、尧帝、舜帝和夏、商诸王等后世子孙。随着中央邦国的不断发展壮大，炎

开封昆仑山西北"乾、天"方位图

黄子孙将轩辕黄帝文化逐渐向东夷、南蛮、西戎、北狄等四面八方传承。尤其自商、周时期以来，开封昆仑山中央邦国的地位逐渐被北部安阳的殷商之都、西部洛阳的成周所取代，小中国、小九州发展成为大中国、大九州，祭祀轩辕黄帝的"大社"也随之迁徙或新建。然而，历经数千年河济交替、沧海桑田、朝代更替后，开封黄帝后裔轩辕氏人对先祖的忠贞品格、文化传承、道德守望和民族大义，依然历千古而不变。

【笔者按】

国民之魂，文以化之；国家之神，文以铸之。自黄帝时期以来，文化始终是中华文明不断攀升的本源和云梯。目前，开封已进入"文化＋"发展的新时期，我们期待轩辕黄帝文化能够为民族发展注入凝聚力、向心力和内生力。在黄帝诞辰临近之日，我们举目北望悬河天汉，祝愿轩辕早日回归故土大梁！

文献来源：

[1]（春秋）左丘明撰，（晋）杜预集解：《春秋左传集解》，上海：上海人民出版社，1977年版。

[2]（汉）郑玄注，（唐）孔颖达疏：《春秋左传正义注疏》，北京：北京大学出版社，2000年版。

[3]（南朝宋）范晔撰，（唐）李贤等注：《后汉书》，北京：中华书局，1965年版。

[4]（北魏）郦道元：《水经注》，北京：华夏出版社，2006年版。

[5]王国维译，黄永年注：《古本竹书纪年辑校 今本竹书纪疏证》，沈阳：辽宁教育出版社，1997年版。

[6] (战国)屈原等:《楚辞》,北京:北京联合出版公司,2015年版。

[7] (汉)刘向辑,(汉)王逸注,(宋)洪兴祖补注:《楚辞》,上海:上海古籍出版社,2008年版。

[8] (清)陈廷敬等编撰:《康熙字典》,北京:社会科学文献出版社,2008年版。

[9] (南朝梁)沈约:《宋书》,北京:中华书局,1974年版。

[10] (宋)罗泌撰:《路史》,北京:国家图书馆出版社,2003年版。

[11] (战国)甘德、石申:《甘石星经》,北京:人民出版社,2013年版。

[12]《纬书集成》,上海:上海古籍出版社,1994年版。

[13] (宋)乐史:《太平寰宇记》,北京:中华书局,2007年版。

[14] (汉)司马迁撰,(宋)裴骃集解,(唐)司马贞索隐,(唐)张守节正义,顾颉刚领衔点校,赵生群主持修订:《点校本二十四史修订本〈史记〉》,北京:中华书局,2014年版。

[15] 方向东:《大戴礼记汇校集解》,北京:中华书局,2008年版。

[16]《轩辕丘在何处》,中国郑州网,2006年版。

[17] (汉)班固撰,(唐)颜师古注:《汉书》,北京:中华书局,2000年版。

[18]《道藏》载(唐)王瓘:《轩辕本纪》,北京、上海、天津:文物出版社、上海书店出版社、天津古籍出版社联合重新印影涵芬楼本,1988年版。

[19] 开封市民政局编撰:《开封市地名志》,开封:开封市民政局,1999年版。

[20] (春秋)左丘明:《国语》,上海:上海古籍出版社,1978年版。

[21] (清)黄奭:《尚书纬》,上海:上海古籍出版社,1993年版。

[22] (宋)欧阳修撰,(宋)徐无党注:《新五代史》,北京:中华书局,1974年版。

[23] (战国)吕不韦、(汉)刘安著,(汉)高诱注,杨坚点校:《吕氏春秋 淮南子》,长沙:岳麓书社,2006年版。

[24] (晋)郭璞校注:《尔雅》,上海:上海古籍出版社,2015年版。

[25] (清)孙灏、顾栋高纂,田文镜、王士俊监修:《河南通志》,郑州:中州古籍出版社,1987年版。

[26]《纬书集成》,石家庄:河北人民出版社,1994年版。

[27] (汉)郑玄注:《十三经古注》,北京:中华书局,2014年版。

[28] (清)张继宗:《崆峒问答》,江西:《龙虎山道教·知识·文献经典》,2013年版。

[29] 曲行之注：《孝经》，杭州：浙江古籍出版社，2011年版。
[30] (明)李濂撰：《汴京遗迹志》，北京：国家图书馆出版社，2009年版。
[31] (战国)孟轲、荀况：《孟子 荀子》，北京：线装书局，2013年版。
[32] (汉)许慎撰：《说文解字》，北京：中华书局，2013年版。

第十章　帝喾四子出自开封狼汤渠之滨

探索和论证帝喾、契、商汤"亳"都文化发源和地理方位问题，不能不从帝喾先祖和子孙的文化、地理传承着手，以深入发掘和厘清帝喾、契、商汤"荡""汤""亳""商"等文化的来龙去脉，用上古时期华夏民族客观存在的历史文化和地理方位，解读这一独特文化形成、继承和发展的本质原因。

本文拟从帝喾"浪荡渠"、帝尧"中国"、帝喾四妃四子居住地等方面，对上述问题加以分析和论证，也与广大读者进行商榷（如下图）。

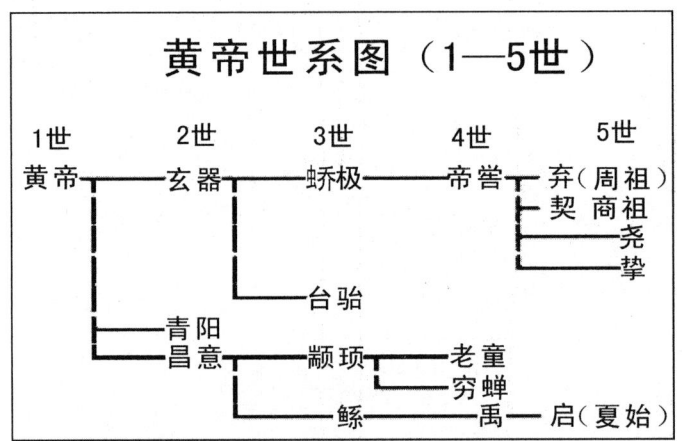

黄帝后裔支系参考图

一、"浪荡渠"流域本是帝喾、帝尧"中国"之地

上古时期的"浪荡渠""狼汤渠"也称"荡水""汤水"。秦国武王名"荡"（公元前329～公元前307年），为秦始皇曾伯父。秦始皇为此下令"荡"姓避皇祖名讳改为"鸿"姓，并改"浪荡渠"为"鸿沟"。所以"荡水""汤水"又称"鸿水"。

这种文化传承源自对上古华夏文化的认同。据战国史书《世本》认为："黄帝又曰帝鸿氏。"[1]黄帝出生在"济（姬）水"为"姬"姓，出生在"鸿水"为"帝

第十章　帝喾四子出自开封狼汤渠之滨

鸿",或"鸿"氏。所以,自上古以来"浪荡渠"与"鸿水"本就同地同义。"姬"姓是黄帝后裔随母系居住地的标志,而"鸿"氏则是黄帝后裔随父系居住地的标志。其实,"济(姬、姞、黑)水"在开封黄帝帝都轩辕楼之北,"鸿(江、姜、赤)水"在开封黄帝帝都轩辕楼之南,现实中的两水也确实同在开封一地。

1."狼汤渠"流域是帝喾、帝尧"中国"之地

作为黄帝曾孙的帝喾,因出生在"鸿水"之滨,也随曾祖父黄帝而称"帝鸿氏",即"鸿氏";又因"鸿水"本是帝喾出生的"狼汤渠",即"汤水""浚水"之滨,所以帝喾也称"汤喾"或"帝俊(浚)"。所以,中国文物学会会馆专业委员会会长汤锦程在《中华汤姓源流·江西汤氏源流》中指出:"我帝汤喾崩,其庶长子汤挚即立。《史记·五帝本纪》曰:'汤喾崩,而挚代立。'帝汤挚在位9年,被其弟汤(唐)侯汤放勋所迫而让位,汤放勋自号'汤(唐)尧'。"[2]

可见,"帝喾""帝挚""帝尧"均以"汤"为氏,称作"汤喾""汤挚""汤尧";也可以"帝鸿""鸿"为氏,均由狼汤渠、鸿沟之"汤水""鸿水"地名而来。

帝喾之子尧称帝时期,山东菏泽、巨野的"东海"海水一度回潮,造成河南孟津、荥阳以东的"河水""济水"和"浪荡渠"下泄不畅,沿岸地区积水成灾。大禹受尧舜之命,接替共工氏和其父鲧的治水职能,继续治理淤塞在当地的水患,终使帝尧"中国"的子民安居乐业。因此,汉代司马迁《史记·殷本纪》记载:"古禹、皋陶久劳于外,其有功于民,民乃有安。"[3]"浪荡渠"水源来自"西河"与"北济"两河,是上古"中国"河渎文化的源头。"浪荡渠"具有调剂两河之水的功能,并在开封古陈留东部分流,东为"江水",也称青、获、丹、汳、汴水等;南为"淮水",也称赤、汉、沙、鸿沟、蔡水等。故汉代司马迁《史记·殷本纪》还记载:"东为江,北为济,西为河,南为淮,四渎已修,万民乃有居。"文中"四渎"的地理方位是以"浪荡渠"流域的开封黄帝帝都为中心定位的。这里也是帝尧称帝时期,华夏"万民"居住的"中国""中央"核心之地。

以"浪荡渠"流域的开封为中心,流经上古"中国"的"四渎"也被称作"中国河",按照太极"四象"方位划分:西河为白水,北济为黑水,东江为青水,南淮为赤水(见下表)。所以,战国思想家孟轲《孟子·滕文公上》指出:"当尧之时,水逆行泛滥于中国,蛇龙居之,民无所定,下者为巢,上者为营窟。书曰:'洚水警余。'洚水者,洪水也。使禹治之。禹掘地而注之海,驱蛇龙而放之菹,水由地中行,江、淮、河、汉(济)是也。险阻既远,鸟兽之害人者消,然后人得平土而居之。"[4]文中的"洚水""洪水",即"逢(滂、蓬)泽""洪(鸿)沟"之水,也是"浪荡渠"之"荡水""狼汤渠"之"汤水"。

《山海经》河流与开封名称、方位对比参考表

山海经与中原河流名称对比	发源和流向
白水（河水）	自西部流向昆仑（开封）西北、东北部
赤水（淮水、狼汤渠）	自西部流向昆仑（开封）东南、南部部
洋水（黑水山水）	自西部流向昆仑（开封）东南部
青水（江水、荻水、汴水）	自西部流向昆仑（开封）东部
黑水（济水、兖水）	自西部流向昆仑（开封）北部、东北部

据东汉史学家荀悦《汉纪·高祖纪三》记载："（项）羽乃与汉约，中分天下，割洪沟以西为汉，以东为楚。"[5]可见，古人确有以"洪沟"而"中分天下"之说，流经"中国"的"洪水""鸿水"也本指一水。而"洪（鸿）沟"之"洪（鸿）水"的沿岸地区正是"四渎"环绕昆仑山"地中"的帝尧天下"中国"。

"中国"本在尧、舜、禹时期称帝王、建国都和治理"鸿水"的开封"鸿沟"之地。为此，战国孟轲《孟子·万章篇》认为："（舜）夫然后之中国，践天子位焉。而居尧之宫，逼尧之子，是'篡'也，非'天与'也。"这就告诉后人，舜称帝"中国"时所"居尧之宫"，也在大禹治理的开封"鸿沟"之地。

对于尧舜称帝建都在开封"鸿沟""中国"之说，古籍中也有记载，如西汉经学家刘向《战国策·秦策三》引战国大梁人、秦国名相范雎说秦王曰："今韩魏中国之处，而天下之枢也。王若欲霸，必亲中国而以为天下枢，以威楚、赵。"[6]战国时期的"韩、魏"之地就是"鸿沟"流经的开封"中国"，即尧舜天下的中枢"帝都"。这说明战国时期魏国、秦国的上层人物，并没把陕西"宗周"、洛阳"成周"视作上古时期的"中国"之地，与当今中国历史的所谓正统结论大相径庭，值得深思。

2. 浪荡渠是商人"子""汤"等文化的源头

对于"洪（鸿）水"泛滥于"中国"的原因，古典中也有概述。如战国时期吕不韦《吕氏春秋》指出："昔上古龙门未开，吕梁未发，河出孟门，大溢横流，无有丘陵沃衍平原高阜，尽皆灭之，名曰鸿水。禹于是疏河决江，为彭蠡之障，干东土，所活者千八百国，此禹之功也。"[7]文中"大溢横流"是指桀骜不驯的"浪荡渠"，即"鸿沟"之"鸿水"，也是大禹治水时"疏河决江"之地；"孟门"今被认为在河南孟津县或山西柳林县，但商代却在河南辉县西南部一带，也是魏国大梁竹简《穆天子传》记载西周穆王自陕西大荔、河南沁阳西部，进入中原东部

"燕然山""春山""昆仑山"地区,打击东夷人的重要渡口。上古时期,河南辉县是治水氏族共工氏居住的"共工城",夏属"冀州"之域,殷商系畿内地,周称"凡国""共国"。

"孟门"之"孟"是上古代华夏历法纪年"地支"中的季节和方位名称,由"子"字和"皿"字组成。据北宋初年文学家徐铉校定《说文解字》对"子"解释:"十一月,昜(阳)气动,万物滋,人以为称。象形。"[8]商人因建商都于开封昆仑山北部(邶)地和太阴(殷)方位,而称"子"姓。"子"字放置在盛载万物的盘"皿"之上,表示季节为夏历"十一月";表示地支,则在以开封黄帝帝都轩辕楼(天象北斗)为中枢的西北、北方"子"和八卦"坎宫""乾天"方位,正与上古"九州"之一的西北方"雍州"、北方"冀州"相对应。

"子"和"乾天"是夏历"十一月,昜(阳)气动"之时,流经"昜"位之"水"称作"阳(羊)水""汤(湯)水",正是辉县南部原阳"黑羊山水""狼汤渠"的源头,也是帝喾、契氏族商、汤、子等文化的源头。故开封西北、北部为"子""孟""黑羊山水"和"狼汤渠"流经之位,古称"子门""北门""天门""孟门"。"孟门"南部河水的渡口也称"孟津""天津",后称谓东移称作"延津"(如下右图)。

春秋时期,商代"孟门"地名向北传承到了开封西北部、辉县西部的太行山下,是中原自太行山东南通往晋国的要隘,故民国初年《辞海》"白陉"条目曰:"白陉,一名孟门,太行八陉的第三陉,在河南辉县西,为豫北、晋南之间的交通隘道。"[9]对此,春秋史官左丘明《左传·襄公二十三年》也记载:"齐侯遂伐晋,取朝歌,为二队,入孟门,登太行。"西晋著名政治家杜预注释:"孟门,晋隘道。"[10]

黄河流出"孟门"南部一带的"孟津"后,因地势平缓,水道在东北和东南不断滚动,加上泥沙大量淤积,造成九河壅塞横流,由此冲刷造就了太行山东部的华北大平原。故此水以地形和方位为名被称作"壅(雍)州""壅水",即"雎水""潍水""灉水""狼汤渠"等。清初地理学家顾祖禹《读史方舆纪要》认为:"汳水,或谓即禹贡之雎水。春秋之邲水。秦汉之鸿沟。"[11]"狼汤渠""汳(汴)水"东南横跨"济水",经开封黄帝帝都轩辕楼西

商代孟门、雎、共(头)、鄘位置图

北、东南部一带,自古被称作"东土""中国"之地。

3."上古龙门"本在大禹治理开封浪荡渠的下游

至于"上古龙门"的地理位置,从地理地貌来分析,不应在河南洛阳、山西柳林。因为相比于开封地区那里原高沟深,即使洛河、黄河发水,也不会造成"东土""中国"的"鸿水"泛滥,更无泥沙大量淤积、九河横流的地理地貌可言。此外,"上古龙门"本指太极"四象"东方"青龙"方位之"东门",也称"仓门""春门",地理上应在浪荡渠流经的开封"中国"东方之地。

实际上的"上古龙门"正在大禹治水的浪荡渠下游,即杞县阳堌东北一带。为此,北魏地理学家郦道元《水经注·汳水》记载:"(汉代)《地理志》:陈留县名。汉武帝以封韩延年为侯国。汳水又东,龙门故渎出焉。渎旧通睢水,故(东晋戴祚)《西征记》曰:龙门,水名也。门北有土台,高三丈余,上方数十步。"[12]文中"陈留"东部、四象"青龙"方位的"龙门",本为土质门而非石头门。不然,凭当时的劳动工具大禹开掘"龙门"就难了。

上古时期的"四渎"在开封"中国"和天象中均称"东井南垣之东"(如下图)。据唐朝房玄龄《晋书·天文志》记载:"东井南垣之东四星,曰四渎:江、

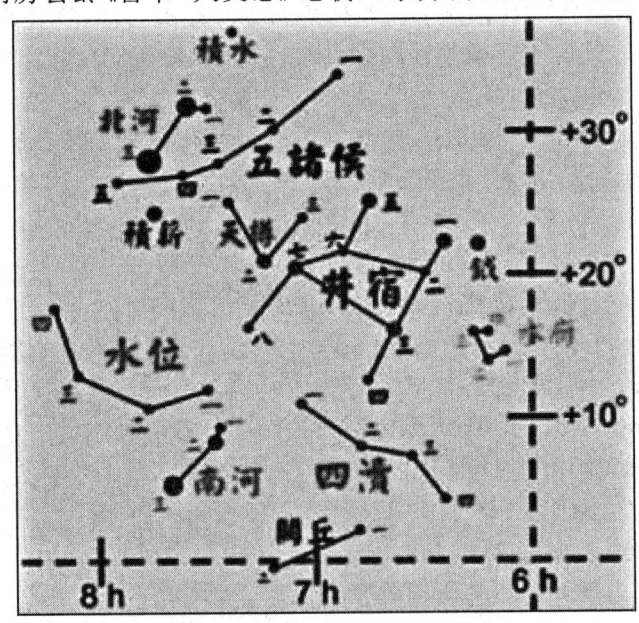

天象中北河、南河、井宿、四渎位置图

河、淮、济之精也。"[13]故沙水(淮水、鸿沟)、汳水(江水、获水)分流的开封杞县一带,至今仍有宗店乡"东井陈村"地名遗存。而杞县东北部"龙门"的开通,导

致古陈留"汳水"上游尧舜帝都的积水迅速下泄,"干东土",鸿水灾害解除,"中国"百姓安居乐业。因此,大禹在开封、封丘、杞县、兰考治水的遗址和传说十分丰富,不再一一叙述。

商周王朝初建时期,都没有忘记夏禹在开封古陈留治理狼汤渠的历史功德。据汉代司马迁《史记·夏本纪》记载:商汤伐桀"践天子位,代夏朝天下。汤封夏之后,至周封于杞也"。"杞"是指商周时期古陈留夏禹姒姓后裔受封的"杞国"。汉代礼学家戴德《礼记》也记载:"成汤卒受天命,不忍天下粒食之民刈戮,不得以疾死,故乃放移夏桀,散亡其佐,乃迁姒姓于杞。"[14]夏桀亡命于古陈留东南的"南巢",今为河南睢县"有巢国"。故《睢州志》记载:"在城南二十里有巢亭。"[15]"南巢"与夏禹姒姓后裔"杞国"相邻,最初或为一国。

这种独特的人文、地理环境在郑州荥阳以西的黄河中游地区是不可能存在的。

阐述上述观点,意在说明:帝尧在狼汤渠之滨居住、治水、建都的"中国"之地,与其父帝喾"亳"都同在开封陈留古莘国一地。帝喾不仅在开封陈留古莘国"亳"都一带生育了帝尧,还生育了青阳氏帝挚、周人始祖后稷和商人始祖契(阏伯)。

二、帝喾娶四妃生四子于开封陈留古莘国

笔者通过对开封历史传承、地理方位和史典记载分析,表明帝喾曾在陈留古莘国"亳"都居住、称帝、建都和成婚,娶有四妃,生有四子,即挚(鸷)、弃(后稷)、契(阏伯)、放勋(尧),对传承华夏历史文明产生了深远影响。据晋代著名医家皇甫谧《帝王世纪》记载:"帝喾有四妃,卜其子皆有天下。元妃有邰氏女,曰姜嫄(原),生后稷;次妃有娀氏女,曰简翟(狄),生禼(契);次妃陈丰氏女,曰庆都,生放勋;次妃娵訾氏女,曰常仪,生帝挚。"[16]下面就将帝喾四妃四子出生地和历史情况简述如下。

1. 元妃有邰氏姜原及子周祖"弃"(后稷)

帝喾元妃为有台(邰)氏姜原(如下右图),本是有蟜氏嫘祖姜氏母系后裔。姜原之"姜"以"羊"为图腾,故新乡南部古有"黑羊山",这一带曾是黄河与浪荡渠,即狼汤渠、鸿沟、浚仪渠的分流地。周人始祖帝喾、后稷均出生在狼汤渠、鸿沟、浚仪渠之滨。据汉代司马迁《史记·周本纪》记载:"周后稷名弃,其母有台氏女曰姜原。姜原为帝喾元妃。姜原出野见巨人迹心忻然说欲践之践之,而身动如孕者。"帝喾和元妃姜原之子后稷名"弃",成人后娶南燕"姞"为

妃。

据清代段玉裁《说文解字注》"姞"字解释："南燕，密须，姞姓国也。后稷妃家。"[17]战国《世本》记载："密须氏，商时姞姓国也。"密须氏"南燕"为帝喾和姜原、后稷和姞妃的居住地，也是黄帝时期大臣姞姓雍（灉、雝、瀤）父的"雍国""雍城"，后也称"鄘国""墉城"等，本在新乡南部黄河分流的灉水、浪荡渠、浚仪渠、汳水之地。

据北宋乐史《太平寰宇记·卷五十六》记载："鄘城在新乡县西南三十二里，即鄘国也。"[18]《新乡县志·卷二》也记载："鄘城在新乡县西三十三里，古鄘国也。"又记载："古鄘城在店后营普渡桥东，绕大家店之南北。"[19]"大家店"今属于新乡县大召营镇。据县

姜原踏大人足迹生后稷图

地名考察，村南土岭与村北土岭连接呈半圆月形状，也是母系氏族"月"的象形。邻村店后营有"北依太行卫水南，西望同盟鄘国在"的民间传说。

雍父最早发明了舂谷米的器具"臼"或"舂"，增进了五谷杂粮的食用价值。故"雍国"的丘台也称"燕然山""舂山"等。战国时期魏国大梁竹简《穆天子传·卷二》记载：穆"天子（封）昆仑以守黄帝之宫，南司赤水而北守舂山之宝"[20]。"黄帝之宫"指"南燕"东南部开封黄帝帝都"轩辕楼"，也称"黄帝宫室"；"赤水"指开封"黄帝之宫"南部"赤城"之地的狼汤渠、鸿沟；"舂山之宝"指"河图"上记载的开封昆仑山西北盛产的玉石、宝马等。

东汉著名政论家王符《潜夫论·志氏姓》也记载："姞氏女为后稷元妃，繁育周先。姞氏封于燕。"[21]古代"燕"后称"南燕国"，也可称"雍""鄘""兖""奄""弇""匽（偃）""延""崦嵫""燕然"等，在今新乡东南部古黄河沿岸一带，秦汉时期设为燕县。延津县东北二十三公里处地名"城上"，原称"匽国"，应为上古九州之一"雍州""冀州"交会之地，也是商代"偃"、西周"偃师"文化的重要发源地。

这里还是黄帝"胙土封氏"之地，故今有"胙城"地名延续。东汉史学家班固《汉书·地理志·东郡燕县》："南燕国，姞姓，黄帝之后也。"[22]。新乡延津一带的"南燕国"位于帝喾出生的"灉水""狼汤渠""浚水"上游，曾是周人先祖帝喾、后稷和不窋的居住地。

这就告诉我们，南燕国最早是黄帝分封给姞姓雍父之地，后为帝喾和元妃

第十章　帝喾四子出自开封狼汤渠之滨

姜原、儿子后稷和元妃姞所继承。

帝尧时期,姜原儿子后稷为掌管农业的"农正"官,在"浚水"流域发展稻谷生产,至今原阳、中牟、开封、封丘、兰考一线仍延续着种植稻谷的习俗。

到了夏代杼王时期,六代夏王均建都开封古陈留"老丘"(今祥符县杜良乡国都里一带)计200余年。据战国大梁编撰《竹书纪年》记载:"元年己巳,帝即位,居原。五年,自原迁于老丘……帝廑,一名胤甲。元年己未,帝即位,居西河。"[23]清代官修地理总志《大清一统志》记载:老丘城"在陈留县北45里"[24]。到了夏王廑时期,夏都向北迁徙到河南汤阴"西河"(今汤阴菜园镇西河村一带),商末周初称"邶国",是一个地理方位名称。

夏王孔甲,肆意淫乱,沉湎歌舞美酒,诸侯叛离,致使朝纲大乱。后稷子孙不窋失官后率部族逃奔甘肃庆阳一带,开始了先周早期的政治、经济和文化活动。商代末期,发展成为姬亶(周太王)、姬季历(周王季)、姬昌(周文王)的"西伯国",最终灭商建周,卜洛建东都雒邑(今为洛阳),回到先祖黄帝、帝喾、后稷中原故土的偏西一带。

2. 次妃有娀氏简狄及子商祖契

帝喾次妃"简狄"为居住在开封北部、封丘南部狄(翟)人的先祖(如右图),也是炎帝姜姓嫘祖母系氏族的后裔和分支,古称"有娀(戎)氏"。简狄在帝喾古莘国"灉水""浚水"之滨与帝喾成婚,于开封西北部的黑池、青丘受孕后生"契",即"卨""阏伯"。

对于"契"生于开封,北宋史学家乐史《太平寰宇记》有记载:开封"浚仪青丘亦曰玄池。女娀简狄浴于青丘之水,有玄鸟遗卵,吞之,生契。即此水也"。"青丘",也是帝喾、契先祖黄帝的出生地,东部数

简狄玄鸟生商契图

里的"轩辕楼"就是黄帝与嫘祖生玄嚣的帝都"黄台之丘(室)";"玄池"之"玄"为黑色,也称"黑池";"玄鸟"也称"俊(浚)鸟",是帝喾"俊"之名和氏族图腾的象征,又称"凤凰""浚仪"等,故开封、陈留古称"浚仪",正是狼汤渠、灉水、浚仪渠、浚水流经之地。

"浚仪"为汉代陈留郡的治地,古代这里有多处凤凰台遗址;"契"是指上古

时期在玉石、龟甲、兽骨上灼刻的文字和灼刻文字的刀具,与"陈留(刘)"之"留(刘)"本是同一氏族。"契""刘"都是观察日月运行规律、手持刻刀契刻太阳周天运行历度标记、制定历法的氏族,占日者称羲和,占月者称常仪。"契"长大后,受封于开封古莘国"亳都"东北部一带的"商"地,被称为商人始祖。

由于帝喾和简狄之子"契"出生在"玄池",故被商人称作"玄王"。据战国著名思想家荀卿《荀子•成相》记载:"契玄王,生昭明,居于砥石,迁于商。"[25] "砥石"也称"磨石""盘石",传说是盘古氏伏羲和女娲滚磨盘石成婚之地。

平滑的"青盘石"也称"砥石"。据东汉经学家刘熙《释名•释书契》记载:"纸,砥也,谓平滑如砥石也。"[26]唐代白居易《池上幽境》诗中认为:"平滑青盘石,低密绿荫树。"[27]居住在"青盘石",即"砥石"的伏羲,因肇始太极阴阳、天地文化,被称为天地万物的始祖"盘古"。所以,南朝著名地理学家任昉《述异记》记载:"盘古氏,夫妇阴阳之始也,天地万物之祖也。今南海中盘古国人,皆以盘古为姓。"[28]上古时期的"南海"本指开封昆仑山南部的大泽"逢池",或"蓬泽"等。

明代诗人董斯张《广博物志•五运历年纪》记载:"盘古氏,天地万物之祖也,而生物始于盘古。"[29]说明"砥石""盘古""盘石",与居住昆仑山南的"夫妇阴阳之始""天地万物之祖"的伏羲、女娲同义同地(如右图)。开封东部土柏岗乡盘石村自古建有"盘石庙",世代祭祀泰(太)山神伏羲、女娲(泰山奶奶),故也称"泰山庙"。"盘石"位于"契"出生的开封"玄池"东部、伏羲皇都"陈陵"黄柏山(今小黄铺)西部之地。

伏羲女娲手持天地阴阳盘石图

"盘古氏"后裔有"汤盘氏",也称"汤氏""盘氏"。古代荡、汤、傷(婸)、盘等字同义通用,如商王"汤庚"也称"盘庚"。北宋官修音韵学著作《集韵》对"汤"氏、"盘"氏解释:"婸因荡。"[30]黄帝之孙颛顼、曾孙帝喾因承袭了"盘古氏"伏羲太阳王的"高阳"之地,加上"阳"与"婸""荡""汤""傷"同义互假,所以,汤姓家谱又称颛顼、帝喾为"汤颛顼""汤喾"。

"契"去世后,其子昭明自"盘石",即"砥石"迁往帝喾"亳都",即"商"地。其实,"契""玄池""砥石"与"亳"古代同称"商",或"商地",故有"玄鸟生商(契)"之说。可见,"契"与"商"同义同地,只是不同史典和时期有不同称呼而已。

"契""商"也与帝喾古莘国"亳"同义同地。据西汉经学家刘向编撰《列女传·卷之一母仪传》记载:"契之性聪明而仁,能育其教,卒致其名。尧使为司徒,封之于亳。及尧崩,舜即位,乃敕之曰:契!百姓不亲,五品不逊,汝作司徒,而敬敷五教在宽。其后世世居亳,至殷汤兴为天子。"[31]"司徒"是上古时期负责管理民众、土地及教化等事情的官职,相当于宰相。说明尧舜时期,司徒"契"被"封之于亳"地,也与帝喾、尧、舜帝都同在开封古陈留一地,且同在父亲帝喾古莘国"亳"都和天象东方景星、木星方位,具有"仁"德。

也有古典认为,司徒"契"被"封商"地。如北宋史学家李昉等《太平御览》引《尚书·中候》记载:"玄鸟翔水,遗卵于流,娀简拾吞,生契封商。"[32]清代学者马瑞辰《毛诗传笺通释》也记载:"天使鳦下而生商者,谓鳦遗卵,娀氏之女简狄吞之而生契,为尧司徒,有功封商。"[33]这进一步证明,司徒"契"出生、受封的"亳""景"与"商"本指一地,而不是多地。所以,"契""亳""景""商"作为人名、氏族名、地名都可互称。

可是,由于历史过于久远,加上氏族迁徙和传承不一,古人记载也有不合情理之处。如南宋史学家郑樵《通志·氏族略·以国为氏》中关于"殷氏,契姓,封于商,后世迁于亳,故京兆杜县有亳亭是也。至周为周武王所灭,封微子于宋"[34]的记载,就与历史颇有出入。文中西汉"京兆杜县"应在陕西长安南部一带,周武王怎么可能将周人"宗周"之地封给居住中原东部宋国的"微子"呢?所以,陕西"京兆杜县"不过是商人后裔迁离中原后,对开封祥符区"刘京""国都里""杜良"一带"商""亳"文化的传承而已。

因此,古人"禹兴西羌汤起亳"之说最早是以上古中原"中国"范围内的四方来定位的,只是到了夏代末期周人先祖不窋西迁陕甘地区之后,才有了西戎、西羌之说,两者在地理上差距很大。

帝喾、司徒"契"受封的"商""亳""景"地处开封夏杼六世王都"老丘",今为祥符区杜良乡国都里、刘京一带,春秋时期曾为宋国所有。"老丘"南部直线距离约3公里"东辛庄"应是司徒"契"之父帝喾古莘国"亳都"之地。"亳都"东部直线距离约14公里处,便是秦汉著名隐士"商山四皓"和"汉初三杰"之一张良修道的济阴谷城(今为兰考),即"商山"东部之地,至今仍有"四皓""白云山""黄风洞""张良墓"等地名存在。

开封兰考西部的"商山""谷城"秦代曾设立"谷县",上古称作"旸谷",即"汤谷"。据清代《康熙字典》对"汤"字解释:"音阳。与旸同。旸谷,日所出也。亦作阳。《淮南子·天文训》日出于汤谷……音荡。与荡通。《诗·陈风》子之汤兮。《传》汤,荡也。《笺》言游荡无不为也。"[35]因此,古代兰考周边一带多有"阳堌""堌阳""谷营""薄(亳)""东明"之名,也是桀骜不驯的狼汤渠、江水、获水流经之地。神话传说和"中国"东方的"旸谷",都是指开封昆仑山东方太阳升起的"陈""留"之地,也是上古时期帝喾、羲和族人祭祀太阳神的地方,又是上古"中国"东方太阳和东夷文化的发源地。正与开封东部古莘国"亳都""汤谷""商山""谷城""东明"方位彼此对应,无法用"巧合"二字解释。

由此可见,西自"玄鸟生商"的开封古"浚水""黑池"土柏岗"盘石",东到杜良乡"老丘"、东辛庄,再到兰考"谷县"、白云山张良墓一带,均曾被古人称作帝喾古莘国"亳"、司徒契封地"商",所反映的是商契对父系帝喾、母系简狄地理文化的传承,也是古浪荡渠、灉水、获水、汳(汴)水的流经之地(如下图)。

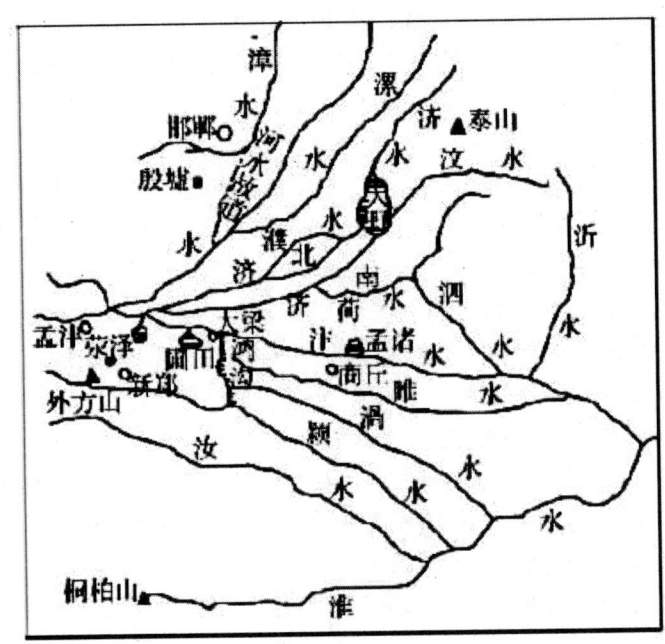

开封大梁河水分支参考图

商契之母为"简狄"。"简狄"之"狄"与"翟"同义。据清代《康熙字典》记载:"翟,或作狄。又姓。""翟"本指凤鸟一类的浚仪、俊鸟、雉鸡等尾巴上的长毛。所以,开封"黑池"北部一带,古称"鄭瞞""长丘""长狄""长翟渠(白沟、湛渠)"等,本为"长翟"人的居住地;祥符区八里湾乡也有"东翟"地名存在,都是帝喾和妃子"简狄"文化传承的结果。据春秋史典《春秋左传·文公十一年》记载:"初,宋武公之世,狄国鄭瞞伐宋。"[36]居住封丘南部的"狄国鄭瞒"本是开封古莘国帝喾和"简狄"氏族的后裔。

3.次妃陈丰氏庆都及子放勋(尧帝)

陈丰氏是黄帝、嫘祖母系氏族的重要分支,擅长制造高轮车,也称"轩辕车"。据宋代学者罗泌《路史•前纪七》记载:"轩辕氏作于空桑之北,绍物开智。见转风之蓬不已者,于是作制乘车,栝轮璞,较横木为轩、直木为辕,以尊太上,故号曰轩辕氏。"[37]古陈留"空桑之北"的"轩辕氏"就是居住在开封浪荡渠北岸、古"大梁"城北部"轩辕楼"的黄帝。而创造"轩辕车"的"轩辕氏"后裔"陈丰氏"为车正"奚仲""姞光"氏族。对于奚仲、姞光造车,是在黄帝时期的"蓬泽",还是在夏王时期的"逢池",目前仍存在争议,但都是开封黄帝"轩辕氏"后裔是少有异议的。

黄帝时期,陈丰氏以古"陈留"之"陈"为图腾(如下图),将战车阵列在开封东部伏羲、女娲、炎帝"陈都"和"浚水"北岸阳地,"以尊太上"三皇。出生于"浚水"的帝喾"俊"为黄帝曾孙,他继承了开封黄帝"青丘""轩辕丘(楼)""陈留"的"陈"地,与次妃陈丰氏庆都生子放勋。放勋逼迫哥哥、青阳氏帝挚让出帝位,自称"尧帝"。所以,汉代司马迁《史纪•五帝本纪》记载:"帝挚立,不善,而弟放勋立,是帝尧。""帝尧"之"尧"古写为"垚",或"堯",本指开封北部由三个土丘大阜组成昆仑山三层台的象形。因此,东汉文字学家许慎《说文解字》对"垚"解释:土高也。从三土。""三土"组成的昆仑山三层土阜平台,也称"三阿"。

昆仑山三层土阜之东"陈"姓图腾

据汉代司马迁《史记•五帝本纪》记载:"帝喾取陈锋氏女,生放勋。""陈锋氏"也称"陈氏",是"陈"姓的先祖。对此,宋代学者罗泌《路史·国名纪己》指出:"陈丰,一作锋,邦也。侨极娶陈丰氏生帝喾,喾复娶陈丰氏生帝尧,齐之丰丘,陈氏邑也。"可见,"陈锋氏""陈氏"是帝喾、帝尧共同的母族。

也有史料认为,生黄帝于开封黑池"青丘"的母亲"陈附宝"就是"陈锋氏",或许也有道理,因为"陈附宝"本源于伏羲、炎帝和黄帝共同居住的古陈留,即"陈氏邑"。"陈氏邑"之"陈氏"在天象紫微垣中称皇后"陈勾",在地形中称伏羲、女娲"陈都"或"陈陵"。据北宋乐史《太平寰宇记·卷一》记载:"陈陵,在(陈留)县北二十里。按《城冢记》云:大梁城东三十里,汴水北五里,有黄柏山陈元方祖父墓二十区,有碑存。"[38]柏姓家谱认为,开封古陈留"黄柏山"是黄柏氏伏羲发现河图、肇始八卦的"陈都"之地。

西周之初,虽然开封"陈姓"文化被陈胡公传承到河南淮阳"陈国",但却无法改变黄帝、玄嚣、帝喾、帝尧母系"陈丰氏""陈氏",最早发源于开封"陈都"的历史事实。因此,中国易学著作《纬书集成·河图稽命征》记载:"(陈)附宝见大电光绕北斗枢星,照耀郊野,感而生黄帝于青丘。"[39]清初著名历史学家马骕《绎史·卷五》引《归藏》记载:"蚩尤登九淖空桑,黄帝杀之于青丘。"[40]两书都认为,黄帝和母亲陈附宝均居住在古陈留"空桑"和"青丘"之地。北宋地理总志《太平寰宇记》《河南道·开封府》《祥符县志》等古籍均记载开封"浚仪:青丘,亦曰玄池"。这与唐代医学家王瓘《广黄帝本记》、北宋著作佐郎张君房《云笈七笺》、南宋《轩辕黄帝传》记载黄"帝娶西陵氏于大梁,曰嫘祖,为元妃。生子玄嚣、昌意"[41],同在一地。

通过对开封人文历史调查分析,我们认为,宋代罗泌《路史》记载的"陈氏邑",本应指上古时期开封"陈""陈都""陈陵",即古"陈留"之地。帝喾为黄帝曾孙,本为"姬"姓。所以,晋代皇甫谧《帝王世纪》认为:"帝喾高辛氏,姬姓也。"[54]"姬"姓帝尧的"陈留"帝都最初大致在今祥符区八里湾初刘"清阳寺"一带,也是青阳氏帝鸷和母系嫩訾氏常仪居住、称帝之地。

此地有很多帝喾及妃子、儿子氏族的文化遗传。据中国最早诗歌总集《诗经·商颂·长发》记载:"有娀方将,帝立子生商。"[42]文中"有娀"也称"常仪",为帝喾,即"帝俊(浚)"时期管理日月运行、制定历法的天文官和妃子。战国时期吕不韦《吕氏春秋·审分览》记载:"羲和作占日,尚仪作占月。"东汉训诂大家高诱《吕氏春秋注》解释:"尚仪即常仪,古读仪为何,后世遂有嫦娥之鄙言。"[43]"嫦娥",即"有娀",为人身蛇尾,也称"蛇"族(如下图)。"蛇"俗称"长虫"。

所以,祥符区八里湾初刘一带至今仍有古人祭祀先祖的"清阳寺"和"姬坡""娥赵""前后虫"等地名遗存,印证着上古帝喾及妃子、儿子氏族文化遗存。

汉代砖刻嫦娥奔月图

开封初刘"清阳寺"祭祀的青阳氏帝鸷也称"帝挚",本是帝喾和娵訾氏常仪之子。唐代学者张守节《史记正义》引《帝王世纪》记载:帝喾"次妃娵訾氏女,曰常仪,生帝挚也"。夏王启支子、商汤大臣伊尹均出生于此地,也均以"挚(鸷)"为名。而"初刘(劉)"之"劉"本是在上古开封昆仑山三层台东方"卯"地,观日月天象运行,用金刀在玉石上刻制时间标记的羲和、常仪氏族或后裔(如右图)。

刘姓图腾

三、狼汤渠之滨的开封是帝喾后裔世代传承之地

从上述分析可以看出,帝喾及其四妃、四子均居住、受封或称帝在开封古陈留狼汤渠、鸿沟、浚水的古莘国"亳都"一带,最初的大致范围:西北大致不过狼汤渠的源头原阳、延津一带,东南大致不过狼汤渠分流处兰考、杞县一带,帝喾四妃四子及氏族后裔便在狼汤渠之滨繁衍生息,进而形成了帝喾、契、商汤时期荡、亳、商、景等独特文化。

狼汤渠流域的开封之地正是三皇五帝共同居住、建都的古陈留"陈都",是四海环绕、四渎分流的昆仑山三层台之地,也是帝喾和儿子契"荡""汤""商""亳"等文化的最早发源地。帝喾建立开封陈留的"古莘国""亳都"的时间,早于"契"受封时期出现的"商亳""商丘""商山"等地名,并为"契"的后裔所继承。到了夏商时期,这些地名文化逐步向周边地区迁徙、传承和弘扬,却仍以先祖"商""亳"文化来命名。

这就是流落在开封周边地区的商汤能够通过"鸣条之战"打败夏桀,回归古陈留先帝帝喾古莘国"亳都"和契"景亳""商亳""商丘""商山"的历史文化原因,也是开封古陈留帝喾古莘国周边地区出现较多"莘""商""亳(繁、陂、蒲)"等地名的必然结果。

我们认为,即使是尧、舜、禹和商殷时期,华夏帝王也具有居住、称帝、建都和传承于开封一地的地理渊源,这才造成了尧帝子孙丹朱、刘累受封开封古陈留"方""留"之地,舜帝之子商均、虞遂受封、下葬"鸣条苍梧""商"地,夏杼六世和夏桀居住"老丘""鸣条"等历史和地理的连续性传承。虽然,不同朝代和帝王会因为自然和人为因素有小范围的地理变迁,在通常情况下却不存在远距离、大范围异地迁徙的主观必要和客观能力。这也是上古时期历朝历代的华夏民族为何要"逐鹿中原",而不是逐鹿其他地方的历史、文化、地理原因所在。

正是在这些历史、文化、地理原因的影响和决定下,以黄帝为代表的颛顼、帝喾、尧帝、舜帝等"五帝",世代遵循着先祖的原则和传统,一直居住、生活、建都和繁衍在以开封古陈留为核心的周边地区,把三皇时期形成的昆仑山、太极八卦、河图洛书、中国、九州等华夏文明,不断向四面八方传承、发展。帝喾之子帝挚、帝尧继承陈留古莘国"亳都",建帝都于狼汤渠之滨的"中国";后稷子孙不窋、公刘流离中原,迁徙西戎甘陕地区;商契子孙昭明、上甲微迁徙开封东部,与有易国发生战争等,都是这一真实历史的客观反映。

文献来源:

[1](汉)宋衷注,(清)秦嘉谟等:《世本八种》,北京:书目文献出版社,2008年版。

[2]汤锦程:《中华汤姓源流》,北京:中国文联出版社,2006年版。

[3](汉)司马迁撰,(宋)裴骃集解,(唐)司马贞索隐,(唐)张守节正义,顾颉刚领衔点校,赵生群主持修订:《点校本二十四史修订本〈史记〉》,北京:中华书局,2014年版。

[4](战国)孟子著,杨伯峻、杨逢彬编:《孟子》,长沙:岳麓书社,2000年版。

[5](汉)荀悦、(晋)袁宏:《两汉纪:〈汉纪〉〈后汉纪〉》,北京:中华书局,2005年版。

[6](西汉)刘向著,宋韬注:《战国策》,太原:三晋出版社,2008年版。

[7](战国)吕不韦撰,(汉)高诱注:《吕氏春秋》,上海:上海古籍出版社,1989年版。

第十章 帝喾四子出自开封狼汤渠之滨

[8] (汉)许慎撰,(宋)徐铉校定:《说文解字》,北京:中华书局,2004 年版。

[9] 舒心城主编:《辞海》,上海:中华书局,1943 年版。

[10] (春秋)左丘明等:《左传 吕氏春秋 战国策》,北京:北京出版社,2006 年版。

[11] (清)顾祖禹撰,贺次君、施和金点校:《读史方舆纪要》,北京:中华书局,2005 年版。

[12] (北魏)郦道元:《水经注》,北京:华夏出版社,2006 年版。

[13] (唐)房玄龄:《晋书》,北京:中华书局,1974 年版。

[14] (西汉)戴德、戴圣等:《礼记》,南昌:江西美术出版社,2012 年版。

[15] 睢县地方史志编纂委员会整理:《清光绪十八年睢州志》,郑州:中州古籍出版社,2013 年版。

[16] (晋)皇甫谧:《帝王世纪》,沈阳:辽宁教育出版社,1997 年版。

[17] (汉)许慎撰,(清)段玉裁注:《说文解字注》,上海:上海古籍出版社,1988 年版。

[18] (宋)乐史:《太平寰宇记》,北京:中华书局,1999 年版。

[19] 新乡县志编纂委员会:《新乡县志》,北京:三联书店,1991 年版。

[20] (晋)郭璞注,张耘解说:《山海经 穆天子传》,长沙:岳麓书社,2006 年版。

[21] (汉)王符:《潜夫论》,上海:上海古籍出版社,1978 年版。

[22] (汉)班固撰:《汉书》,北京:中华书局,1962 年版。

[23] 方诗铭、王修龄校注:《古本竹书纪年辑证(修订本)》,上海:上海古籍出版社,2005 年版。

[24] (清)穆彰阿等:《大清一统志》,上海:上海古籍出版社,2008 年版。

[25] 安小兰译注:《荀子》,北京:中华书局,2008 年版。

[26] (汉)刘熙:《释名》,上海:上海古籍出版社,1978 年版。

[27] (唐)白居易:《白居易集》,北京:中华书局,1990 年版。

[28] (南朝梁)任昉:《述异记》,长春:吉林大学出版社,1992 年版。

[29] (明)董斯张撰:《广博物志》,上海:上海古籍出版社,1992 年版。

[30] (宋)丁度等:《集韵》,北京:国家图书馆出版社,2003 年 7 月版。

[31] (汉)刘向等编:《列女传》,南京:江苏古籍出版社,2003 年版。

[32] (宋)李昉等撰:《太平御览》,北京:中华书局,1998 年版。

[33] (清)马瑞辰撰,陈金生点校:《毛诗传笺通释》,北京:中华书局,1989

年版。

[34](宋)郑樵:《通志》,杭州:浙江古籍出版社,2008年版。

[35](清)陈廷敬等编撰:《康熙字典》,北京:社会科学文献出版社,2008年版。

[36](晋)杜预集解:《春秋左传集解》,南京:凤凰出版社,2010年版。

[37](宋)罗泌:《路史》,北京:北京图书馆出版社,2010年版。

[38](宋)乐史:《太平寰宇记》,北京:中华书局,2007年版。

[39]安居香山、中村璋八辑:《纬书集成》,石家庄:河北人民出版社,1994年版。

[40](清)马骕撰,王利器整理:《绎史》,北京:中华书局,2002年版。

[41]《道藏》载(唐)王瓘:《轩辕本纪》,北京、上海、石家庄:文物出版社、上海书店出版社、天津古籍出版社联合重新印影涵芬楼本,1988年版。

[42](春秋)孔丘编订:《诗经》,北京:北京出版社,2006年版。

[43](汉)高诱注,(清)毕沅校:《吕氏春秋》,上海:上海古籍出版社,2014年版。

第十一章　后稷、生肖文化在开封的产生和传承

后稷也称"弃",是上古时期五帝之一帝喾和妃子姜原的儿子。弃从小就喜欢农艺,长大后遍尝百草,掌握了农业知识,指导人们种庄稼,传播农耕文化。尧帝时期,弃被封为农正,与大禹、皋陶同称"三公",成为一位大农艺师,被尊称为农业始祖"后稷"(如右图)。作为负责农耕职责的"后稷",需要对天文地理情况有比较深入的了解,以便于根据天气、季节、土地、年景等历法状况,指导华夏先民进行劳作,取得好的收成。于是,便形成了太极八卦、天干地支与年月生肖相对应的农耕文明。

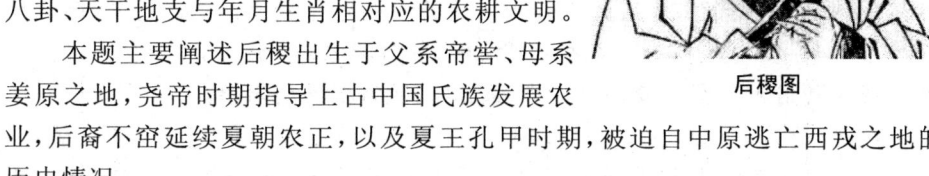

后稷图

本题主要阐述后稷出生于父系帝喾、母系姜原之地,尧帝时期指导上古中国氏族发展农业,后裔不窋延续夏朝农正,以及夏王孔甲时期,被迫自中原逃亡西戎之地的历史情况。

一、后稷是上古时期开封黄帝、帝喾的子孙

后稷本为高辛氏帝喾的后裔,而高辛氏帝喾又为称帝于开封轩辕楼黄帝的后裔。因此,后稷最早本来就发源于先祖之地的开封一带。为了弄清这段上古历史情况,我们有必要对黄帝、帝喾、后稷的历史传承进行回顾。

1. 后稷先祖黄帝建都、成婚于开封古大梁

轩辕氏黄帝的帝位由神农氏炎帝传承而来,彼此居住和称帝在地理上也具有历史传承性。炎帝居住和称帝在开封古陈留空桑,现为杞县葛岗空桑村。对此,清代学者潘振云在注释先秦史籍《逸周书·尝麦解》中记载:"赤帝,指神农九世孙帝榆罔也,居空桑。"[1]魏晋南北朝时期文学家任昉《地记》记载:"空

桑,南杞而北陈留,各三十里,有伊尹村。"[2]说明炎帝居住在距离杞县和开封陈留之间各三十里的古"空桑",也是商代元圣伊尹出生之地。

而接替炎帝帝位的轩辕氏黄帝居住和建都之地,也在空桑北部的开封古陈留一带。对此,宋代学者罗泌《路史》记载:"轩辕氏,作于空桑之北。"[3]意思是说轩辕氏黄帝兴起于杞县空桑北部的开封古陈留一带。战国时期成书的《随巢子》记载:"禹娶涂山,治鸿水,通轘山,化为熊。"[4]大禹治理的"鸿水",是指自河南荥阳流经开封北部的鸿(洪)沟,又称"洪水""浪荡渠""汴水"。"鸿水"南部为大禹居住的"涂山",又称"阳城""禹王台"等;"鸿水"北部为开封老城北部约8公里的轩辕楼,古称"辕山",或"轩辕山""轩辕丘"等。

"轩辕丘"是黄帝称帝,与炎帝孙女嫘祖成婚、生子的地方。对此,唐代医学家王瓘《广黄帝本记》、北宋著作佐郎张君房《云笈七笺》、南宋无名氏《轩辕黄帝传》、元代道士赵道一《历世真仙体道通鉴》等古典均记载:黄"帝娶于西陵氏于大梁,曰嫘祖,为元妃,生二子:玄嚣、昌意"[5]。说明黄帝的儿子玄嚣、昌意均出生在战国时期的魏国国都大梁,即开封之地。

2. 后稷父系颛顼、帝喾居住和建都于开封古陈留

黄帝之后,黄帝次子昌意之子颛顼继承黄帝氏族的帝位。据西汉著名学者扬雄《法言义疏·十四》记载:"帝颛顼高阳者,黄帝之孙,而昌意之子也。"[6]史称"高阳氏颛顼帝",也居住在开封古陈留炎帝帝都空桑一带。对此,战国时期吕不韦《吕氏春秋·古乐》记载:"帝颛顼生自若水,实处空桑,乃登为帝。"[7]颛顼帝在开封古陈留空桑南部建有高阳城,现为杞县高阳镇。

对此,清末著名历史地理学家杨守敬的《水经注疏·卷二十四》中记载:唐代《元和志》,高阳故城在雍丘县西南二十九里,颛顼高阳氏,佐少昊有功,受封此邑"[8]。"雍丘县",即杞县;"少昊"为黄帝的长子玄嚣,也称"青阳氏""金天氏""穷桑氏""云阳氏""朱宣"等。这与颛顼的帝位传自大伯,即昌意的哥哥玄嚣相一致。

昌意之子颛顼帝之后,玄嚣的孙子高辛(莘)氏帝喾在开封古陈留空桑、杞县高阳一带继承了帝位。据西汉著名学者扬雄《法言义疏·十四》记载:"帝喾高辛者,黄帝之曾孙也。"高辛(莘)氏帝喾和高阳氏颛顼居住、建都有地理上的传承关系。据南朝刘宋时期裴骃《史记集解》引东汉末年学者张晏之说:"高阳(帝颛顼)、高辛(帝喾)皆所兴之地名。"[9]说明高阳、高辛均是颛顼、帝喾兴起之地的名称。

高辛氏帝喾所居之地在开封浚水之滨。古代"浚水"的名称变化较多,也

第十一章　后稷、生肖文化在开封的产生和传承

称"鸿水（沟）""浪荡渠""丹水""汳（汴）水"等。唐代学者徐坚《初学记·九卷》引西晋学者皇甫谧《帝王世纪》之说："帝喾生而神异。自言其名曰浚（夋）。疑浚（夋）即俊也。古字通用。"[10]可见，古人认为帝喾也称"帝夋""帝浚""帝俊"。由于帝舜也出生和去世于开封"浚水"（如下图），又是帝喾的后裔，所以后人也称帝舜为"帝浚""帝俊"，表明他们曾是同一氏族。

关于帝喾，即"帝浚"出生开封"浚水"之地，史典中也有传承。据南北朝末期顾野王《舆地志》记载：开封"夷门之下，新里之东，浚水之北，象而仪之，以为邑名。后魏陈留郡治浚仪"[11]。"夷门"指开封铁塔所在地"夷门山"一带；"新里"指开封东三十里汉代初建的新里县，后改称"浚仪县"，归属陈留郡管辖。南宋著名学者王应麟《诗地理考》认为："李氏曰：一云浚水，出浚仪，东经邶地入济。《舆地广记》：开封县有浚沟，《诗》所谓'浚郊''浚都'也。祥符县北有浚水，故谓浚仪有寒泉阪，《诗》'爰有寒泉，在浚之下'。"[12]说明"浚水""浚沟""寒泉阪""祥符"均在开封古"浚仪"之地，本是帝喾的"浚郊""浚都"之地。

开封狼汤渠、浚仪位置图

帝俊，即帝喾在开封浚水之滨生下了后稷。据先秦古籍《山海经·大荒西经》记载："帝俊生后稷。"[13]对此，国学大师王国维认为，《山海经》中的"帝俊"就是"帝喾"，亦即卜辞中的"高祖夔"，即"夔"。但他不同意东晋郭璞认为帝俊就是帝舜的说法。历史学家郭沫若《卜辞中的古代社会》认为："知帝俊为帝喾又知帝俊为帝舜，则帝舜实即帝喾。"[14]我们认为，郭璞、郭沫若把帝喾、帝舜混为一谈了。因为帝喾为帝舜的父祖，两帝都是生活在开封浚水同一地区、

同一氏族的魁隗氏、夔龙氏，即伏羲氏后裔。帝舜之"帝俊""帝浚""后夔氏"名号，不过是对帝喾同族名号的一种文化传承而已。

帝喾高辛氏也称"高莘氏"，或"有莘氏"，并在开封古陈留建"有莘国""亳都"，后被夏启封给儿子、太康之弟挚于莘地，建"莘国"，也称"古莘国"。据唐代大型地理著作《括地志》记载："古莘国，在汴州陈留县东五里，故莘城是也。"[15]唐代著名宰相李吉甫《元和郡县图志》也记载："汴州陈留县古莘城，在县东北三十五里古莘国也。"[16]虽然，唐代两部史典记载"古莘国"的地理位置略有不同，但应理解为不同时期"古莘国"迁徙所致，都同在古陈留炎帝帝都空桑、颛顼初都高阳旧地。

3. 帝喾是尧帝和后稷之父

帝喾所居之地为黄帝时期的鸿水，即浚水流域的昆仑山轩辕丘，也称"天地之中"。昆仑山也称"三层台"。北魏时期地理学家郦道元《水经注·河水》记载："三成（层）曰昆仑丘。"昆仑丘"三层台"与帝喾"古莘国"同在一地。帝喾是黄帝的曾孙，黄帝妃子嫘祖的父亲封钜，即方雷氏是魁隗氏炎帝后裔"封钜氏"，后也称"防风氏""封父氏""汪芒氏""大人氏"。"大人氏"也称"钜（巨）人氏"。黄帝妃子嫘祖也称"钜（巨）人氏"。

"钜（巨）人氏"嫘祖的曾孙为帝喾。帝喾在黄帝、嫘祖曾居之地娶元妃、有邰氏姜原。所以，古人认为有邰氏姜原踩着"钜（巨、的）人氏"帝喾的脚印孕育了后稷。东汉文字学家许慎的《说文解字》中记载："邰，炎帝之后，姜姓，封邰，周弃外家。"[17]"周弃外家"就是后稷，即弃的母族姜原家。有邰氏姜原作为炎帝之后，其居住地自然应在古陈留炎帝帝都空桑周边一带，也与黄帝帝都轩辕丘，即昆仑丘"三层台"同在开封之地。

有邰氏之"邰"由"台"和右"耳"组成。在古汉字中，"耳"在左为"阜"，即大土丘，即昆仑山；"耳"在右为"邑"，即古代都城。因此，有邰氏之"邰"也指三层土台昆仑山上的城邑，即姜原居住的有邰国城邑。据汉代史学家司马迁《史记·周本纪》记载："周后稷，名弃。其母有邰氏女，曰姜原。"这说明有邰氏女姜原和帝喾生了儿子后稷。

后稷在有邰氏之地娶元妃"姞"。对此，春秋时期左丘明《左传·宣公三年》记载：郑国大夫石癸说"吾闻姬、姞耦（配偶），其子孙必蕃。姞，吉人也，后稷之元妃也"[18]。这说明后稷为黄帝、帝喾氏族的"姬"姓（氏），他的元妃为"姞"姓女子，也称"吉人"，就在春秋时期的郑国之地。大意是说姬氏后稷与姞姓女子婚配，其子孙必定会繁衍茂盛。

4. 后稷的封地在河南延津古姞姓之国

关于后稷居住地在开封一带,古籍中记载后稷与姞妃居住在古燕国,或南燕国(如下图)。据宋代学者罗泌《路史·国名纪甲篇》记载:"南燕,伯爵。伯儵国后稷妃,南燕姞氏也。"说明古代的"南燕",为黄帝后裔的"伯儵国",是后稷和妃子"姞氏"的居住地。"南燕"是尧舜禹及汉代时期的称呼,在今河南延津县东北四十五里处、浚水之西的"胙城"一带,古地名称作"城上",或"姬庄",隋代改称"胙城"。汉代史学家司马迁《史记》也记载:"姞氏为后稷元妃。南燕、密须皆姞姓之国。"而延津"胙城"之名正是由黄帝称帝后"胙土封氏"传承而来。

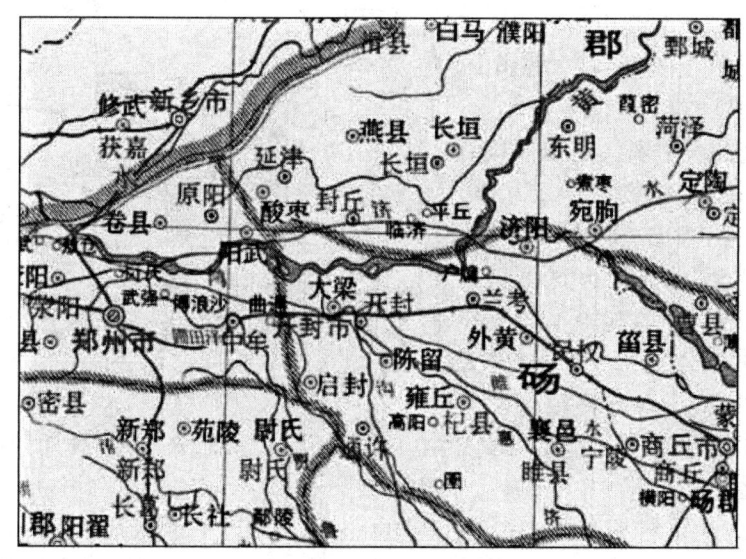

开封北部燕国位置参考图

春秋时期史学家左丘明《左传·宣公三年》还记载,公元前 606 年,郑穆公之母燕姞,是姞姓燕国的女子,她梦见姞伯儵以天使身份赠给兰花,就生了个儿子,取名为"子兰",子兰成为后来的郑国国君郑穆公。郑氏后人家谱称赞说:"燕姞梦兰,郑国添祥。后稷元妃,吉人天相。"于是,"梦兰之喜"就成了喜得贵子的吉祥话,一直流传至今,甚至传承到了东南亚地区。泰国郑氏宗亲总会以"兰花"做自己的会徽,其历史文化内涵就是由郑国国君郑穆公"子兰"之"兰"传承而去,是郑氏宗亲喜庆、吉祥、繁衍、兴旺的象征。

西周初期,"南燕"是周武王讨伐商纣王后,封弟弟周召公之国。南燕国一带地势较高,古称"燕然山",或"奄然山"。周召公又称作"周邵公""召康公"

"太保召公"。"周邵公"之"邵"与"有邰氏"之"邰"古为一字,本义为昆仑山"三层台"之"台"。"台"右边加"邑(即右耳)"为"邵",是上古时期"姞"姓在昆仑山"三层台"居住的城邑。"周召公"因辅助周武王消灭商朝有功,被封于今河南延津县"南燕"之地。

5. 河南延津"燕然山"是周穆王祭祀后稷之地

由于这里是周人先祖后稷、姞妃的居住地,因此西周第五位王周穆王东征开封一带时,曾经在"南燕",即"燕然山"举行过祭祀先祖的仪式。据战国时期魏国竹简《穆天子传》记载:穆"天子大朝于燕然之山,奉璧南面,曾祝佐之,祝沉牛马豕羊"[19]。"燕然之山"就是"燕然山""南燕山",也称"奄山""兖州""延乡""弇兹山"等(如右图)。

"燕然山"的本义是指太极八卦的"天乾""北极""水"方位,也是昆仑山黄帝"中央之国"的"北方""水"地。因为这里仍处在"天人合一"的昆仑山、四渎(水)之地,故也称"天山""天水"。开封黄帝帝都轩辕楼北方

开封古大梁西北"奄"山位置图

的延津之"延"由"燕""奄""兖""弇(兹或子)"传承而来,上古时期同指开封昆仑山北部之地。

对此,战国时期魏国《穆天子传》也记载:穆"天子遂驱升于弇山,乃纪丌迹于弇山之石,而树之槐,眉曰西王母之山"。"弇山"南部为古代母系西陵氏酋长西王母居住之地,大致在中牟东北方向的青谷堆一带。"弇山"自然也在中牟青谷堆北部的"燕然山",即古代原阳东、延津、封丘西一带的"南燕""延乡""兖州""廪延"之地,也在"太极五行"的"黑、水、太阴"方位。这里最早是后稷先祖魁隗氏、后夔氏、封钜氏,即"巨(钜)人"的居住地。

魏国编撰竹简《穆天子传》中记载的"树之槐"是指穆天子在"弇山"种植之"槐树"。"槐树"是我国著名的文化树种,是大禹、皋陶、后稷,即"三公"的象征,古人有在昆仑山北部种植槐树的文化传承,用以祭祀华夏民族的先祖,即"三公"大禹、皋陶、后稷。据中国现存最早的皇室文献《尚书·逸篇》记载:"太社唯松,东社唯柏,南社唯梓,西社唯栗,北社唯槐。"[20]说明只有"槐树"才是

古人在北方神社种植的神树。因此,神树也代表着北方神社的神祖。

6. 北社植槐具有怀念三公(皇)的人文含义

"槐树"也称"黑槐""国槐""家槐""晦暗树""阴(荫)树"等。作为"北社"种植的"槐树",是以"太极五行"学说的"黑、水、太阴"方位来认定的。南朝梁儒家学者皇侃《论语义疏》认为:"五木之火,随五行之色而变也。……槐檀色黑,冬是水,水色黑,故冬用槐檀也。"[21]"槐檀",即"槐树""黑槐"。种植"槐树"的北方之"水"也指天上"水星"的方位。古代称"水星"为"辰星"或"昏星"。"辰星"被认为是北方冬水,有宰相之象。古人将其所对应季节为冬季,对应"五行"和自然的方位为"北方"。"北、水、黑"方位为地支的第一位"子",属"鼠"。一日之中的"子"时为夜里十一点至一点,也称"太阴",在先天"太极八卦"中指北方"坤、艮"之地。

槐树还有文化方面的社树功能。相传,周代宫廷外种有三棵槐树,三公朝天子时,面向三槐而立。因此,后人把"三槐"比喻为"三公",是上古时期"三皇"文化传承的结果。根据西周公旦《周礼·秋官·朝士》中记载:"面三槐,三公位焉。"[22]宋朝兵部侍郎王祐有子三人:曰懿,曰旦,曰旭。王祐在自己家中种植三颗槐树,希望他们长大能担当天下的大任。据北宋学者邵伯温《闻见前录·卷八》记载:"王祐尝手植三槐于庭,曰:'吾子孙必有为三公者。'"[23]后来,二子王旦果然成为宋真宗时期的著名宰相,后人称其为"三槐王氏"。可见,槐树还是古代朝廷最高官职太师、太傅、太保"三公"宰辅身份和地位的象征。这也是西周穆天子在昆仑山西王母"北社"和我国北方古都普遍种植槐树的原因所在。周穆王是后稷的后人,故也以槐树祭祀先祖后稷、吉妃。

7. 高辛氏帝喾是华夏民族的重要宗祖

高莘(辛)氏帝喾是青阳氏帝挚、陶唐氏帝尧、周人始祖后稷、商人氏族契共同的父亲。对此,汉代史学家戴德《大戴礼记·帝系》记载:"帝喾卜其四妃,而皆有天下。上妃,有邰氏之女,曰姜原氏,产后稷;次妃,有娀氏之女,曰简狄氏,产契;次妃曰陈隆(逢、锋)氏,产帝尧;次妃曰娵訾氏,产帝挚。"[24]先秦古籍《山海经·大荒西经》也记载:"帝俊生后稷。"说明"帝喾"与"帝俊"确实同为一人。

有邰氏姜原、有娀氏简狄、陈隆氏、娵訾氏均为高辛氏帝喾时期居住在炎黄帝都开封古陈留一带母系氏族(俗称女儿国)的女子。比如陬訾氏"常仪"为黄帝二子"昌意"的谐音,也是昌意母系氏族的后裔。据西晋著名医学家皇甫谧《帝王世纪》记载:"帝喾次妃陬訾氏女曰常仪,生帝挚也。"[25]"常仪"之

"仪"与"娥"古同音通用,也称"嫦娥",是居住在黄帝帝都西部中牟一带观测月亮运行、为制定历法提供依据的常仪氏族,又称"西陵氏",酋长为"西王母",也是神话传说中的奔月者。

再如,有娀氏"简狄"也生活在炎黄帝都开封一带。据宋代地理总志《太平寰宇记》记载:开封"浚仪青丘,亦曰玄池。女娀简狄浴于青丘之水,有玄鸟遗卵,吞之,生契。即此水也"[26]。"青丘之水",即流经中牟东北的"青谷堆"的"黑水";"玄池",即现在开封西北部高台之上"黑池"。这里是帝喾与有娀氏之女简狄在青丘(即昆仑山)、浚水、黑池孕育殷商始祖"契"的地方。"契"居住的开封黄帝帝都轩辕楼附近古有"盘古石",传说是盘古开天地之处。所以,"契"又称"盘"。据南朝宋人裴骃《史记集解》记载:"番音盘,常山有番吾乡。"其中"常山",也为不同时间、地区和氏族传承"昆仑山"文化的代称。对此,战国时期赵国史书《世本·居篇》记载:"契居番。"[27]所以,殷商始祖"契"长大后被封作"盘侯",而商代第二十代王"盘庚"也称"番庚"。

这说明高辛氏帝喾及其儿子后稷、契等均居住在开封古陈留炎帝帝都空桑和黄帝帝都轩辕楼周边一带。

二、生肖纪年是后稷时期农耕文化的体现

开封古陈留是伏羲建皇都、肇始八卦文明之地。宋代学者罗泌《路史·后纪一》记载:"天皇伏羲都陈留。"在上古时期伏羲演化八卦文明的进程中,形成了记录时间的十二个符号,即十二支,即子、丑、寅、卯、辰、巳、午、未、申、酉、戌、亥。古代华夏民族用十二支纪月,月为阴,阴为地,故也称十二地支,与十天干相配,形成历法,即农历。后稷就是以上古时期的历法指导华夏先民农耕生产的(如右图)。

地支十二个符号也分为"阴支"和"阳支"两大类。阳支:子、寅、辰、午、申、戌;阴支:丑、卯、巳、未、酉、亥。阴阳搭配后称作:子、丑、寅、卯、辰、巳、午、未、申、酉、戌、亥。每年十二个月,即地支十二个符号,为一个循环纪录。一月三旬,一旬十天,即天干十个符号,为一个循环纪录。将十二

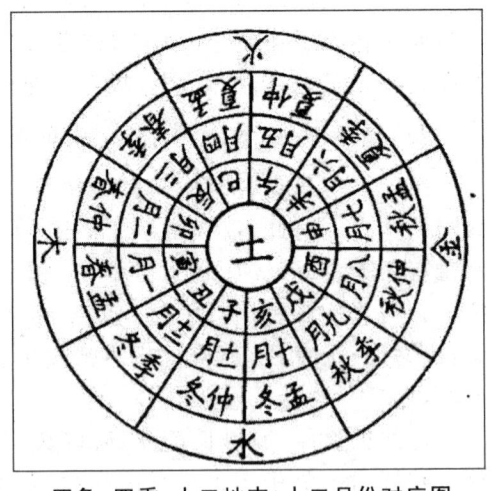

四象、四季、十二地支、十二月份对应图

地支与十天干组合排列,得到六十个不同的符号,就是六十年,即一甲子。用甲子循环,既可以纪年、纪月,还可以纪日、纪时辰。

(1)从一年十二月份来讲:"子"是"兹"的意思,指万物兹萌于既动之阳气下;"丑"是"纽",指阳气在上未降;"寅"是"移"、引的意思,指万物始生;"卯"是"茂",指万物茂生;"辰"是"震"的意思,指物经雷声震动而长;"巳"是"起",指阳气之盛;"午"是"仵"的意思,指万物盛大枝柯密布;"未"是"味",指万物皆成初有滋味;"申"是"伸"的意思,指万物的身体均已成就;"酉"是"老"的意思,指万物之老成;"戌"是"灭"的意思,指万物枯竭尽灭;"亥"是"核"的意思,指万物进入收藏时期。

这说明十二地支,是以自然界万物在一年十二个月生长周期中的状态,来进行象形表述的。这正是后稷指导华夏先民进行农作物种植和农业发展,必须掌握的基本规律和历法知识。

(2)从一年十二月份对应关系来讲:寅为正月、卯为二月、辰为三月、巳为四月、午为五月、未为六月、申为七月、酉为八月、戌为九月、亥为十月、子为十一月、丑为腊月(如下图)。

地支纪月	节气时段	中气	近似农历月份	近似阳历月份
寅月	立春——惊蛰	雨水	正月	2月
卯月	惊蛰——清明	春分	二月	3月
辰月	清明——立夏	谷雨	三月	4月
巳月	立夏——芒种	小满	四月	5月
午月	芒种——小暑	夏至	五月	6月
未月	小暑——立秋	大暑	六月	7月
申月	立秋——白露	处暑	七月	8月
酉月	白露——寒露	秋分	八月	9月
戌月	寒露——立冬	霜降	九月	10月
亥月	立冬——大雪	小雪	十月	11月
子月	大雪——小寒	冬至	十一月	12月
丑月	小寒——立春	大寒	十二月	1月

十二地支、十二节气、十二月份对应表

(3)从一年四季对应关系来讲:寅、卯、辰是农历正、二、三月春季,春季万物发芽滋生,三合会为木;巳、午、未是农历四、五、六月夏季,夏季万物开花茂盛天气炎热,三合会为火;申、酉、戌是农历七、八、九月秋季,秋季万物成熟,肃杀,三合会为金;亥、子、丑是农历十、十一、腊月冬季,冬季万物收藏,归于地下,冰雪覆盖地面,三合会为水。

(4)从一天十二时辰来讲:"子时"指夜半,又名子夜、中夜,十二时辰的第一个时辰(今为北京时间23时至01时)。"丑时"指鸡鸣,又名荒鸡,十二时辰的第二个时辰(今为北京时间01时至03时)。"寅时"指平旦,又名黎明、早晨、日旦等,是夜与日的交替之际(今为北京时间03时至05时)。"卯时"指日出,又名日始、破晓、旭日等,指太阳刚刚露脸,冉冉初升的那段时间(今为北京时间05时至07时)。"辰时"指食时,又名早食等,古代汉族人民"朝食"之时,也就是吃早饭时间(今为北京时间07时至09时)。"巳时"指隅中,又名日禺等,临近中午的时候称为隅中(今为北京时间09时至11时)。"午时"指日中,又名日正、中午等(今为北京时间11时至13时)。"未时"指日昳,又名日跌、日央等,太阳偏西为日跌(今为北京时间13时至15时)。"申时"指哺时,又名日铺、夕食等(今为北京时间15时至17时)。"酉时"指日入,又名日落、日沉、傍晚,意为太阳落山的时候(今为北京时间17时至19时)。"戌时"指黄昏,又名日夕、日暮、日晚等,此时太阳已经落山,天将黑未黑,天地昏黄,万物朦胧,故称黄昏(今为北京时间19时至21时)。"亥时"指人定,又名定昏,此时夜色已深,人们也已经停止活动,安歇睡眠了。人定也就是人静(今为北京时间21时至23时)(如下图)。

这正是华夏先民一日劳作生产所必须掌握的作息时间。

鼠	子时	23:00—01:00	马	午时	11:00—13:00
牛	丑时	01:00—03:00	羊	未时	13:00—15:00
虎	寅时	03:00—05:00	猴	申时	15:00—17:00
兔	卯时	05:00—07:00	鸡	酉时	17:00—19:00
龙	辰时	07:00—09:00	狗	戌时	19:00—21:00
蛇	巳时	09:00—11:00	猪	亥时	21:00—23:00

十二生肖、十二时辰、现代时间对应表

十二地支由太极八卦发展而来,所以与太极八卦中的五行、天干、生肖具有对应关系。

如地支配五行方位:亥子属北方、水,寅卯属东方、木,巳午属南方、火,申酉属西方、金,辰戌丑未属中央、土。

再如天干地支配五行方位:甲乙、寅卯对应东方木,丙丁、巳午对应南方火,戊己、中央对应土,辰戌、丑未对应四库土,庚辛、申酉对应西方金,壬癸、亥子对应北方水。

又如十二地支配生肖：子鼠，丑牛，寅虎，卯兔，辰龙，巳蛇，午马，未羊，申猴，酉鸡，戌狗，亥猪（如右图）。

这种对应关系代表着大自然的变化规律。在农业科技不发达、人们靠天吃饭的上古时期，这种历法所反映的规律性，正是不同年景、节气，适宜种不同庄稼的行为规范。而生肖纪时文化的产生，在中国农耕文明发展过程具有里程碑意义，对研究掌握自然科学规律、发展农业生产起到了积极的作用。至今，在一些地方还流传着"羊马年，广收田""就怕鸡猴饿狗年"的谚语。

十二地支、十二生肖对应图

十二生肖纪时，顾名思义就是用十二种动物分别作为记录时间的坐标。古人在长期生活实践中发现，不同时间段适宜不同种动物的生存，便用这种动物作为这个时间段的象征标志。十二生肖的起源与木星十二年绕太阳一周的运行有关。当它在太阳系的不同位置时，就会对地球气候产生不同作用，从而影响到不同动物、植物的生存活力。

春秋著名战略家、思想家和经济学家、古陈留人计然是研究天体位置对地球自然环境变化规律影响的大学者，他运用这种规律变化，可以分析出天体对当时社会经济的影响。据他在《玉函山房辑佚书·计倪子》中记载："太阴三岁处金则穰，三岁处水则毁，三岁处木则康，三岁处火则旱。故散有时，积敛有时，领则决万物，不过三岁而发矣。以智论之，以决断之，以道佐之，断长续短。一岁再倍，其次一倍，其次而反。水则资车，旱则资舟，物之理也。天下六岁一穰，六岁一康，凡十二岁一饥，是以民相离也。故圣人早知天地之反，为之预备。"[28]

文中太阴是指木星（如右图）。大意说，当木星三年位于"金"的西部方位时，农作物丰收；当木星三年位于"水"的北部方位时，将发生水涝灾害，农作物减产；当木星三年位于"木"的东部方位时，农业收成好，人们生活安康；当木星三年位于

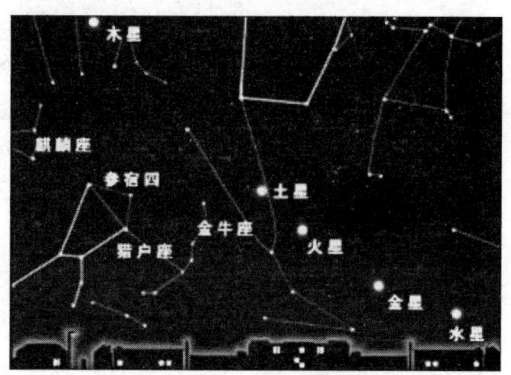

金木水火土五星图

"火"的南部方位时，将出现旱灾，农业收成不好。人们只要掌握了这种规律，就可以提前做好准备，并由此而获得丰厚的经济利益。

一般来说，鼠年、牛年适宜食草动物生长；食草动物多了，又适宜食肉动物（虎年）的生长，故鼠、牛、虎这三年相当于木星位于"金"的三年，是风调雨顺的好时光。三年后，食肉动物增多，食草动物减少，就到了兔年；龙是水族类代表动物，小龙（蛇）性喜潮湿，表明这几年雨涝洪水频仍，相当于木星位于"水"的方位。马年、羊年又适宜食草类动物生长，猴喜吃树上的果子，看来这几年又是风调雨顺，正好对应木星位于"木"方位上的情况。鸡是雉鸟类代表性动物，鸟类的主要食物是昆虫，而昆虫在天旱时往往得到大发展（这正是旱年闹蝗虫的原因）。因此，鸡年表示旱灾严重；狗和猪都属于杂食性动物，它们在天旱情况下的生存能力特别强。所以，鸡、狗、猪这三年是旱灾年，相当于木星位于"火"方位时的自然环境状况。

战国时期，魏国大梁（开封）宰相白圭也提出了农业经济十二年周期循环说。他根据发源于上古时期开封太极五行学说和岁星纪年法，运用天文学、气象学的知识，总结出一套农业收成丰歉的规律，并遵循这个规律进行交易，丰年粮价低廉收购粮食，到歉年粮价上涨时出售，从丰年和歉年的价格差中可以获得成倍的利润。白圭的这套商情预测理论其实就是运用农业经济十二年循环论得出的基本规律。

因此，我们有理由认为，上古时期伏羲肇始的太极八卦、四象五行以及十二生肖纪年文化是最早记载天上日月星辰对地球环境和生物影响规律的科学理论，也为尧舜禹时期后稷在中原发展农业和农耕文化奠定了基础。

据中国最早的历史文献《尚书·皋陶谟》记载："后稷之兴，在陶唐、虞、夏之际。"尧舜时期，大禹在中原治理灉水、沮水、浪荡渠之后，"中国"进入了天下平、万民安的发展时期。对此，战国时期思想家孟轲《孟子·滕文公上》记载："当尧之时，天下犹未平。洪水横流，泛滥于天下。草木畅茂，禽兽繁殖，五谷不登，禽兽逼人。兽蹄鸟迹之道交于中国。尧独忧之，举舜而敷治焉。舜使益掌火；益烈山泽而焚之，禽兽逃匿。禹疏九河，瀹济漯，而注诸海；决汝汉，排淮泗，而注之江；然后中国可得而食也。当是时也。"[29]"中国"就是尧、舜、禹三代建都之地。

大意是说，尧帝在位的时候，天下还没有平定。洪（鸿）沟之水到处泛滥。草木生长茂盛，禽兽大量繁殖，五谷都不成熟，野兽威胁人们。鸟兽所走的道路遍布在中原地带。尧帝暗自为此担忧，选拔舜来执政。舜派益管火正，益放大火焚烧山野沼泽地带的草木，野兽就逃避躲藏起来了。舜又派禹疏通九河，疏导济水、漯水,让它们流入海中;掘通汝水、汉水,排除淮河、泗水的淤塞,让它们流入江水(即鸿沟、浪荡渠)(如下图)。这样一来,中原地带才能够耕种并收获粮食。

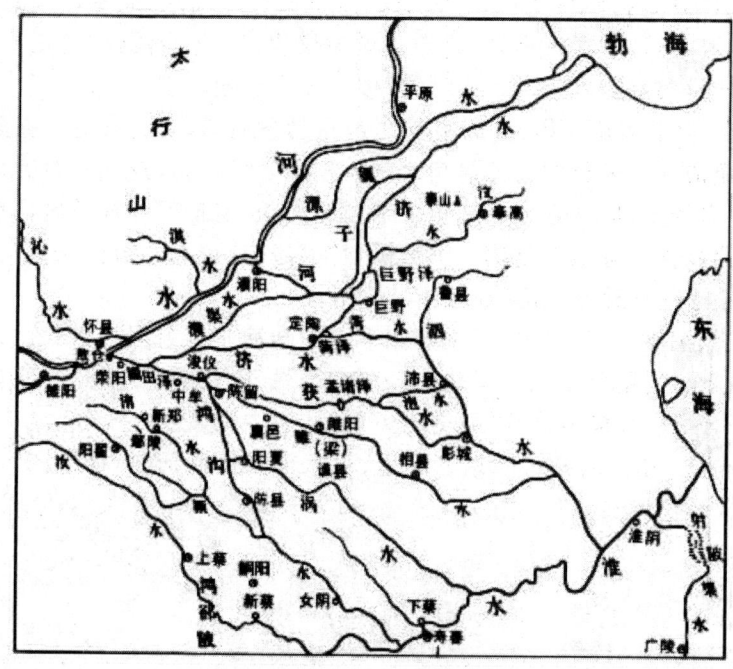

开封浚仪鸿沟(浪荡渠)方位图

大禹治理上古时期尧舜"中国"洪(鸿)水,即浪荡渠水的成功,为后稷在浪荡渠流域的尧舜"中国"发展农业提供了可能和便利。对此,汉代史学家司马迁《史记·周本纪》记载:"弃为儿时,屹如巨人之志。其游戏,好种树麻、菽,麻、菽美。及为成人,遂好耕农,相地之宜,宜谷者稼穑焉,民皆法则之。帝尧闻之,举弃为农师,天下得其利,有功。帝舜曰:弃,黎民始饥,尔后稷播时百谷。"

由于后稷发展农业,功德卓著,与治水的大禹、掌管刑法的理官皋陶并称"三公"。汉代司马迁《史记·殷本纪》引《尚书·汤诰》中统称大禹、皋陶、后稷为"三公",评价他们"久劳于外,其有功于民,民乃有安"。

三、后稷子孙不窋自中原夏都流亡戎狄之地

尧舜禹之后,后稷的子孙历经了一个由开封古陈留夏朝王都,向安阳汤阴夏王孔甲王都,再向黄河上游山西、陕西、甘肃等地迁徙的历史过程。

1. 后稷、不窋随夏王朝不断在中原迁都

继帝喾、尧、舜建都开封炎黄旧都之后,大禹也建夏代王都于开封。据战国史书《世本》、西晋《帝王世纪》、北宋《太平御览》、南宋《通鉴地理通释》均记载:"夏后居阳城,本在大梁之南,今陈留浚仪也。""陈留浚仪"的夏禹王都"阳城"今为开封南部的禹王台。此时,后稷继续为夏朝农正。

之后,由于太康失国,开封夏都之地先后被后羿、寒浞占有。直到少康复国后,少康的儿子夏杼才自开封西北部的原圃之"原"地,返回开封炎帝、黄帝、帝喾和夏禹的旧都,并在开封陈留古莘国北部的"老丘"(今祥符区杜良国都里一带)建立新都。据战国魏国大梁编撰《竹书纪年》记载:"帝杼居原,自迁于老丘。"[30]夏杼在开封老丘建都历经六世,两百余年。

到了夏王廑、孔甲时期,迁都安阳东南的西河一带。据古本《竹书纪年》记载:"帝廑,一名胤甲。胤甲即位,居西河。"关于"西河"之地,中国著名地理学家顾颉刚、谭其骧等《中国历史地图集·传说中的夏》[31]所标"夏王廑、孔甲西河"的位置,在今河南汤阴东三十里、羑水南部的西河村(如下图)。战国时

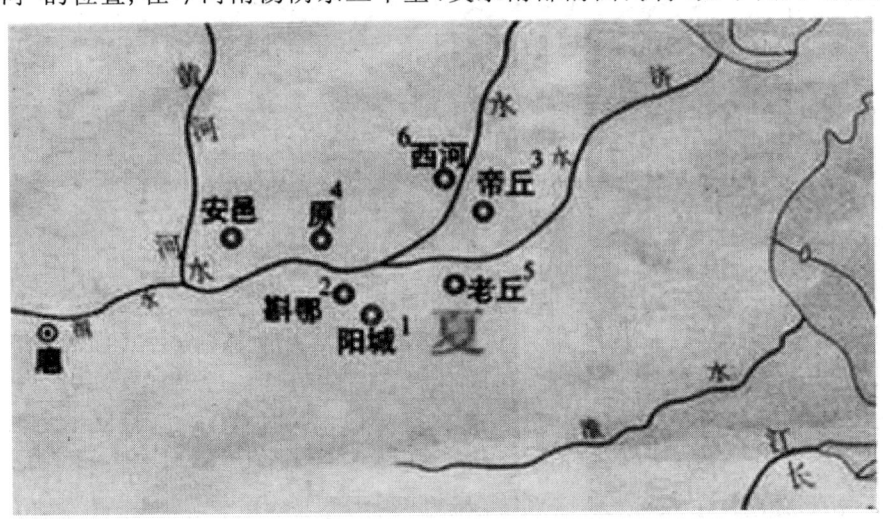

夏杼王都老丘、孔甲西河方位图

期,黄河在今安阳东,故安阳可称西河,汉代司马迁《史记·仲尼弟子列传》记载:"子夏居西河教授,为魏文侯师。"河南濮阳西部黄河的对岸,即"西河",是晋国之地。魏、韩、赵三家分晋后,魏斯为魏文侯,聘"子夏"为师,把中原"西河"文化带到山西西部黄河的对岸。故汉代刘向、刘歆父子校理《七略》记载:"子夏西河,燕赵之间。"[32]唐代司马贞《史记索隐》记载:"此西河在卫地,非魏

之西河也。"明代嘉靖元年(1522年)《彰德府志·地理志》记载:"西河,《隋经》云:安阳有西河,即卜子夏、田子方、段干木所游地。今西河属汤阴,在羑水南。"[33]

2. 后稷发展农业使天下受益

自尧、舜、禹时期以来,后稷世袭"田(农)正",即"农师"官职,负责农业生产,播时百谷,天下得其利,有功德于民。据春秋时期左丘明《左传·昭公二十九年》记载:后"稷,田(农)正也"。西晋著名学者杜预注释:"掌播殖也。"[34]隋唐时期经学家孔颖达疏注:"正,长也。稷是田(农)官之长。"

为了适应农业生产的需要,后稷探索出农事季节的规律,使农耕种植更加符合大自然规律,让大家丰衣足食。因此,鸿沟、浚水流经的原阳、中牟、开封一线自古就有种植稻子的习俗,并传承至今。夏民将黍、粟、稷、稻煮成稀粥、浓粥食用,社会上层则多食干饭,偶食青菜。夏代畜牧业也有一定发展,还出现一些专门从事畜牧业的氏族部落,至今封丘北部的"虫(桐)牢"、开封北部的"马圈"等地名均源于此。

后稷去世后,下葬在开封昆仑山黄帝帝都轩辕楼"天地之中"。据先秦古籍《山海经·海内经》记载:"西南黑水之间,有都广之野,后稷葬焉。其城方三百里,盖天下之中,素女所出焉。""黑水"为自原阳"黑洋山"流经开封北部"青丘山""黑池"的"黑水";"都广之野"也称"广野",指开封古陈留,是汉代刘邦封郦食其为"广野君"之地;"天下之中",即黄帝帝都所在地"中央之国",也是唐代天文家僧一行测定"尺有五寸"的开封浚仪岳台"天地之中";"素女"是指上古时期居住在开封昆仑山地区"有蟜氏""西陵氏""涂山氏""有娀氏"等母系氏族酋长,也称"神女";"后稷葬"是指后稷去世后,下葬在开封黄帝帝都轩辕楼"天地之中"东部的"都广之野"一带。

3. 夏王孔甲建都汤阴西河时期不窋被迫西迁

自尧、舜、禹到夏王廑、孔甲时期,历经约三百年。后稷子孙不窋继承了父祖在夏代"农正",即"田正""农师"之职。夏王孔甲在位期间,肆意淫乱,胡作非为,不务农业,使得各部落首领纷纷叛离,夏朝国势衰落,逐渐走向崩溃。所以,中国最早的国别体著作《国语·周语下》记载:"孔甲乱夏,四世而陨。"[35]由于农业被荒废,夏朝负责农业生产的不窋也失去了"农正"的官位。

据汉代司马迁《史记·周本纪》记载:"后稷卒,子不窋立。不窋末年,夏后氏政衰,去稷不务,不窋以失其官而饹戎狄之间。不窋卒,子鞠立。鞠卒,子公刘立。公刘虽在戎狄之间,复修后稷之业,务耕种,行地宜,自漆、沮度渭,取材用,行者有资,居者有蓄积,民赖其庆。"此处"子不窋"应指世袭后稷"农正"官职的子孙不窋之意,非专指儿子;"戎狄之间"泛指中原的西北地区。

这说明直到夏末的夏王孔甲时期,后稷子孙不窋仍在中原地区,即开封北部的河南汤阴"西河"之地,世袭夏朝"农正"官职,与先祖黄帝、帝喾、后稷居住地,及尧、舜、禹帝王都同在中原地区。

夏王孔甲时期,不窋失"农正"官位之后,被迫带着本氏族的族民逆古黄河而上,经河南、山西、陕西等地,一直到达戎、狄之地的甘肃庆阳一带。沿黄河迁徙过程中,不窋氏族把产生于中原地区的农耕文化一路向西北地区传播,促进了黄河流域戎狄民族由游牧向农耕生产方式的转变,也受到了沿途戎狄民族的欢迎和尊敬。不窋死后,儿子鞠、孙子公刘继承他的事业。

文中"漆、沮"为陕西水名。据孔子门人所作《尔雅·释水》记载:"水自河出为灉,水自济出为沮。"[36]说明上古时期最早的"沮"水出自济水,而陕西自古没有济水,也不会有分支"沮"水。

可见,陕西雍州(今陕西省凤翔县境)、岐周(今陕西省岐山县境)、维州富平(今陕西富平)、冯翊役祤县(今陕西铜川耀州)、栎阳(今陕西临潼东北)等地的"沮"水(流经黄帝陵)本是夏代不窋、公刘或后裔自中原文化传承而去。

4. 不窋、公刘为西部黄河流域农业发展贡献重大

不窋、鞠、公刘及其后裔带领族人在戎狄之间开垦荒地,兴修水利,制造农具,整修田园,种植五谷,发展畜牧,使农耕文化在黄河、渭河流域逐步得到广泛传播,为西部戎狄之地农业区域的形成和发展做出了重大贡献。

到了商代末期,不窋的后裔姬昌,即周文王已发展成为强大的西伯侯。姬昌遵后稷、公刘之业,则先祖古公、父亲季历之法,重视发展农业生产,倡导笃仁、敬老、慈少、礼贤下士的社会风气,使其领地的社会经济得以快速发展。他广罗人才,拜姜尚为军师,问以军国大计,使商朝"天下三分,其二归周"。同时,反复告诫儿子姬发,即周武王一定要回归周人始祖后稷居住的中原地区。据《清华简·保训》记载周文王说:西部"日不足,隹宿不羕"[37],要效法黄帝、舜帝、上甲微一样,"求中""得中""归中""执中"。

周武王遵照周文王的遗嘱,于公元前1046年消灭了商纣王,建立了西周王朝,不久去世。周成王、周公旦遵照文、武二王嘱托,占卜河南登封阳城为"天地之中",建东都于成周洛阳,实现了周文王、周武王归回黄帝、帝喾和后稷先祖中原故土的遗愿。唐代天文学家僧一行又测得"天地之中"在开封古浚仪岳台,正是黄帝、帝喾、后稷居住、建都之地。从而,否定了周人测量登封阳城

为"天地之中"的结果。

四、几点结论

从上述后稷文化研究、论证中,可以大致得出以下三点认识:

一是后稷与先祖黄帝、帝喾、姜嫄及吉妃,最早均出生、居住、建都在开封古陈留(包含古代河南原阳、延津、封丘)之地。这里也是尧帝、舜帝和夏王大禹、夏杼等六王出生、居住和建都之地。到了夏代不窋时期,仍然在河南汤阴"西河"之地世袭后稷"农正"官职。由于夏王孔甲肆意淫乱,残害臣民,才逼迫不窋逆河而上,踏上了流亡之路。

二是后稷居住的中原开封古陈留之地,也是伏羲肇始太极八卦、五行和生肖纪年的历法之地。尧舜时期,大禹治理好泛滥于中国的鸿(洪)水之后,后稷运用八卦、五行和生肖纪年的历法知识,指导鸿(洪)沟沿岸的华夏先民种植五谷,发展农业,为天下的安宁做出了巨大贡献,成为与大禹、皋陶齐名的"三公"之一,也获得了"后稷"盛誉。

三是后稷子孙不窋、鞠、公刘等流亡西部戎狄地区后,把先进的中原农业文化传承给了戎狄民族,为推动黄河、渭水沿岸各民族农耕生产的发展发挥了重要作用,也受到当地人民的世代爱戴和祭祀。商代末期,陕西、山西、河南西部地区已归顺西伯侯周文王。西周建立后,尧帝后裔受封山西稷山一带,建冀国(今山西省稷山县一带);公元前688年,即周庄王姬佗九年,秦武公发兵攻灭冀国。冀国灭亡后,国人遂以故国名称为"冀"氏,世代相传至今。公元598年,即隋开皇十八年,由北魏高凉县改称稷山县,传承至今。

参考文献:

[1] 黄怀信、张懋镕、田旭东校:《逸周书汇校集注》,上海:上海古籍出版社,2007年版。

[2] 曹旭主编:《任昉与南朝士风》,上海:上海古籍出版社,2011年版。

[3] (宋)罗泌:《路史》,北京:北京图书馆出版社,2010年版。

[4] (周)墨翟、随巢子:《墨子 随巢子》,长春:时代文艺出版社,2008年版。

[5] 《道藏》载(唐)王瓘:《轩辕本纪》,北京、上海、天津:文物出版社、上海书店出版社、天津古籍出版社联合重新印影涵芬楼本,1988年版。

[6] 汪荣宝撰,陈仲夫点校:《法言义疏》,北京:中华书局,2011年版。

[7] (秦)吕不韦撰,(汉)高诱注:《吕氏春秋》,上海:上海古籍出版社,1989年版。

[8]（北魏）郦道元注,杨守敬、熊会贞疏,段熙仲点校,陈桥驿复校:《水经注疏》,南京:江苏古籍出版社,1989年版。

[9]（汉）司马迁撰,（宋）裴骃集解,（唐）司马贞索隐,（唐）张守节正义,顾颉刚领衔点校,赵生群主持修订:《点校本二十四史修订本〈史记〉》,北京:中华书局,2014年版。

[10]（唐）徐坚等撰:《初学记》,北京:中国书店出版社,2012年版。

[11]（南朝陈）顾野王著,顾恒一等辑注:《舆地志辑注》,上海:上海古籍出版社,2011年版。

[12]（宋）王应麟:《诗考 诗地理考》,北京:中华书局,2011年版。

[13]方韬译注:《山海经》,北京:中华书局,2009年版。

[14]郭沫若:《中国古代社会研究》,北京:中国华侨出版社,2008年版。

[15]（唐）李泰、贺次君校:《括地志辑校》,北京:中华书局,1980年版。

[16]（唐）李吉甫撰,贺次君点校:《元和郡县图志》,北京:中华书局,1983年版。

[17]（东汉）许慎:《说文解字》,北京:中国书店出版社,2011年版。

[18]左丘明等:《左传 吕氏春秋 战国策》,北京:北京出版社,2006年版。

[19]（晋）郭璞注,张耘解说:《山海经 穆天子传》,长沙:岳麓书社,2006年版。

[20]陈戍国撰:《尚书校注》,长沙:岳麓书社,2004年版。

[21]（梁）皇侃、高尚榘注释:《中国思想史资料丛刊:论语义疏》,北京:中华书局,2013年版。

[22]杨天宇:《周礼译注》,上海:上海古籍出版社,2004年版。

[23]（宋）邵伯温撰,李剑雄等点校:《邵氏闻见录——唐宋史料笔记丛刊》,北京:中华书局,1983年版。

[24]（汉）戴德:《大戴礼记补注》,合肥:黄山书社,2012年版。

[25]（晋）皇甫谧:《帝王世纪》,沈阳:辽宁教育出版社,1997年版。

[26]（宋）乐史:《太平寰宇记》,北京:中华书局,2007年版。

[27]（汉）宋衷注,（清）秦嘉谟等:《世本八种》,北京:书目文献出版社,2008年版。

[28]（清）王仁俊辑:《玉函山房辑佚书续编三种》,上海:上海古籍出版社,1989年版。

[29]（战国）孟轲:《孟子》,南京:凤凰出版社,2010年版。

[30]方诗铭、王修龄校注:《古本竹书纪年辑证》,上海:上海古籍出版社,

2005年版。

[31]谭其骧:《中国地理丛书——简明中国历史地图集》,北京:中国地图出版社,1991年版。

[32](汉)刘向、刘歆撰,(清)姚振宗辑录,邓骏捷校补:《七略别录佚文 七略佚文》,上海:上海古籍出版社,2008年版。

[33](明)崔铣:《彰德府志》,上海:上海古籍出版社,1982年版。

[34](唐)孔颖达撰:《春秋左传正》,北京:国家图书馆出版社,2003年版。

[35]《国语》,上海:上海古籍出版社,1979年版。

[36](清)郝懿行撰:《尔雅义疏》,上海:上海古籍出版社,1983年版。

[37]李学勤:《初识清华简》,上海:中西书局,2013年版。

第十二章　庆阳义渠戎翟文化与中原华夏文明传承

甘肃庆阳的"周人""农耕""西戎""义渠""翟狄"文化历史悠久，自上古时期以来世代传承，并与中原开封古陈留华夏历史文明和三皇五帝、河洛文化有着一脉相承的人文渊源。

这种文化渊源和传承，对于甘肃庆阳在华夏民族发展、中华疆域开拓和中西方"丝绸之路"开通与交流等方面，曾起着承前启后的重要推动作用，也具有重要的历史文化意义。

下面我们就根据发源于中原开封古陈留之地的华夏文明、三皇五帝、河洛文化，来谈谈与甘肃庆阳"西戎""义渠"等方面的人文渊源关系和历史作用。

一、甘肃庆阳是上古中原八卦文化中"西戎"之地

在华夏历史文明发展史上，三皇五帝及其夏商前中期诸王居住、建都之地与太极八卦、河图洛书文化发源地具有地理上的一致性。

这种一致性，在华夏先民形成的"天地人合一""天地人之中"的世界观和方法论中，得到了客观而具体的印证。以此理论为指导，华夏先民建成了以"天地人中央"豫州为核心的小"九州"，以太极昆仑山为"天地人合一"的中土之国，简称小"中国"，后来逐步发展成了如今的大九州、大中国。

生活在甘肃庆阳的古"义渠"人，本为发源于上古"九州""中国"地区的三皇五帝、夏商子孙，也是逐步自中原迁至西部"犬戎"之地的华夏先民。"犬戎""义渠"也称"渠搜（叟）""叟满""戎狄""戎翟""狄翟"等，既是一个地理方位概念，也是古"义渠"人以姓氏称呼的地名。故"义渠"酋长大姓为"翟（狄）"，本是黄帝后裔。所以，东汉学者王符《潜夫论》记载："黄帝后代，居于翟地者，以翟为姓。"[1]

在中国百家姓中，"翟"字的含义是以国为氏的古代"翟族"，即"狄族"。南朝著名天文学家何承天《姓苑》记载："翟，本音狄，后改音宅。"[2]可见，"翟"与

"狄"是通假字,最早念"di"。"翟"本指凤鸟、俊鸟、雉鸡尾巴上的长翎。而"浚仪""俊鸟"不仅是黄帝曾孙帝喾,即"帝俊(浚)"氏族的图腾,也是帝喾,即"帝俊(浚)"出生得名的"浚仪""浚水"。而帝喾之妃、商契之母"狄"也为"有娀(戎)氏""狄人"的先祖。

上古时期小"九州"的"中央"为"豫州",又称"中州""中土""中原"等,是三皇五帝居住、建都的"昆仑山",即"天地人之中"。"昆仑山"在伏羲八卦文化中的"太极"之位,"太极"的四方被称作"四象""四夷"。据汉代礼学家戴德《礼记·王制》记载:"东曰夷、西曰戎、南曰蛮、北曰狄。"[3]"四象""四夷"的核心之地与"昆仑山""太极""中国""中州""中土""中原""地中"相对应,且最早源于同地同义的开封古陈留小"九州"地区。

据战国时期思想家孟轲《孟子·梁惠王上》记载:"欲辟土地,朝秦楚,莅中国而抚四夷也。"[4]说明孟轲仍把"秦、楚"之国,作为"四夷"对待。这种"四夷"的地理、方位与古代氏族、侯国相结合的文化之说,最早源自伏羲太极八卦、河图洛书学说,到了战国时期早已基本形成和规范起来。

起初,"四夷"名称并无歧视之意。但是,随着华夏氏族之间正统、中央、王权斗争的不断加剧,"四夷"多为"逐鹿中原"失势的一方被迫离开中原核心地区后,以太极八卦、河图洛书文化中的方位、地形、节气定位所确定的地理名称。甘肃庆阳的"西戎""义渠""翟狄"文化最早就是这样在中原最早形成和传承的。

二、中原黄帝、帝喾、后稷为"义渠"先祖

"义渠"大姓称"翟",又可称"狄""戎(娀)",其本是开封古陈留黄帝、帝喾、后稷的子孙。黄帝曾在开封古"大梁"称帝建都,繁衍后裔。根据唐代王瓘《轩辕本纪》、北宋张君房《云笈七签》、南宋无名氏《轩辕黄帝传》、元朝赵道一《历世真仙体道通鉴》等古典记载:黄"帝娶西陵氏于大梁,曰嫘祖,为元妃,生二子:玄嚣、昌意。初喜天下之戴己也,养正娱命,自取安而顺之,为鸿黄之代,以一民也"[5]。文中"大梁",即战国时期魏国国都。大梁北部约8公里的"轩辕楼(丘)"就是黄帝和方雷氏嫘祖生帝喾之祖父"玄嚣"之地。故汉代司马迁《史记·五帝本纪》记载:"帝喾高辛者,黄帝之曾孙也。高辛(帝喾)父曰蟜极,蟜极父曰玄嚣,玄嚣父曰黄帝。"[6]

帝喾名"夒",也称"帝夒"。"夒"的母系氏族为嫘祖,嫘祖的父系氏族为姜姓"封钜(丰沮)",也称"方雷氏",是炎帝"魁隗氏""夒龙氏"的后裔,后被女婿黄帝封在河南封丘南(今开封北),建"封钜国",也称"丰沮玉门""大封国"等。

据战国史典《世本·氏姓篇》记载:"封钜封氏,炎帝之后,封钜为黄帝师,胙土命氏。夏封父,侯国君也。今封丘。"[7]

"夒"字的变形为"夋",与"俊""浚""逡"古为同字同义。据中国考古学家郭沫若《卜辞通纂》记载:"夒(夔),音与喾音同部,故音变而为帝喾若帝俈。夒(夔)之古文与夋字相近,故形误而为夋若逡,更演化而为帝俊若帝舜。由此等文字上及传说上之演变,帝俊与帝喾固是一人,即帝舜与帝喾亦同是一人也。"[8]虽然郭沫若把"帝喾"与"帝舜"混同一人,但"帝喾"与"帝舜"都称"帝俊(夋、浚、逡)""帝夔",却是事实。

帝喾出生在曾祖黄帝古大梁旧都,即开封北部的"浚水"之滨。据北魏地理学家郦道元《水经注》引东汉史学家圈称《陈留风俗传》记载:开封"县北有浚水,象而仪之,故曰浚仪"[9]。帝喾以"浚仪""浚水"之"浚"自称"夋",或俊(浚、逡)"。所以,唐代学者徐坚《初学记·九卷》引《帝王世纪》云:"帝喾生而神异。自言其名曰夋。疑夋即俊也。古字通用。"[10]帝喾同族帝舜也因生在开封古"浚水"之地,同样被称作"帝俊(浚)"。

帝喾在开封古陈留继承伯父颛顼帝位,建立"有莘国",古称"有莘氏",后人称之为"莘城""高辛(莘)邑""古莘国"等。据战国史官《世本·帝系篇》记载:"帝喾年十五岁,佐颛顼有功,封为诸侯,邑于高辛。"清代焦循《孟子正义》注释:"《括地志》云:古莘国在汴州陈留县东五里故莘城是也。……《元和郡县志》:汴州陈留县故莘城,在县东北三十五里古莘国地。"[11]文中"高辛"邑、"莘城"均为帝喾"古莘国"之都。这说明,"帝喾"虽有小范围迁徙,却与开封古"大梁"黄帝帝都"轩辕楼(丘)"同族同地。

帝喾在开封"古莘国"娶有四妃生四子,其中包括周人不窋、公刘以及"义渠"人的父系先祖"后稷"。据西汉礼学家戴德《礼记·帝系》记载:"帝喾卜其四妃,而皆有天下。上妃,有邰氏之女,曰姜原氏,产后稷;次妃,有娀(戎)氏之女,曰简狄氏,产契;次妃曰陈隆氏,产帝尧;次妃曰娵訾氏,产帝挚。"先秦古籍《山海经·大荒西经》也记载:"帝俊生后稷。"[12]进一步印证,"后稷"之父"帝喾"与"帝俊"同为一人。

"后稷"长大后,娶河南延津一带古"南燕国"姞氏为妃,位置正在开封"浚水"西北方的上游。据春秋史学家左丘明《左传·宣公三年》记载:"姞,吉人也,后稷之元妃也。"[13]唐代经学家孔颖达解释:"南燕国,姞姓,黄帝之后也。"[14]五代后晋史学家刘昫《旧唐书·宰相世系表》也记载:"南燕国为姞姓,地亦即燕县是也(在今河南省延津县东北),后改为吉。出自姬姓,以王父字为氏。"[15]

第十二章 庆阳义渠戎翟文化与中原华夏文明传承

尧帝为"祁连氏""伊祁氏"。他在开封古陈留继承先父帝喾和兄长帝鸷的帝位,举异母兄弟"后稷"为"农师",教民耕种,被认为是中国历史上最早种稷和麦的人。河西走廊的"祁连山"文化与尧帝同族后稷"祁连氏"子孙迁徙和传承相关。据汉代司马迁《史记·三代世表》记载:"尧立后稷,以为大农,姓之曰姬氏。"文中"大农"也称"农正""农师""田畯"等,为上古时期辅佐帝王执掌农事之官。后稷把"大农"之职传给儿子(一说曾孙)"不窋"。

夏代王杼在开封古老丘(今杜良乡国都里一带)建都历时200多年,历经6王。据战国时期魏国大梁编撰的《竹书纪年》记载:夏"帝宁(杼)居原,自迁于老丘"[16]。到了夏代王廑(又名胤甲)时期,王都迁徙河南汤阴菜园镇西河村"西河"后,不窋仍为夏朝"大农"。故《今本竹书纪年·卷上》记载:夏"帝廑(一名胤甲),元年己未,帝即位,居西河"。夏王廑去世后,夏王孔甲继位,他肆意淫乱,沉湎于歌舞美酒之中(传说他是一种叫作"东音"乐调的创始人),又笃信鬼神,使得各部落首领纷纷叛离,夏朝国势衰落,逐渐走向崩溃。所以,中国最早国别体著作《国语·周语下》认为:"孔甲乱夏,四世而陨。"[17]

由于夏朝衰败,"孔甲"不务农耕,"大农"不窋失官,像一些叛离的部落诸侯一样,逆河而上,逃离中原地区。据汉代司马迁《史记·周本纪》记载:"后稷卒,子不窋立。不窋末年,夏后氏政衰,去稷不务,不窋以失其官而奔戎狄之间。"自"后稷"到"不窋",中间应该还有数代人,有史料把台玺、叔均二人排在不窋之前,但仍待考证。文中"戎狄之间",就是指中原西部、北部之间的西北方位和地区。经过不窋、鞠、公刘三代数移其居,最终在甘肃庆阳周边地区稳定下来,并与先期迁徙到这里的三皇后裔融为一体,成为名副其实的西戎人、戎狄人、大月氏。所以,汉代司马迁《史记·三代世表》记载:"后稷生不窋,不窋生鞠,鞠生公刘,公刘生庆节。"

我们无意否定不窋后裔与"西戎"氏族之间,具有不同时期迁徙、融合于庆阳一带的客观性存在,但也反对某些学者试图将后稷子孙不窋、鞠、公刘等与大月氏、西戎人、戎狄人截然分离的观点。因为这忽视了大月氏、西戎、戎狄等氏族及其名称本来产生于中原伏羲八卦文化、地域、方位学说的历史本质(如下图)。而历史上"公刘邑"与"义渠国都"合二为一的事实,就是对"不窋""公刘"与"西戎""义渠"本是同祖最好的凭证。

即便到了商代末期,不窋子孙古公亶父、季历、姬昌虽已迁徙陕西宝鸡"岐山"、西安"丰镐"一带,但在中原商朝人心目中仍然被当作"西戎人"看待,故称"西伯"为"西戎"之地诸侯之长。因此,战国思想家孟轲《孟子·离娄下》记载:"(周)文王生于岐周,卒于毕郢,西夷之人也。"[18]"西夷"与"西戎"都是中原西部方位或氏族的意思。

大月氏先祖常仪(嫦娥)氏奔月图

后稷后裔不窋、公刘忠诚厚道,笃爱人民,勤劳刚毅,勇于开拓,是有政治远见和组织才能的古代英雄。他们把中原先进的农耕文化传到庆阳"西戎"地区,教民稼穑,开创了先周农耕文化的先河,使庆阳地区由以牧业为主的游牧区变为以农业为主的半农半牧区,对后来庆阳经济文化的发展产生了巨大影响,也成为华夏民族由此向西部青藏高原、伊朗等西亚迁徙,打通中西"丝绸之路"的重要基地。

三、周人、禺氏、月氏与中原华夏文化渊源

1. 甘肃庆阳"月氏"本是中原华夏母系氏族后裔

"西戎"之一的"月氏",本是居住河南中牟、原阳、延津一带的华夏母系氏族常仪(娥)氏的后裔。常仪也是帝喾次妃、帝挚的母亲娵訾氏。据汉代司马迁《史记·五帝本纪》记载:"(帝喾)娶娵訾氏,生挚。"唐代学者张守节《史记正义》引《帝王纪》记载:"(帝喾)次妃娵訾氏女,曰常仪,生帝挚也。"

常仪(娥、姮)氏因居住于开封古陈留帝喾"古莘国"的西部,担负着观测月亮运行、制定历法的职责,而被称作"占月氏",或"月氏",也称"嫦娥氏"。常仪氏居住地也称作"禺(隅)谷"。古代神话传说中的"禺谷",为日没之处。站在开封古陈留"中国"方位来看,西部中牟、原阳、延津一带就是太阳坠落的"禺谷""隅谷""虞谷"之地。所以,"月氏"居住的"禺(隅)谷",在开封古陈留西方"白虎""阴"地。"月氏"为女娲、西王母、嫘祖等华夏母系氏族的后裔,也称"禺知""禺氏""虞氏""吴氏"等。

这里是郑州荥阳东部"河济",即"两河"文化的发源地,也是战国时期魏国大梁编撰的《穆天子传》中记载的"春山""弇山""崦嵫山""燕然之山""昆仑之丘""洋(羌)水"之地。无论出自魏国大梁的《竹书纪年》《禹贡》,或是《穆天子传》,所记载的多是开封古陈留周边地区的人文历史或传承,也与伏羲八卦、河图洛书等华夏原始文明产生于中原地区的文化传承相符。

2. 甘肃庆阳"周人"源自中原昆仑西北的华夏先民

居住甘肃庆阳的不窋、公刘及其后裔,本是"西周"之"周人"的先祖,而"周"文化也源自开封古陈留"中国",即昆仑山西北部的"不周山"之"周",并与"立冬"季节的"西北风"相对应。据汉代易学著作《易纬·通卦验》记载:"立冬,不周风至。"[19]汉代司马迁《史记·律书》记载:"不周之风居西北,主杀生。"这些节气、方位观念,都是运用产生于中原的太极洛书、九宫图方位学说,与天干、地支、二十四节气等相对应,来解释自然、地理、文化现象的证据。

先秦古籍《山海经·大荒西经》也记载:"西北海之外,大荒之隅,有山而不合,名曰不周。"[20]文中"西北海",分别为上古时期开封古陈留西部之海"圃田泽"(今河南中牟西部)和北部之海"乌巢泽"(今河南延津南部),是女娲、西王母居住的昆仑山"墉城",也是"周人"始祖后稷和姞妃居住的南燕国,即"不周山""禺(隅、虞)"地,又是"周人""禺(隅、虞)氏""月氏"得名之地(如右图)。据汉代著名文学家东方朔《十洲记》记载:"昆仑,号曰昆崚,在西海之戌地,北海之亥地,去岸十三万里。"[21]文中"戌地"指位于昆仑山西北偏西方之地,"亥地"指

西王母鄘城、后稷燕国、帝喾莘国、封国豕韦参考图

位于昆仑山西北偏北方之地。又记载:"昆仑宫,其一角有积金,为天墉城,面方千里。城上安金台五所,玉楼十二所。其北户山、承渊山,又有墉城。""墉城"也称"天墉城",是西王母的居住地。

西王母居住的"墉城"与"不周山""西北海""禺(隅、虞)"同地。故《河南通志·卷五十一古迹》记载:"今新乡西南有古鄘(墉)国。"[22]《新乡县志·卷二》

也记载"墉国都城位于现新乡县大家店（代店、店后营）村周围……《通典》里讲，墉城在新乡县西三十三里，古墉国也。"

虽然，不同史典记载的名称有所不同，但开封古陈留与昆仑山地理方位却是彼此对应的。

3.古大梁史典印证"月氏"出自开封"禺"地

对于"月氏"居住的中原"禺谷"之地，战国魏国大梁编撰的《穆天子传·卷五》也有记载："丁丑，天子里圃田之路，东至于房，西至于军丘，南至于桑野，北盖经林。煮（猪泽）之薮，南北五十里四虞，东虞曰兔台，西虞曰栎丘，南虞曰富丘，北虞曰相其。"文中"圃田"，就是上古时期开封西部、郑州东部的"圃田泽"，而五帝时期的母系氏族和后裔"禺知""禺（隅、虞）氏""月氏"等最早也生活在这一地区，故"圃田泽"东部"南北五十里"之内有"四虞（禺、隅）氏"居住。

所以，先秦古籍《山海经·西次三经》记载："南望昆仑，其光熊熊；西望大泽，后稷所潜（葬）。"《山海经·大荒西经》也记载："有西周之国，姬姓。帝俊生后稷，稷降以百谷。稷之弟曰台玺，生叔均，叔均是代其父及稷播百谷，始作耕。有赤国妻氏。"后稷"西周之国"的"赤国妻氏"也称"赤乌人"，本在开封古陈留"昆仑山"西北"戌、亥"之位的"大泽"圃田泽、乌巢泽之地，也是"周人"始祖"后稷"居住和下葬之地（如右图）。

西周初期，周穆王东巡中原、打击东夷人时，曾到达"昆仑丘""春山"，所赏赐的"赤乌氏"就居住在上古"西周之国"，为"赤国妻氏"。据战国时期魏国大梁编撰的《穆天子传·卷二》记载："甲戌，至于赤乌。赤乌之人其献酒千斛于天子。食马九百，羊牛三千，稷麦百载。天子使祭父（郑州古祭国人）受之，曰：赤乌氏，先出自周宗。……曰：赤乌氏，美人之地也。

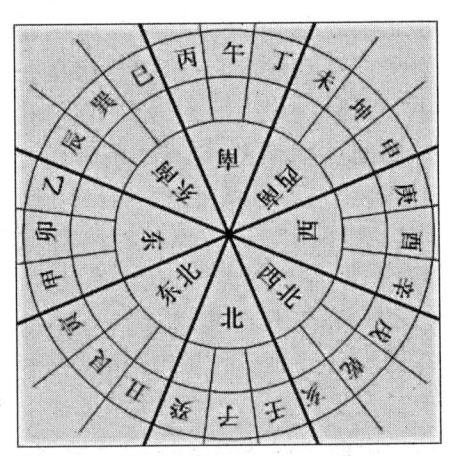

昆仑山西北"戌、亥"方位图

珤玉之所在也。"文中"稷麦"，是后稷最早在中原培植的"百谷"之一。

据古典《尚书·尧典》记载："帝曰：弃，黎民阻饥，汝后稷，播时百谷。"[23]这进一步说明，盛产稷麦、美人、美玉的中原祭国、圃田泽与南燕国、乌巢泽一带的"赤乌氏"与"周宗"后稷和姞妃居住的"春山""弇山""崦嵫山""燕然之山"

第十二章　庆阳义渠戎翟文化与中原华夏文明传承

同地。

现代中国西部"葱岭",即"帕米尔"及其中亚、西亚地区,均有昆仑山、西王母的传说。如汉代武帝时期,张骞出使西域,就得到了伊朗一带"安息国"有中原昆仑山"弱水""西王母"的信息。据汉代司马迁《史记·大宛列传》记载:"安息长老传闻条枝有弱水、西王母,而未尝见。"又记载:"大宛及大夏、安息之属皆大国,多奇物,土著,颇与中国同业,而兵弱,贵汉财物;其北有大月氏、康居之属,兵彊,可以赂遗设利朝也。"

在中原华夏文化中的"安息国",本是建都开封古大梁的黄帝之子昌意次子"安"所建的"安城"。而"昌意"本出生在战国时期的开封古大梁。故唐代王瓘《轩辕本纪》明确记载"(黄)帝娶于西陵氏于大梁,曰嫘祖,为元妃,生二子:玄嚣、昌意"。"安息国"在今原阳西南之地,也称"安邑""安城"等。据唐代学者张守节《史记正义》引《括地志》记载:"故安城在郑州原武县东南二十里。时属魏也。"

伊朗"安息国""西王母"文化的存在,实在是华夏文化传承的又一奇迹。这本是中国和西亚"丝绸之路"开拓过程中,"周宗"后稷的"西戎人""赤乌氏""大月氏"等华夏后裔以及秦汉时期中原文化传承的结果(如下图),而不是相

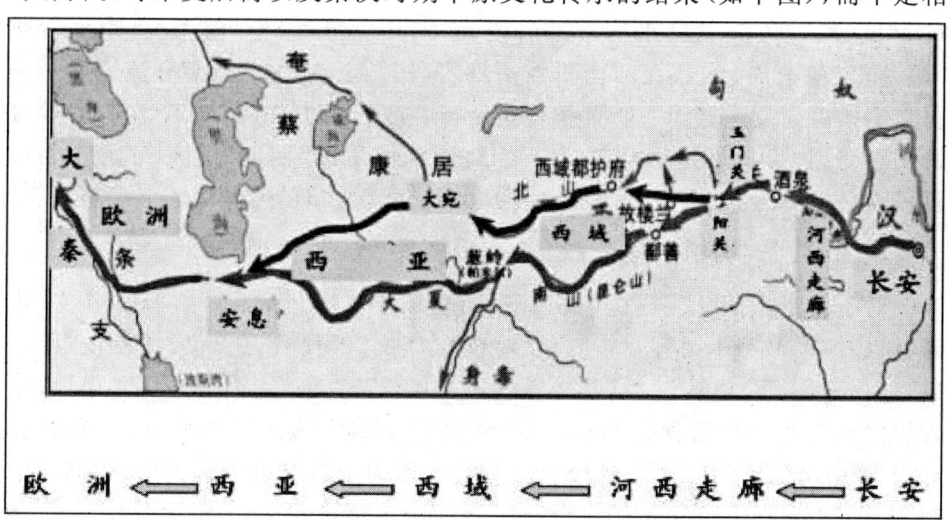

古丝绸之路楼兰、昆仑、大夏、安息位置图

反。而中国青藏高原"昆仑山"的出现,也是这一时期汉武帝依据张骞出使西域见闻而命名的结果,但与中原开封古陈留北部华夏先民最早的"昆仑山""九州""中国"之地,不可同日而语。

对此,春秋时期齐国政治家管仲《管子·揆度》记载:"至于尧舜之王所以化

海内者,北用禹氏之玉,南贵江汉之珠。"[24]"尧"出生在其父帝喾所建开封古陈留"古莘国",也称"祁氏""祁连氏""伊祁氏""伊耆氏""伊娄氏""楼兰氏",与夏商时期开封古陈留"杞国"东楼公、"古莘国"伊尹同族同地,"祁""祁连""伊""伊祁""禹""楼(娄)""楼兰"等文化也逐步在甘、陕、宁等西部地区传承。

据唐朝著名姓氏学家林宝《元和姓纂》记载:"伊氏出自帝尧祁氏,裔孙伊尹,名挚,为商汤贤相,生子伊陟,为伊氏之始祖。"[25]说明"伊氏""祁氏",均出自帝喾之子尧帝、后稷及商汤贤相伊尹居住的开封古陈留帝喾"古莘国"。帝喾次妃、尧帝之母"庆都",就是开封古陈留的"陈锋氏",或称"陈氏"。因此,宋代学者罗泌《路史·国名纪己》记载:"陈丰,一作锋,邦也。侨极取陈丰氏生帝喾,喾复取陈氏(女)生帝尧,齐之丰丘,陈氏邑也。"[26]说明帝喾与帝尧父子的母系,均为居住开封古陈留的"陈氏"。

关于"禹氏"的地理发源,晋代五经博士孔晁《逸周书》注释:"禹氏,西北戎夷。"[27]文中"西北戎夷",具有上古开封"昆仑山""中国"西北和晋代中原"西北戎夷"的双重含义。在上古"洛书九宫图""九州"方位文化中,"禹氏"居住的"西北戎夷"之地,被称作西王母居住的"雍""雍州""灉(灘)水""墉城""禹"地等。而"灉(灘)水",本是后稷、不窋父祖帝喾"俊"出生的"浚水",即"浪荡渠"的上游,大致在河南新乡南部、原阳"西河"与"浚水"分流之地。华夏文字始祖仓颉在开封古陈留担任黄帝轩辕政权的史官,创造了"沟、渠"等象形文字。因此,这里是华夏文明中最早的"河济",即"两河"地区,正是上古华夏民族最早的"水"文化(而不是水源)和"沟、渠"文字的发源地。

4.西亚"大月氏"与庆阳、开封"仪狄"文化相通

对于甘肃庆阳"义渠"之"义",清代《康熙字典》引《周官》注:"仪,作义,古皆音俄(娥)。"[28]本为开封古陈留"浚仪"之"仪"、"仪狄"之"仪"、"常仪(娥)"之"仪(娥)";而"义渠"之"渠",本为开封"渠水"之"渠"、"浪荡渠"之"渠"、"渠搜"之"渠",也是帝喾次妃简狄后裔"仪狄""鄭瞒""渠搜"之地,本在开封"昆仑山""中国"黄帝帝都"轩辕楼(丘)"北部,曾为上古时期方雷氏"封钜国"、伯封"封父国"、长狄(翟)人"渠(钜)搜"、封豕(大猪)氏"大封国"和"豕韦国"之地。据唐代史学家杜佑《通典》记载:"封丘,古封国也。今隶开封,有封父亭、封丘台,即封父国。"[29]

作为常仪(娥)氏后裔的"月氏",随夏代"农师"不窋自中原古"南燕国"、古"姞姓国"(今原阳、延津一带)西迁之后,逐渐分为"大月氏""小月氏"。秦

汉之后,被迫向河西走廊的祁连山、张掖、敦煌、伊犁河,以及伊塞克湖、大宛、大夏等中亚、西亚地区迁徙。因此,中亚、西亚地区均有上古时期中原"两河""伊水""伊祁""昆仑山(空中花园)""西王母""夏""大宛"等文化传承和遗存。

中西方古"丝绸之路"交流的主要商品,如"丝绸""茶叶""瓷器"等,最早也起源于中原开封古陈留"茶祖"炎帝帝都"空桑"、"蚕娘"嫘祖成婚育子的"大梁"、舜帝"陶甄"河滨的"浚水",并随着五帝、夏、商、周氏族的逐步迁徙,而不断向四面八方传承和发展。因此,自中原迁徙甘肃庆阳一带的不窋后裔"义渠""翟狄"人,以及"丝绸之路"交流的主要商品,均与三皇五帝、夏商诸王居住、建都的开封古陈留有着密切关系。据宋代学者罗泌《路史》记载:"炎帝参卢(榆冈)后有狄氏。"又记载:"炎帝参卢,是曰榆冈,居空桑。"蜀汉史学大家谯周《古史考》记载:开封"陈留有空桑故城"[30]。

5. 甘肃庆阳"翟狄"人出自开封帝喾次妃"简狄"

"翟"人,即"狄氏",也是帝喾次妃有娀氏简狄所在的母系氏族,本在开封北部、封丘南部的"长丘",即"长狄""翟沟"一带。据北宋地理总志《太平寰宇记》《祥符县志》等古籍记载:开封"浚仪:青丘,亦曰玄池。女娀简狄浴于青丘之水,有玄鸟遗卵,吞之,生契。即此水也"[31]。文中"玄"为"黑"色,"玄池"就是"黑(济)水"流入开封西北部的"黑池";"契"也称殷商人始祖"阏伯",是周人始祖"后稷"的同父异母兄弟。据汉代司马迁《史记·殷本纪》记载:"殷契母曰狄。""狄"氏,也称"娀""戎"氏。

帝颛顼、帝尧、帝舜时期,先后封黄帝、昌意之后"常仪""嫦娥"氏族为狄氏、翟氏,始有"狄族"世居开封"昆仑山"西北部之地。据清代地理学家顾祖禹《读史方舆纪要》记载:"翟沟在(封丘)县南八里。即白沟也,(狄)音转为翟。西接黄河支流,引渎东入,环带萦纡,澄澈如鉴。一名涤渠,亦曰湛渠。孟康曰:春秋时,宋败长狄侨如于此,因名。自阳武县流入,又东南经祥符县境。今涸……长丘亭,在县东。《左传》:宋败狄于长丘。《史记》宋武公获长狄侨如处也。"[32]商代,一部分翟氏迁徙至河南汤阴"西河",一说迁徙至战国秦国"临晋"(今陕西大荔东),即"西河"地区。后来翟氏逐步西迁,与甘肃庆阳之地的翟氏同族,即后稷、不窋、公刘后裔融合为一体,成为西戎、翟氏的不同组成部分。

四、对甘肃庆阳"义渠""翟氏"文化地位的认识

1. 甘肃庆阳是中原农耕文明传承和发展的重要支点

夏代末期,"农师"不窋自中原开封"昆仑山"西北部的"不周山",迁徙到甘肃庆阳一带的"义渠"之后,把三皇五帝和夏王以来创造的中原华夏先进文明和农耕种植技术,带到了中原西部地区。他教民改地穴式居住为窑洞,重农耕,种庄稼,还提倡养猪、牛、鹅,驯化马、犬、鹰,植树种花,为庆阳早期的农业经济发展做出了巨大贡献,促进了以甘肃庆阳为中国西部政治、经济和文化中心的形成。

2. 甘肃庆阳是周人先祖居住和西周王朝繁荣昌盛的摇篮

不窋、鞠、公刘本是周人始祖后稷的子孙,也是周人当之无愧的先祖。作为中原西部"戎翟""戎狄"重要组成部分的"周人",在甘肃庆阳一带站稳了脚跟,奠定了繁衍和发展的雄厚基础。随着"周人"与西部其他氏族的融合、争斗、发展和壮大,一部分"周人"逐渐向南部的陕西彬县、岐山、丰镐等地迁徙,到了古公亶父、季历和姬昌时期,已成为商末西方诸侯之长,建立了西伯侯国,为最终打败商纣王、回归始祖后稷中原故土奠定了雄厚的政治基础和物质基础。

3. 甘肃庆阳是中原民族打通中西"丝绸之路"的中转站

"丝绸之路"的形成是中原华夏先民不断向西部迁徙、发展和开拓的必然结果,也是中原三皇五帝及夏商文明逐渐向西部地区传播、融合、创新的历史过程。最早居住在甘肃庆阳之地的"西戎"人,在不同历史时期与"北狄"人融合过程中,繁衍出了"戎翟""戎狄""薰育""熏鬻""昆夷""畎戎""猃狁""禺氏""义渠""大小月氏""楼兰""乌孙"等中原华夏氏族后裔。又通过与西域民族的争夺和融合,在中西"丝绸之路"的中段建起了贵霜、大月等西亚古国,成为中国文明和西方文明的碰撞点,兼具了东西方文化交融的特点。可见,甘肃庆阳之地是中国"丝绸之路"的必经之地,也是沟通欧亚经济文化交流的咽喉要道和中转站。

这就是我们研究甘肃庆阳与中原文化关系中,所得出的基本结论。

文献来源：

[1]（汉）王符：《潜夫论》，上海：上海古籍出版社，1978年版。

[2]（南朝宋）何承天：《姓苑》见于（清）王仁俊辑佚：《玉函山房辑佚书续编三种》，上海：上海古籍出版社，1989年版。

[3]黄怀信：《〈大戴礼记〉汇校集注》，西安：三秦出版社，2005年版。

[4]（战国）孟轲：《孟子》，南京：凤凰出版社，2010年版。

[5]《道藏》载（唐）王瓘：《轩辕本纪》，北京、上海、天津：文物出版社、上海书店出版社、天津古籍出版社联合重新印影涵芬楼本，1988年版。

[6]（汉）司马迁撰，（宋）裴骃集解，（唐）司马贞索隐，（唐）张守节正义，顾颉刚领衔点校，赵生群主持修订：《点校本二十四史修订本〈史记〉》，北京：中华书局，2014年版。

[7]（汉）宋衷注，（清）秦嘉谟等辑：《世本八种》，北京：北京图书馆出版社，2009年版。

[8]郭沫若：《卜辞通纂》，北京：科学出版社，1983年版。

[9]（北魏）郦道元：《水经注》，北京：华夏出版社，2006年版。

[10]（唐）徐坚等：《初学记》，北京：中华书局，1962年版。

[11]（清）焦循：《孟子正义》，北京：中华书局，1987年版。

[12]（晋）郭璞注：《山海经 穆天子传》，长沙：岳麓书社，1992年版。

[13]（春秋）左丘明等：《左传 吕氏春秋 战国策》，北京：北京出版社，2006年版。

[14]（晋）杜预注，孔颖达疏：《春秋左传正义》，北京：中华书局，1980年版。

[15]（后晋）刘昫等撰：《旧唐书》，北京：中华书局，1975年版。

[16]方诗铭、王修龄：《古本竹书纪年辑证》载王国维：《今本竹书纪年疏证》，上海：上海古籍出版社，2005年版。

[17]（三国吴）韦昭注：《国语》，上海：上海古籍出版社，1995年版。

[18]（战国）孟轲：《孟子》，南京：凤凰出版社，2010年版。

[19]（日）安居香山、中村璋八：《纬书集成》，上海：上海古籍出版社，1994年版。

[20]（晋）郭璞、（汉）东方朔、张华：《穆天子传 神异经 十洲记 博物志》，上海：上海古籍出版社，1990年版。

[21]《顺治河南通志》，南京：凤凰出版社，2012年版。

[22]新乡县志编纂委员会:《新乡县志》,上海:三联书店,1991年版。

[23]李民、王健:《尚书译注》,上海:上海古籍出版社,2004年版。

[24](春秋)管仲撰:《管子》,北京:北京燕山出版社,1995年版。

[25](唐)林宝撰,岑仲勉校记,郁贤皓、陶敏整理,孙望审定:《元和姓纂》,北京:中华书局,2008年版。

[26](宋)罗泌:《路史》,北京:北京图书馆出版社,2010年版。

[27](晋)孔晁注:《逸周书》,上海:商务印书馆,1937年版。

[28](清)陈廷敬等编撰:《康熙字典》,北京:社会科学文献出版社,2008年版。

[29](唐)杜佑撰:《通典》,杭州:浙江古籍出版社,2000年版。

[30](三国)谯周:《古史考》,海口:海南出版社,2000年版。

[31](宋)乐史著,王文楚等校:《太平寰宇记》,北京:中华书局,2007年版。

[32](清)顾祖禹撰,贺次君、施和金点校:《读史方舆纪要》,北京:中华书局,2005年版。

第十三章　开封陈留是帝喾、商汤最早的"亳都"

最近,开封罗王"虎丘寺"发掘出土大汶口(距今6500～4500年)、龙山(距今4350～3950年)、二里头(距今3900～3500年)、早商、晚商、西周、东周等连续性、大面积华夏文化遗存,为我们重新认识帝喾、商契、商汤"亳都"提供了新的思路。

中国历史文化大家多将"商亳"或称"景亳""西亳",认作是商汤发动"鸣条之战"打败商纣王之后,在五帝之一帝喾(也称"汤喾")古莘国"亳都"所建的初都。尽管有学者对"商亳""景亳"和"西亳"的认识存在差异,但一般不否认"亳都"是商汤王都初地。

"亳"的本义,具有房子和宫室之意。而"宫室"也是上古时期帝王居住、行政、帝都以及"中国"核心"地之中"的同义词。关于"商亳""景亳""西亳",即"亳都"到底在哪里的问题,目前大致有三种观点:

一是倾向于郑州的学者认为,郑州"商城"是商王成汤早期所建的"亳都",也是郑州最早的城市地名,并因此而跻身于"中国八大国"之列。如郑州大学历史与考古系教授张国硕《试论郑州商都的年代》认为:"郑州商都始于二里岗下层一期之初,废弃于二里岗上层二期之末,是上商汤至盘庚迁殷之前的商王朝都城。"[1]

二是倾向于洛阳的学者认为,洛阳偃师尸乡沟"商城"建城比郑州"商城"早,成汤"亳都"在"下洛之阳"的偃师"商城"。如洛阳网·洛阳日报《偃师商城遗址——奠定中国宫廷建筑基本形制》记载:"偃师商城遗址位于偃师市大槐树村至塔庄村之间。它是商代第一王都——西亳都城遗址,始建于公元前16世纪初,废弃于公元前14世纪末。"[2]

三是倾向兼而有之的学者认为,郑州商城为主都,偃师商城为辅都。如中国社会科学院考古研究所研究员许宏《二十一世纪的中国考古学——庆祝佟柱臣先生八十五华诞学术文集·都邑变迁与商代考古学的阶段划分》认为:"郑州商城为主都,偃师商城是军事色彩浓厚且具有仓储转运功能的次级中心或辅都的意见应是较为妥当的。"[3]

对于上述三种观点,我们均不敢苟同。因为从帝喾、商契(阏伯)到商汤"商亳""景亳""西亳",是华夏文明传承的一个历史过程,而上述三种观点均没能客观、系统地论证自帝喾、商契(阏伯)到商汤建都的人文传承和地理方位依据。而用考古年代定论的方法本身存在许多纰漏,不足以说明帝喾、商契和商汤"商亳""景亳""西亳"真正的历史地理所在。

因此,我们只好另辟蹊径,从帝喾、商契和商汤建都人文传承和地理方位的角度,对"商亳""景亳""西亳"问题加以论证。

一、古陈留帝喾继承黄帝、颛顼帝位建古莘国"亳都"

据史料记载,帝喾的帝位由继承高阳氏颛顼帝而来,而高阳氏颛顼是轩辕氏黄帝的孙子。因此,本文就以炎黄文化在古陈留空桑、高阳之地传承为起点,研究"亳都"文化、地理传承问题。

1. 帝喾在开封继承炎帝、黄帝、颛顼帝位

据唐代医学家王瓘《轩辕本纪》记载:黄"帝娶西陵氏于大梁,曰嫘祖,为元妃,生二子:玄嚣、昌意"[4]。"大梁"在尧舜时期大禹治理的浪荡渠,或称"浚仪渠""浚水"之滨,本指炎帝帝都"空桑"北部偏西方位的开封"轩辕楼(丘)"。故宋代学者罗泌《路史》认为:"轩辕氏,作于空桑之北。"[5]黄帝在开封古"大梁"北部荆山的丰(荆)隆宫去世后,次子昌意之子颛顼继位称帝,建都于炎帝帝都"空桑"南部的"高阳"一带。

据战国时期吕不韦《吕氏春秋》记载:"帝颛顼生自若水,实处空桑,乃登为帝。"[6]文中"帝颛顼"为高阳氏,"空桑"是炎帝帝都和商代元圣伊尹的出生地。黄怀信《逸周书汇校集注》引清代学者潘振《周书解义自序》注释:"赤帝,指神农九世孙帝榆罔也,居空桑。"[7]《吕氏春秋·本味篇》也记载:"伊尹其母居伊水之上,孕,梦有神告之曰:'臼出水而东走,毋顾。'明日,视臼出水,告其邻,东走十里,而顾其邑,尽为水,身因化为空桑,故命之曰伊尹。此伊尹生空桑之故也。"战国郑国圃田人、思想家列御寇《列子·天瑞篇》也认为:"伊尹生乎空桑。"[8]"空桑",最早在开封杞县葛岗空桑村,与南部约10公里的高阳镇颛顼帝都"高阳"同地,是颛顼在"空桑""登为帝"之处(如下右图)。

颛顼在开封杞县"空桑""高阳"一带称帝,也有史料依据。据北宋地理总志《太平寰宇记》引古代易学著作《图经》记载:开封古"浚仪有高阳故城,颛顼

第十三章 开封陈留是帝喾、商汤最早的"亳都"

高阳氏佐少昊有功,封于此城"[9]。说明汉代开封古浚仪"高阳故城",正是高阳氏颛顼"受封"并"登为帝"的地方。后来,高阳氏颛顼帝都北迁。直到清代《陈留县志》中仍记载,陈留县杜良乡东辛庄、罗王虎丘一带为"高阳保"。

高莘氏帝喾,正是在这里继承伯父颛顼的帝位,建立了高莘国,也称"有莘国",后人称作"古莘国",或称"亳""都亳"。据战国魏国大梁编撰的《竹书纪年》记载:"帝喾高辛氏之年,帝即位居亳。"[10]"高辛氏",也称"高莘氏""有莘(辛)氏""莘(辛)氏"等。战国时期赵国史官修撰《世本·帝系篇》也记

杞县宋真宗皇帝空桑伊尹庙碑
赞碑额图

载:"帝喾年十五岁,佐颛顼有功,封为诸侯,邑于高辛。"[11]帝喾高辛氏"亳"都与帝喾"高辛"邑同地同义。帝喾像高阳氏颛顼一样,以封地为氏,称作"高莘(辛)氏"。

这种认识,一直被后代史学家所传承。汉代史学家司马迁《史记·五帝本纪》记载:"帝颛顼生子曰穷蝉。颛顼崩,而玄嚣之孙高辛立,是为帝喾。帝喾高辛者,黄帝之曾孙也。"[12]汉晋时期史学家皇甫谧《帝王世纪》也记载:"帝喾高辛氏,姬姓也,韶龀有圣德,年十五而佐颛顼,三十登位都亳,以人事纪官也。"[13]帝喾高辛(莘)氏在"高辛(莘)"邑建"都亳"的观点,在中国史典中多有记载和认可。

2. 帝喾生活在开封"狼汤渠"之滨

古人认为,帝喾也称"汤喾"。"汤喾"之"汤",也称"荡"。据元代著名医学家王海藏《汤液本草·东垣用药心法》记载:"汤者,荡也,去大病用之。"[14]说明"汤"与"荡"互通。所以,流经开封的"浪荡渠"在东汉历史学家班固《汉书·地理志》中称作"狼汤渠"[15];北魏郦道元《水经注·卷七》又称"浚仪渠"[16]。历史上也曾称"浚水""鸿沟""阴沟""汴河"等,都是指帝喾以出生地"荡""汤""浚"水名来取的人名。而"商汤"之"汤",也由先祖"汤喾"之"汤"继承而来。"汤喾"之"汤"文化在"狼汤渠"之滨源远流长,如用来调和人体阴阳的植物称"中药"或"汤药";护城河称"汤池";放有调味品的水煮面条称"汤面";有碎肉和卤汁的小笼包子称"汤包";等等。

开封古陈留西北部"狼汤渠"之阳的狼城岗（今中牟县狼城岗镇）一带，本是上古时期"狼汤氏"娍（戎）族的居住地，也是古莘国帝喾，即"汤喾"和妃子简狄有娍氏的居住地。所以，汉代司马迁《史记·五帝本纪》记载：高辛氏帝"汤喾崩，而挚代立"。"挚"也称青阳氏"汤挚（鸷）"，继承父亲汤喾古莘国帝位约九年，也称作"帝挚（鸷）"。

史典记载表明，不仅居住开封"狼汤渠"之滨的帝喾称作"汤喾"，而且居住开封"狼汤渠"之滨的帝颛顼也称作"汤颛顼"。所以，汤姓家谱认为，帝汤喾取代高阳氏汤颛顼而有天下。

这说明帝颛顼、帝喾、帝挚，均以开封"狼汤渠"之"汤"为氏。而"汤喾"，即帝喾古莘国"亳都"，与开封古陈留"狼汤渠"具有不可分割的历史渊源，也是"汤"文化的原始发源地。地无"狼汤"之本，何论"汤喾"建都"汤都""亳都"之说。

3. 帝喾以开封"浚仪渠"得名为"浚（俊）"

自两晋著名训诂学家郭璞以来，很多史学家认为帝喾与《山海经》中"夔""帝夋""帝俊""帝浚"[17]实为一人。对此，中国历史学家王国维也在《殷卜辞所见先公先王考》中考定，"夔"为"帝喾"之名，因形讹而成"夋"[18]。因此，"夔"也分化成帝喾、帝夋二名。在先秦古籍《山海经》神话中，"夋"写作"帝俊"，为全书中最主要、最显赫的一个上帝神。中国神话学会主席袁珂《中国神话史》认为：帝喾"是东方殷民族奉祀的上帝，也是殷民族奉祀的始祖神，卜辞中经常提到的'夋'或者'高祖夋'就是他"[19]。这表明，东方殷商民族尊奉的上帝，不是凭空而来，而是对自己先祖的口碑传说。

据先秦古籍《山海经·大荒西经》记载："帝俊生后稷。"说明"后稷"之父为"帝俊"，即"帝喾"。"俊"在甲骨文中与"浚"相同，而"浚""俊"又指"浚水""俊鸟"。"浚水"也称"狼汤渠""浚仪渠"；"俊鸟"也称凤鸟一类的"骏鶼"，简写为"浚仪"。因此，开封古称"浚仪""仪"邑，无论地理方位或是地名文化，彼此都是相传承和对应的。

古人认为，帝喾出生在开封"浚水"，以地取名"夋"。唐代徐坚《初学记·九卷》引汉晋杰出医学家皇甫谧《帝王世纪》记载："帝喾生而神异。自言其名曰夋。疑夋即俊也。古字通用。"[20]"夋"与"俊""浚"古时同音近形，均源自开封浚仪渠之"浚水"或"俊鸟"。南北朝史学家顾野王《舆地志》记载：开封"夷门之下，新里之东，浚水之北，象而仪之，以为邑名。后魏陈留郡治浚仪"[21]。说明"浚仪"的"浚水"之滨，本是帝喾"俊"的出生地。帝喾德智才能卓越出

第十三章 开封陈留是帝喾、商汤最早的"亳都"

众,被称作"俊士""俊髦",也为浚仪后裔子孙所效仿,故北魏郦道元《水经注·渠》引东汉开封人、著名地名学家圈称《陈留风俗传》曰:浚仪古"吹台,北有牧泽,泽中出兰蒲,上多俊髦,衿带牧泽,方十五里,俗谓之蒲关泽"。正是古"浚水",即"狼汤渠"流经之地。

宋代著名学者王应麟《诗地理考》也记载:"浚水,出浚仪,东经邶地入济。(宋代重要地理学著作)《舆地广记》:开封县有浚沟,《诗》所谓'浚郊''浚都'也。"[22]。开封古浚仪东部帝喾古莘国"亳都",是汤人,即商人最早居住的"邶地"。商末周初"邶地"北迁,成为商纣王之子武庚居住的"邶国"(今河南汤阴境内)。古人认为,"邶"具有退休后颛顼帝族居住地的本义,也是周武王伐纣灭商之后商王室遗民的居住地。这与历史是相符的。

开封古"浚仪渠""浚水""浚沟""浚仪""祥符",就是帝喾出生的"浚水"和得名之地,而"浚都"则是帝喾在古莘国"浚水"之滨所建的"亳都"。帝喾是一位恩惠雨露、兆民诚服的帝王。他称帝时期,定立农耕劳作的节气,改善人民生活质量,迁都于"亳",避免了部落受浪荡渠、浚水等洪水侵袭,并将共工氏自古陈留空桑,派往开封西北部河南辉县"共工城"南部的"雍(墉)城""瀔(灈、浚、汲、汴)水"一带居住、治水。这里古称"匽(偃)"或"燕"。南朝史学家范晔《后汉书·郡国志第二十一》记载:"燕,本南燕国。有雍乡。有胙城,胙国。"[23]"雍乡"为上古时期小九州之一的"雍州"(也曾称冀州、幽州)之地。

4. 开封古莘国"鸣条""亳都"对应"景星"之象

开封古陈留帝喾"亳都",位于山东曹县南部商汤"北亳"的西部,后人称之为"西亳",又称"商亳""景亳"。

帝喾古莘国之都"景亳",与天象中的"景星"上下对应。"景星"也称"大星""德星""瑞星",古人认为它出现于有道的君子之国。"有道"国,本指太极阴阳之道的发源地,也是传说中的"东方君子国"。"景星"之说,与太极文化相吻合。

春秋时期道家学派创始人老子的弟子辛研,他在《文子·精诚》认为:"故精诚内形气动于天,景星见,黄龙下,凤凰至,醴泉出,嘉谷生,河不满溢,海不波涌。"[24]可见,"景星"是"祥瑞"之星。它的出现是吉祥、太平、盛世的象征,而"凤凰至"则是其重要标志之一。

在太极"五行"与"五德"的关系中,木主仁,金主义,火主礼,水主智,土主信。可见,东方木星具有的"木德",也就是"仁德"。"木星",也称"岁星""瑞星""景星"等。东汉杰出思想家王充《论衡·是应》认为:"古质不能推步五星,不知岁星、太白何如状,见大星则谓景星矣。"[25]唐初房玄龄《晋书·天文志中》也认为:"瑞星,一曰景星。"[26]开封古陈留因与天象中的"木星""瑞星""景星"上下对应,具有"凤凰至"的"祥瑞"之象,自古就有"凤凰城"之称。所以,清代《陈留县志·卷之首》记载:"吾邑父老相传,城以凤凰名,堪舆家言。"[27]说明古代阴阳学家所说的陈留"凤凰城",本是从天象"景星"、地形"景亳"文化传承而来。

据唐代文学家韩愈《与少室李拾遗书》记载:"朝廷之士,引颈东望,若景星凤皇之始见也,争先睹之为快。"[28]说明"景星"就是东方"凤皇(凰)"的象征。宋代文学家苏轼《梦作司马相如求画赞》也认为:"景星凤凰,以见为宠。"[29]"凤凰"是古代传说中的百鸟之王,羽毛美丽,雄的叫"凤",雌的叫"凰",古人常用来代表自然和社会祥瑞、祥符、符瑞的征兆。传说,只有在太平盛世,才会景星现和凤凰至。

古人还以"景星""岁星"为"德星",认为国君有道、有福,或国家有贤人出现,"德星"才会随之在同一地理方位出现。传说太平之世,风不鸣条时,才能见到景星和凤凰。而"风不鸣条",本是指太极八卦东北方位的"条风"。据两晋著名训诂学家郭璞注《山海经·南山经》记载:"东北风为条风。"印证"条风"为太极八卦东北之风,也对应在开封东北方的"鸣条"方位。汉代司马迁《史记·律书》也记载:"东北方条风,立春至。条风居东北,主出万物。条之言条治万物而出之,故曰条风。"说明"条风"是治理万物、使自然和社会有条不紊运行的和谐之风。

北宋著名词人周邦彦,把"条风"描写成一年"春分"时节,或天下政治"清明"的象征。他在《应天长·寒食》的词中写道:"条风布暖,霡雾弄晴,池塘徧满春色。"[30]"条风"吹来的"立春"季节,是万物复苏兴旺发达的开始,也是自然和社会太平、吉祥、亨利的标志。

可见,帝喾以东方"木德"建都"景亳",与天象中"景星""德星",地形中开封古"陈留""祥符""条风"具有地理、历史和文化上的关联性。

5. 帝喾古莘国"景亳"之都在开封古陈留

据唐代著名史学家司马贞《史记索隐》记载:"岁星,一曰应星,一曰经星,一曰纪星。"又记载:"今按:此纪唯言德星,则德星,岁星也。岁星所在有福,故曰德星也。"古人认为,帝喾有"景星"之象,故以"景星",即"木星仁德"为帝,在位七十年,成功缔造了一个天下大治、人民安居乐业的太平盛世。

所以,元代易学家胡一桂《十七史纂古今通要》记载:"帝喾高辛氏,姬姓,

第十三章　开封陈留是帝喾、商汤最早的"亳都"

黄帝曾孙,玄嚣之孙,蛴极之子。以木德王,都亳。生而神异,自言其名,聪以知远,明以察微,顺天之义,知民之急,仁而威,惠而信,修身而天下服。取地之财而节用之,抚教万民而利诲之,历日月而迎送之,明鬼神而敬事之,其色郁郁,其德嶷嶷。其动也时,其服也士。执中而遍天下,日月所照,风雨所至,莫不服从。"[31]"郁郁"之色,为树木丛生、青翠茂盛的仁德青色;"嶷嶷"之德,为仪表魁梧、品德高峻的九嶷山德。而"都亳"本在父系中央黄帝、玄嚣出生的开封"青丘""大梁"之地,也是帝喾在古莘国"执中"天下的基础。

帝喾木德象形的东方"景星",是汉族民间尊奉和信仰的重要星宿之一。在道教易学中属于"五帝""五星君"之一,名号为"东方岁星真皇君",又称"木德真君",全称为"东方木德岁星重华星君";在地形中为开封古莘国之都"景亳",也称"商亳""汤亳""商丘""商山",为后人契、尧、舜、夏杼六世、商汤等所传承。帝舜"鸣条""苍梧""九嶷"文化均由此发源而来。

由于开封古陈留"鸣条"与帝喾"景亳"之都同在一地,古人也把"景亳"之"亳"与"鸣条""陈留"等同看待。为此,唐朝政治家魏征《隋史·列传第三十四》引汉代易学著作《稽览图》记载:"太平时,阴阳和合,风雨咸同,海内不偏,地有阻险,故风有迟疾。虽太平之政,犹有不能均同,唯平均乃不鸣条,故欲风于亳。亳者,陈留也。"又记载:"校考众事,太平主出于亳州陈留之地,皆如所言。"[32]"条风"起于鸣条、陈留之"亳",是后人对"太平主"帝喾、商汤仁义"木德"的颂扬和期盼,也是古人对帝喾古莘国"亳都"在"陈留""鸣条"一带的地理依据和文化认同。

尽管晋代"八王之乱"和"永嘉之乱"后,中原汉族人民大量东南迁徙,产生侨郡、"小黄"县地名;又于北周大象元年(579年)改称"亳州",但是,这些文化名称在汉代经学大师郑玄注释易学著作《稽览图》和安徽陈留侨郡、小黄县、亳州之前,早已在开封古陈留存在,彼此具有文化、历史和地理传承关系。安徽陈留侨郡、小黄县、亳州之地,不具有开封古陈留帝喾"古莘国亳都"、夏杼王都"老丘"、商汤"鸣条之战"、小黄县"黄柏山"、伏羲"陈陵"等上古文化本源特征。

帝喾以太极五行的东方"木德"为帝,深受百姓爱戴。所以,古人把居住"陈留""鸣条"和"景亳"的帝喾,视为"太平主""盛世主",是东方木之精华的象征,色青苍,具有仁厚之德,居太极四象青龙之位,就像天上"木星""景星""岁星""德星"一样。三国曹魏时期著名文学家曹植写诗《帝喾赞》称赞说:"祖自轩辕,玄嚣之裔,生言其名,木德帝世,无宁天地,神圣灵察,教诲四海,明并日月。"[33]

陈留是曹操起兵的地方。曹植曾在陈留、小黄之地任雍丘（杞县）王、陈留王，对帝喾在古陈留、古杞国一带的历史功德耳闻目睹，也受当地民间文化影响很大，所以才会写下如此符合开封帝喾历史的赞美诗篇。而祥符区杜良东辛庄一带的帝喾"亳都"，正是开封东部、太极四象中的"青、木"之地，与古人史典记载的地理方位相吻合。

帝喾所代表的"景星""景亳"，与开封东北方的"风不鸣条"同地，都是太平、和谐、吉祥和盛世的象征。汉代思想家董仲舒《雨雹对》认为："太平之世，则风不鸣条，开甲散萌而已。"[34]"开甲散萌"是指种子破壳萌发的春季。一旦此地出现风号雨泣的"鸣条"现象，就意味着自然气候异常、农耕生产灾害、社会分配不公、天下人心动乱、氏族爆发战争。夏王桀时期，虐政淫荒，农耕废弃，食不果腹，百官和百姓们苦不堪言，宁愿与夏桀一起毁灭。于是，一场"鸣条之战"在所难免（如下图）。为此，三国曹丕《秋胡行·之一》记载："鸣条之役，万举必全。明德通灵，降福自天。"[35]三国曹植《橘赋》也记载："扬鸣条以流响，希越鸟之来栖。商汤大获全胜，夏桀大败南逃，死于南巢，夏朝由此灭亡。"

古平丘北部发现的"商汤夏桀鸣条之战旧址"碑图

据开封人文地理调查，古陈留有两处帝喾古莘国"都亳"：

一处在今祥符区陈留镇东2.5公里处的辛庄。唐代学者张守节《史记正义》引唐初魏王李泰《括地志》记载："古莘国在汴州陈留县东五里，故莘城是也。"[36]辛庄西部约2公里处，是伏羲肇始八卦河图之地，现称"河图庄"，是"祥符"文化的发源地。

一处在祥符区杜良乡东莘庄。唐代地理学家李吉甫《元和郡县志》记载："汴州陈留县古莘城，在县东北三十五里古莘国也，此即汤妃所生之国，伊尹耕于是野者也。"[37]

两处"古莘国"地理位置之所以变动,本是开封历史上多受洪水灾害迁徙的结果。陈留两个"古莘国"均在杞县颛顼帝都"高阳"北部15～35公里之间,与黄帝帝都开封北部的轩辕丘(楼)、炎帝帝都杞县"空桑"都具有历史、地理和文化上的继承性。

帝喾在陈留古莘国一带居住、称帝、建都和成婚,娶有四妃并生下四个儿子,对中国历史文化产生了深远影响。据汉晋皇甫谧《帝王世纪》记载:"帝喾有四妃,卜其子皆有天下。元妃有邰氏女,曰姜嫄,生后稷;次妃有娀氏女,曰简翟(狄),生禼(契);次妃陈丰氏女,曰庆都,生放勋;次妃娵訾氏女,曰常仪,生帝挚。"前文已有介绍,不再赘述。

帝喾及其四妃、四子均居住、受封或称帝在开封古莘国"亳都"一带,最初的大致范围:西北不过原阳、延津,东南不过兰考、杞县。而这一带,正是三皇五帝共同居住、建都的古陈留"陈都",也是帝喾和儿子契"商""亳"文化的最早发源地。帝喾的"古莘国""亳都"早于契受封时期的"商亳""商丘""商山"地名,夏代逐步向周边地区迁徙或传承,并以先祖"商""亳"文化命名。这就是流落外地的商汤能够回归先帝(王)帝喾、契"商亳""商丘""商山"的前提和基础,也是帝喾"古莘国"周边地区出现很多"商""亳"地名的历史原因。

我们认为,即使是尧舜禹和商殷时期,帝王也具有在开封一地居住、称帝和建都和传承的地理渊源,虽有小范围的地理移动,却不存在大范围、大跨度异地迁徙的历史必要性和文化关联性。这也是上古时期华夏民族为何要"逐鹿中原",而不是逐鹿其他地方的根本原因和重要凭证。

二、"鸣条之战"使商汤回归先帝"亳都"成为现实

夏王孔甲时期,商契的后裔像后稷、不窋的后裔流亡于西部戎狄一样,也被迫离开帝喾古莘国"亳都",顺着济水、浚(丹)水、沮(睢)水,向先祖帝喾东方"景(岁)星""木德"方位的东夷、徐夷、淮夷等地数度迁徙,过着流亡动荡的生活。历经六次迁徙,商汤时期流亡于谷熟"南亳"(今河南商丘南)之地。

据唐代经学家孔颖达《毛诗注疏》记载:"自契至汤,八迁始居亳之殷地而受命,国日以广大茫茫然。汤之受命,由契之功,故本其天意。"[38]说明自商契之后,商汤最终经过八次迁徙才重新回归帝喾的"亳都""景亳"之地。因此,自"契"之后的商汤先祖本应是"玄鸟"东夷人的一部分,向西迁到洛阳偃师地区有违先祖"景命""木德"等文化常理。

到了夏王桀时期,夏都再次自汤阴西河迁回开封古陈留夏杼王都"老丘"

一带、浚水之滨的"斟灌"(地点待考察)。但夏桀德政衰败、荒淫无度、穷奢极欲、暴虐无道。夏王室内政不修,民不聊生,外患不断,阶级矛盾日趋尖锐,危机四伏,夏朝进一步衰落,甚至各方诸侯已经不来朝贺了。但夏桀不思改革,骄奢自恣。据战国时期魏国大梁编撰的《竹书纪年》记载:夏桀在斟寻"筑倾宫、饰瑶台、作琼室、立玉门"。还从各地搜寻美女,藏于后宫,日夜与妹喜及宫女饮酒作乐。而夏朝民众却难得温饱,生活十分困苦,遇天旱或水涝灾害就无法抵御,只好背井离乡,四处逃命。据史典《尚书·汤誓》记载,夏代臣民指着太阳咒骂夏桀说:"时日曷丧,予及汝偕亡。"[39]意思是说,你几时灭亡,我情愿与你一起灭亡。同时,四方的诸侯纷纷背叛,夏王朝面临内外交困、风雨飘摇的局面。

1. 商汤伐夏均在古陈留"鸣条"周边地区

夏王桀末期,商汤在开封古莘国吉妃、伊尹等大臣辅佐和谋划下,开始自南亳迁到"北亳"(今山东曹县南),为讨伐夏桀做准备。不久,先后起兵招讨死心追随夏桀的党羽。他们首先攻灭了开封北部夏桀党羽韦国(今河南滑县东南)、东北部顾国(今河南范县东南),进而又击败了开封陈留东南部葛伯国(今河南宁陵县北)、西南部昆吾国(今河南许昌县东)等夏朝属国,使夏桀孤立无援。然后,自开封西南昆吾国向东北古陈留实行大包抄,直逼夏桀军事重镇鸣条(今封丘黄陵岗平街,疑此地为夏都"平丘之阳",即"平阳""斟灌")。

开封和八卦东北的"鸣条",本是太平盛世木德天子居住的"风不鸣条"之地。但桀反其道而行之,风"鸣条"。为此,汉代司马迁《史记·夏本纪》记载:"桀不务德而武伤百姓,百姓弗堪……汤修德,诸侯皆归汤,汤遂率兵以伐夏桀。"

商汤在古莘国伊尹的辅佐下,讨伐夏桀的"鸣条之战"终于开封古莘国北部爆发。据中国最早史典《尚书·商书汤誓》记载:"伊尹相汤伐桀,升自陑,遂与桀战于鸣条之野,作《汤誓》。""鸣条之野"在战国时期魏国国都大梁的东北部,出自魏国大梁编撰的《竹书纪年》记载:"鸣条有苍梧山,舜崩苍梧即此,故记此山。"汉代孔安国传、唐代孔颖达疏《尚书正义·卷八·汤誓第一》也记载:战国"《孟子》云:舜卒于鸣条,东夷之地,或云陈留平丘县今有鸣条亭是也"[40]。"鸣条"曾归属陈留郡平丘县,后属长垣县,今属封丘县。所以,明代《长垣县志》也记载:"鸣条亭,舜崩处,陈留郡平丘县有鸣条亭。"[41]

"鸣条之战"首先爆发于帝喾古莘国之地。据北宋史学家乐史《太平寰宇记·卷一》记载:陈留县"故莘城,在县东北三十五里,古莘国。《国语》:汤伐桀,桀与韦、顾之君拒汤于莘之墟,遂战于鸣条之野"。说明商汤在"鸣条之战"前,在帝喾古莘国旧址"莘之墟"和"老丘"之地曾与夏军发生过交战,逼迫夏军北撤"鸣条"。由于商汤在此地驻扎,至今留有"招讨营"地名。

商汤追击夏桀在"鸣条"大战取胜后,继续向东部"三朡国"(今山东省定陶县)、"成国"(今河南省范县境)方向追击夏桀残部,将其俘获,放逐于河南睢县南部的"南巢"之地。据史典《尚书·仲虺之诰》记载:"成汤放桀于南巢。"战国时期吕不韦《吕氏春秋·仲秋纪·简选》也记载:"汤伐桀,战于成,登自鸣条,乃入巢门,遂有夏。"说明"南巢""巢门"本指一地。据徐中舒主编《汉语大字典》"巢"字解释:"古地名。春秋卫地,在河南省睢县。"[42]北宋乐史《太平寰宇记·开封府二》记载:"巢城,在(襄邑)县南二十里。"清代著名经学家江永的《春秋地理考实·卷三》也记载:"巢亭,在襄邑县南二十里,今归德府睢州巢亭是也。"[43]秦代"睢州巢亭"归属"襄邑县",治所在今河南睢县;汉代属"陈留郡",本在夏代古莘国,即陈留东南一带。

"鸣条"本与东夷地区相邻,也是东夷人舜帝的下葬地。故战国思想家孟轲《孟子·离娄下》记载:"舜生于诸冯,迁于负夏,卒于鸣条,东夷人也。"[44]"鸣条"与商汤讨伐、流放夏桀的春秋卫国"巢"同地,也是"东夷"之地。从商汤发起"鸣条之战"的地理位置,可以看出:商汤"南亳""北亳""韦国""顾国""葛伯国""昆吾国""三朡国""成国""南巢"均在开封帝喾古莘国"亳都"及北部"鸣条"的周边一带。

因此,战国著名思想家荀况《荀子·议兵篇》记载:"古者汤以薄,武王(商汤)以镐皆百里之地,天下为一,诸侯为臣,无他故焉。"[45]这里的"薄"与帝喾旧都"亳"同地,后来商汤在这里推翻了夏桀,取得了天下。战国时期狄人、著名思想家墨翟《墨子·非命上》也记载:"古者汤封于亳,绝长继短,方地百里。"[46]方圆约"百里"的开封祥符区杜良东辛庄一带的商汤"都亳",西距郑州直线距离80公里,更不用说洛阳偃师以及山西安邑"鸣条""夏邑"了。

对此,西晋著名医家皇甫谧《帝王世纪》认为:"葛伯不祀,汤使亳众为之耕,有童子馌食,葛伯夺而杀之。计宁陵至偃师八百里,而使亳众为之耕,有童子馌食,非其理也。""非其理"还在于,当时"汤封于亳"仅为"百里之地",也称"方地百里"。古代"里"要比现在"里"计量单位小,所以古代"百里"要比现在"百里"距离近。而这个"百里",正是商汤开封古莘国"景亳"、山东曹县"北亳"与河南宁陵"葛伯国"三者之间的距离,却不可能是山东曹县"北亳"、河南宁陵"葛伯国"到达郑州、洛阳偃师"景亳""商亳""百里"以上的距离。

2. 商汤建都于陈留帝喾、商契古莘国"亳都"

商汤在开封古陈留北部发动的"鸣条之战",是夏灭商兴的重要标志,也为商汤建立商朝、王都奠定了基础。尽管中国史学家对于商汤建都早有定论,但当我们根据中国古典记载和开封人文、地理实际进行分析时,就会发现这些定论存在着许多无法弥补的缺憾。

下面就依据中国古典记载和开封人文、地理状况,谈一谈我们的观点:

一是帝喾古莘国"亳都"与"鸣条"相邻。开封东部地理环境测量表明:古陈留"鸣条"南部距离直线约15公里处,为夏杼六世王都老丘(今祥符区杜良国都里一带);"鸣条"南部直线距离约17公里处,为商汤发起招讨夏桀"鸣条之战"前,在吉妃、伊尹古莘国的驻军地"招讨营"(今祥符区杜良乡招讨营一带);"鸣条"南部直线距离约19公里处,为帝喾古莘国"亳都"(今祥符区杜良东辛庄一带);"鸣条"本身就地处济水(黑水、玄水)、浚水(丹水、获水)、伊水(圈章河)流经之地。

坐落在开封东部"浚水"之滨帝喾"浚"的"有莘国",也称"古莘(辛)国",或"古佚国"。古莘国、古辛国,或古佚国,都是一国多名,本在古陈留一地。据战国时期吕不韦《吕氏春秋·本味篇》记载:"有佚氏女子采桑,得婴儿(伊尹)于空桑之中。"东汉训诂大家高诱注:"佚读曰莘。"可见"莘""佚"是通用的。有佚国的有佚氏,就是有莘国的有莘氏。开封"古莘国""有莘氏""浚仪""浚水""青丘玄池",与帝喾、商契、商汤"亳都""景亳""商丘""商山"等,具有传承华夏历史、文化和地理的连续性特点。

不仅如此,帝喾"浚"的古莘国"亳都",儿子"契"的"商丘""商山",还与炎帝建都、伊尹出生的古陈留"空桑"同为一地。商汤在这里发起"鸣条之战",既是为了夺取夏朝王杼六代王都"老丘",夏桀王都"斟寻""宫室""瑶台"的中央政权,也是为了回归商汤先祖帝喾、商契世代居住、建都的古莘国"亳都"故土,最终实现了商人取代夏桀、回归先祖故都的梦想。

所以,春秋时期史学家左丘明《左传·昭公四年》记载:"商汤有景亳之命。"[47]"景亳之命"本指商汤通过开封古莘国"鸣条之战",继承古陈留帝喾帝都"景亳"之象的天子之命。

二是夏末历史事件多与古陈留"亳都""鸣条"同地。开封古陈留之地,是夏桀妃子、大臣的居住地。

夏桀的宠妃为有施氏妹喜。据史典《国语·晋语》记载:"昔夏桀伐有施,有施人以妹喜女焉。"[48]所以,西晋皇甫谧《帝王世纪》记载:夏桀"日夜与妹喜

第十三章 开封陈留是帝喾、商汤最早的"亳都"

及宫女饮酒,常置妹喜于膝上。妹喜好闻裂缯之声,桀为发裂缯,以顺适其意"。而有施氏"妹喜"的祖地,则在古韦国、韦城,今在河南滑县东南妹村,也曾归属长垣县管辖。

据西汉儒家学者韩婴《韩诗外传·卷十》记载:夏桀"残贼海内,赋敛无度,万民甚苦"[49]。说明夏桀奢侈无度,筑琼宫、修瑶台、累肉山、造脯林、为酒池是导致天下百姓怨恨的重要原因(如下图)。脯林、酒池,也称"酺池"。开封古有"酺池",汉代梁孝王曾重修。据北宋乐史《太平寰宇记·卷一》记载:"酺池,在(浚仪)县西北六里,古大梁城内。""酺池"本指上古时期帝王有"吉庆"之事,特赐臣民聚会、吃肉、饮酒的地方。著名忠臣关龙逢见夏桀作酒池,淫湎放荡,荒于政事,极力抗辩劝阻,却惨遭残忍杀害。族人把他下葬在长垣县城东南10公里处的龙相村。明代著名文学家李梦阳,曾为其撰写碑文。

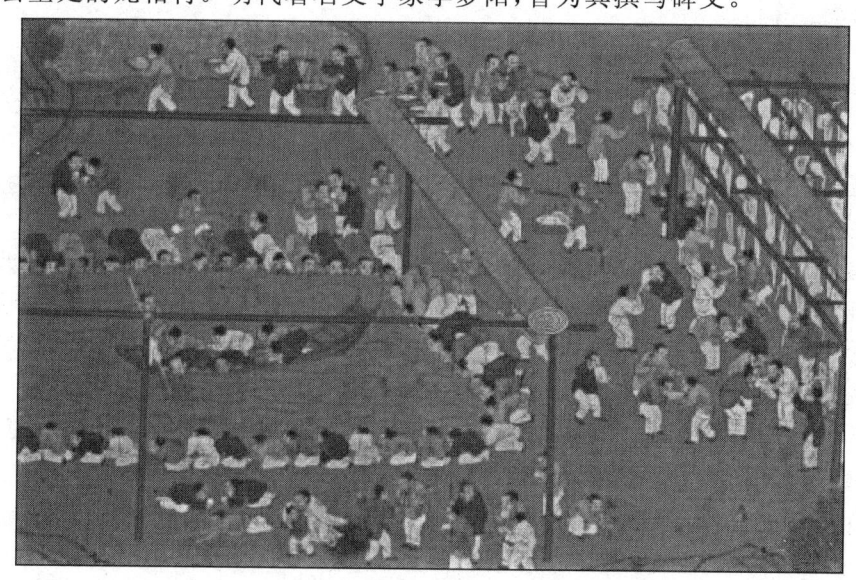

脯林酒池图

因高阳氏颛顼帝建都古陈留"高阳",所以古开封也被后人称作"高阳"。据北魏郦道元《水经注·卷二十二》记载:狼汤渠(浚水)"又东经大梁城南,本春秋之阳武高阳乡也,于战国为大梁"。出自开封颛顼帝后裔的高阳氏终古,为夏桀当政时期的太史令,是夏代掌管记载史事、编写史书、起草文书及兼管国家典籍和天文历法的史官。他因劝谏夏桀不成,而东奔山东曹县南部的"北亳"商汤。战国时期吕不韦《吕氏春秋·先识览》记载:"夏太史令终古出其图法,执而泣之。夏桀迷惑,暴乱愈甚。太史令终古乃出奔于商。"这里的"图法",是指约束天子的图书法典。

此外,商汤吉妃、右相伊尹,最早均为开封陈留古莘国子民。而辅佐商汤的另一位左相仲虺,也是开封古莘国东部"薛国"之人。这些事实,无论史典记载、家谱传承,或是地理方位、民间文化均可得到印证,也是商汤"景亳"在开封的人文地理支撑。

3. 商汤建都于先帝"亳都"和夏朝"社稷"故地

对于商汤建立商朝之前、居住在河南商丘南部"南亳"和山东曹县南部"北亳"的观点,大家争议不大。争议的焦点主要集中在"商亳""景亳"和"西亳",即"亳都"问题。据战国孟轲《孟子·滕文公下》记载:"汤居亳,与葛为邻。""葛伯"为居住河南宁陵北部的葛伯国国君。商汤自"南亳"迁徙"北亳",均与葛伯国为邻。

其实,商汤建立商朝后的"亳都",也与东南部的葛伯国为邻,并在古河水、古济水"两河"之南,即"河南",也在古狼汤渠(浚水)、伊水流域。据战国史书《世本·本纪》记载:商"契是帝喾子,知先王是契父帝喾。帝喾本居亳,今汤往从之,喾实帝也"。说明商汤建立商朝之后,仍然回归契的父亲帝喾的"亳都"居住,而不是在南亳、北亳或他地另建商朝王都。对于最早居住"亳都"的"先王"为帝喾,而非商契,汉代孔安国、唐代孔颖达在《尚书正义》中作了进一步说明:商汤"先王,天子也。自契以下,皆是诸侯,且父称其汤,今云从先王居者,必从契之先世天子所居也"。文中商契的"先世天子所居",也就是帝喾古莘国"亳都"之地的观点,陈述得十分准确和精辟。

中国最早史书《尚书·汤誓》也记载:"汤既胜夏,欲迁其社,不可,作夏社。伊尹报。于是诸侯毕服,汤乃践天子位,平定海内。"大意是说,商汤灭夏之后,想换掉夏人在鸣条一带的王都社神,可社神祭祀的是远古共公氏之子句龙,能平水土,还没有谁比得上他,所以没有换成,于是写下《夏社》,说明夏社不可换的道理。伊尹向诸侯公布了这次大战的战绩,自此,八千诸侯全都听命归服了。商汤在鸣条一带的夏社王都旧地,登上天子之位,平定了天下。

对此,战国魏国大梁编撰的《竹书纪年·卷上》也记载:商汤"十八年癸亥,王即位居亳,始屋夏社"。说明商汤称王位的商都"亳",仍在夏杼王都"老丘"和夏桀"鸣条"的"夏社"之"屋",最终不曾变迁。所以,汉代孔安国、唐代孔颖达《尚书正义》认为:"契是商之始祖,故原本之自契至于成汤,凡八迁其都,至汤始往居亳,从其先王帝喾旧居,当时汤有言,告史序其事。"这说明帝喾的古莘国"亳都",才是商人契、汤最早的"景亳",而"景亳"之地也是商人契、

-212-

汤最早的"商丘""商山"之地。后来，商人迁徙异地建邑，多以"商""亳"称呼，此乃后话。因此，开封古陈留周边以"商""亳"为名者较多，甚至后来也开始向四方更远的地方传承。

4. 商汤"亳都"有开封星野、桐陵、伊水印证

"商亳""商丘""商山"之"商"，与四象二十八宿中的"商星""心宿"相对应，也称"大辰""大火"。据春秋史书《左传·昭公元年》记载："迁阏伯于商丘，主辰。商人是因，故辰为商星。""阏伯"，即"契"，因迁徙帝喾"亳都"之地的"商丘（山）"，后人以"商"为氏，称作"商契"，或"商族""商人"，也曾为舜帝儿子商均的封地和下葬地"鸣条苍梧山"。故古典《山海经》记载："赤（浚、丹）水之东有苍梧之野，舜与叔均之所葬也。""叔均"，即舜子商均。唐初著名书法家欧阳询《艺文类聚》也记载：伏羲"太昊之盛，有白云出自苍梧，入于大梁（开封）"[50]；"商星"对应地支为"辰"，指太极四象"东方苍龙"七宿中的"心宿"。地支"辰"也对应星野"角、亢"，古代是指郑国至兖州之地。明代文学家张岱缀辑《夜航船·卷一·天文部》记载："分野角亢氏：郑，兖州。"[51]开封春秋时期曾为郑国之地"留"，被陈国占领后称作"陈留"。开封汉代属兖州，称"陈留郡"，正对应地支"辰"、星野"角、亢"的"商星"之位。

商汤去世后，伊尹将其葬于"桐陵"，也称"桐宫""桐丘"。据中国现存最早皇室文献《尚书·太甲上序》《史记·殷本纪》等史典记载：商汤嫡长孙"帝太甲既立三年，不明，暴虐，不尊汤法，乱德，于是伊尹放之于桐宫"。文中"桐宫"也称"诸桐""桐丘""桐陵"，为商汤下葬的陵墓，也是伊尹让商王太甲思过处。"桐陵"之"桐"，本为盛产于开封一带的"梧桐"，也称"泡桐"。据南朝历史学家范晔《后汉书·志第二十一·郡国三》记载："陈留志曰：有桐陵亭，古桐丘。"[52]文中的"桐陵亭""古桐丘"，大致在杞县泥沟乡焦喇村，即古陈留"鸣雁亭"一带，西北距古莘国"亳都"直线距离约17公里。

夏王皋八年，伊尹出生于开封古陈留"伊水"之滨的"空桑"。"伊水"今称"圈章河"。焦喇村"鸣雁亭"位于"伊水"东岸，沿岸分布着伊庄、商庄、高辛庄、内宫营、郜（造）贵寨、圈章村等地名。清代《河南通志·山川》《陈留县志·山川》均记载："伊水，（陈留）县东北二十里，环绕伊尹故里。"[53]本指此地。

伊尹，又叫"伊挚"，是黄帝相"力牧"的后裔。唐代著名史学家司马贞《史记索隐》引魏晋医学家皇甫谧曰："伊尹，力牧之后，生于空桑。""力牧"曾在开封禹王台东北部"牧泽"牧羊，善于射箭。据北魏郦道元《水经注·卷二十二》记载："（古）吹台，北有牧泽，泽中出兰蒲，上多俊髦，衿带牧泽，方十五里，俗

谓之蒲关泽,即谓此矣。"说明伊尹和先祖力牧,均世居黄帝帝都"轩辕楼",即开封古陈留之地,又同任宰相之职。

伊尹也是陈留古莘国帝喾、帝尧的后代。据唐代林宝《元和姓纂》记载:"帝尧伊祁氏之胤,裔孙伊尹,名挚,相汤,生陟、奋。"[54]东汉经学家赵岐《三辅旧事》认为:"尧初生时,其母在三阿(昆仑山三层台,也指大阜商山)之南,寄于伊水,其后有伊姓。"[55]帝尧、伊尹均得姓于开封帝喾古莘国"伊水"之"伊"。

商汤去世后,伊尹辅佐汤的长孙太甲为王,并作《伊训》教育太甲。他认为自己辅佐先王建都于"鸣条"之"亳"。据史典《尚书·商书·伊训》记载伊尹曰:夏王"于其子孙弗率,皇天降灾,假手于我有命。造攻自鸣条,朕哉自亳"。大意是说,到了夏代末期,夏朝明德先王的子孙不遵循先人教诲,不施以德政,结果上天降下灭顶之灾,借助我和先王商汤之手,在"鸣条"将夏王朝推翻后建立"亳"都。

今开封市祥符区伊寨村现存有"伊氏祖茔""伊尹画像""伊尹庙图"《河南杞县伊氏家谱》等遗迹。其中《河南杞县伊氏家谱》从夏末至清,传143代,历3400多年,无一缺失,实在是个奇迹。对于印证古莘国、空桑、伊水、鸣条之战、夏都神社、商汤王都等华夏文化重地,具有无可辩驳的历史依据。

5."亳都"在天子"冀州"和夏商"中国"之地

对于"亳都"的认识,虽各有不同,但多被视作上古时期的"天下之中"或"中国"之地。据西晋著名政治家杜预《左传注》记载:"亳是小国,(伊)阙,不知所在。盖与燕相近,亦是中国也。"这说明,古人虽然不知"亳"在何地,但却知小国"亳"与"燕"临近,本是"中国"核心地区,故也有称作"燕亳"。"燕"国之"燕亳",本与开封古陈留之"亳"同地。而陈留之"亳",正是帝喾曾祖、中央黄帝出生、居住和建都的昆仑山"地之中""中央邦国",即"中国"。所以,道教天师张继宗在《崆峒问答·一二一问》中指出:"北邙治河南开封之北,当天下之中,受天下之正炁。"[56]

关于"燕亳"之"燕"国,本在河南延津东北45里处的"南燕国",而不是河北蓟县春秋时期的"无终子国"。"亳国"本在河南延津东南部的开封古"高阳""仪邑"之地。据明代《仪封县志·卷之上·建置沿革》记载:"唐虞仪邑(开封),为冀州也,夏商因之。周属卫国,为翟人所灭。"[57]这证明夏商时期的开封古"仪邑",本为陶唐氏尧帝、有虞氏舜帝的"冀州"之地,也就是"中州""中国"之地,绝非西周之后陕西、山西"冀州"之地。

第十三章 开封陈留是帝喾、商汤最早的"亳都"

对于这一观点,许多史典也有明确记载。如明末著名地理学家顾炎武注《正义》记载:"冀州者,天下之中州,唐、虞、夏、殷皆都焉。以郑(国)近王畿,故举冀州以为说。"[58]又在《日知录•集释卷二》记载:"古之天子常居冀州,后人因之,遂以冀州为中国之号。"对于"郑国"之地的"中国",西汉经学家刘向《战国策•秦策三》也有详细记载:"今韩魏,中国之处而天下之枢也。"[59]说明韩国与魏国之地,就是天下的中心,即"中国"。

开封古"仪邑""陈留"一带的"冀州""中国",本与商汤"鸣条""亳都"同地。所以,汉代孔安国、唐代孔颖达《尚书正义•卷八汤誓第一》记载"《伊训》曰:造攻自鸣条,朕哉自亳";"《汤诰》曰:王归自克夏,至于亳"。这进一步表明,"鸣条"之战打败夏桀后,商汤建都于先王帝喾古莘国"亳都"的历史具有真实性。而古莘国"亳都",正是商王成汤"克夏"后重新回归夏朝之地和帝喾"亳都"(如下图)。可见,夏朝的核心之地也在开封古陈留夏杼王都"老丘"之地。不仅如此,战国史书《世本》、西晋《帝王世纪》、北宋《太平御览》、南宋《通鉴地理通释》均记载"夏后居阳城,本在大梁之南,今陈留浚仪也"。本指开封禹王台(古吹台、繁台)之地。

帝喾古莘国"亳都"东部约9公里处,为祥符区罗王乡"虎丘寺"。从"虎丘寺"试掘出土的文物年代判断,这里有大汶口(距今6500～4500年)、龙山(距今4350～3950年)、二里头(距今3900～3500年)、早商、晚商、西周、东周等文化遗迹和遗物,几乎包含了中原华夏文明发源和传承的全部历史,且面积达数十万平方米。

帝喾、商汤图

此地与杜良乡东辛庄帝喾"亳都"近在咫尺。由于开封古陈留历史上频遭水患,帝王都被迫作小范围迁徙的可能性尚存。而"虎丘寺"包含华夏文明全部历史阶段的试掘成果,还用史实支撑了我们关于"开封为三皇五帝及夏、商前中期诸王居住和建都地"的观点,也对帝喾、商契、商汤建都开封东部一带提供了连续的历史文化和地理方位支撑。正是在这一论证的支撑下,使我们不得不对郑州、洛阳甚至陕西、山西等帝喾、商契、商汤"亳都"以及"鸣条"之地提出质疑。

如果上述观点成立,那么帝喾、商契、商汤最初居住、建都的"亳都",或称"商亳""景亳""西亳""商丘""商山"之地,均应在开封古陈留东部一带。开封也理应是帝喾帝都"景亳"、商汤王都"西亳"之地。

文献来源:

[1]张国硕:《试论郑州商都的年代》,平顶山师专学报,2004年04期。

[2]申利超:《偃师商城遗址——奠定中国宫廷建筑基本形制》,洛阳日报,2011年8月9日。

[3]许宏:《都邑变迁与商代考古学的阶段划分》载于《二十一世纪的中国考古学——庆祝佟柱臣先生八十五华诞学术文集》,北京:文物出版社,2006年版。

[4]《道藏》载(唐)王瓘:《轩辕本纪》,北京、上海、天津:文物出版社、上海书店出版社、天津古籍出版社联合重新印影涵芬楼本,1988年版。

[5](晋)皇甫谧、(宋)罗泌:《帝王世纪 路史》,北京:中华书局,1985年版。

[6](战国)吕不韦、(汉)刘安著,(汉)高诱注,杨坚点校:《吕氏春秋 淮南子》,长沙:岳麓书社,2006年版。

[7]黄怀信:《逸周书汇校集注》,上海:上海古籍出版社,2007年版。

[8](春秋)李耳、墨翟、(战国)庄周、列御寇等:《老子 庄子 墨子 列子》,呼和浩特:远方出版社,2002年版。

[9](宋)乐史:《宋本太平寰宇记》,北京:中华书局,2000年版。

[10]范祥雍:《古本竹书纪年辑校订补》,上海:上海古籍出版社,2011年版。

[11](清)秦嘉谟:《世本八种》,北京:中华书局,2008年版。

[12](汉)司马迁撰,(宋)裴骃集解,(唐)司马贞索隐,(唐)张守节正义,顾颉刚领衔点校,赵生群主持修订:《点校本二十四史修订本〈史记〉》,北京:中华书局,2014年版。

[13](晋)皇甫谧、(宋)罗泌:《帝王世纪 路史》,北京:中华书局,1985年版。

[14](元)王好古(海藏):《本草必读丛书:汤液本草》,北京:中国中医药出版社,2013年版。

[15](汉)班固撰:《汉书》,北京:中华书局,2005年版。

[16](北魏)郦道元撰,陈桥驿点校:《水经注》,上海:上海古籍出版社,1990年版。

[17](晋)郭璞注,(清)毕沅校:《山海经》,上海:上海古籍出版社,1989年版。

[18]王国维:《王国维遗书》,上海:上海书店出版社,2011年版。

[19]袁珂:《中国神话史》,北京:北京联合出版公司,2015年版。

[20](晋)皇甫谧著,(清)宋翔凤、钱宝塘编:《帝王世纪 山海经 逸周书》,沈阳:辽宁教育出版社,1997年版。

[21](南朝陈)顾野王:《舆地志辑注》,上海:上海古籍出版社,2011年版。

[22](宋)王应麟:《王应麟著作集成:诗考 诗地理考》,北京:中华书局,2014年版。

[23](南朝宋)范晔撰,(唐)李贤等注:《后汉书》,北京:中华书局,1965年版。

[24](春秋)辛妍:《文子》,上海:上海古籍出版社,1989年版。

[25](东汉)王充:《论衡》,上海:上海人民出版社,1974年版。

[26](唐)房玄龄等撰:《晋书》,北京:中华书局,1974年版。

[27]开封县地方史志办公室:《清·宣统二年〈陈留县志〉校注》,北京:北京燕山出版社,2011年版。

[28]卞孝萱、张清华编选:《韩愈集》,南京:凤凰出版社,2006年版。

[29](宋)苏轼:《苏轼全集》,上海:上海古籍出版社,2000年版。

[30](宋)周邦彦著,罗忼烈注:《清真集笺注》,上海:上海古籍出版社,2008年版。

[31](元)胡一桂撰:《十七史纂古今通要》,北京:国家图书馆出版社,2010年版。

[32](唐)魏征等撰:《隋书》,北京:中华书局,2008年版。

[33](三国魏)曹植著,赵幼文校注:《曹植集校注》,北京:人民文学出版社,1998年版。

[34](宋)章樵注释:《古文苑(含雨雹对)》,北京:中国书店出版社,2012

年版。

[35](魏)曹丕:《魏文帝集全译》,贵阳:贵州人民出版社,2009年版。

[36](唐)李泰撰:《括地志》,北京:中华书局,2005年版。

[37](唐)李吉甫撰,贺次君点校:《元和郡县图志》,北京:中华书局,1983年版。

[38](汉)郑玄笺,(唐)孔颖达正义:《毛诗注疏》,上海:上海古籍出版社,2016年版。

[39](春秋)孔子著,杨靖、李昆仑编:《尚书》,兰州:敦煌文艺出版社,2015年版。

[40](汉)孔国安传,(唐)孔颖达正义,黄怀信整理:《尚书正义》,上海:上海古籍出版社,2007年版。

[41]长垣县地方史志编纂委员会:《明清民国长垣县志(整理本)》,长垣:长垣县地方史志编纂委员会,1993年版。

[42]徐中舒主编:《汉语大字典》,武汉、成都:湖北辞书出版社、四川辞书出版社,1993年版。

[43](清)江永:《春秋地理考实》,上海:上海古籍出版社,1987年版。

[44](战国)孟轲撰:《孟子》,北京:北京燕山出版社,1995年版。

[45](战国)荀况:《荀子》,上海:上海古籍出版社,2001年版。

[46]李小龙译注:《墨子》,北京:中华书局,2007年版。

[47](春秋)左丘明撰,(晋)杜预集解:《春秋左传集解》,上海:上海人民出版社,1977年版。

[48](春秋)左丘明:《国语》,上海:上海古籍出版社,1978年版。

[49](汉)韩婴编著:《校元刊本韩诗外传》,北京:中国书店出版社,2007年版。

[50](唐)欧阳询:《艺文类聚》,上海:上海古籍出版社,2011年版。

[51](明)张岱缀辑:《夜航船》,成都:四川文艺出版社,2005年版。

[52](南朝宋)范晔:《后汉书》,南京:凤凰出版社,2010年版。

[53](清)孙灏、顾栋高纂,田文镜、王士俊监修:《河南通志》,郑州:中州古籍出版社,1987年版。

[54](唐)林宝:《元和姓纂》,北京:中华书局,2008年版。

[55](东汉)赵岐:《三辅决录 三辅故事 三辅旧事》,西安:三秦出版社,2006年版。

[56](清)张继宗:《崆峒问答》,江西:《龙虎山道教·知识·文献经典》,2013年

版。
[57]《嘉靖仪封县志》,上海:上海书店出版社,1990年版。
[58]顾炎武撰:《顾炎武全集》,上海:上海古籍出版社,2011年版。
[59](西汉)刘向集录:《战国策》,上海:上海古籍出版社,1998年版。

第十四章　开漳圣王与伏羲陈氏河洛文明传承

中国福建、台湾等地的陈姓人，一般认为河南固始是唐代名将、"开漳圣王"陈元光的原籍，并将其当作自己的远祖尊奉祭祀（如下图）。陈元光之"陈"姓，是华夏民族最早的姓氏之一，历史文化源远流长，陈氏子孙繁衍昌盛，既分布于中国四方，又遍及世界各地。它像中原浑浊雄壮的河水，奔腾不止；又像中原清澈柔顺的济水，生生不息。

不仅福建、台湾陈姓的远祖在河南固始一带，而且林、郑、黄、蔡等姓均源自河南固始一带。据宋人梁克家《三山志》引唐代福建闽县隐士林谞《闽中记》记载："永嘉之乱，中原士族林、黄、陈、郑四族先入闽，今闽人皆称固始人。"[1]台北新庄市《鸿儒蔡氏族谱》记载："先世居光州固始。唐武后垂拱二年（686年），从陈元光入闽。"[2]扬海中《河洛文化：连结海峡两岸的纽带》引台北县《虎丘林氏族谱》记载："先世固始人，祖有林一郎者任唐。"[3]

福建、台湾上述姓氏的迁徙，是中原华夏文明向南部各地传承的一个缩影。据《河洛文化与台湾文化的渊源关系》引台湾高绪观《台湾人的根——八闽全鉴》记述："台湾人文礼俗源于中土，相袭八闽，举几信神拜佛，敬天祭祀。"[4]所以，福

"开漳圣王"陈元光图

建莆田人、闽南人称自己为中原"河洛人"。福建、台湾"中土""河洛"等地名文化的出现，向我们提出了一些值得深入思考的问题，如"开漳圣王"陈元光"陈"姓最早发源地"河洛"是指什么？"中土"与"中原"之间是什么关系？"陈"姓文化是如何自中原向南方福建、台湾等地传承的？

一、伏羲女娲成婚、建都于昆仑山"陈都"

华夏民族的人文始祖为伏羲,伏羲居住的开封古陈留"成纪""陈都"是中国"陈"姓文化的发源地。若论"陈"姓文化的产生,可以追溯到天皇伏羲、地皇女娲时期(如下图)。

距今大约 7000 年的伏羲时期,华夏民族尚处于太极混沌、鸿蒙未开阶段。此时天地玄黄,宇宙洪荒,华夏先民的思维、开化程度还处于蒙昧未知的原始阶段。在反复实践、认识的基础上,伏羲带领华夏先民于天地中央的昆仑山肇始了太极八卦,即河图洛书文化,教化华夏子民进入了文明发展的新阶段。对于伏羲、女娲居住和成婚于昆仑山,古人有明确的记载。如唐代学者李冗《独异志》认

伏羲、女娲图

为:"昔宇宙初开之时,只有女娲兄妹二人在昆仑山,而天下未有人民。议以为夫妇,又自羞耻。兄即与妹上昆仑山,咒曰:'天若遣我兄妹二人为夫妇,而烟悉合,若不,使烟散。'于烟即合,二人即结为夫妇。"[5]文中"昆仑山",是华夏始祖伏羲和女娲烟火绞合、磨盘滚石、追逐成婚之地。伏羲女娲合婚后,氏族繁衍发展,日益昌盛。伏羲以木德代燧人氏继天而王,称"天皇";伏羲去世后,女娲(羲)代立,称"地皇"。

据《汉唐地理书钞》辑西汉荣氏易学著作《遁甲开山图》记载:"伏羲氏生于成纪,徙治陈仓,都于陈。"[6]伏羲在"陈仓"所建皇都,也称"都陈"。相传昆仑山本义是神仙居住的"阳开阴封"之山,简称"阴阳山""开封山""神岗"。因此,开封有黄柏氏伏羲居住的"黄柏山",有列位神仙居住的"陈陵""神岗"。在当地民间,至今不仅有伏羲女娲的神话传承,还有伏羲女娲在昆仑山滚磨盘石合婚的"土柏岗""盘石""神岗"等地名存在,当地村民还重新修建伏羲、女娲及太极道教庙观,以供奉、祭祀先祖。

据中国最古老的易学著作《古三坟·太古河图代姓纪》记载:"伏羲氏,燧人子也。因风而生,故风姓……草生月,雨降日,河泛时,龙马负图。盖分五色,文开五易,甲象崇山。天皇始画八卦,皆连山,名《易》。"[7]说明"龙马负图"是

天皇伏羲"始画八卦"和《易》书"连山"形成的依据。可见,太极八卦也称"河图洛书"《易》书"连山",是中国符号文字和图画之始。而开封古陈留罗王西部,至今仍有"连山""虎丘""峦庄"等古地名存在。

魏晋时期杰出的医学家皇甫谧《帝王世纪》记载:"燧人之世有巨人迹出于雷泽,华胥以足履之,有娠,生伏羲于成纪。蛇身人首,有圣德,都陈。"[8]"雷泽""成纪"都是印证伏羲出生地的重要依据,也应与伏羲"始画八卦"同指一地。

上古时期"雷泽""成纪"的地理位置均在开封一带。据战国魏国大梁托名大禹著作《尚书·禹贡》、汉代司马迁《史记·夏本纪》记载:"雷夏既泽,雍、沮汇同。"[9]雍水、沮水汇同的"雷夏既泽",也称"雷泽"。南朝史学家裴骃《史记集解》认为:东汉经学大师"郑玄曰:雍水、沮水相触而合入此(雷)泽中。"雍水也称"濉水""灉水""汳(汴)水"。明代翰林学士刘三吾《书传会选》认为:"灉水即汳(汴)水也,灉之下流入于睢水、沮水。"[10]灉水、汳(汴)水流经开封北部一带,与沮水、睢水汇合于封丘东南部舜帝下葬"鸣条"西部的"青龙湖",而"青龙"正是伏羲文化和地理标志(如下图)。

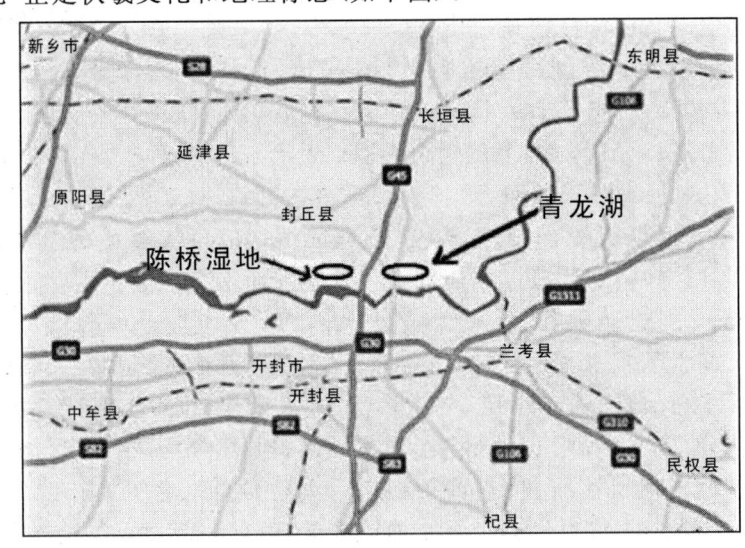

封丘"青龙湖"位置图

传说伏羲用当地苍梧山盛产的梧(泡)桐木做古琴,神农造瑟,女娲制簧,暴辛为埙。舜帝又曾在此地创作了"韶乐"之曲。据战国大梁《竹书纪年》记载:"有虞氏舜作《大韶》之乐。"[11]受历代古帝之乐文化影响,曹岗乡清河集成为戏曲逻逻、梆、弦、豫剧和祥符调的发源地。清代徐珂《清稗类钞·戏剧》

第十四章 开漳圣王与伏羲陈氏河洛文明传承

"土梆戏"条记载:"土梆戏者,汴人相沿之戏曲也。其节目大率为公子遇难、小姐招亲及征伐赛宝之事。道白唱词悉为汴语,而略加以靡靡之尾音。"[12]而"靡靡之音",本为当地上古乐师师延所作。

"成纪"之名,由伏羲始画太极八卦,以成纲纪之意命名。"成纪"之"纪",是指太极八卦、五行地支文化中的"木星"。"木星"约12年运行一周天,古人根据其运行规律用来纲纪四方和年岁,故也称"岁星""太岁""纪星",也把创造以木星纪年、木德而王的伏羲称作"纪星""成纪"。木星秉太极五行东方生气之精华运行,也称"青阳""青龙""青帝",在太极"九宫图"中居"木春""雷震""天留""仓门"之位。"成纪"为"容成"氏和"成"姓的发源地。据清朝学者张澍补注《世本》记载:"容成作调历,(东汉著名学者)宋衷注:'容成,黄帝之臣。'澍按容成因五量,治五气,起消息,察发敛,作调历,岁纪甲寅,日纪甲子而时节定。"[13]黄帝之臣容成居住和"作调历"之地,就是伏羲出生的"成纪"之地。

因太极"九宫图"之"中宫"与土阜高台昆仑"中央""地中"相对应,位于昆仑左(东)边为"阝",在"日"升"木"中的"東(东)"方之地,故"阝"与"東"合称为"陳(陈)"。因此,伏羲在昆仑山东方所建皇都也称"陈都",或"都陈";又因伏羲下葬于此地,也称"陈山""陈陵"。伏羲的"都陈""陈陵"在"九宫图"八宫、艮宫"天留"和三宫、震宫"仓门"方位,也称"陈留""陈仓"(如下图)。"陈留""陈仓"的河水、地名、寺庙,也随伏羲东方、五行青木而称"清水河""青龙湖""清河集""清阳寺""青帝陵"等,都具有东方、伏羲文化内涵。

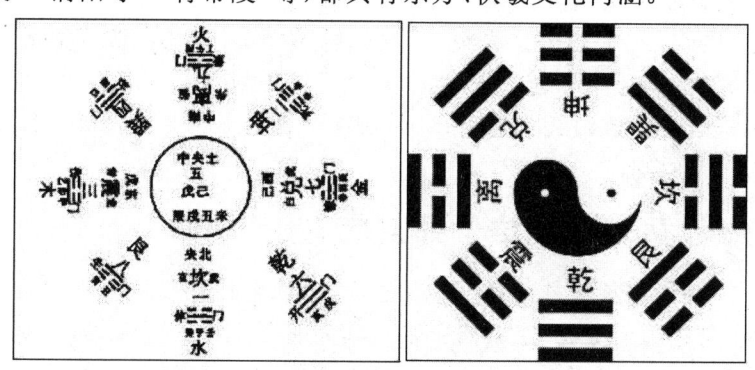

先后天八卦方位图

因此,伏羲后裔"柏"姓家谱认为,黄柏氏(柏皇氏)伏羲住在开封陈留黄柏山(皇柏山)上,名叫"柏芝",以柏木为图腾,是太极八卦肇始者。北宋史学家乐史《太平寰宇记·卷一》记载:开封"大梁城东三十里,汴水北五里,有黄柏山"[14]。印证着伏羲出生、居住和建都在开封东部的古陈留。宋代罗泌《路史·后纪一》也认为:"天皇伏羲都陈留。"[15]宋代开封府尹包拯留下石刻,认定开封是伏羲"龙马负图处"(如下图)。开封陈留汴河北至今仍有"河图庄"地名存在。

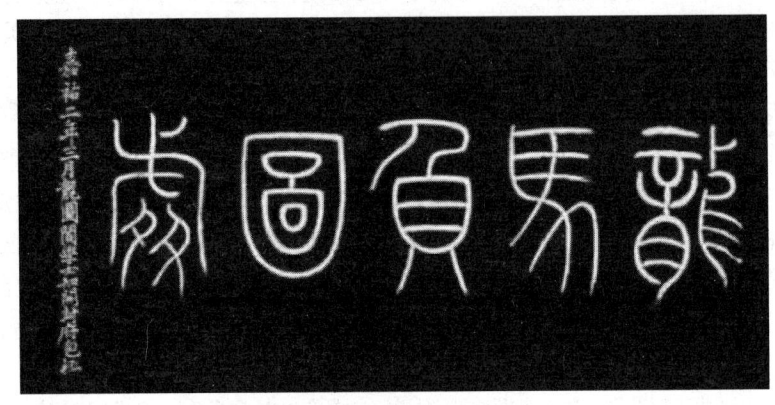

开封包拯石刻"龙马负图处"碑图

"龙马负图"也指伏羲肇始的太极八卦,即河图洛书、龙图龟书。直到民国时期,黄氏逸书考《礼含文嘉》仍认为:"伏羲德合天下,天应以鸟兽文章,地应以河图洛书,乃则之以作《易》。"[16]文中《易》,就是阐述日月、阴阳交替运行太极之道的河洛文化,也是伏羲教化华夏先民认识和遵循天地变化的自然规律,是最早指导华夏先民生存、劳作和发展的启蒙文化。

对于伏羲始肇太极八卦、河图洛书之地,古人虽有多种说法和记载,但却改变不了"昆仑山""雷泽""成纪"三位一体的事实,本与伏羲肇始太极八卦、河图洛书文化的东方"陈仓""陈陵""陈都"同在中原古陈留一处。尽管伏羲后人将这些地名传承到了四面八方,却始终不会也不应背离太极八卦、河图洛书文化的根本原则。

二、炎、黄二帝继位于开封昆仑山"陈都"

神农氏炎帝继承伏羲、女娲皇位之后,仍然居住在"昆仑山""成纪""陈都"。"陈"是青龙氏伏羲、空桑氏炎帝及其后裔天文中心的象形,古称"陈仓""陈留"或"陈(丰、逢)"等,均指三皇五帝时期的天文观测中心和皇都、帝都所在地。

据宋代罗泌《路史》记载:炎帝"空桑氏,以地纪空桑者,充卤也。其地广绝,高阳氏所尝居……若乃伊尹之生,共工氏之所灌,则陈留矣"。又记载:古易学著作"《归藏》启筮云,空桑之苍苍,八极之既张。乃有羲和,是主日月,职

第十四章 开漳圣王与伏羲陈氏河洛文明传承

出入以为晦明"。文中"地纪"与"成纪"同义,是天之中天帝太一的"三垣",地之中天皇伏羲的"昆仑山",太极四象和天圆地方之地;"空桑"为开封古陈留(今杞县)炎帝帝都所在地,"空桑"南部(今杞县)高阳镇为"高阳氏"颛顼帝都;"兖卤"开封在汉魏时期属于兖州陈留郡(如下图)。"卤"指兖州陈留郡多有盐碱地;"八极"为伏羲太极八卦中的八个方位,即"八方";"羲和"也称"重黎",指在三皇五帝之都仪象台观测日月运行、制定历法的天官,今称"天文学家"。

开封杞县炎帝帝都、伊尹故里空桑图

古人认为伏羲居住的"都陈""成纪""地纪""空桑",均在地之中昆仑山东南部阳地。为此,明代学者王文禄《海沂子·稽阐篇》记载:"羲牛成纪,都陈,在昆仑南。"[17]"羲牛"也称"羲炎",指伏羲和炎帝。说明炎帝帝都"空桑"、颛顼帝帝都"高阳",同在伏羲"都陈""成纪""昆仑"一地。唐朝名相房玄龄《晋书·地理志》也记载:"昔庖牺氏生于成纪,而为天子,都于陈。神农氏都陈,而别营于曲阜。"[18]文中"都陈",本指开封古"陈留";"曲阜",最早指开封古"陈留"北部曲径盘旋而上的土阜高台,即昆仑山地中、中土。商周时期,黄帝"曲阜"地名文化被殷商遗民传承到鲁国(今山东曲阜)。

西晋皇甫谧《帝王世纪》也记载:"炎帝初都陈,后徙鲁。"文中"鲁"指上古时期开封"鲁沟",也称"沙水""贾鲁河""蔡水""鸿沟"等。中国最早诗歌总集《诗·鲁颂谱》认为:"鲁者,少昊挚之墟也。"[19]"少昊"也称"青阳""少颢",为黄帝长子金天氏"玄嚣",居住于郑州荥阳"鸿沟"之滨的"嚣山(敖仓)"。

"玄嚣"出生在战国时期魏国国都大梁城"鸿沟"北岸,即开封古"鲁"地。唐代王瓘《轩辕本纪》、宋代《轩辕黄帝传》均记载:黄"帝娶西陵氏于大梁,曰嫘祖,为元妃。生二子玄嚣、昌意"[20]。本指开封北部黄帝帝都"轩辕楼(丘)"。商周时期,少昊氏玄嚣后裔也将"鲁"文化传承到了鲁国。这说明居住于开封古陈留"空桑"的"神农氏"炎帝,继承了伏羲"都陈"之地,也与"成纪"

"昆仑""雷泽"同在一地。

黄帝时期,又继承了伏羲、炎帝"都陈"之地。据汉代著名地理学家桑钦《水经·渭水注》记载:东汉学者"应劭曰:(陈仓)'县氏陈山。'姚睦曰:'黄帝都陈,言在此。'"[21]说明古人认为黄帝建都在伏羲、炎帝"都陈"一带,也称"陈山"或"陈仓山"。这说明,开封古陈留"陈仓"文化,被夏朝农正后稷、不窋的后裔周太王姬亶和出生魏国大梁的汉高祖刘邦族人,传承到了陕西宝鸡、陈仓、天水等地之说不虚。所以,北魏地理学家郦道元《水经注·卷十七》记载:东汉南安(今甘肃秦安余县)人"姚睦曰:黄帝都陈言在此。(西汉)荣氏《开山图注》曰:伏牺(羲)生成纪,徙治陈仓,非陈国所建也"[22]。可见伏羲"成纪""陈仓"在西周"陈国"之说,早有异议。伏羲"都陈"与"成纪""陈仓""陈山"等本在一地,古人将其分离的原因,在于后世迁徙、传承过程中淡化了"陈"文化的本质内涵。

这些表述进一步说明两个问题:一是黄帝居住和称帝同在开封古陈留"都陈",与伏羲成纪、昆仑、陈仓、陈山和炎帝连(列)山、地纪、空桑同地。而伏羲黄柏山"都陈"之地的昆仑大阜"陈山",也称"陈陵"。故宋代史学家乐史《太平寰宇记·卷一·开封府》记载:"陈陵,在(陈留)县北二十里。"二是"都陈""陈陵",最早并非西周河南淮阳"陈国所建",陕西、甘肃也存在"成纪""陈仓""陈山",佐证这是华夏文化的一种传承。

黄帝及其后裔继承炎帝帝位和帝都后,古人便把"都陈""陈仓"视作祭祀炎帝的祀祠。如宋代学者罗泌《路史·后记》记载:"黄帝所崇炎之祠于陈。"宋代罗萍注释:"黄帝所崇疑在陈仓。"伏羲"都陈""陈仓",因在太极五行东方"仓门",即"春门""龙门"之位,也称"东山""东园""东苑""东门"等等。

宋代王应麟《诗地理考》认为:"毛氏曰:东门宛丘,国之交会。戴氏曰:陈诗多言东门,必陈人游息之地。范氏曰:择高之地而荒乐焉。"[23]"陈人"文化传承的"宛丘",最早是指昆仑山"苑圃",也称"苑丘""夗丘"。据西周文王《清华简·保训》记载:"昔前夗传宝,必受之以诃……昔舜旧作小人,亲耕于历丘,恐救(求)中。"[24]文中"前夗",就是黄帝铸造诃(铜)鼎、传"宝"与后人的昆仑山"夗(苑)丘",即"苑圃",也是舜帝在地之中昆仑山称帝"执中"之地。西周时期舜帝后裔陈胡公建都陈国后,也称为"宛丘",传承的仍然是伏羲昆仑山"苑丘"和太极五行"东门"文化。

炎黄后裔大月氏、大夏氏、乌孙氏等华夏先民逐步西迁后,把中原昆仑山地区的妫水、大宛、弱水、昆仑和西王母文化带到了青藏高原或西域,建立了大月国、大夏国、乌孙国、安息国、条枝国、大宛国等。汉代司马迁《史记·大宛列传》记载：波斯一带的"安息长老传闻条枝（伊朗高原西部）有弱水、西王母，而未尝见。"大宛国之"大宛"，本指昆仑山大阜三层台上的空中花园，即"苑圃"。西域"大宛"国首府为"贰师城"，据说今为土库曼斯坦阿斯哈巴特城。

汉代张骞出使"大夏""大宛"等地时，自认为找到了黄河水的源头，并把中原华夏先民居住的天地中央、昆仑山、高台苑圃和西王母等文化，认定在西部地区的青藏高原。汉代司马迁《史记·禹本纪》也记载："黄河发源于昆仑（指青藏高原）。昆仑高达二千五百余里，是日月相互隐避和各自发出光明之处。"这就从根本上否定了伏羲在中原古陈留"陈都"肇始太极八卦、河图洛书的上古华夏文明史，至今却仍为一些历史学家奉为"至理名言"，实在可叹可悲。

西周陈国淮阳的伏羲后裔"陈人"，称太极四象"木青""青龙"和昆仑山"宛丘"东方为"东门"，具有对伏羲、炎帝、黄帝、舜帝"陈都"的缅怀、祭祀和游息之意。正与宋代东京人每年春季到开封东部土阜台岗之地，用郊游、踏春、野宴等形式缅怀、祭祀伏羲的风俗相吻合。开封古陈留"陈陵""东门"，上古时期大禹居住的"阳城"（今禹王台）和治水的"东山""龙门""春门""青阳"，均在开封浪荡渠（潆水、沮水、鸿沟、汴水）流域。对此，北魏地理学家郦道元《水经注》记载：浪荡渠，即"汳（汴）水又东，龙门故渎出焉。渎旧通睢水，故《西征记》曰：龙门，水名也。门北有土台，高三丈余，上方数十步。汳（汴）水又东经济阳考城县故城南，为葘获渠"。战国史书《世本》也记载：大禹"夏后居阳城，本在大梁之南，于战国大梁魏都，今陈留浚仪是也"。

陈姓后裔有句老话："黄帝神兵阵，舜后万世陈。"意思是说，黄帝在土阜昆仑山东部摆列兵车的"阵"地，也是伏羲、舜帝居住和建都的"陈"地。中国最早词典《广雅·释古》认为："陈，列也。"[25]汉代许慎《说文解字》认为："陈（卜夕），列出。从（卜夕），陈声。俗字作阵。"[26]可见，古代"陈"字与"阵"字相通。根据今人解释，金文"陈"字左边的"阝"，是旌旗的形状；右边的"东"字，是战车车轮。上面载着戈矛，下面则是土字的会意。总体含义为：昆仑山东部土阜大丘之前，旌旗招展，战车成队，中央黄帝正在检阅"阵列"待命出征的士兵。"陈"姓图腾由此产生。

生活在开封蓬（逢）泽的黄帝氏族，效仿蓬泽"蓬草"随风飞转的原理，发明了高轮车。车的横木为"蓬"，也称"轩"；车的轮子称"辕"，也指高轮车两根用力的直木扶手。"轩辕"二字，均从"车"字偏旁。因此，蓬泽北部禹王台的山也称"蓬山"，高轮车也称"轩辕车"，蓬泽北部黄帝帝都也称"轩辕丘（楼）"，黄帝氏族也称"轩辕氏"。上述之地之物，均在开封古陈留"都陈"。

三、"陈"氏为颛顼帝、帝喾氏族的族名

黄帝去世后，次子昌意的儿子颛顼继承了帝位和"陈都"，即"陈仓"之地。据战国时期吕不韦《吕氏春秋》记载："帝颛顼生自若水，实处空桑，乃登为帝。"[27]颛顼称帝的"空桑"，在炎帝帝都"空桑"南部，今为杞县高阳镇。北宋地理总志《太平寰宇记》引汉代《图经》记载：开封"浚仪有高阳故城，颛顼高阳氏佐少昊有功，封于此城"。

颛顼高阳氏因居住古陈留伏羲、炎帝、黄帝"都陈"，便以"陈"地作为自己"氏族"的名称（如右图）。所以，春秋时期史官左丘明《左传·昭公八年》记载："陈，颛顼之族也。"[28]由此，开封"陈"地也成为已知中国"陈氏"的最早出处。

陈姓图腾

"陈氏"族人颛顼帝，把帝位传承给玄嚣的孙子帝喾。帝喾为高莘氏，也称"有莘（辛）氏"，迁都于"亳"，在颛顼帝都"高阳"北部的祥符区陈留镇辛庄、杜良乡东辛庄一带建立有莘（辛）国，后人称作"古莘国"。唐初魏王李泰《括地志》记载："古莘国在汴州陈留县东五里故莘城是也。"[29]唐代地理学家李吉甫《元和郡县图志》记载："汴州陈留县故莘城，在县东北三十五里古莘国地。"[30]两文记载虽有约三十里误差，说明历史上帝喾"古莘国"的"亳都"曾有小范围迁徙。

帝喾的母族和妃子庆都均为"陈氏"。对此，宋代学者罗泌《路史·国名纪己》记载：黄帝长子玄嚣的儿子"侨极取陈丰氏生帝喾，喾复取陈氏（女）生帝尧，齐之丰丘，陈氏邑也"。文中"齐之丰丘"，在开封伏羲黄柏山"陈陵"和"盘石村"西北部，今为"齐寨"一带；"陈丰氏"，是指居住在"齐之丰丘""陈氏邑"的"帝喾"母族或妃子"陈氏"庆都。

可见，发源于开封的"陈丰氏"，也称"陈氏"，是中国姓氏"陈"的最明确记载。

"陈氏"庆都作为帝喾的妃子，自然居住帝喾古莘国"亳都"一带，也是尧帝母亲"陈氏"庆都居住地"齐之丰丘""陈氏邑"。说明帝喾"古莘国"和妃子"陈氏"的"齐之丰丘"，与伏羲、炎帝、黄帝居住、称帝和建都的"都陈""成纪""陈仓""昆仑山"同在一地。

四、尧帝"陈""留"后裔在开封延绵不断

有莘氏帝喾和妃子陈氏庆都的儿子为放勋。放勋在开封古陈留昆仑山继承父亲帝喾和哥哥帝挚帝位后,称作"尭(尧)帝"。昆仑山形状为三层土阜高台,而"尭帝"之"尭",也为三个土字"垚"所组成,是对昆仑山三层土阜高台的象形书画。

在开封昆仑山南部、太极五行"赤(丹)、朱雀"方位的"汴河",即"赤水""丹水"之滨,尧帝生下儿子"朱"。中国最早国别体著作《国语•楚语》韦昭注释:"朱,尧子,封于丹。其后裔为丹氏。"[31]所以,"朱"也称"丹朱"。据《中国古今地名大辞典》记载:"汴河古亦称丹水,汴水的前身是丹水。"[32]因"丹水"在开封古陈留的"留"地,"丹朱"被执政的虞舜初封在"留"地,后裔刘累等也以"留(刘)"为氏(如下图)。

因此,中国最早史书《尚书•中侯》记载:"尧之长子监明早死,不得立,监明之子式封于刘。"[33]北宋史学家宋祁、欧阳修《新唐书》记载:"舜封尧子丹朱为唐侯,夏时丹朱裔孙刘累。"[34]两文均说明尧帝的儿子监明、丹朱的后裔均为"刘"姓。而宋代罗泌《路史》也记载:"丹朱之兄监明早死,庶兄九,其封于留者为留氏。"可见,"刘"与"留"同义互用,仍在开封古陈留之"留"地。

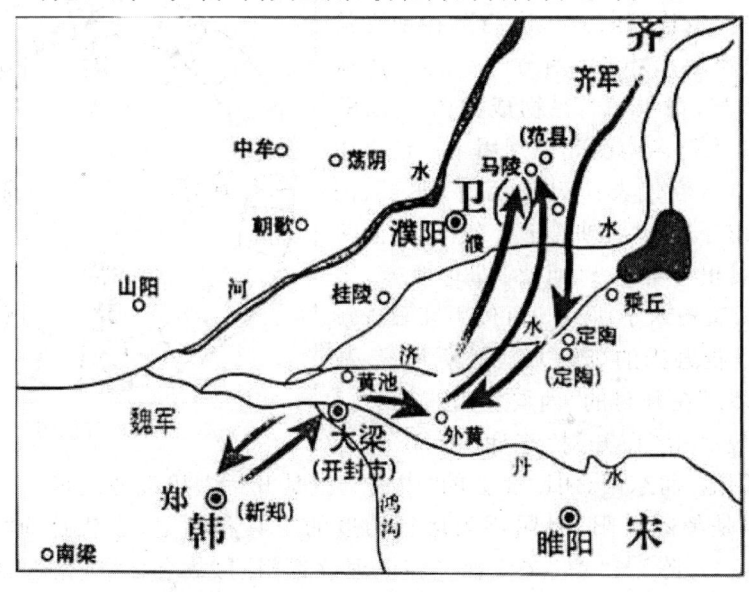

开封汴河,亦称丹水位置图

"陈氏""陈仓"本与"陈留"一地,而"陈"地就是"留"地。据辞书之祖《尔

雅·释古上》记载:"刘,陈也。"[35]"刘"姓是燧人氏魁隗氏、炎帝神农氏族系鸺鹠族的族称。"鸺鹠"之"鹠",即"留",由十二地支第四位"卯"和"田"组成,后来演变为"劉(刘)"。其实,"田"便是观测日月运行的仪象台"陈"地。东汉政论家王符《潜夫论·志氏姓》记载:"陈姓之后有仪氏。"[36]故"留(刘)""田""仪""陈"本是一家。汉代许慎《说文解字》认为:"田,陈也,树谷曰田。""刘"姓图腾的含义,是一位长者手持刻刀,契刻春天和秋天节气到达地球的运行规律,简作"留(劉)"。

"劉"是个形声字,从"金"、从"刀",为"卯"声。"卯"是"劉"字的声符语音;"金"和"刀"是"劉"字的义符字义。"刘"字本义为斧钺一类的兵器,古代为皇权之象征。中国最早史书《尚书·顾命》记载:"一人冕执刘,立于东堂;一人冕执钺,立于西堂。"[37]东汉儒学大师郑玄解释:"刘,盖今镵(音蝉)斧。""一人执刘"立"东堂"的原因,在于"劉"像"陈""留"一样,本在太极五行的东方"东门"之位。由于"刻刀""镵斧"为"金"。因此,古代"刘"姓与"金"姓也为一家。

十二地支第四位称"卯",为太极五行东方、春季的"仓门"方位,也称"东门""龙门""春门";"田"为仪象台测量日月运行规律所立主表天竿"東"的象形和所在地。与"春门"相对应的是"秋门",也称"西门""虎门",在地支第十位称"酉",本指"西方"。西方与"秋季"搭配,意味着"谷物成熟",可以酿酒。古人把东南西北分别用十二地支中的四个方位代表:东卯、西酉、北子、南午(如右图)。"东卯"即正东方,太阳每天早晨出于卯位;"西酉"即正西方,太阳每天黄昏入于酉位。酉位由高阳氏颛顼之子祝融氏的"鄭(郑)"姓所掌管,故"鄭(郑)"在开封的"西酉"方位,为秋门"阴"地;"留"在开封"东卯"方位,为春

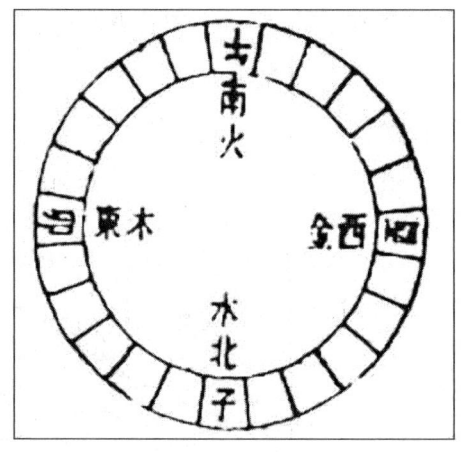

四正方位图

门"阳"地,而东西、阴阳交会的"中央",就是开封太极混沌之地。"刘"中的竖"刀",是契刻日阳、月阴周天运行历度的工具和标记,古代称作"占""卜""卦"等。"陈"与"留"文化含义和地理位置相同,故合称"陈留",都是三皇五帝时期天官观测日月运行规律的仪象台。

第十四章　开漳圣王与伏羲陈氏河洛文明传承

五、舜帝、商均出生及下葬在开封浚水、鸣条

尧帝之后，虞舜在开封古陈留伏羲、炎帝、黄帝故土"都陈"继位，在昆仑山地之中称帝"执中"。舜帝本是黄帝、颛顼的后裔。据司马迁《史记·五帝本纪》记载："虞舜者名重华，重华父曰瞽叟，瞽叟父曰桥牛，桥牛父曰句望，句望父曰敬康，敬康父曰穷蝉，穷蝉父曰帝颛顼，颛顼父曰昌意，以至舜九世矣。"一般认为，自黄帝至舜帝传世九代。

帝舜与帝喾一样，都出生在开封北部的"浚水"，以"俊鸟"，即"夋鹜仪（浚仪）"为氏族图腾，而"浚仪"就是开封、陈留的异名。所以，帝舜、帝喾也称"帝浚（夋）"或"帝俊"。"俊"在甲骨文中与"浚"相同，为姬、姜、姚、陈等姓氏之祖。先秦古籍《山海经·大荒西经》记载："帝俊生后稷。"[38]指的是后稷之父"帝喾"。《山海经·大荒南经》记载："帝俊妻娥皇，生此三身之国，姚姓。""娥皇"指的是"帝舜"妃子。

帝舜出生在开封古陈留昆仑山东部先祖的"都陈"，是东夷人的最早发源地。舜与尧帝之女娥皇、女英在开封浚水之滨"九成台"成亲，生下了儿子叔均，因被封在"商地"，也称"商均"。父子二人去世后与尧帝儿子丹朱同样，被下葬在开封古陈留北部的"鸣条苍梧山"。因此，战国时期思想家孟轲《孟子·离娄章句下》记载："舜生于诸冯，迁于负夏，卒于鸣条。东夷之人也。"[39]

文中"诸冯"，泛指开封逢泽一带诸水或水神。古籍《国语·周语下》认为："伯陵之后，逢公之所冯神也。""冯神"居住在逢伯陵后裔逢公的逢泽之地。宋代罗泌《路史》记载："逢，伯爵，伯陵之国，黄帝所封，夏有逢蒙，《穆天子传》逢公其后也。地今开封逢池，一曰逢泽。"

"负夏"泛指春秋时期卫国开封仪邑之地。南朝学者裴骃《史记集解》引东汉经学大师郑玄曰："负夏，卫邑。"西汉礼学家戴德《礼记·檀弓》记载："曾子吊于负夏。又阳夏，在开封。"[40]

"鸣条"在开封东北方位，也称"苍梧山"。战国大梁竹简《竹书纪年》记载："鸣条有苍梧山。""鸣条""苍梧"两名一地，春秋时期在卫国"平丘"，汉代为兖州陈留郡平丘县（长垣县），今为封丘县黄陵岗平街，是舜帝去世和下葬之地，也是商汤讨伐夏桀"鸣条之战"的著名古战场。河南《长垣县志》记载："鸣条亭，舜崩处，陈留郡平丘县有鸣条亭。"[41]先秦古籍《山海经·海内南经》记载：鸣条"苍梧之山，帝舜葬于阳，帝丹朱葬于阴"。《山海经·大荒南经》记载：昆仑山南部"赤（浚、丹、汴）水之东，有苍梧之野，舜与叔均之所葬也"。"叔均"即舜的儿子"商均"。南朝宋裴骃《史记集解》记载：舜帝妃"娥皇无子，女

英生商均"。

一般认为,娥皇、女英应与父系尧帝、丈夫舜帝、儿子商均居住的开封古陈留伏羲"昆仑山""都陈""陈氏""浚水""鸣条苍梧"同地。汉代易学著作《易纬·稽览图》、唐代魏征《隋书·列传第三十四》均记载:"太平时,阴阳和合,风雨咸同,海内不偏,地有阻险,故风有迟疾。虽太平之政,犹有不能均同,唯平均乃不鸣条,故欲风于亳。亳者,陈留也。"[42]可见,开封古陈留本与帝喾、尧帝、舜帝最早的"鸣条""亳都"同地,也是"亳"文化的起点。

传说,舜帝自幼在开封浚水(鸿沟、沙水、蔡水)河滨学习制作陶甄,日臻成熟,很受尧帝和当地人的喜爱。为此,汉代司马迁《史记·五帝本纪》记载:"舜耕历山,渔雷泽,陶河滨,作什器于寿丘,就时于负夏。"文中"历山"为上古时期羲和氏观测天象,制定历法的仪象台之地,也称"成纪",或"历山";"雷泽"为开封古陈留"济水""鸣条"一带的"青龙湖",也是伏羲的出生地;"寿丘"与开封昆仑山东部、伏羲"都陈"和太极四象"青龙"宿中的"寿星",即"角、亢"星野相对应。辞书之祖《尔雅》认为:"寿星,角亢也。"汉代《史记·天官书》认为:"角亢氐,兖州也。"唐初房玄龄《晋书·天文志》也认为:"兖州济北陈留入亢五度。"[43]对应汉武帝元狩元年(公元前122年)陈留郡归属的"兖州"之地;"负夏",即开封"负阳""阳夏",与西汉戴德《礼记·檀弓》记载的"负夏。又阳夏,在开封"相一致。

舜帝氏族曾居住于开封陈留南部"桃花洞"、八里湾镇"黄姚"之地。汉代许慎《说文解字》对"姚"字解释:"虞舜居姚虚,因以为姓。"宋代宋祁、欧阳修《新唐书·宰相世系表》记载:"姚,姓。虞舜生于姚虚,因以为姓。"唐代太常博士林宝《元和姓纂》也记载:"虞氏:虞舜有天下,号曰虞。子商均因以为氏。"[44]说明舜帝因生于"姚虚""号曰虞",以"姚""虞"为姓氏。

中国最早史书《尚书·尧典》记载:舜"厘降二女于妫汭,嫔于虞"。"二女"为帝尧两个女儿和舜帝二妃,即娥皇、女英。其子商均,因生于帝尧及娥皇、女英居住地"妫汭"而姓氏"妫",又因母系"嫔妃"娥皇、女英居住舜帝"姚""虞"之地,也以"姚""虞"为姓氏,而舜帝也称"虞舜"。

据汉代司马迁《史记·陈杞世家》记载:"昔舜为庶人时,尧妻之二女,居于妫汭,其后因为氏姓,姓妫氏。舜已崩,传禹天下,而舜子商均为封国。夏后之时,或失或续。"可知,"妫汭"为商均继承舜帝的旧都封国,也称"虞"或"虞国"。西汉儒家学者、经学家孔安国《尚书正义》则记载:"虞与妫汭为一地。"[45]可见,"虞""妫汭"与舜帝帝都、商均封国及死后下葬的开封"昆仑山"、伏羲"都陈""浚(沙、蔡)水""鸣条苍梧"同在一地,也是传说中开封古陈留八里湾镇"黄姚"之地。

这里便是娥皇、女英居住"虞""妫汭",继承父系帝喾、尧帝"亳都"、母系"陈氏"的祖地;也是舜帝、商均后裔被称作"陈氏"的地理原因和文化依据;更是古人认定"虞""妫汭""陈留""陈氏"与娥皇、女英、舜帝、商均及后裔同为一地的历史基础。而产生于此时此地"虞""妫汭""陈留""陈氏"等文化,逐步被帝喾、尧帝、舜帝、商均的后裔传承到了中原的四面八方。

六、夏商"陈氏"守望着开封"陈国"祖地

夏商时期,舜帝、商均后裔一直在开封古陈留周边居住,以制作陶甄的技能为生,成为夏、商、周时期的陶正,繁衍生息。随着舜帝、商均后裔和鸿沟、沙水、蔡水、阴(颖)水、汝水逐步向开封南部传承,后周北宋的柴瓷、汴东瓷大有被汝州汝瓷、禹州钧瓷取代之势,此乃后话。

尽管"陈"文化起源于伏羲、炎帝、黄帝"都陈"陈留,开封的"陈氏"也形成于颛顼、帝喾时期,由于历史久远、传承断代等多种因素影响,造成许多陈姓家谱中误将虞舜视为陈姓第一始祖,并向后世传承。而陈姓发源地也与开封古陈留无缘,这种情况应得到澄清。

在陈姓家谱传世中,有一位先祖称作"虞遂"。据春秋时期史学家左丘明《左传·昭公八年》记载:"自幕至于瞽叟,无违命,舜重之以明德,置德于遂,遂世守之。"大意是:"陈氏"从幕直到瞽叟都没有违背天命,舜又增加了盛德,德行一直落到遂的身上。遂的后代守护着它。文中"幕"为"虞幕",传说为黄帝的曾孙、舜帝的先祖;"瞽叟"为舜帝的父亲;"遂"为舜帝的后人"虞遂",也是西周陶正阏父的先祖。据西晋著名政治家杜预《春秋左传注》记载:"遂,舜后。盖殷之兴,存舜之后而封遂。"[46]战国时期史书《世本》宋忠注释:"虞思之后,箕伯直柄中衰,殷汤封遂于陈,以为舜后是也。"这里的"陈",是"遂世守之"的舜帝下葬地古陈留"鸣条",而非西周"陈国"淮阳。说明商汤经过"鸣条之战"消灭夏桀后,在舜帝下葬地"鸣条"封"虞遂"为"虞侯",建"虞国",也称"遂""遂(随)国"。

因此,"鸣条"也称作"遂"或"鸣条之遂",既是对"鸣条"地理环境的客观描述,也是对虞遂以地取名的文化印证。所以,上海博物馆藏楚竹书《容成氏》记载:商"汤又从而攻之,降自鸣条之遂,以伐高神之门。桀乃逃之南巢氏。汤又从而攻之,桀逃去之苍梧之野"[47]。"高神之门"中的"高神",为上古中国天地之间最高的神,本指天帝、天皇、太一、天一、北极、太极等。在道教中称元始天尊、元始天王,也就是盘古、混沌。而阴阳和合的混沌就是太极,也指肇始太

极文化的天皇伏羲。"高神之门"本指开封昆仑山和天皇伏羲"都陈"的东门、春门,在古陈留"鸣条""老丘""东辛庄(帝喾亳都)"一带,也称"苍梧之野"。

"鸣条之遂"位于开封东部古黄沟、睢水与济水交汇的北部(如下图)。清代《康熙字典》对"遂"解释:"《前汉·王陵传》上佐天子理阴阳,下遂万物之宜……又成也,从志也。《礼·月令》百事乃遂。《注》遂,犹成也……又国名。《春秋·庄十三年》齐人灭遂。《注》舜之后,国在济北蛇丘东北。"[48]文中"佐天子理阴阳"的"成"地,就是伏羲出生和始肇太极阴阳的"成纪"之地。

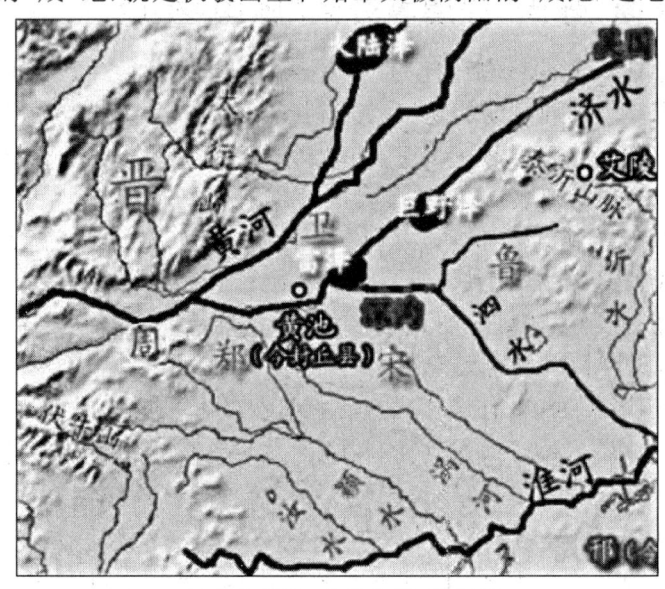

开封东北雷泽(鸣条之遂)位置图

史典《尚书·汤誓》也记载:"伊尹相汤伐桀,升自陑遂,与桀战于鸣条之野,作《汤誓》。""伊尹"为商汤辅国相,生于夏代杞国炎帝"空桑"旧都,也是"鸣条"南部帝喾"古莘国"人;"鸣条之野",就是"陑遂"南部一带的"苍梧之野"。

商周时期,"遂(随)国"的部分虞遂后裔迁徙到"济北蛇丘",居住在今山东肥城县一带,春秋时期被齐人所灭。另一部分虞遂后裔仍旧在开封古陈留"鸣条之遂"一带居住。可见,直到商周交替时期,舜帝"陈氏"后裔的主要居住地大致不变。

自舜帝开始,"陈氏"历经商均、虞思,传承到商代陈国国君伯戏、阏父,大约历经33世。商纣王时期,陈国伯戏之弟虞阏父投附三公之一的西伯侯姬昌,因制陶技艺精湛,博得了周文王的欢心,任陶正之官,并将长女太姬嫁给阏父之子妫满。周武王灭商后,因商代开封陈留的"陈国"旧地分封给了管、蔡、

第十四章 开漳圣王与伏羲陈氏河洛文明传承

霍叔,以监管武庚和殷商顽民,便重新分封遏父之子和内弟妫满于淮水之阳,建立"陈国",以奉舜帝"陈氏"之祀。

所以,春秋左丘明《左传·襄公二十五年》记载:"昔虞阏父为周陶正,以服侍我先王,我先王赖其利器用,与其神明之后,以备三恪,庸以元女太姬配胡公而封诸侯。"汉代司马迁《史记·陈杞世家》也记载:"陈胡公满者,虞帝舜之后也……至于周武王克殷纣,乃复求舜后,得妫满,封之于陈,以奉帝舜祀,是为胡公。""妫满"以先祖"陈"氏之名封国,也称"陈胡公",是西周"陈国"的第一代国君。显然,西周"陈胡公"并不是中国"陈氏"最早始祖。

西周"陈国"无论在历史、文化、星野、地名、山丘、河流等方面,或是伏羲炎帝黄帝"都陈"、太极四象"东门"、昆仑山"宛丘"、蔡水沙水鸿沟、占卜蓍草白龟等方面,都与上古开封古陈留相互重叠、相互交叉(如下图)。据东汉班固

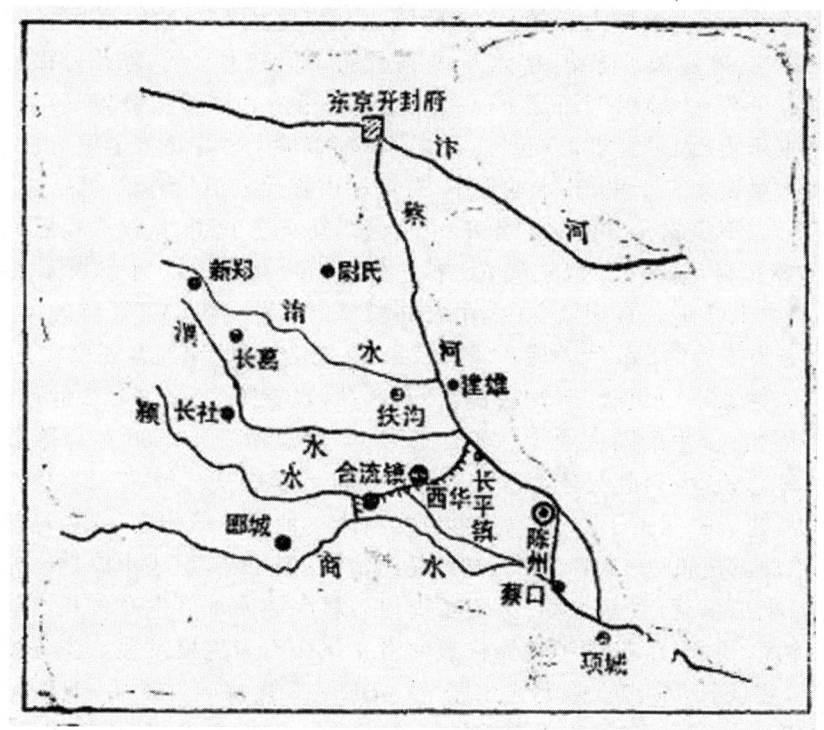

开封、蔡河、陈州图

《汉书·地理志》记载:"陈,故国,舜后,胡公所封,为楚所灭。楚顷襄王自郢徙此。莽曰陈陵。苦,莽曰赖陵。阳夏。宁平、扶沟、涡水首受狼汤渠,东至向入淮,过郡三,行千里。"[49]文中的"陈""舜""陈陵""阳夏""涡水""狼汤渠",

均发源于"陈胡公"先祖居住地开封古陈留之"陈国"。正因为如此,陈国的淮阳之地有"陈胡公"陵墓,却不见"虞阏父"陵墓,原因就在于商末"虞阏父"先祖的开封"陈国"与周初新封的淮阳"陈国"不在一地。

所以,考古学家虽曾在淮阳"陈国"发现西周陶片和战国板瓦,证实当年陈胡公墓和陈胡公拜殿的建筑情况,却不曾见当地发现商代之前文化层的报道。而陈胡公墓在沼泽中央的历史原因,正是仿效伏羲下葬地"陈陵"在"四渎""四海"环绕昆仑山的文化传承而来。

七、陈实、陈元光是弘扬中原华夏文明的践行者

西周之后,陈姓开始在陈国淮阳一带不断发展壮大。据陈姓家谱记载,陈胡公满第43世孙陈实(即陈寔),为东汉颍川许县(今河南许昌东)人,被封为太丘县令(今河南永城太丘镇),人称"陈太丘",陈姓后裔称他为"颍川世泽,太丘家声"。陈实长子陈纪,字元方,即陈元方。但陈寔父亲、陈元方祖父去世后却没有下葬在"颍川",而是下葬在开封陈姓祖茔之地的伏羲"陈陵"。据宋代史学家乐史《太平寰宇记·卷一》记载:陈留"陈陵,在县北二十里。按《城冢记》云:大梁城东三十里,汴水北五里,有黄柏山陈元方祖父墓二十区,有碑存"(如下图)。不仅陈元方祖父下葬开封"陈陵",陈元方儿子、东汉大司农陈群的墓也下葬开封"陈陵"。据宋代《太平寰宇记·卷一》记载:"陈司农墓,在(陈留)县北二十八里。有碑篆文:大司农陈群墓也。"进一步印证了陈姓祖茔,本与开封三皇五帝"都陈""陈陵""陈留"和"陈氏"发源同地的客观事实。

据陈姓家谱中记载,陈胡公满第68世孙,也指陈实(陈寔)12世孙陈政,为河南固始人,生于隋大业十二年(616年)。唐总章二年(669年),陈政任唐朝南行军总管,率兵赴福建南部平定民族动乱。唐咸亨二年(671年)四月,陈政去世后儿子陈元光子袭父职,继续开疆辟土。他创建漳州府,成为漳州首任刺史,治理漳州长达43年。陈元光励精图治,发展生产,引进中原地区先进农耕技术,屯田垦荒,兴修水利,改变了闽地刀耕火种的落后生产方式。他重教化,兴庠序,讲礼仪,推动了中原伏羲河洛文化在闽南生根发芽。为各民族和谐共存,实现长治久安,陈元光主张"汉蛮通婚",化解族群矛盾,改善民族关系。陈元光战死后,其子孙及部将继续经营漳州等地,使之成为"扼闽粤之吭、开千百世衣冠文物"的八闽名邦之一。

自唐以后,历代朝廷对陈元光的追封达22次,仅两宋时期就多达15次,人称"圣王公""陈圣王""威惠圣王""开漳圣王"等等。此后,开漳后裔不断向我国台湾、香港和东南亚地区迁徙,既带去了"开漳圣王"中原先祖伏羲的太

极河洛文化,也延续了发源于开封古陈留的"陈氏"血脉。从此,"开漳圣王"成为台海两岸华夏民族共同信奉的神祇。

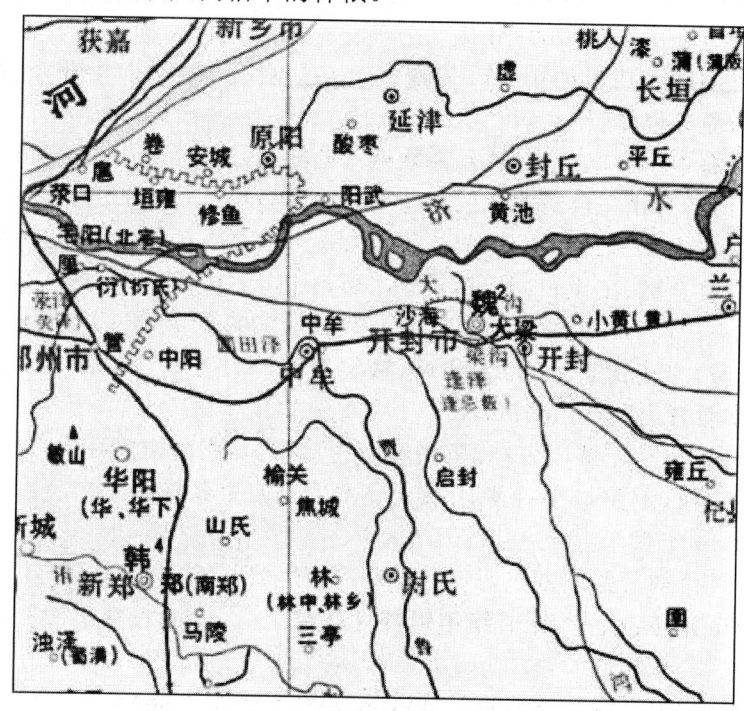

开封逢泽、小黄(黄柏山)位置图

通过对陈氏文化发源的探讨和研究,我们初步可以得出以下结论:

一是"陈"姓是华夏人文始祖伏羲等三皇五帝的最早子孙,中原开封古陈留"都陈"是"陈"姓的最早发源地,太极八卦、河图洛书是"陈"姓先祖创造的原始启蒙文化。

二是中原开封古陈留是"陈"姓氏族、文化和血脉产生的祖地和根基,西周陈国淮阳是"陈"姓氏族、文化和血脉的重要传承。西周陈胡公对上古时期和西周之后"陈"姓文化的继承和发展,起着承上启下、继往开来的重要作用。

三是颍川许县陈实(陈寔)、光州固始陈元光,都是开封古陈留华夏先祖的"陈氏"后裔,对中原太极八卦、河图洛书文化逐步向我国南方和海外传承,做出过重大贡献,无愧于"颍川世泽""开漳圣王"的盛名,是值得海内外"陈"姓和华夏民族共同尊奉和祭祀的一代楷模。

文献来源：

[1](宋)梁克家著，陈叔侗校注，福建省地方志编纂委员会整理：《三山志》，北京：方志出版社，2003年版。

[2]陈寿同：《唐人的由来》，河南省地方志编撰委员会：《中州今古》，1992年增刊(中原寻根专辑)。

[3]扬海中：《河洛文化：连结海峡两岸的纽带》，光明日报，2013年版。

[4]《河洛文化与台湾文化的渊源关系》，华夏经纬网，2008年版。

[5](唐)李冗、张读撰：《独异志 宣室志》，北京：中华书局，1983年版。

[6](清)金谿、王谟辑：《汉唐地理书钞》，北京：中华书局，1961年版。

[7]《古三坟书》，北京：国家图书馆出版社，2006年版。

[8](晋)皇甫谧著，(清)宋翔凤、钱宝塘编：《帝王世纪 山海经 逸周书》，沈阳：辽宁教育出版社，1997年版。

[9](汉)司马迁撰，(宋)裴骃集解，(唐)司马贞索隐，(唐)张守节正义，顾颉刚领衔点校，赵生群主持修订：《点校本二十四史修订本〈史记〉》，北京：中华书局，2014年版。

[10](明)刘三吾：《刘三吾集》，长沙：岳麓书社，2013年版。

[11]范祥雍：《古本竹书纪年辑校订补》，上海：上海古籍出版社，2011年版。

[12](清)徐珂编撰：《清稗类钞》，北京：中华书局，1984年版。

[13](汉)宋衷注，(清)秦嘉谟、张澍补注：《世本八种》，北京：书目文献出版社，2008年版。

[14](宋)乐史：《宋本太平寰宇记》，北京：中华书局，1999年版。

[15](晋)皇甫谧、(宋)罗泌《帝王世纪 路史》，北京：中华书局，1985年版。

[16](清)黄奭：《汉学堂知足斋丛书》，北京：书目文献出版社，1992年版。

[17](明)王文禄撰：《海沂子》，上海：上海古籍出版社，1996年版。

[18](唐)房玄龄等撰：《百衲本晋书》，北京：国家图书馆出版社，2016年版。

[19]程俊英：《诗经译注》，上海：上海古籍出版社，2006年版。

[20]《道藏》载(唐)王瓘：《轩辕本纪》，北京、上海、天津：文物出版社、上海书店出版社、天津古籍出版社联合重新印影涵芬楼本，1988年版。

[21](汉)桑钦：《水经》，北京：中华书局，1991年版。

[22](北魏)郦道元、陈桥驿注：《水经注》，杭州：浙江古籍出版社，2013年

版。

[23](宋)王应麟:《王应麟著作集成:诗考诗地理考》,北京:中华书局,2014年版。

[24]冯远:《竹简上的经典清华简文献展》,北京:清华大学出版社,2016年版。

[25]钱大昭:《广雅疏义》,北京:中华书局,2016年版。

[26](汉)许慎:《说文解字》,北京:中华书局,1963年版。

[27](战国)吕不韦著,(汉)高诱注:《吕氏春秋》,上海:上海古籍出版社,1989年版。

[28](春秋)左丘明等:《左传 吕氏春秋 战国策》,北京:北京出版社,2006年版。

[29](唐)李泰撰,贺次君辑校:《括地志辑校》,北京:中华书局,1980年版。

[30](唐)李吉甫著,贺次君校:《元和郡县图志》,北京:中华书局,2008年版。

[31](春秋)左丘明:《国语》,上海:上海古籍出版社,1978年版。

[32]臧励龢:《中国古今地名大辞典》,上海:上海书店出版社,2015年版。

[33](春秋)孔子著,杨靖、李昆仑编:《尚书》,兰州:敦煌文艺出版社,2015年版。

[34](宋)欧阳修、宋祁等:《百衲本新唐书》,北京:国家图书馆出版社,2014年版。

[35](晋)郭璞注:《尔雅》,杭州:浙江古籍出版社,2011年版。

[36](汉)王符著,汪继培笺:《潜夫论》,上海:上海古籍出版社,1978年版。

[37](汉)郑玄:《尚书郑注》,上海:商务印书馆,1937年版。

[38](晋)郭璞注,(清)毕沅校:《山海经》,上海:上海古籍出版社,1989年版。

[39](战国)孟轲、荀况:《孟子 荀子》,北京:线装书局,2013年版。

[40](西汉)戴德、戴圣:《礼记》,兰州:敦煌文艺出版社,2015年版。

[41]长垣县志编纂委员会:《长垣县志》,郑州:中州古籍出版社,2011年版。

[42](唐)魏征等撰:《隋书》,北京:中华书局,2008年版。

[43](唐)房玄龄等撰:《晋书》,北京:中华书局,1974年版。

[44](唐)林宝:《元和姓纂》,北京:中华书局,2008年版。

[45](汉)孔安国传,(唐)孔颖达正义,黄怀信整理:《尚书正义》,上海:上海古籍出版社,2007年版。

[46]杨伯峻注:《春秋左传注》,北京:中华书局,1983年版。

[47]马承源主编:《上海博物馆藏战国楚竹书》,上海:上海古籍出版社,2001年版。

[48](清)张玉书:《康熙字典》,上海:上海书店出版社,1985年版。

[49](汉)班固:《汉书》,北京:中华书局,2005年版。

第十五章　开封、苏州两地太极、昆吾、寒山文化一脉相传

通过对开封华夏历史文化的长期研究，笔者提出了"开封地处太极文化发源的天、地、人'中央'方位，是三皇五帝氏族居住和建都的'中央邦国'，是上古时期昆仑山'中国'"的基本结论。目前，这一观点愈来愈受到国内学者的关注和支持。

2014年9月，笔者撰写的关于"和合文化与生态文明"等两篇论文，被"中国苏州和合文化论坛"选中，并受邀参加了在中国苏州举办的"和合文化与生态文明研讨会"，与国内200余名专家、学者交流了我们对太极文化、"和合"文化、生态文明的理解和认识。

会议期间，接到苏州科技大学原（筹）院长、寒山寺文化研究院院长姚炎祥先生打来的电话，说是要来苏州市会议中心笔者居住的房间看望。见面之后，方知姚先生是一位具有学者风度和气质、年已76岁的长者。在他的主持下，苏州自2006年以来多次召开具有国内外影响的文化论坛，致力于和合文化的研究和传承工作，取得了丰硕成果。由此，更增加了我们对姚先生的敬意。

对于笔者论文中关于"和合"文化与太极文化关系的观点，姚先生很感兴趣。他在论坛会务和接待十分繁忙的情况下，居然专心与笔者交流了整整两个小时。当姚先生听到笔者粗略地介绍开封昆仑山文化以及开封县、杞县也有寒山寺、虎丘寺等情况时，感到很好奇，并希望笔者把开封太极文化与苏州、寒山"和合"文化的关系加以探讨。

回汴后，笔者对开封与苏州历史文化的有关材料进行了搜集和分析。虽然可获取的上古时期历史文化资料很少，但也从中受到不少启发，有了一些新的认识。现整理出来，供大家参考，也不负姚先生之托。

一、关于开封、苏州太极、昆仑、地中文化的一致性

上古时期,华夏先民最早创造于开封的"太极""昆仑""地中""中国"等文化,具有华夏历史文明的本质特征。

1.对太极、昆仑、地中、中国文化含义的理解

"太极",在天是指紫微宫中的太极星。这象征着天的中央,也是日父、姓母等"神仙"居住的"天堂"之地。太极也称太一、太乙、太初、太易、北极、太始、昆仑等,既是华夏先民用象形、唯物、辩证的方式思维自然世界的理念,又是华夏先民运用大自然象形、唯物、辩证的方式解释宇宙发源和本质的方法。

华夏先民首先认识了天,又认识了地。于是,把自己的居住地称作"地之中""太极山",也称作"太一山""太乙山""太初山""太易山""北极山""太始山""昆仑山""太山""泰山"等。之后,再用这种天地自然观来解释和指导自己的生活、劳作、繁衍,并把华夏氏族领袖伏羲称作"太极",也称"太一""太乙""太初""太易""北极""太始""混沌""昆仑"等。

因此,太极文化也称伏羲太极文化,或伏羲八卦文化、太极河洛文化,而先天八卦、河图洛书都是太极文化的一种表述形式(如下图)。

伏羲画八卦图

我们认为,上天不是虚无缥缈的天,而是由太阳、月亮、星辰、大气、风、雷、雨、电等物质组成的客观世界,为物质的天;地也是由金、木、水、火、土等物质组成的客观世界,为物质的地,并受天的制约;人则是由天、地客观世界孕育出

的物质存在形式,是具有主观认识客观能动性的特殊物质形态,自然也受天、地的制约。可见,人受制于地,地受制于天,天受制于大自然,它们都是大自然客观世界的产物和表现形式。因此,人是天、地的产物,要敬畏天、地客观世界,遵循大自然客观规律,不可逆天地自然规律而行。

由于华夏先民把"太极"(即太一、太乙、太初、太易、北极、太始、昆仑等)看作是天、地、人的集中代表和象征标志,因而形成了太极"天地人合一"和"天地人之中"的"和合"文化观,创造了符合太极"天地人合一"文化观要求的中央氏族邦国组织机制,也是原始的"制度文明",并在社会实践中将其建设在"天地人之中"的中土、中央、中州、中原地理方位,称其为"中央之国",简称"中国"。

"中国"的出现,是华夏先民物质文明、精神文明和制度文明建设所取得的重要成果。

2. 古人阐述太极、昆仑、中国、地中的文化含义

笔者的上述观点,与古人在史典中记载的理念是基本一致的。现举例说明如下:

《中国易学文献集成》在所引东汉经学大师郑玄《周易注》中,把"太极"解释为"道",认为:"极中之道,淳和未分之气。"[1]说明"道"是指"淳和未分之气",即混沌之气、和合之气,是太极混沌、和合状态及其所具有的客观规律,即"道"。

三国时期吴国著名经学家、哲学家虞翻在《周易注》中指出:"太极,太一也。"这说明,虞翻把"太极"与"太一"等同看待。

隋唐时期儒家学者、经学家孔颖达在《周易正义》中,认为:"《易》有太极,是生两仪者,太极谓天地未分之前,元气混而为一,即是太初太一也。故《老子》云:道生一,即此太极是也。"[2]这说明,孔颖达也把"易""太极""一""太初""太一"、天地"两仪"和合未分的"元气""混(沌)"等,一样看待。

隋唐时期孔颖达在《周易正义》中,还引东汉著名经学家马融的观点说:"易有太极,谓北辰也。太极生两仪,两仪生日月,日月生四时,四时生五行,五行生十二月,十二月生二十四气。"又说:"上帝,太一神。"说明古人是认可"上帝",即"天帝""太一神"存在的,并把其视作天上的北辰星、北极星、太极星等对待。对此,我国最早的训解词义专著《尔雅·释天》也解释:"北极谓之北辰。"[3]说明马融所说的"易""北(太)极""一""太初""太一",也指天上紫微宫中心方位的"北辰"星,也称"上(天)帝""太一神"(如下图)。

据清代史学家张廷玉《明史·艺文志》载明代经学家郑维岳《易经意言》指出:"乾者,一而已;一者,太极也。"[4]其中,"乾"是太极八卦之一,代表天,

旧时也代指男性、父系,常和代表地与女性、母系的"坤"字组词成"乾坤"。"乾坤"象征天地、阴阳、日月、父母、考妣、男女、青龙白虎等。

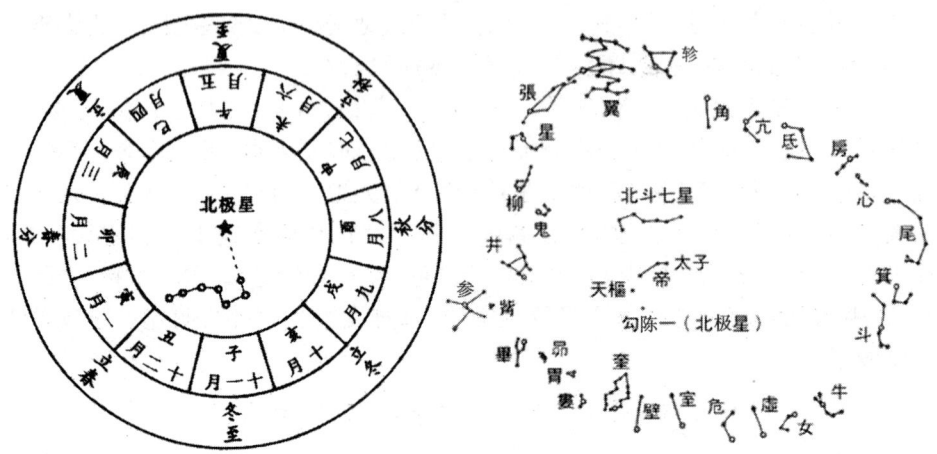

北极、天帝、太一常居紫微垣位置图

这说明,"乾"也指天上、地下的"易""北辰""太极""一""太初""太一"等地形方位,两者彼此对应,可以互称。

3. 伏羲、黄帝是华夏原始文明和"天地人合一"的象征

古人把"乾""太一"与"天帝""伏羲"同等看待,认为伏羲与太一为一音之转。太一者,太极的初一,是天地万物之始,也是指开辟天地的盘古。所以,"太一""盘古"就是指"天帝"和三皇之一的"伏羲"。为此,古人歌颂伏羲说:开天地万物生,演八卦文明立。所传扬的正是天帝、伏羲最先创造华夏民族原始文明的历史。

战国时期思想家庄周在《庄子·天地篇》指出:"主之以太一。"[5]隋唐时期道教理论家、道教学者成玄英注释:"太者,广大之名。一以不二为称,言大道旷荡,无不制围,囊括万有,通而为一,故谓之太一也。"[6]东汉著名文学家王逸注释:"太一,星名,天之尊神。祠在楚东,以配东帝,故云东皇。"[7]其中,"东皇"即指"东皇太一",简称"太一""太乙""泰一""天君""天帝"等。在神话中是指天上最高位的北极星大神、太阳神、昊天上帝、太昊等。

其实,如果按照太极"天地人合一"文化解说,也指居住太(泰)一山、昆仑山、"天地人之中"的天皇伏羲。而中华民族的文明,本发源于伏羲肇始太极八卦时期。这就是伏羲被称作盘古、天帝、太一的根本原因。

古人还认为,居住和建都于"太极""太一""昆仑"和"五行中、土、黄"的

"轩辕"二字,与"玄元"同音。而"玄"是指"天",在太极先天八卦的"乾""一"和五行"水、黑、北"方位,是指天的"初始""开元"之地,也是河洛水神的居住地(如下图)。"轩辕",即"玄元",是指宇宙起源于"太一",而"太一"本是一种混沌无形的"和合"元气。所以,"轩辕"也指居住和建都于"太极""太一""昆仑""天地人之中"的"混沌帝""中央帝""黄帝"。

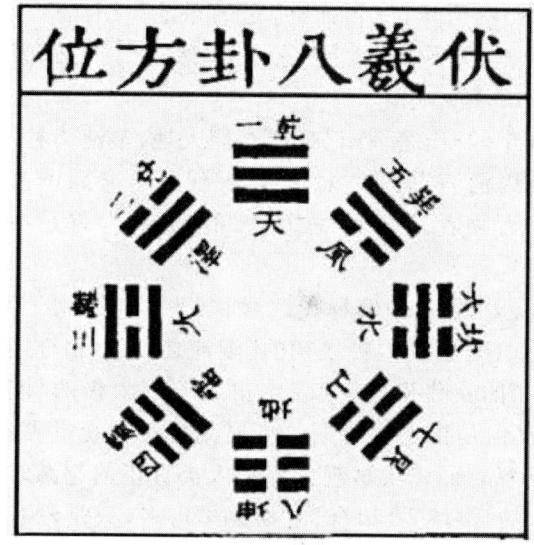

太极八卦"乾""一"方位图及太一、混沌、伏羲图

黄帝居住、建都在开封北部玄元,即轩辕之地,自古就有历史文化传承和玄(黑)池、元(晋)池、玄(济)水为佐证。据唐代学者王瓘《轩辕本纪》记载:黄"帝娶西陵氏于大梁,曰嫘祖,为元妃。生二子玄嚣、昌意"[8]。文中"大梁"为魏国国都,在开封古城西北部,与黄帝居住建都的轩辕丘同地,古称"黄帝城""小黄城",现称"轩辕楼"。这里既是天地之中的"昆仑丘",也是天地人合一的"太一山",又是黄帝在天国建都的"中央之国"。

因此,流经开封"大梁"黄帝天国"中央"的水被称作"天水",天水之池称作"天池"或"玄池""元池""黑池"等。康熙三十四年(1695年)《开封府志·卷十六古迹》记载:"晋丘:在祥符县界。一名清丘,又名元池。"[9]古"晋丘"也称"冀丘",与"清丘""青丘""元池"同指北方之丘、北方之水,彼此一地多名。

"青丘""元池"为黄帝出生地,据汉代所传易学著作《河图稽命征》记载:"附宝见大电光绕北斗枢星,照耀郊野,感而生黄帝于青丘。"[10]"北斗枢星"是黄帝出生的自然预兆和人文象征;黄帝出生的开封"青丘"位于开封黄帝帝都轩辕楼西部数公里处,彼此同地。宋代地理总志《太平寰宇记》中,也有"青丘"的记载:开封浚仪有"青丘,亦曰玄池。女娀简狄浴于青丘之水,有玄鸟遗卵,吞之,生契。即此水也"[11]。所有这些记载,都出自开封古代编撰的史典中,也与开封太极、昆仑、五帝文化相呼应。

战国时期,魏国大梁编撰的竹简《穆天子传·卷二》中,记载了西周穆王在开封黄帝出生地和帝都"青丘""玄池"一带活动的历史:"庚戌,天子西征,至于玄池。天子三日休于玄池之上,乃奏广乐,三日而终,是曰乐池。"[12]因"乐池"内地势低深,也称"乐谷"。"乐池""乐谷"就是"玄池""黑池"。"玄"为"黑"色,故今俗称"黑池"。

据西汉淮南王刘安《淮南子·卷十四·诠言训》记载:"洞同天地,混沌为朴。未造而成万物,谓之太一。"[13]说明"混沌"就是"太一"。汉代经学家高诱在《淮南子注》中注释:"太一,元神总万物者。"这个"总万物"的"元神",就是肇始华夏文明的人文始祖伏羲。

对此,东汉文字学家许慎在《说文解字》中解释说:"羲,气也。"[14]"太一"为太极"混沌之气",伏羲是"太一之气",也是太极之初的"混沌之气""和合之气"。说明"太一"为"混沌""和合"的文化形态,代表宇宙起源于太极的"混沌"状态。这种"宇宙起源"之说,仅仅是指上古时期的华夏先民对客观世界、华夏文明起源的主观认识和古老解释。而先天客观世界和人类真正的起源时间,则要比后天华夏先民主观认识的"混沌""和合"时期要早得多,只是没有文明、文字进行表述和传承而已。所以,先天客观世界和人类产生的"无极"在前,后天主观认识的客观世界和华夏先民创造的"太极"在后。两者不能混为一谈。

"混沌"在开封盘古神话和史典中也得到了传承和保存。据北宋李昉、徐铉《太平御览·卷二》引三国时期吴国人徐整《三五历记》记载:"天地混沌如鸡子,盘古生其中,万八千岁。天地开辟,阳清为天,阴浊为地,盘古在其中,一日九变。"[15]其中"混沌"与"盘古",即"葫芦"是对应关系,"混沌"犹言"胡涂"。"胡涂"是华夏先民在无极时期的思维状态,在俗言俚语中转为"葫芦"。"葫芦",即是"盘古(瓠)";"盘瓠""伏羲"同声之转,故"盘古"又是"伏羲"。至今开封伏羲皇都黄柏山(今土柏岗东部一带)北部还有伏羲、女娲滚磨盘、定婚姻的"盘石"(也称盘古)地名的存在,象征着伏羲创造天地世界和氏族邦国的富安、稳固和太平。

关于这一转化演变的路径,闻一多在《伏羲考》中论列甚详,足以证明"伏羲"一词是从原始神话中的创世神和原始哲学观念的宇宙本原、起源传承而来,在此不再赘述。

至于"黄帝",古人也称其为"混沌",古籍中同样有记载。据战国时期道家学者庄周《庄子·应帝王》中认为:"中央之帝为混沌。""混沌"因居于"五行中央、土、黄"方位,是太极阴阳和合之地,也称"中央之帝",或"中央之神""黄帝"。据西汉礼学家戴德《礼记·月令》记载:"中央土,其日戊己,其帝黄帝。"[17]

古人认为,"五行"的"中央"与"土、黄"同一方位。所以,认为"中央之帝"有"土"德,为"黄"色,故也称"黄帝"。对此,汉代史学家司马迁《史记·五帝本纪》也认为:轩辕氏"有土德之瑞,故号黄帝"[17]。由于黄帝在"中央"之位,也称"中央帝"。

黄帝是上古时期华夏先民的天帝、始祖和氏族邦国的首领,其名号世代相袭,衍生出许多民间传说,兼有上帝(天帝)、人主(大酋长)、冥王(神仙)三重身份。他创建"中央氏族邦国"前,可称为"混沌之神";创建"中央氏族邦国"时,可称为"造物主";创建"中央氏族邦国"后,可称为"中央帝"。

伏羲、黄帝的原型,本是华夏先民用以解释宇宙本原、文明起始的唯物、象形观念。随着不同时期华夏历史文明的演变和进化,人们对历史思考和探究越来越深入,进而成为对华夏历史文明发源解释和表述的方式。古人对华夏历史文明起源的探究,开始只是一种主观构想,首先以神话的形式存在,后来才有了文字记载。

神话思维是人类主观思维发展必经的初期阶段。随着人类主观思维水平的提高,神话思维消失在哲学、科学和历史的发展之中。古人先是追寻思考客观世界是如何起源的,然后按照唯物辩证的天地自然现象,主观创造一个与"天地人合一"的创世之神,再把这个创世之神认定为华夏先民的祖先伏羲、黄帝。伏羲、黄帝形象的产生,就是一个将天、地、人唯物辩证认识观主观化、哲学化、历史化的过程,也是一个将天、地、人唯物辩证认识观实践化、客观化、象形化的过程。

4. 太极文化给我们的启示

通过上述太极"和合"文化研究、分析,我们大致可以得出以下几点认识:

一是华夏历史文明起源于太极、太一、昆仑、伏羲时期。三皇之一的伏羲居住建都之地,就是太极、太一、昆仑文化起源之地,也是华夏历史文明起源之地。

二是太极、太一、昆仑文化起源于"天地人之中"。"天地人之中"与太极、太一、昆仑同在一地,同为一义,也是认定伏羲、黄帝等三皇五帝"中央""中国"的根本标志(如下右图)。

三是三皇五帝共同建都在太极、太一、昆仑核心之地。华夏历史文明的起源之地，就是太极、太一、昆仑核心之地，具有三皇五帝最早共同居住、建都的历史文化遗传和史典记载，而上古时期昆仑山"中国"的半径最早不过百余里，面积也不过"方五千里"。对此，《纬书集成》载汉代易学著作《河图括地象图》记载："地中央曰昆仑。昆仑东南，地方五千里，名曰神州，其中有五山，帝王居之。"[18]可见，由于当时历史条件等因素的限制，上古时期历代皇、帝、王，即"天子"居住的昆仑山"中国"，不可能在地理上呈大范围、远距离

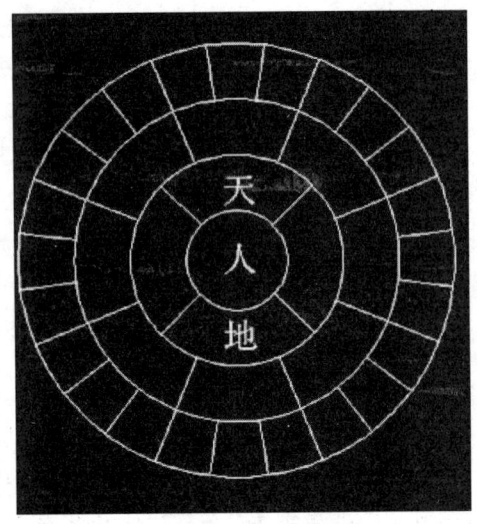

天地人位置图

分散形状。否则，就不符合太极"天地人合一""天地人之中"的基本原则（如下图），也为上古时期的人力、技术、交通等客观条件所不及。

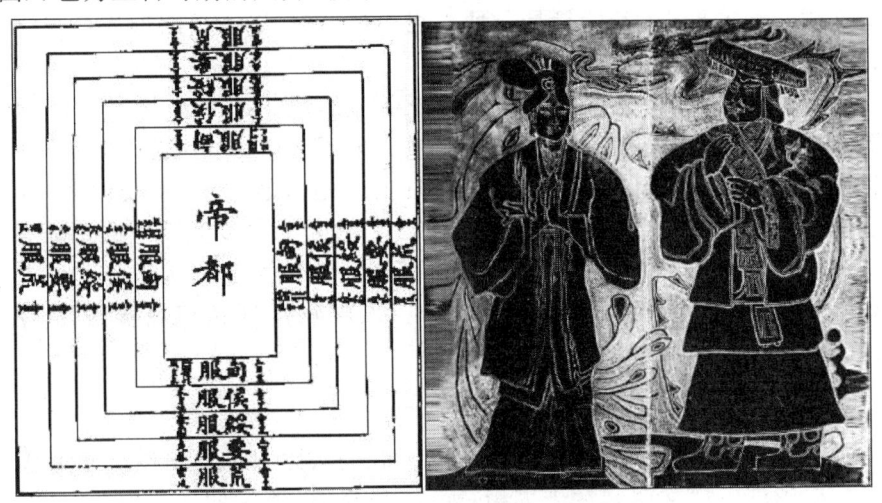

四方五服之中天子及"帝都"黄帝嫘祖图

由于开封古陈留为伏羲建都"中国"的黄柏（太）山、炎帝建都的空桑、黄帝建都的轩辕楼、颛顼帝建都的高阳、帝喾建都的古莘国、尧帝建都的平（负）阳、舜帝建都的浚水九成和禹王建都的阳城之地（已在《荒古开封》《鸿荒开封》《开封历史文化与客家文化传承》等书中详细论述，在此不再赘述），因此，这里就

是太极、太一、昆仑文化发源的核心之地,也是太极"天地人合一""天地人之中"的地理方位所在。且有东南部的南北神岗(古称神州)和赤(炎)帝居住的空桑(古称赤县)的人文遗存传承。

唐代医学家王瓘关于黄"帝娶西陵氏于大梁(开封),曰嫘祖,为元妃"、唐代天文学家一行关于开封"浚仪太岳台"为"天地之中"、清代道教天师张继宗《崆峒问答·一二一问》关于"北邙治(始)河南开封之北,当天下之中"[19]的认定,绝不是三皇五帝"中国"在开封历史的一种偶然巧合,而是太极、太一、昆仑文化发源于开封古陈留"中央"历史的必然反映。

这是探讨开封太极文化与苏州寒山"和合"文化关联的历史和文化基础。

二、开封三皇五帝"中央邦国"与苏州历史文化传承

苏州古称"吴",简称"苏",位于江苏省东南部、长江以南、太湖东岸、长江三角洲中部。苏州素有"人间天堂""东方水城"的美誉。苏州园林是中国园林的典型代表,被联合国教科文组织列为世界文化遗产。

1.苏州之"吴"为三皇五帝昆仑山后裔昆吾氏

春秋时期,苏州称"吴国"。吴国的"吴"在金文中为太昊之"昊","吴""昊"本为一字且同义。太昊指伏羲,少昊指黄帝长子玄嚣。因此,建立和居住吴国的"吴"氏,本是上古时期伏羲、黄帝及其吴权的后裔。先秦古籍《山海经·海内经》记载:"炎帝之孙伯陵,伯陵同吴权之妻阿女缘妇,缘妇孕三年,是生鼓、延、殳。始为侯,鼓、延是始为钟,为乐风。"大意是说,炎帝的孙子叫伯陵,伯陵跟吴权的妻子阿女缘妇私通,阿女缘妇怀孕三年,生下了鼓、延、殳三个儿子。殳发明了箭靶,鼓和延发明了乐器钟,并制作了乐曲,即乐风。

炎帝之孙伯陵,是姜、齐等姓的始祖,发源于开封古逢泽之地,又称"逢伯陵""逢伯明"。据宋代学者罗泌《路史·后纪四》记载:"逢伯陵,姜姓。炎帝后裔,太姜所出,始封于逢泽,后改封于齐。"[20]东汉经学大师郑玄认为:"神州晨土,即所谓齐州中国之地也。"又认为:"昆仑者地之中也。"[21]说明"齐"是指上古时期小九州之一的"齐州",最初也在逢伯陵居住的开封古"逢泽""神州""晨土",即"中国"地区。后来,随着逢伯陵后裔向西周时期的齐、鲁、徐、吴等地区迁徙,成为开封"中国"东部的夷人,或称东夷人、徐夷人、淮夷人等,并先后建立了齐国、徐国和吴国。因此,宋代罗泌《路史·国名纪甲》又记载:"逢,伯爵,伯陵之国,黄帝所封。夏有逢蒙,《穆天子传》逢公其后也。地今开封逢池,一曰逢泽。"

这说明,炎帝之孙、黄帝之臣逢伯陵以及吴权、阿女缘妇的故事,最初均发生在开封"逢池",也称"逢泽""蓬泽""逄泽""太池陂"之地,这里是三皇五帝的"中央之国"。

先秦古籍《山海经》中记载的"吴权",也是上古时期伏羲太昊、黄帝后裔"吴(一作虞、昊)"氏。到了黄帝孙子颛顼帝时期,三皇五帝"中央之国"又出现了一个"吴回"。据战国时期赵国史典《世本·帝系》记载:"颛顼娶于滕氏,滕氏奔之子谓之女禄,产老童。老童生重黎及吴回。"[22]这说明"吴回"是颛顼帝的孙子,也是黄帝的五世孙子。

吴回和其兄长重黎先后担任火官——祝融,或称祝庸(如下图)。吴回成为"中央之国"南方祝融部落的首领后,推动吴氏部族不断发展壮大,并逐渐分离成八个氏族,昆吾氏就是其中之一。据先秦古籍《山海经·海外南经》记载:"南方祝融,兽身人面,乘两龙。"春秋时期史学家左丘明《左传》认为:"火正曰祝融。"[23]祝融是"中央之国"掌管火的氏族酋长。到春秋战国时期,神话中的火神祝融已经逐步演化成司火的官职。这说明即使是神话,也有历史文化传承,而并非空穴来风,或封建迷信。

可见,"吴"姓是三皇五帝"中央之国"祝融氏吴回的后裔,发源于中原昆仑山。

南方夏官火正祝融图

2. 祝融氏"吴"姓传承着昆仑山"昆吾"文化

有人说,"昆仑山"在现在中国的青藏高原,中原地区没有"昆仑山"的人文历史传承。其实,这种说法不是事实。事实上青藏高原的"昆仑山",不过是汉

第十五章　开封、苏州两地太极、昆吾、寒山文化一脉相传

武帝时期张骞出使西域,错把中原已经消失的"昆仑山"认作青藏高原而已,而中原地区的"昆仑山"文化,却以"昆吾"的表现形式顽强地保留着自己文化的本质属性。青藏高原的昆仑山,不过是中原地区"昆仑"文化的传承而已。

据春秋时期左丘明《左传·昭公十二年》记载:楚灵王说"昔我皇祖伯父昆吾,旧许是宅"。"旧许"是指今河南鄢陵陈化店镇许由寨村的"昆吾国",即魏国竹简《穆天子传》中周穆王召见的"许男"之国。说明南方楚国的先祖为祝融氏昆吾。又如魏征《隋书·地理志》记载:"开皇十六年(596年),分濮阳,置昆吾县,属滑州。"[24]唐朝宰相房玄龄《晋书·地理志》记载:"濮阳古昆吾国。"[25]"昆吾国"在今濮阳县城西南15公里的春秋时期卫都帝丘,是"昆吾氏"的传承和繁衍地。

此外,郑州、山西等地均有昆吾氏传承和繁衍的此类地名存在。

中原的"昆吾"之"昆"字,为上"日(考父)"字与下"比(妣母)"字组成的阴阳结合体,是由阴阳两仪组合为一体的"太极"象形字;"昆吾"之"吾"字,为形声,从口,从五,五亦声。"五"在太极文化的九个理数中位置居中央。"五"与"口"联合起来表示"位置居中""介于阴阳之间"的含义。"五"为五行"土"的生数,居"中"为主,太极五行皆因得"中""五""土"而生成万物。

所以,"土"居"中宫""中央",以象太极,临御四方。"五、吾"是天之"中"数。因此,"昆吾"二字组合,仍是太极"阴阳合一"、昆仑山"天地之中"的本质象征。

地处中原地区的昆吾国、昆吾氏,是居住在开封古陈留昆仑山、三皇五帝"中国"的伏羲和炎黄后裔,也是太极五行南方的"火正""祝融氏"陆终的后裔,上古时期与"吴回"之"吴"姓同族,又称"庸(融)人""郐(浍)人"等。

陆终后裔逐步自颛顼帝故都高阳(今杞县高阳镇)、昆吾氏居住地阳武县高阳乡(今开封县朱仙镇古城)、陆终氏居住地平陆(今尉氏县西北30公里秦汉时期平陆县)向外迁徙。

西周时期,部分昆吾氏后裔被封于郐城。据宋代学者罗泌《路史·国名纪》曰:"郐,妘姓,一曰会人,郐也,今新郑县东北三十五里有会城。""会城",即"郐城""浍城",为郐氏,是炎帝孙女方雷氏嫘祖的后裔,为"方(房)"姓;又是黄帝后裔,也为"姬"姓。据中国最早的国别史《国语·郑语》记载,史伯讲:"其济、洛、河、颍之间乎!是其子男之国,虢、郐为大,虢叔恃势,郐仲恃险。"[26]文中"郐仲"之国在"郐城",即郐(浍、侩、脍)国,是今新郑、新密一带的祝融之墟。

三国时期著名史学家韦昭《左传注》认为:"陆终第四子曰求言,为妘姓,封于郐。郐,今新郑也。"[27]西晋著名政治家杜预《左传注》解释:"郐城,古郐国,

在荥阳密县东北。"新郑之"郐"与密县之"郐",虽然地理位置略有不同,都是"郐"人不同时期迁徙所建的城邑。春秋初期,姬姓"郐国"被姬姓"郑国"所灭,其后有侩氏、郐氏、会氏、方氏、午(许)氏等,并向南部迁徙和传承。

3. 苏州之"苏"为昆仑山三皇五帝后裔己吾氏

苏州,简称"苏"。"苏"为中原古代姓氏,得姓始祖为居住在开封昆仑山颛顼帝时期吴回的后裔"昆吾"。昆吾名"樊",字"衍",是开封黄帝、颛顼帝后裔陆终的长子,早期的封地大致在秦汉时期尉氏西北部30公里的平陆县(今尉氏庄头乡一带)。据北魏地理学家郦道元《水经注·卷二十二》引用东汉末年陈留人圈称《陈留风俗传》记载:"陵树乡,故平陆县也。北有大泽,名曰长乐厩。"[28]其中,"大泽"也就是开封昆仑山南部的苹泽,即逢泽;长乐厩,昆仑山"三皇五帝"的"陵苑",是历代帝王行乐狩猎禽兽的苑囿乐园。

昆吾氏"樊"为"己"姓。"己"为黄帝时期大挠氏所创历法纪年"天干"的第六位,相配五行在"中央、土、五"方位,为天之元气,地之真土,也称"昆仑""己五(吾)"。说明他们的先祖最早也居住在开封昆仑山、黄帝帝都"天地之中"。昆吾、己吾的先祖为黄帝孙子高阳氏颛顼帝,封地和初都在开封古陈留东南的高阳(今杞县高阳镇)。《太平寰宇记》引《图经》记载:开封"浚仪有高阳故城,颛顼高阳氏佐少昊有功,封于此城"。颛顼帝后迁都至今河南内黄县西南30公里梁庄乡三阳庄村西北高地,死后葬于此,故当地有颛顼陵,濮阳西南的古昆吾国也大致在此一带。

开封古陈留也有"己吾"城。"己吾"之"己",为天干第六位,相配太极五行属"土",居"中央",故称"中央土",与"吾"同义(如右图)。东汉永元十二年(100年)分宁陵县置己吾县,属陈留郡。关于己吾县的设立,河南《宁陵县志》记载:"己吾城:东汉永元十二年(100年)置县于此,名己吾县,属兖州刺史部陈留郡,与宁陵县并存。"[29]文中"己吾"城,在今宁

中央、土、己位置图

陵县张弓镇西南约6公里的己吾城村,同是太极、昆仑文化传承的结果。

4. 苏州一带太极、昆仑、昆吾文化丰富而悠久

发源于开封古陈留昆仑山的"昆吾氏""己吾氏",后来又向以开封昆仑山

第十五章 开封、苏州两地太极、昆吾、寒山文化一脉相传

东、南方为主要目的地的周边地区迁徙。

苏州一带的太极、昆仑、昆吾文化不仅悠久,而且丰富,与中原开封地区的太极、昆仑、昆吾文化具有传承性。就地名而言,有昆(仑)山、太(一)湖、太(昊)仓、(九尾)虎丘、吴(祝融)中等等。就连发源于苏州的中国最古老剧种,也被称作"昆曲",又称"昆剧""昆腔""昆山腔"。

"昆曲"被誉为"百戏之祖,百戏之师",有"中国戏曲之母"的雅称。但是,"昆曲"的唱念语音均源自上古时期开封昆仑山,即"中国""中州"之地,被称作是"中州音""中州韵""郑卫之音""中州古调""河南板头曲""中央之音"等,发源于开封北部、封丘西南的古濮水之地,古称"桑间濮上之音",是中国最早音乐、曲调的发源地。

东汉史学家班固《汉书·地理志》记载:卫国之地"有桑间濮上之阻,男女亦极聚会,声色生焉,故俗称郑卫之音"[30]。文中"桑间濮上",是指古代濮水的上游桑间为青年男女对歌幽会之地;"郑卫之音",是指发源于地处郑国和卫国之间开封的音乐。

据商务印书馆《词源》濮水条记载:濮水"其源一出河南封丘县境古济水,一出今原阳县境的古黄河,二水合流入山东境,注入古巨野泽"。《词源》还特别指出:濮水是春秋战国时期的"《诗》卫风所云桑间濮上,左传哀公二七年齐师救郑及濮,庄周垂钓于濮,均指此"[31]。说明战国时期思想家、哲学家、道学家庄周,曾居住和活动于开封东北一带,也说明庄周仿效老子创始道家学说也都在开封昆仑山之地。

"中央之音",在太极五行的"中、土、黄"位,在"五音"宫、商、角、徵、羽为"宫"音,也称"中宫"之音(如右图)。最早是三皇五帝自昆仑山"中央""中宫""宫室"发出的"帝王之音"。

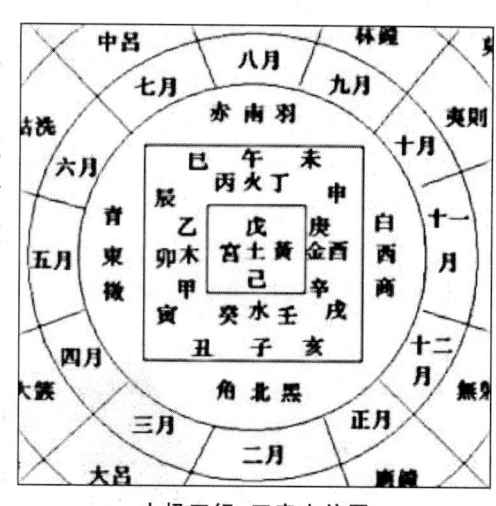

太极五行、五音方位图

战国时期音乐理论家公孙尼子《乐记》认为:"宫为君,商为臣,角为民,徵为事,羽为物。"[32]意思是说"宫"音代表中央帝王之音,"商"音代表万民之音。"宫"音属喉音,对应于太极五行的"土、中、黄"、理数的"5(五)"之位,像黄帝一样居天地的中央、昆仑、宫室之地,为五音之主、五音之帝王,统帅众音,古称

"中央之音""宫室之音"。

对此,东汉史学家班固《汉书·律历志》也认为:"宫者,中也,居中央畅四方,唱始施生为四声之径。"这也说明,"宫"音是由黄帝宫室发源的"中央之音",俗称"河南板头曲",也称"中州古调""郑卫之音"。而春秋时期的"郑卫""桑间濮上"之间,正是黄帝昆仑山"宫室"和"中央之音"的发源地开封,春秋时期称"仪"邑,也是"昆曲"的最早发源地。

可见,苏州姓氏、地名、音乐等文化,均源于开封昆仑山,即三皇五帝"中央""中国",也就是后来的"中原""中州""豫州"之地。

5. 开封平陆、苏岗与昆仑山陆吾、虎丘传承

"苏"姓尊黄帝、颛顼帝的后裔"昆吾"为始祖。"苏"姓文化源于开封昆仑山三皇五帝"中央之国",并在开封有逢伯陵"逢泽"、颛顼帝都杞县"高阳"、陆终封地尉氏"平陆"等历史文化传承作依据。

住在开封颛顼帝、吴回后裔的"昆吾",世代守护着自己先祖之地昆仑山,被后人称作"昆仑山神"。传说,昆仑山神之一的昆吾之父"陆终"人面、虎身、虎爪而九尾,也称"陆吾""肩吾"。据先秦古籍《山海经·西次三经》记载:"昆仑之丘,是实唯帝之下都。神陆吾司之。"说明人面、虎身、虎爪而九尾的"陆吾",是上古时期陆终氏族的图腾(如下图)。据史书记载,西王母(女娲后裔)、东王公(伏羲后裔)的初始形象都是蓬发、戴胜、虎齿、豹尾,并且善啸、穴居。如《山海经·西次三经》描绘西王母是:"其状如人,豹尾虎齿而善啸,蓬发戴胜。"《山海经·大荒西经》则说:西王母"戴胜虎齿,有豹尾,穴处"。西汉著名文学家东方朔神话志怪小说《神异经·东荒经》也记载:"东荒山中,有大石室,东王公居焉。长一丈,头发皓白,人形鸟面而虎尾,载一黑熊左右顾望,恒与一玉女投壶。"[33]这说明昆仑山神"陆终",本是伏羲、女娲氏族的后裔,故也称"昆吾氏"。

图腾为九尾虎(狐)的昆仑山看守神陆吾图

第十五章 开封、苏州两地太极、昆吾、寒山文化一脉相传

所以,开封"昆吾氏"陆终的后裔,与昆仑山的"陆吾""九尾虎(狐)""虎丘寺"等人文名称有着密切的历史文化渊源。

宋代开封城西部约3公里处的护城堤外,有一个"昆吾氏"居住的古老遗迹,名称"苏岗"。"苏岗"位于黄帝帝都轩辕楼和太岳台"天地之中"的南部,在太极文化的火、赤、朱雀和上古时期的火正祝融氏居住的方位。"苏岗"之南的回龙庙一带,古称"西赤城",又称"梁赫"。据魏国《古本竹书纪年》记载:公元前343年,即梁惠王"二十八年,(魏将)穰苴帅师及韩孔夜战于梁赫,韩师败逋"[34]。苏岗、赤城、梁赫都具有祝融氏、昆吾氏南方"赤"文化的本质含义。这些名称自宋代之前就有史料记载并保存到前些年,距今已千年之久。

可惜,前不久因当地挖掘湖泊,地名被改称"西湖"。"西湖"之名中找不出祝融氏"苏"姓的历史文化要素。虽然,我们还不知道"苏岗"改称"西湖"与开封历史文化有何渊源关系,但改名之后既失去了开封"苏岗"之"苏"的古文化特色和历史传承,又失去了开封一处重要的人文名称和历史遗址却是一个不争的事实。其利弊得失只好由后人去评说了。

由此看来,许多学者关于"为了保存现有的历史文化记忆,历史文化古城之地不要轻易改变自己古地名为妥"的主张,是有道理的。

有学者认为,当代古城文化建设有两种方式:一是文化传承型建设,二是文化断代型建设。我们不宜搞自毁历史文化名城的断代型建设,因为其失去的必将是开封的历史文化和传承。

6. 关于苏州"吴"氏文化的历史延续

夏代少康时期有位以善射著称的"吴贺",曾和当时的神箭手后羿比试射箭。对此,陈明远、汪宗虎《中国姓氏大全》中说:"传说中夏朝国王少康时有吴贺,其后有吴氏。"[35]其实,吴贺就是上古时期开封祝融"吴"氏族的后裔。商末周初时期,"吴"氏顺着获水、鸿沟、浪荡渠逐步向东南迁徙,后在苏州建立了"吴国"。吴国之"吴",与"昊""虞"同字同义,古代皆通用。"吴国",即"昊国""虞国",为舜帝有虞氏后裔所建,早在夏商时期就已存在。如夏王少康避难的河南虞城,古称"有虞国"。

据宋代学者罗泌《路史》记载:"商纣时亦有吴伯。"此"吴伯"为"吴泰伯",是商末陕西岐山姬姓周人部落首领古公亶父(即周太王)的长子,后出逃至荆蛮、蛮越地区,号称"勾吴"。

苏州城始建于公元前514年的春秋时期,是南方"勾吴"文化的发祥地,也是对中原文化的传承和弘扬之地。

黄帝、帝喾的子孙为后稷，居住在开封黄帝、帝喾帝都之地。尧、舜、禹时期，后稷元妃为姞姓，是上古南燕国人。据后晋政治家刘昫《旧唐书·宰相世系表》记载："吉，出自姞姓，黄帝裔孙伯鯈（即伯儵）封于南燕，赐姓曰姞。其地亦即燕县是也。"[36]"燕县"在今河南延津县东北约 23 公里处的"城上"，即开封北部的"延""奄"地。按战国时期赵国《世本》、南朝梁顾野王《玉篇》等古文献记述，黄帝大臣"雍父"受"赐姓封地"，得"姞"姓被封于"雍"地，建立了姞姓雍国。清朝进士雷学淇校辑《世本》记载："雍父作臼杵，舂也。"东汉末学者宋衷注《世本》认为："雍父，黄帝臣。"黄帝大臣"雍父"指"臼杵"，最早发明了能加工五谷杂粮的"舂"（或臼）。

西周初期，"舂"作为地名，也称"舂山"，与昆仑山、燕然之山（燕山）、弇嵫山同地，是昆仑山的最高处。据魏国大梁编撰的竹简《穆天子传·卷一》记载：穆"天子大朝于燕然之山、河水之阿……南向再拜。河宗又号之。帝曰：'穆满，示女舂山之宝（河图）'"。文中"舂山"在"燕然之山"南部，后称"衡雍"。据春秋时期左丘明《左传·僖公二十八年》记载："甲午，至于衡雍，作王宫于践土。"文中"衡雍"，在河南原阳县西"践土"东北 3 公里处。

按司马迁《史记》、班固《汉书》等文献记载，黄帝曾到姞姓雍父的封地"舂山"郊祭天帝。由于黄帝开创了郊祭天帝的先例，西周穆王也在"舂山"之地的"燕然之山"（古南燕）、弇嵫山举行了祭天、祭祖的大型朝会。

夏代末期，后稷的子孙不窋被迫自三皇五帝昆仑山西北部的南燕"舂山"（也称"不周山"），逐步向西部的陕西白水、甘肃庆阳、陕西岐山迁徙，在西戎地区生存发展。到了商代末期，不窋、公刘的后裔，即周文王的祖父古公亶父在陕西周原地区不断壮大。古公亶父之子泰伯、仲雍，知道父亲有意把国君之位传给三弟季历和季历之子姬昌，为遵循父亲的意愿，避位让贤，泰伯、仲雍兄弟二人从陕西岐山下的周原，向千里外的东部奔走，逐步迁徙到蛮越之地（一说为今江苏梅村），史称"泰伯奔吴"。后与当地土著居民结合，建立了带有部落性质的"勾吴之国"。这或许就是苏州一带"吴"文化来源的最早史料记载。

到了公元前 1046 年前后，周武王姬发遵照周文王姬昌《清华简·保训》关于"求中""假中""得中""归中""执中"[37]的遗训，消灭了居住于中原东部的商纣王，实行分封制，屏卫周朝。此时，周武王找到已在吴地为君主的泰伯、仲雍五世孙周章，封其为诸侯。"勾吴"遂成为诸侯国，正式纳入西周版图。

公元前 585 年，吴国的寿梦继位称王，才始有确切纪年。从寿梦起，吴国国势日盛，并开始频繁地与中原各国交往，跻身大国争霸的行列。公元前 560 年，吴国传位至二十世孙诸樊，国都迁至今苏州城址。公元前 514 年阖闾继位,命大臣伍子胥在诸樊所筑城邑的基础上扩建大城,周长四十七里二百一十步二尺(约合今制23.9公里),名"阖闾城"。

公元前482年6月,吴国国主夫差为了争夺中原的霸主地位,约会鲁国哀公、晋国定公,在开封黄帝帝都轩辕楼北部的黄池(今河南封丘县西南),以炎黄二帝在此会盟、实现中华民族和解一统的历史为典范,举行会盟大典,祭祀先祖黄帝、帝喾、后稷,显示自己在诸侯国中的地位和影响。不料,越国国主勾践得知消息后,秘密在吴越边境集结了3万精兵,乘吴军精锐随夫差北上、姑苏只剩老弱残兵之际,以迅雷不及掩耳之势,一举攻进吴国国都。夫差回军吴国后,已经是强弩之末,根本抵挡不住越国军队,屡战屡败,非常羞愧,就拔剑自杀了。吴国由此灭亡,吴地悉归越国所有。

公元前334年,楚国消灭越国,吴、越之地尽属楚国。公元前262年,楚国宰相春申君黄歇被封于江东,吴地遂成为春申君封地。

战国末年,秦国在其辖境行郡县制。随着郡县制进一步推行,占领的地区也日益扩大。公元前223年,秦将王翦俘楚王负刍,在长江以北楚国之地建楚郡。次年,王翦逐次攻取楚国在长江以南之地,遂将楚郡分为九江、鄣、会稽三郡。公元前221年,秦国统一六国,正式在全国推行郡县制,分天下为三十六郡,吴国故都旧地始改称会稽郡,郡治吴县,为所辖二十六县之首邑。

商代末期的泰伯、仲雍,战国时期的楚国春申君黄歇,以及战国末期自中原迁徙吴县的中原人,顺着鸿沟、获水、淮河、邗沟等古代河流(如下图),把中原三皇五帝时期的太极文化传承到苏州地区,形成了具有中原太极文化特色的吴越文化。

值得一提的是,春秋时期吴国修建的人工运河"邗沟",也读作"干沟""渠水""韩沟""寒沟""韩江"或"寒江"等。据春秋史学家左丘明《左传·鲁哀公九年》记载:公元前486年"秋,吴城邗沟,通江淮"。西晋著名政治家和学者杜预注释:"于邗江筑城穿沟,东北通射阳湖,西北至末口入淮,通粮道也。今广陵韩江是。"文中"韩江",即"邗江(沟)",后世又称"渠水""邗溟沟""中渎水"等。

吴王夫差在扬州开凿的邗沟,成为大运河的起始河段。隋炀帝时期,在邗沟的基础上大规模全线开凿连接南北的京杭大运河。苏州古城河,作为大运河的组成部分,犹如玉带一般环绕着美丽的苏州古城,使其成为万商云集的天堂,也使"韩江""邗沟""寒江"文化传承到了苏州;"寒山寺"就坐落在苏州城西风景秀丽的枫桥古镇、京杭大运河的东岸。"寒山寺"名称的起源,也源于京杭大运河(如下图),即"韩江""寒沟""寒江"文化传承,反映的却是上古时期中原地区的华夏文化。

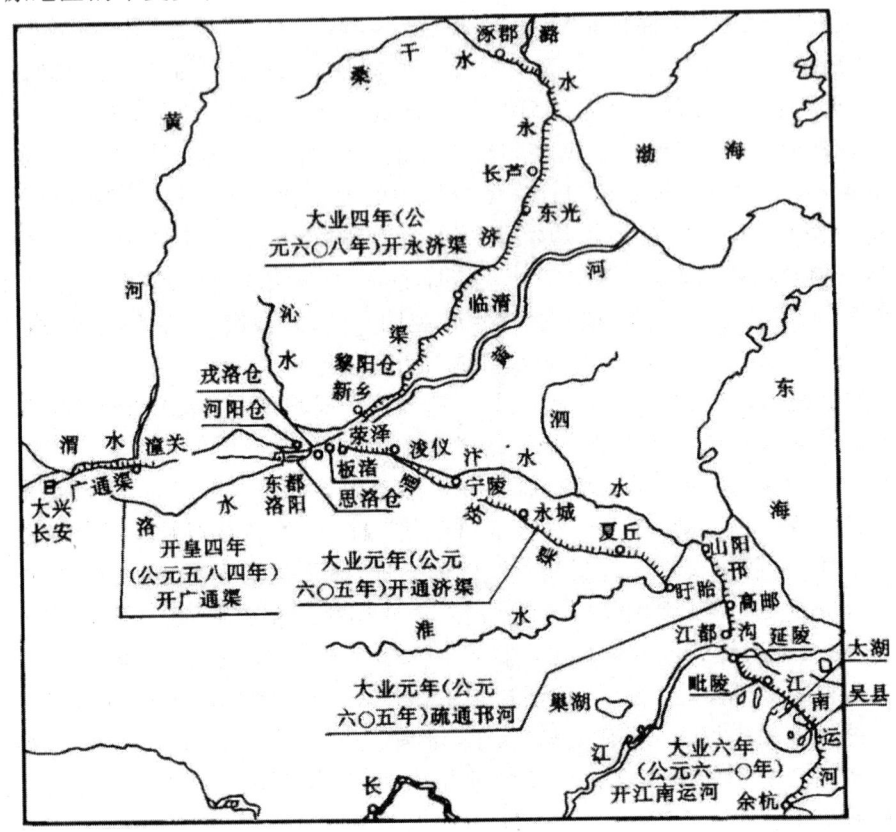

京杭大运河图

三、开封、苏州两地寒山寺、虎丘寺的文化关系

不仅苏州文化与中原文化有历史渊源,而且苏州的寒山寺、虎丘寺也与开封有历史文化关联。

1. 开封、苏州寒山、虎丘文化分析

苏州有寒山寺、虎丘寺,开封也有寒山寺、虎丘寺,而且不止一处。据清代开封《陈留县志·卷十四寺观》记载:"寒山寺在(陈留)县治东二十里,韩岗集后,始建未详,明万历三十二年(1604年)修……虎丘寺在县东北四十里,创于唐时,元末重修,明成化三年(1467年)又重修。"[38]文中"寒山寺"现为开封祥符区仇楼镇韩岗集东北大庙一带;"虎丘寺"现为开封祥符区罗王乡何寨,此地

为夏商文化遗址(如下图)。

"何寨"之"何"姓,源出于音讹,是"韩"姓的伸延。据唐朝著名姓氏学家林宝《元和姓纂》记载:"周成王弟唐叔虞裔孙韩王安为秦所灭,子孙分散江淮间,音以韩为何,遂为何氏。"[39]"何寨"之"何"姓,源于寒山寺"韩岗集"之"韩"姓。"何""韩"本为一族,文化渊源相同。

此外,杞县邢口镇邢口村东北隅也有"虎丘寺",创建年代不祥,毁于明代,清代康熙七年(1668年)曾经重建,有山门、大殿及东西廊房和围墙。山门和中殿为青砖灰瓦硬山顶,中殿前出厦有明柱两根,面积463平方米。传说,"虎丘寺"因建在虎形土丘之上而得名。这种解释多有民间演绎性质,却无法解释开封祥符区罗王乡何寨和苏州同样存在"虎丘寺"的历史原因。

开封杞县虎丘寺山门图

古陈留县韩岗集的"寒山寺",现在开封市祥符区东南约26公里处韩东村东北一带,韩东村东南约4公里处为杞县葛岗镇炎帝帝都"空桑"。这里北部约3.5公里处为惠济河,古称"江(洪)水""鸿沟""浪荡渠""渠水""丹水""汴河"等,是上古时期炎帝后裔共工氏最早治理的中国人工运河。每逢夏秋之夜,停泊在汴河码头客船上的人们,也能像苏州寒山寺旁大运河客船上的船客一样,听到开封寒山寺的"夜半钟声"。

开封古陈留地区历史上曾无数次被"江水""鸿水""浪荡渠""丹水""汴水"淹没,上古时期能够保存下来的古迹很少,且多在岗、台、丘、阜高地之上,史典和地方志记载不仅很少更无法衔接,记载的时间也比较晚,很难系统地对当地历史文化作出客观、合理解释。如开封杜良乡国都里一带,是夏杼所建两百多年的王都,史典中也记载为夏代都邑"老丘"。但"老丘"的地名却源自西周时期老聃、老季载建都的聃国国都。这就给认证工作带来了很大难度。

开封古陈留县的"寒山寺""虎丘寺"之所以建在"韩(何)"氏岗台之上,却与夏代居住在开封古逢泽的逢伯明后裔寒浞相关。由于古人常常把寒浞之"寒",称作"韩"或"涵"。因此,寒浞也称"韩浞"。寒浞是开封逢山逢伯明氏族的后代,其祖为黄帝的车正哀,即奚仲,因哀有功于黄帝,被封于韩(寒)岗,其族人后来便以韩(寒)为姓;还有记载说,黄帝将次子昌意封在此地,昌意生"韩荒",故后人称此地为"韩岗",即"寒岗"。

这说明,开封古陈留县的"寒山寺""虎丘寺"建在"韩(何)"岗之上,是韩浞氏族祭祀韩(寒、何)氏先祖的地方。由于"韩"岗地处黄帝居住的鸿沟(古称江水、赤水)流域,韩浞先祖"韩荒"之"荒",由黄帝"姬芒"之"芒",下方加三"川"而来;"韩荒"之"荒"再加"水"为"流"。所以,"韩荒"也称"韩流"。据先秦古籍《山海经·海内经》记载:"黄帝妻雷祖生昌意。昌意降处若水,生韩流。韩流……取淖子曰阿女,生帝颛顼。"文中把"韩流"视作黄帝次子"昌意"的儿子、"颛顼"的父亲。唐代学者王瓘《轩辕黄帝传》则记载:黄"帝娶西陵氏于大梁,曰嫘祖,为元妃,生二子:玄嚣、昌意"。文中"大梁",即战国时期的开封。既然黄帝和嫘(雷)祖成婚生昌意于魏国大梁,那么,"昌意降处若水,生韩流"也应在魏国大梁一带。对此,战国时期吕不韦《吕氏春秋·古乐》又记载:"帝颛顼生自若水,实处空桑,乃登为帝。"[40]进一步说明:韩流生颛顼的开封魏国大梁"若水",与开封古陈留的炎帝、颛顼帝都"空桑""高阳"同在一地。

东晋的著名学者郭璞注的《山海经》中记载:"《竹书》云:'昌意降居若水,产帝乾荒。'乾荒即韩流,生帝颛顼。"文中"乾荒""韩流",也称"高阳"。清代著名学者郝懿行《山海经笺疏》注《大荒东经》记载:"乾荒即高阳,声相近。"[41]由此可知,乾荒、韩流、高阳应为同地一人,也是对其后裔颛顼的称呼。"乾荒""韩流"作为地名,也在古陈留"空桑"南部的杞县高阳之地。北宋地理总志《太平寰宇记》引《图经》记载:开封"浚仪有高阳故城,颛顼高阳氏佐少昊有功,封于此城"。

"韩流"之"流",与山海经"大荒之中"的"荒"、开封"陈留"之"留"相通。商末西伯侯姬昌《周易·系辞上》记载:"流:《释文》'京作留'。"[42]复旦大学李定生、徐慧君《文子校释》也记载:"留,通'流'。"[43]可见,开封古陈留"韩流"之"流",可称"留""京",故开封古"留京"地名也由此而来。

"留"也与"刘"相通,可以互用。据清代著名学者马瑞辰《毛诗传笺通释》认为:"按'留''刘'古通用。"[44]所以古"留京",也就是今开封市祥符区杜良乡刘京寨村之"刘京"。这说明,"刘京"是上古时期开封"留"邑之地。

-260-

2. 寒山寺是炎黄后裔"韩"姓的祭祀地

夏代的寒浞是开封古陈留炎帝、逢伯明(陵)氏族的后裔。逢伯明氏族居住在开封逢泽之地。寒浞居住在开封古陈留炎帝帝都空桑附近的"韩岗"之上,族人以"韩""寒"为姓,曾篡夺夏朝王位,使夏朝中断了40年。"韩岗"之"岗",为高起的土阜山丘,所以"韩岗"也称"韩山""寒山"。"韩"姓氏族在此山上建造祭祀先祖的寺庙,故称"韩山寺""寒山寺"。"韩"姓后裔也多以"寒山"或"韩山"命名自称,如唐代天台山国清寺隐僧"寒山子"、元末河北栾城红巾军领袖"韩山童"等。

对于"韩"姓的来源,还有另外一种解释:根据唐代王瓘《轩辕本纪》关于黄"帝娶西陵氏于大梁,曰嫘祖,为元妃。生二子玄嚣、昌意"记载,出生在开封古大梁的黄帝次子昌意,娶炎帝、逢伯明、奚仲氏族女子"韩"氏为妻,生儿子"乾荒"以母系"韩"为姓,故称"韩流",被古人称作是"韩"姓的始祖,也应是夏代寒浞的始祖。

古代用"韩"字作为井栏的专门称谓用字。东汉文字学家许慎《说文解字》中解释"韩"说:"井垣的始祖。""井垣"就是护卫水井的木墙栏。"井垣"在天象星宿中为"井宿",也称"井木犴",属木,为犴(hān,即驼鹿),为南方第一宿,其组合星群状如网,由此而得名"井"(井字如网状)。此星座为双子座,3月上旬黄昏时分,在南边天空中闪烁发光的双子座两颗星斗,是两排并列的星座,看起来恰似一对双胞胎互相拥抱着,在西洋占星术中将此视作"一对兄弟",而我国占星术中则将其视作"夫妻宫",即"一对男女"。这种文化对寒山、拾得二人形象和"和合"文化传承具有很大影响。

3. 发源于开封的"和合""封狶""洛神"文化

尧舜时期,炎帝、封钜的后裔为乐正官"后夔",也称"封伯",居住在开封北部、封丘西南部一带的古"封钜",即"封父"之地。宋代著名学者邓名世《古今姓氏书辩证·卷三》记载:"封父:出自夏诸侯封父之后,其地汴州封丘县,有封父亭,即其所都。"[45]文中"封父"为夏代侯国,国君为"封伯"。"封伯"的先祖为"防风氏",也称"夔龙氏""封钜氏""大人氏""封父氏"。"封伯"也称"后夔",为舜禹时期的乐正官,司掌音乐声律,具有和调音乐、教化民众的职能。

战国时期吕不韦《吕氏春秋·音初》认为:"正德以出乐,和乐以成顺。"东汉著名学者高诱解释说:"乐以和为成顺。"可见,古人把"和乐"当作了人类"道德"和社会"安顺"所追求的一种境界看待。

在太极文化中,"和""合"是指"阴阳"二气矛盾统一的状态,是生成万物的内在推动力。战国时期哲学家庄周《庄子·天道》认为:"与人和者,谓之人乐;与天和者,谓之天乐。"文中"人和""天和",是指人类顺应"天、地、人"自然和社会规律,而不人为地破坏"天、地、人"自然和社会规律的"和合"美德,是"天、地、人"之间唯物辩证观的适宜度量和最佳境界,也是自然、人类社会万物"和合"之美产生的原始哲学基础。

以和调音乐、教化民众的"封伯",被后人当作神来祭祀。据东晋大儒、经学家范宁《谷梁传集解》记载:"为僖公庙作主也。主盖神之所冯依,其状正方,穿中央达四方。"[46]文中居住"中央"正方,传达"和乐"美德于天下"四方"的"冯依",也称"风伯""封伯""封姨""风后"等。"冯依",也称"河伯""冰夷""冯夷""无夷"。东晋葛洪《抱朴子·释鬼》记载:"冯夷以八月上庚日渡河溺死,天帝署为河伯。"[47]"河伯"之名虽起于战国之前,但传说不一。神话中指上古时期河渎之神;史典中也指居住河渎岸边、主持祭祀河神的部落首领"封伯"。因此,"河伯",也指"风伯""封伯",二者经常混淆在一起,让后人难以分辨。

据唐代经学家陆德明《经典释文》记载:"河伯,姓冯,名夷,一名冰夷,一名冯迟,已见《大宗师篇》。一云:姓吕,名公子,冯夷是公子之妻。"[48]于是,河伯"冯夷"也被视作女性。对此,北宋翰林学士李昉《太平御览》引《龙鱼河图》记载:"河伯姓公名子,夫人姓冯名夷君。"我们理解为,"公子之妻""夫人"应指"河伯",即"风伯""封伯"氏族的女性,如洛神、宓妃、玄妻一类。据春秋时期左丘明《左传·昭公二十八年》记载:"昔有仍氏生女,湛黑而甚美,光可以鉴,名曰玄妻。乐正后夔取之,生伯封。"文中的"乐正后夔",即居住在开封北部封父国的河伯"冯夷",说明"冯夷"也称"风伯""封伯";有仍氏"玄妻"为河伯"冯夷"之妻,也称"洛神""宓妃"等;"伯封"为河伯、玄妻的儿子。

古人认为,"河伯""玄妻"居住的封丘"封父国",是开封北部的昆仑山之地。据战国时期楚国诗人屈原《楚辞·九歌·河伯》记载:河伯"与女游兮九河,冲风起兮横波。乘水车兮荷盖,驾两龙兮骖螭。登昆仑兮四望,心飞扬兮浩荡。日将暮兮怅忘归,唯极浦兮寤怀"[49]。文中"昆仑",为开封北部的黄帝与嫘祖帝都轩辕丘之地,也同封钜氏后裔的封父国同地。

"封伯"居住的"封父国",春秋时期称作"桑间濮上"。意思是桑间在春秋卫国濮水之上。濮水,也叫"濮渠",源有二支,一支首受济水于今封丘县西,东北流;一支首受黄河于今原阳县北,东流经延津县南。二支合流于封丘县北,经滑县、濮阳县入山东注巨野泽。对此,汉代史学家班固《汉书·地理志下》记载:"卫地有桑间濮上之阻,男女亦亟聚会,声色生焉。"后来用"桑间濮上"指淫

第十五章 开封、苏州两地太极、昆吾、寒山文化一脉相传

靡风气盛行、男女幽会的地方。

在太极文化中,称"男"为"阳",称"女"为"阴"。"男女幽会"也称"阴阳会"。"阴阳会"在历法的"冬至"季节;在十二地支中为"子";在太极八卦中为"坤",为"地",为"阴"。这里是阴极阳生的"阴阳交会"之地,古人将太极"阴阳"文化运用于人类社会的男女婚配文化中,故也称"男女幽会"之地。其地理方位与太极文化中的"冬至""子""坤""阴"方位相对应。

据西周《周礼·地官》在"媒氏"疏中云:"使媒求妇,和合二姓。"[50]文中"媒氏"为古代撮合男女婚事的媒妁,"二姓"为阴阳合昏、男女相配的两家。汉代开封小黄县县令焦赣(贡)《易林·小过之益》也记载:"执斧破薪,使媒求妇,和合二姓,亲迎斯须,色比毛嫱,姑翁悦喜。"[51]也是指阴阳合昏、男女相配之事。

风伯掌管八风之消息,通达五运之气候,事关济时育物。东汉泰山太守应劭《风俗通义·祀典》认为:风伯"鼓之以雷霆,润之以风雨,养成万物,有功于人。王者祀以报功也"[52]。秦汉时期,对风伯的奉祀就已经列入国家祀典。北宋著名史学大家王溥《唐会要》记载:"风伯雨师,济时育物,谓之小祀……自今以后,并宜升入中祀……其祀风伯,请用立春后丑……以槱燎祀风师。郑玄云:风,箕星也。故令礼立春后丑,于城东北就箕星之位,为坛祭之。"[53]文中"风伯",也称"风神""风师",在历法十二地支、时辰中,为"丑、牛";在二十八星宿中,为东方最后一宿"箕星",属水,为龙尾摆动所引发之旋风,故"箕星"好风,一旦特别明亮时就是起风的预兆,故称其为"风神"。

东汉史学家蔡邕《独断》认为:"风伯神,箕星也。其象在天,能兴风。"[54]这些认识,源于太昊伏羲氏、女娲氏所在氏族的"风"姓,属于以先祖名字为氏,是汉族人民对远古星辰自然崇拜、古代汉族神话和天文学结合的产物。大禹治理水时有三件宝物:一是河图,二是开山斧,三是避水剑。"河图"是风伯,即河神、河伯授给大禹的。

到了西周时期,河伯后裔又将"河图"授给了巡守开封昆仑山的周穆王。据北魏地理学家郦道元《水经注·卷一·河水一》记载:"《穆天子传》一曰:天子西征,至阳纡之山,河伯冯夷之所都居,是唯河宗氏。天子乃沈珪璧礼焉。河伯乃与天子披图视典,以观天子之宝器,玉果、璿珠、烛银、金膏等物。皆《河图》所载,河伯以礼穆王。视图,方乃导以西迈矣。粤在伏羲,受龙马图于河,八卦是也。"文中河伯"与天子披图视典",是指河伯后裔河宗氏送给周穆王,即穆天子的"河图"宝典,以帮助周穆王一行在昆仑山祭祀先祖、发掘宝玉、周游中原、打击东夷人徐偃王等。周穆王接受"河图"的昆仑山之地,也是伏羲在昆仑山受龙马负图启发、肇始太极八卦文化之地。

到了唐宋时期后,因风伯的主要职能是配合雷神、雨神帮助万物生长,所以受到历代君主的虔诚祭祀。男神"封伯"配以女神"封姨",也混称"风伯""封伯""风姨""风后"等。这说明男神、女神彼此不分,却被描绘成头发蓬乱,不修边幅,一副笑呵呵、随遇而安、慵懒散漫的"风伯"形象(如右图)。之后,以"箕星"作"风伯"之说,一直在中国历史上占据主导地位。

头发蓬乱的风伯、封伯像

"和合"神原来主持太极阴阳"和合"事宜,逐渐演变为主持人世间男女婚姻"和合"事宜,并由太极文化中蓬头喜面、执棒擂鼓的"风伯""雷神"形象,衍变为一持荷、一捧盒的"和合"二神。"和合"的本意是指太极文化中天地、乾坤、阴阳、男女之间"和谐"。

后人将风神、河伯、冯依,当作"和合"之神,史料中也有记载。据清代经学家洪亮吉《赠翰林侍讲学士朱先生石君序》记载:"俗有和合神者,既奸民之创造,为淫鬼所冯依。"[55]文中"冯依",具有"淫鬼""和合神"魂魄附于男女人体的含义。对此,春秋时期史学家左丘明《左传·昭公七年》也认为:"是以有精爽至于神明,匹夫匹妇强死,其魂魄犹能冯依于人,以为淫厉。"可见,古人既把风神、河伯,即冯依当作管理阳人男女婚姻之事的神明,又当作管理阴间男女魂魄的淫鬼。

于是,炎帝魁隗氏、丰沮氏,舜帝后夔氏、妘(鬼)姓,商代夔国、鬼侯居住地的封丘,成了上古时期鬼神文化最早发源的"丰都鬼城"之地,并向南部和长江上游的三峡地区传承。

这种"风伯""河伯""冯依"文化形象,也自开封、封丘一带不断向北方、南方各地传承。自西晋永嘉五年(311年)发生"永嘉之乱"后,中原地区有三次大规模人口南迁现象,分别是:西晋末晋元帝渡江,定都建康(今江苏南京);唐代"安史之乱"后,中原士庶避乱南徙;北宋末期宋高宗渡江,建都临安(今浙江杭州)。由此,导致北方士族相随南逃、中原文明或中原政权南迁,史称"衣冠南渡"。中原文化中的"风伯""河伯""冯依"文化,也由此实现了南北交流和彼此传承。

如570年,南朝梁颍川(郡治今河南许昌)人、佛教高僧智凯,生平在浙江

第十五章　开封、苏州两地太极、昆吾、寒山文化一脉相传

天台山地区造寺36所,创立佛教著名的天台宗。隋代晋王杨广依照他的遗愿在天台山另行创建佛刹,隋炀帝大业元年(605年)题名为"国清寺"。晋代智凯的佛教"天台宗"和宋代张伯端的道教"南宗"都创于天台山。

又如673~727年,唐代魏州昌乐人(今河南省南乐县)、天文学家一行禅师,曾到国清寺拜师学算和创建密宗理论体系,后人在寒拾亭右侧山脚的古木绿荫中为其建有一座白塔,即衣冠冢作纪念。天文学家一行便是唐代测定"天地之中"在开封浚仪太岳台,进而否定周代测定"天地之中"在河南登封的主持人。天台山国清寺也是唐代隐僧寒山、拾得、丰干一起隐居之地,因三人行迹怪诞,言语非常,民间传说是文殊菩萨与普贤菩萨的化身,被誉为"国清三隐"。

再如济公五世祖李遵勖,是宋太宗第七女万寿长公主的女婿。据元代宰相脱脱《宋史·列传·卷二百二十三》记载:宋真宗"大中祥符间,召对便殿,尚万寿长公主。初名勖,帝益'遵'字,升其行为崇矩子。授左龙武将军、驸马都尉,赐第永宁里。主下嫁,而所居堂甍或瓦甓多为鸾凤状,遵勖令(缺)去;主服有龙饰,悉屏藏之,帝叹喜"[56]。大意是说,李遵勖被招为驸马后,居住在宋都开封景龙门北部的"永宁里"。永宁里的房屋或井壁的砖瓦多是鸾凤的形状,李遵勖下令拆去;公主的衣服有龙的装饰,他就都藏起来。宋真宗知道后很高兴。

李遵勖在世时,崇信天台宗,与天台山佛教广结善缘,并深深地影响着万寿长公主及子李端懿、李端愿等其家庭成员。天台宗在台州有两大弘法道场:一为天台宗祖庭国清寺,一为天台东掖山能仁、白莲二刹。其中白莲寺即是李遵勖和万寿长公主的"功德寺"。

李遵勖、李端懿等死后下葬在开封岗西村。据明代祥符(今河南开封)人、学者李濂《汴京遗迹志·卷九·陵墓》记载:"李驸马墓,在城东北南神岗,宋驸马都尉、镇国将军、节度使、赠尚书令许和文公李遵勖葬此。李留后墓,名端懿,乃驸马遵勖之子也,官至镇潼军节度观察留后,附葬于父遵勖墓侧。"[57]关于李遵勖墓的具体位置,清代学者周城《宋东京考·卷之二十·陵墓》也有记载:"李驸马墓,在城东北二十里南神岗。宋太宗女荆国大长公主左龙武军驸马都尉、累迁镇国军节度使、知许州、赠尚书令、谥和文李遵勖葬此。"[58]开封城东北的"南神岗"宋代也称"褒亲乡"。据北宋史学家欧阳修《镇潼军节度观察留后李公墓志铭》记载:宋仁宗"嘉祐五年(1060年)八月某日,镇潼军节度观察留后、知澶军州事陇西李(端懿)公得暴疾,薨于州之正寝……葬于开封府开封县褒亲乡先茔之次"[59]。文中"开封县褒亲乡先茔之次",就是开封"城东北南神岗"李端懿"父遵勖墓侧",这里也是南宋"济颠活佛"李修缘(修元)的祖茔

之地。

李遵勖死后，谥号"和文"，也称"李和文公"。这是宋代朝廷根据他生前事迹及品德，给予表彰的称号。"和文"之"和"，是指与皇家万寿长公主的"和合"之亲；"和文"之"文"，是指道德博闻、忠信义理等。

李遵勖之子李端懿、李端愿，深受父母崇佛家风的影响，天台山佛教史料明释传灯《天台山方外志》、清初张联元《天台山全志》、清黄瑞《台州金石志》、民国喻长霖《台州府志》等台州史志中，都有李端懿所书《宋天台山护国寺碑》和李端愿所立的《宋资瑞院记》碑的记载。

南宋时期，李遵勖后裔随赵高宗南迁天台后，为延承宋朝皇恩和荣耀，祭祀先祖故地，便将开封"永宁里"之名迁徙到浙东天台"永宁村"。

李遵勖五世玄孙李修缘，出生在浙东天台小北门"永宁村"，是南宋著名禅宗高僧，法名"道济"，人称"济公"。

济公之"姐夫"韩球是南宋著名诗人韩元吉之从祖。韩元吉祖辈有两位同名的韩球：一为韩元吉嫡叔祖，死于宋仁宗庆历五年（1045年）。一为韩元吉之堂叔祖，曾官广东部使者。韩元吉与济公"族姐"为族亲，济公与韩球是姻亲。韩元吉胞兄韩元龙曾为天台令，韩元吉又是吕祖谦岳父，吕祖谦外公为陆游老师曾几，曾几曾为台州郡守。这些贤达或宦游，或寓居台州，他们与济公都有"剪不断，理还乱"的亲戚关系，加上济公表叔雪巢法一禅师终老天台山万年寺，济公的师父灵隐佛海慧远禅师曾住持天台山国清寺，济公师侄居简又住持过台州天宁寺（今龙兴寺）。济公李氏家族与天台山亲缘、地缘和佛缘，有如"千山翠竹知缘起，万川明月悟性空"的渊源关系。

济公是汉传佛教天台宗，与寒山、拾得、契此合为"天台四大白颠僧"。据传天台寒山子是文殊菩萨的化身，天台拾得子是普贤菩萨的化身，明州（天台北部）布袋和尚契此是弥勒佛的化身，而济公则是"金身罗汉"的化身，其行为举止，就是一个"颠僧"的形象。

在中国汉文化中，济公是被称为活佛的第一人，身上凝聚了神通示现的宗教性和走近民众的普世性。因此，民众基础非常深厚。

有人认为，济公、寒山、拾得、契此"天台四大颠僧"，是现实世界苦难的解放者、无奈的排遣者、无情世界的有情人、和谐人生的代言人。这种说法不无道理，而"天台四大颠僧"本身的苦难出身，和他所做的解脱苦难的事业，可谓从民众中来回民众中去，以法无定法、任运自如的思想方法，解决民众社会心灵问题的典范。

唐太宗贞观年间（627～649年），寒山子把也具有"天台四大颠僧"特色的佛教文化传承到了苏州寒山寺。由于后人把天台寒山大士称为"和圣"、拾得大士称为"合圣"。于是,寒山、拾得"和合二仙",又作"和合二圣"。旧时常有悬挂和合二仙图于中堂者,取谐好吉利之意;又常于婚时悬挂,象征夫妻相爱。700~790年间,唐玄宗时期著名禅师希迁在此创建寺院,题额曰"寒山寺",并传承至今。

"丰干"又作"封干",传说丰干在天台国清寺内白昼舂米供僧,黑夜扃房吟咏,或骑虎巡廊唱道。天台国清寺藏经阁后的禅院,曾是丰干圈养老虎的地方,人称"虎啸堂"。台州刺史闾丘胤赴台州天台丰干禅院寻找丰干时,此地早已无人居住,唯有老虎时常出没,啸声震天。闾丘胤走进丰干禅院,还看到了老虎留下的足迹。这种"虎"文化传承,也与开封昆仑山"陆吾""九尾虎"文化具有特殊的渊源关系。

唐玄宗开元元年(713年),有丰干像传世,脸带笑,发齐眉,衣布裘,酷似童稚、可爱的神童刘海,与寒山、拾得形象也比较接近。

唐代天台国清寺高僧丰干的"丰干桥"文化,传承到寒山寺后,逐步形成了以"丰干"为标志的"丰干桥",也称"丰桥""封桥"的地名特色文化。宋仁宗嘉祐二年(1057年)郓国公王珪因书张继诗,改"封桥"为"枫桥"。宋高宗绍兴年间(1131~1162年),又称"枫桥"为"枫桥寺",但都无法去除"丰干"文化的影响。

据说,苏州虎丘山的"虎丘寺",也是受高僧丰干养虎的"虎啸堂"文化影响而建立佛教寺院。寒山、拾得既为菩萨文殊、普贤示现,丰干也非常人。所以,民间相传,丰干为弥勒佛示现,老虎是其坐骑。宋代高僧济公出家在杭州灵隐寺,后居净慈寺,圆寂于虎跑寺。"虎跑"之名,也与高僧丰干养虎的"虎啸堂"文化关系颇深。

这表明,苏州的"虎丘山""虎丘寺""枫桥""寒山寺"文化,均来源于"天台四大颠僧"和丰干佛教文化传承,而天台佛教文化、寒山寺"和合"文化,又来源于中原华夏文化传承。

清代医学家汪汲葵《事物原会》认为:"和合神乃天台山僧寒山与拾得也。"[60]清雍正十一年(1733年)封天台寒山大士为"和圣"、拾得大士为"合圣",后人还把天台寒山隐士称作"和圣",拾得隐士称作"合圣",又合称他们为"和合二仙"或"和合二圣""和合之神"等。

寒山、拾得的"和合"文化,在北方也有传承。据河北任县明代隆庆本《任县志》记载:"双蓬头,一名寒山,一名拾得,具修炼之县之东陲,后而悟道超升,有笑呵呵诗章传世。"[61]河北任县夏久存在《寒山拾得故里详考》中也记载:"寒山出生在双蓬头村的'韩'姓人家,原名叫'韩山',游历四方以后,号称'寒山'……关于双蓬头村的韩姓人家,其后人一直繁衍延续至今。"[62]这些记载,与开封"韩岗""风伯""韩"姓等文化传承完全一致,也与苏州寒山寺"拾得""和合"二仙的形象没有二致,应由中原最早"风伯""韩"姓文化传承、演变而来。

这种判断是有历史文化凭据的。据最早的国别史《国语·郑语》记载:"商契能和合五教,以保于百姓者也。"[63]文中"五教",是指父义、母慈、兄友、弟恭、子孝;文中"商契",即"阏伯",是帝喾和简狄的儿子,被封为火正,即"祝融"。商契生于开封西北部的青丘玄池之地。据宋代地理总志《太平寰宇记》记载:浚仪有"青丘,亦曰玄池。女娀简狄浴于青丘之水,有玄鸟遗卵,吞之,生契。即此水也"。简狄所生"契",就是商人的始祖,故称"商契"。商契在管火的同时曾筑台观察星辰,以此为依据测定一年的自然变化和年成的好坏,为我国古老的天文学作出了贡献。

商契"和合五教",就是"和合"太极五行,把握金、木、水、火、土五星的变化规律,"以保于百姓"生产和生活的丰收、顺利。"和合"本是一种具体行为,后经过历代思想家的命名与阐释,逐渐积淀为一种以和为贵、追求团圆好合的深层次的民族心理与文化精神。而民间信仰则把人们潜意识中对"和合"的追求与渴望进行人格化、实体化了,故在汉族民间传说中,"和合"之神逐渐演变为婚姻和合之神,原作蓬头笑面擎鼓执棒之一神图像者,遂化身为一持荷、一捧盒之二神图像。

据唐代杰出天文学家、道学家李淳风作,唐初天文学家、星象学家袁天罡增补的《秘传万法归宗·卷二》记载:"贞观元年(627年)五月五,万同圣僧生下拾。不信佛法不信仙,专管人间和合事。和合来时利市来,眼观梨浏舞二台。拍手呵呵常要笑,咚咚金鼓滚地来。男女相逢心相爱,营谋买卖大招财。时时刻刻心常恋,万合千和万事谐。吾奉万同哥哥张圣僧律令敕。"[64]文中的"万同",号"万回"。这时的万回虽已"专管人间和合事",但并未实指其为"和合神"。

至宋代,"万回"始有"和合之神"的名称。元代学者刘一清《钱塘遗事·卷一》"万同哥哥"条认为:"唯万同哥哥者,不问省部吏曹市肆买卖及娼妓之家,无不奉祀,每一饭必祭。其像蓬头笑面,身着彩衣,左手擎鼓,右手执棒,云是和合之神,祀之可使人在万里外亦能回家,故名万回。"[65]明代福建提学副使田汝成《两湖游览志余·卷二三》也记载:"宋时杭城以腊月祀万同哥哥,其像蓬头笑面,身着绿衣,左手擎鼓,右手执棒,云是和合之神,祀之可使人在万里外

第十五章 开封、苏州两地太极、昆吾、寒山文化一脉相传

亦能回来,故曰万同。"[66]二书所述相差无几,为后来的"和合二仙"造型提供了基本范例。

现在,人们提及中华"和合二圣"或"和合二仙",往往会提及供奉在苏州寒山寺"寒拾殿"中的寒山、拾得的塑像。其实,明代苏州寒山寺也是供奉寒山、拾得、丰干"三隐士"的。据说到了明末之后,才变化成现在只供奉寒山、拾得二圣。

据浙江天台山《国清寺志·历代名僧和住持》记载:"他(寒山子)生活在公元734至871年之间,其中在天台生活了70多年。五代后梁开平元年(907年),人们在他栖遁外,建设了寒岩寺和寒山大士纪念塔,以供瞻仰。"[67]据《天台县志》记载:"寒岩寺,旧名崇福,后梁开平元年建,原状寒山子栖遁处。"[68]后来还修建了寒山子纪念塔,供人瞻仰,有人认定寒山子是在寒岩洞前结庐隐居的。

浙江天台山《国清寺志》又记载:宋"大中祥符八年(1015年),日本高僧寂昭弟子念救又捐资重建,并在寺内建三贤堂,祀丰干、寒山、拾得三大士"。《国清寺志·名胜古迹》还记载:"国清寺高僧寒山、拾得、丰干三尊宿,据传系文殊、普贤、弥陀三大士示现,故号称三贤也。"

天台山国清寺还有关于"三贤"座次、形象的记载:丰干居中,慈眉善目,神态安详;寒山居左,拄一小拐杖;拾得居右,手握扫帚。寒山、拾得肋骨突出,饥寒交迫之状,记录了当时在天台山国清寺真实的形象。寒山子在苏州时,已任寒山寺住持,衣食和生活状况有了改进,体态形象也开始发福,但是无忧无虑、乐善好施、勤于助人的品德却没有改善,继续践行着华夏太极"和合"文化中天地和谐、贫富相济、助人为乐、家族顺利、民族吉祥的本意。

"和合"的"和",指和谐、和平、祥和;"和合"的"合",指结合、融合、合作、合一。中华"和合"文化源远流长,"和、合"二字都见之于甲骨文和金文。"和"的初义是声音相应和谐,"合"的本义是上下唇的合拢。商周时期,"和"与"合"是单一概念,尚未联用。在我国最早哲学著作《易经》中,"和"字有和谐、和善之意,而"合"字则无见。在我国最早的皇室文献《尚书》中,"和"是指对社会、人际关系诸多冲突的处理;"合"则是指相合、符合。

"和合二仙"是民间传说之神,主婚姻和合,故也作"和合二圣",自宋代开始祭祀作"和合神",二仙形象作为"家庭和合,婚姻美满"的象征早已深入人心。这件玉雕正面雕刻的"和合二仙"形象,一仙手持荷花,另一仙怀抱宝盒,上方展翅的蝙蝠和坐垫下的浪花寓意"福如东海",祥云寓意"吉祥如意"(如下右图)。背面有一只巨大的荷叶,荷叶下飞腾的浪花,与正面图案形成和谐统

一。整件作品像是一件会说话的宠物,向人们传送着吉祥,表达着祝福,带给人们精神的愉悦。

古代"封伯"也指"风伯"。"风"具有和合阴阳、调节气候的作用,故有"风和日丽""和风细雨"之说。"风""凤"为"枫""封"字之本。"封伯"之"封"与"风伯"之"风"可以互用。天台寒岩的"丰干"文化、苏州"丰(封、枫、风)桥"文化,也受此文化影响。

玉件中和合二仙形象图

苏州的"枫桥",唐代以前也皆称"封桥"。对此,明代卢熊《苏州府志》中解释:"枫桥,去阊门七里。《豹隐纪谈》云旧作封桥。王郇公(即王珪)居吴时,书张继诗,刻石作'枫'字,相承至今。天平寺藏经多唐人书,背有'封桥常住'四字朱印。知府吴潜至寺,赋诗云'借问封桥桥畔人',笔史言之,潜不肯改,信有据也。翁逢龙亦有诗,且云寺有藏经,题'至和三年曹文迺所写,施封桥寺'。"[69]这说明开封一带"丰""枫(风)""封"字互用的文化内涵,直接传承和影响到了苏州的"丰桥""枫(风)桥""封桥"名称的书写,实在让人难以想到。

仔细分析起来,天台、苏州一带"寒山",又名"贫子",是一位栖息于天台山的寒岩幽窟中之隐僧,因此,才被称为"寒山子";"拾得"是国清寺丰干禅师在赤城道旁边拾得之弃儿,因此,才被取名"拾得"。丰干、寒山、拾得三者彼此人生、信仰相同,又居住一地,所以,在天台山、苏州一带的文化传承方面,彼此相互印证,不可分割,并且带有中原华夏文化和佛教的共同特征。

冠以中华民族先祖"黄帝"之名《黄帝内经》记载:"风者,天地之使也。"[70]文中"风",也代表着教化和教化之人以及自然、社会风气。古人认为,风以动之,教以化之。西汉著名文学家东方朔《神异经》记载:"西方有披发东走,一名狂,一名颠,一名猖,一名风。"文中"披发",可以说是华夏先民最原始的发式。在人之初,无不"以蓬头披发当风,引牛尾鼓琴而歌",这本是华夏先民文明传承教化的一种方式。文中"披发东走"的"狂""颠""猖""风",也指出家皈依佛门而未剃度者,被称作"居士",因而才蓬头披发,和合而歌,丰干、寒山、拾得的行为和举止也大致如此。

最早的佛教出家人"居士",虽不剃度,也是人天师表,都被称呼为"师父",或"和尚"。"和尚"本是一个尊称,要有一定资格、品德和能力才堪称和尚,所以"和尚"即"师父",也泛指传承佛教文化的出家人,或"居士"。中国诗人柳亚子《〈燕子龛遗诗〉序》认为:"和尚者,君少时尝披发广州慧龙寺,故朋侪以此呼之。"[71]文中"披发东走"的"狂""颠""狷""风",即是指出家皈依佛门而未剃度者——"居士"。

相比较而言,古代南方的蛮楚、百越氏族,由于历史、地理、气候和游水等客观原因的影响,有别于中原和北部地区流行的披发形式,却较为流行短发形式。东汉史学家班固《汉书·地理志》也记载:越人"文身断发,以避蛟龙之害"。文中"断发",就是披发截断之后的"短发"。而西晋之后蛮楚、百越地区的佛门未剃度"居士"的蓬头披发,仍为中原佛教向东南蛮楚、百越传承的结果。

4. 河洛文化及封伯、河伯发源于春秋时期的卫国

夏代大禹称王后,下令各地诸侯到会稽山,即"天地之中"的土(涂)山会盟,防风氏"封伯"因故晚到,被大禹杀戮。夏启称王后,为"封伯"后裔平反,把"封伯"的儿子"伯封"重新封在封钜氏、防风氏旧地,建立封父侯国,继续掌管夏朝乐正之职。

古人把水神称作"河伯",也称"冯夷"。其实,"冯夷"也称"封姨""冯妇(封父)""封伯""风伯"等,又指大野猪"豕""封豨"。战国时期屈原《楚辞·天问》认为:"帝降夷羿,革孽夏民。射夫河伯,而妻彼雒嫔。冯珧利决,封豨是射。"[72]闻一多指出:"上言河伯,下言封豨,是河伯即封豨。"[73]闻一多以《艺文类聚》卷96引《符子》故事为证说:"鲁津之伯,即河伯。《拾遗记》:'玄龟,河精之使也。'此河伯即豕之明验。"这说明,"河伯"就是指大野猪——"豕""封豨"。

古人还把"河神"描绘成双头的大野猪,所以"豕""封豨""封伯""风伯",也称水神"河伯"。可见,河伯、冯夷与封豨、封钜、封父(冯妇),以及居住于开封黄柏山伏羲氏的女儿、洛神宓妃生活的河洛之水,不是指西周时期才出现的洛阳"河洛"之水,而是指封丘、开封之间"封人"居住的济水(河、菏,流经山东菏泽)、鸿水(洛、雒,流经河南淮阳)。

公元222年,曹魏时期被封为鄄城王的曹植,自洛阳返回封地鄄城(今山东鄄城)途中,曾路过开封、封丘之间的水神河伯、洛神宓妃居住地,留宿于曲

洛(今封丘荆隆宫乡洛寨村)、黄池(今封丘荆隆宫乡坝台村)一带,因受到当地民间洛神传说的影响,写下了著名的《洛神赋》。《洛神赋》貌似是描写发生在洛阳洛水的神话故事,实则是描写发生在封丘曲洛一带伏羲女儿宓妃的神话故事。封丘、开封之地才是河洛文化的真正发源地。

"封豨""河伯"在天上为"室宿",又称"营室""奎宿",是北方玄武七宿的第六宿,古时为卫国疆土分野的标志。为此,汉代史学家班固《汉书·天文志》记载:"奎曰封豨,为沟渎。""沟渎"应指"鸿沟""大沟",也是指"四渎"之一的"江水",即"鸿水"。清代地理学家胡渭《禹贡锥指·附论历代徙流》《河南通志·河防考二》均解释:"河沟者,鸿沟也(即《汉志》所谓狼汤渠)。"[74]

西周初期,"封豨""封伯"的封父国被周武王所灭,后人自称"封人",并在封父国旧地建起了"开(启)封""封丘"等城邑,传承着"封人"文化。"封人"还曾在"开封""封丘"北部的春秋卫国之地建立了"豕韦国"(后称"韦国"),地在今滑县东南30公里万古乡妹村,传说为夏桀宠妃"妹(读 mò)喜",又名"末喜""末嬉"的"有施氏"居住地。

5. 关于"韩"姓图腾的文化含义

"韩"姓图腾(如右图),由野猪、"+"字、"⊙"形和枸星护卫的方城组成,所代表的华夏文化含义大致为:

韩流氏的母系嫘祖,为居住于封丘西南部的"封钜氏"。因"封钜氏"最早在封丘北部7公里的桑村古"虫牢"(又名桐牢亭,俗称桐窝)圈养和驯化野猪等大虫动物,也被称作"封豨氏""豕韦氏"。所以,"韩"姓的图腾中有野猪。

"韩"姓图腾中的"+"字,代表地支子午(经)线与酉卯(纬)线相交,相交点

韩姓图腾

为"中绳",即"天地之中",是黄帝执中绳而制四方之位。古人认为,子属水、午属火,子午水火相克,所以相"相冲"。汉代史学家司马迁《史记·郦生陆贾列传》记载:"夫陈留,天下之冲,四通五达之郊也。"文中"天下之冲",即天下子午相"冲"的陈留之地(如下图)。

古人记录时节的历法有十二地支,彼此组成子丑、寅亥、卯戌、辰酉、午未、巳申"六合"。西汉淮南王刘安《淮南子·时则训》记载:"六合,孟春与孟秋为

第十五章 开封、苏州两地太极、昆吾、寒山文化一脉相传

合,仲春与仲秋为合,季春与季秋为合,孟夏与孟冬为合,仲夏与仲冬为合,季夏与季冬为合。"这是对"子午""酉卯"等对立统一关系的一种解释。"合",具有结亲、和好、亲近、羁绊、陪伴、同一、交融等含义。

"韩"姓的图腾中的"☉"形,表示太极之"和",具有阴阳两个变量值相等、对称、平衡、共处、一统等含义。所以,"韩"姓图腾中有"和"的符号"☉"。

在"韩"姓图腾中,还有四个杓子形状的北斗星围绕在昆仑山"地之中"四方运转的符号。北斗星也称"北斗七星",是用以确立北极位置,辨别列宿方向,以定节气时间和黄帝在"天之中"方位的象征。据汉代《尚书纬》记载:"七星在人为七瑞。北斗居天之中,当昆仑之上,运转所指,随二十四气,正十二辰,建十二月,又州国分野、年命,莫不政之,故为七政。"[75]

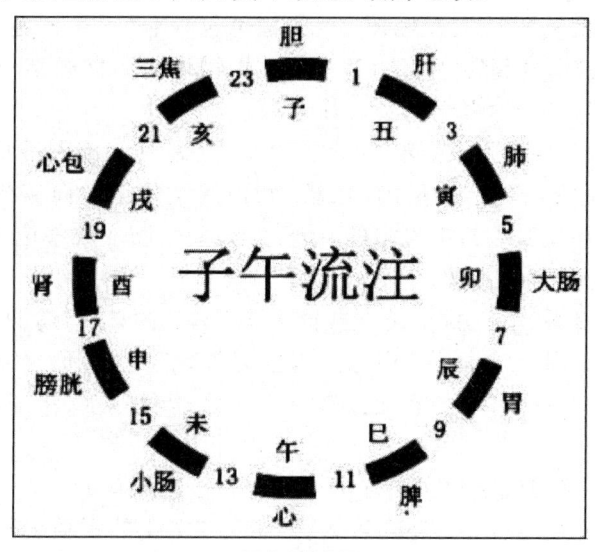

子午流注图

传说黄帝的母亲附宝是受到北斗星感应后所孕。因此,古人把北斗视作黄帝的象征。汉代易学著作《河图始开图》记载:"黄帝名轩辕,北斗神也,以雷精起。"[76]"韩"姓源于黄帝儿子昌意,图腾中自然有四个杓子形状的北斗星组成,也说明作为北斗七星的黄帝,具有指导自然界和人类社会四方运转的重要作用。

据清代学者黄奭辑佚本《春秋说题辞》记载:"斗星时散精为彘。"[77]文中"彘"是指"天蓬",即"封豕""豕韦""猪"。可见,古人认为"猪"可代表北斗,即黄帝,也把韩流称作"封豕"。春秋时期左丘明《左传·定公四年》记载:"吴为封豕长蛇,以荐食上国,虐始于楚。"说明吴国、吴氏也与北斗七星、黄帝、韩

流同一氏族,故被称作"封豕"。在民间,也有北斗、黄帝是猪化身的说法。

可见,韩姓图腾中"四个杓子"的符号,具有黄帝乘北斗七星车,"一统天下,御临四方"的代表性意义。

由"韩"姓文化和图腾构成分析可知:

"韩"姓是开封轩辕楼黄帝的后裔,是杞县高阳颛顼帝的先祖,居住在开封古陈留昆仑山"天地之中",即黄帝帝都轩辕楼一带。开封古陈留"韩岗集"、何寨"虎丘寺",应为黄帝后裔"韩"姓的最早封地。

"韩"姓的母系为黄帝元妃嫘祖。嫘祖的父系为炎帝后裔"封钜氏",即"方雷氏",最初居住在封丘西南之地。他们最早驯化了野猪等大虫,故以"封猪""豕韦"为图腾,也称"封豨氏""豕韦氏"。

"韩"姓包含着"☉"太极阴阳之"和",也包含着"+"十二地支之"合"。头发蓬乱、不修边幅、慵懒散漫,是"和""合"人物化的特有形象,而"和""合"的本质是太极阴阳同一性哲学观及其社会观念。

"韩"与"寒""涵"同义,可以互用。"寒山"是韩姓族人最早的封地,并通过华夏昆吾、吴氏、邗沟、大运河、佛教、寒山等文化逐步向苏州之地传承,而"寒山寺"则是韩姓族人祭祀先祖的寺庙之地,后来演变成祭祀佛教高僧寒山、拾得和传承太极和合文化的寺院。

"韩"姓的母系先祖"封钜氏"与"防风氏"本是同一氏族,只是不同时期有不同称呼而已。他们所居住的开封、封丘之地,正是"封伯""风伯""河伯""水神""冯夷""洛神""宓妃"的居住地,又是河(济)水、洛(雒)水流经的地方。

综上所述,我们对苏州寒山寺历史文化有了以下认识:

一是寒山寺核心文化,反映了太极"和合"文化的本质属性,是古代昆吾氏、吴人继承和传播中原开封华夏太极文化、佛教文化的重要人文遗存和中转基地。

二是寒山寺文化延续和传递着炎黄文化,是炎黄"韩"姓后裔子孙寒山、拾得祭祀中原华夏先祖,弘扬太极和合文化、佛教文化的重要场所。

三是寒山寺具有威镇大运河,即邗沟、韩(寒)江洪水,确保苏州古城安澜的文化含义,也是对上古时期水神河伯管理沟渠河水文化的延续,具有防水患、镇河妖、保安澜、得水利的主观精神意义。

四是中原华夏文化和中国化的佛教文化,经过晋代浙江天台山国清寺沉淀后,再通过唐代丰干、寒山、拾得三位高僧传承到苏州,形成了以韩(寒)江古运河、枫桥、寒山寺为地理名称,以太极"和合"精神为本质特征的寒山文化。

开封古陈留的太极昆仑山、昆吾氏、虎丘寺、寒山寺等文化，均在苏州历史文化遗产中得到保存和印证，不能说是一种偶然巧合，只能说是中原华夏文化的一种传承形式，值得对两地的历史文化渊源进行深入探讨。

文献来源：

[1]《中国易学文献集成》编委会：《中国易学文献集成》载《周易注》，北京：国家图书馆出版社，2013年版。

[2]（魏）王弼、（唐）孔颖达：《周易正义》，北京：中国致公出版社，2009年版。

[3]（晋）郭璞注：《尔雅》，杭州：浙江古籍出版社，2011年版。

[4]（清）张廷玉等撰：《明史》载郑维岳《易经意言》，北京：中华书局，1974年版。

[5]（春秋）李耳、（战国）庄周等：《老子 庄子 墨子 列子》，呼和浩特：远方出版社，2002年版。

[6]（战国）庄周著，（晋）郭象、（唐）成玄英注：《名家集注庄子》，北京：印刷工业出版社，2011年版。

[7]（汉）刘向辑，王逸注，（宋）洪兴祖补注：《楚辞》，上海：上海古籍出版社，2015。

[8]《道藏》载（唐）王瓘：《轩辕本纪》，北京、上海、天津：文物出版社、上海书店出版社、天津古籍出版社联合重新印影涵芬楼本，1988年版。

[9]开封市地方史志办公室整理：《开封府志·康熙三十四年（整理本）》，北京：北京燕山出版社，2009年版。

[10]《纬书集成》载《河图稽命征》，石家庄：河北人民出版社，1994年版。

[11]（宋）乐史：《太平寰宇记》，北京：中华书局，2007年版。

[12]（晋）郭璞注，张耘解说：《山海经 穆天子传》，长沙：岳麓书社，2006年版。

[13]（汉）刘安编，高诱注：《淮南子》，上海：上海古籍出版社，1989年版。

[14]（汉）许慎撰：《说文解字》，北京：中华书局，2013年版。

[15]（宋）李昉等撰：《太平御览》，上海：上海古籍出版社，2008年版。

[16]（西汉）戴德、戴圣：《礼记》，兰州：敦煌文艺出版社，2015年版。

[17]（汉）司马迁撰，（宋）裴骃集解，（唐）司马贞索隐，（唐）张守节正义，顾颉刚领衔点校，赵生群主持修订：《点校本二十四史修订本〈史记〉》，北京：中华书局，2014年版。

[18]《纬书集成》载《河图括地象图》,石家庄:河北人民出版社,1994年版。

[19](清)张继宗:《崆峒问答》,江西:《龙虎山道教·知识·文献经典》,2013年版。

[20](南宋)罗泌:《路史》,北京:北京图书馆出版社,2003年版。

[21]汤一介总编纂:《儒藏》,北京:北京大学出版社,2009年版。

[22](汉)宋衷注,(清)秦嘉谟等辑:《世本八种》,北京:北京图书馆出版社,2009年版。

[23](春秋)左丘明撰,(晋)杜预集解:《春秋左传集解》,上海:上海人民出版社,1977年版。

[24](唐)魏征等撰:《隋书》,北京:中华书局,2008年版。

[25](唐)房玄龄等撰:《晋书》,北京:中华书局,1974年版。

[26](春秋)左丘明,(晋)杜预注:《国语》,上海:上海古籍出版社,2016年版。

[27](战国)左丘明著,(三国吴)韦昭注,胡文波校点:《国语》,上海:上海古籍出版社,2015年版。

[28](北魏)郦道元:《水经注》,北京:华夏出版社,2006年版。

[29]河南省宁陵县地方志编纂委员会编:《宁陵县志:清·宣统三年》,郑州:中州古籍出版社,1989年版。

[30](汉)班固:《汉书》,北京:中华书局,2000年版。

[31]商务印书馆编辑部:《词源》,北京:商务印书馆,2001年版。

[32]中央人民艺术大学:《乐记批注》,北京:人民音乐出版社,1976年版。

[33](晋)郭璞、(汉)东方朔、(晋)张华等:《诸子百家丛书:穆天子传 神异经十洲记 博物志(影印版)》,上海:上海古籍出版社,1990年版。

[34]范祥雍:《古本竹书纪年辑校订补》,上海:上海古籍出版社,2011年版。

[35]陈明远、汪宗虎编著:《中国姓氏大全》,北京:北京出版社,1987年版。

[36](后晋)刘昫:《旧唐书》,北京:中华书局,1975年版。

[37]清华大学出土文献研究与保护中心:《清华大学藏战国竹简〈保训〉释文》,北京:《文物》,2009年第6期。

[38]开封县地方史志办公室:《清·宣统二年〈陈留县志〉校注》,北京:北京燕山出版社,2011年版。

[39](唐)林宝:《元和姓纂》,北京:中华书局,2008年版。

[40](战国)吕不韦、(汉)刘安著,(汉)高诱注,杨坚点校:《吕氏春秋 淮南子》,长沙:岳麓书社,2006年版。

[41](清)郝懿行:《山海经笺疏》,成都:巴蜀书社,1985年版。

[42]黄寿祺、张善文:《周易译注》,上海:上海古籍出版社,2007年版。

[43]李定生、徐慧君:《文子校释》,上海:上海古籍出版社,2004年版。

[44](清)马瑞辰:《毛诗传笺通释》,北京:中华书局,1989年版。

[45](宋)邓名世撰,王力平点校:《古今姓氏书辩证》,南昌:江西人民出版社,2006年版。

[46]徐正英、邹皓译:《春秋谷梁传》,北京:中华书局,2016年版。

[47](东晋)葛洪:《抱朴子内篇》,郑州:中州古籍出版社,2016年版。

[48](唐)陆德明:《经典释文》,上海:上海古籍出版社,2012年版。

[49]屈原:《楚辞》,长春:吉林大学出版社,2011年版。

[50]徐正英、常佩雨译注:《周礼》,北京:中华书局,2014年版。

[51](西汉)焦延寿撰:《易林汇校集注》,上海:上海古籍出版社,2012年版。

[52](汉)应劭撰:《风俗通义校注》,北京:中华书局,2010年版。

[53](宋)王溥:《唐会要》,北京:中华书局,2017年版。

[54](东汉)蔡邕:《独断》,上海:上海古籍出版社,1990年版。

[55](清)洪亮吉撰,刘德权编:《洪亮吉集》,北京:中华书局,2001年版。

[56](元)脱脱:《宋史》,北京:中华书局,1985年版。

[57](明)李濂著,程民生、周宝珠注:《汴京遗迹志》,北京:中华书局,1999年版。

[58](清)周城:《宋东京考》,北京:中华书局,1988年版。

[59](宋)欧阳修:《欧阳修全集》,北京:中华书局,2001年版。

[60](清)汪汲葵:《事物原会》,扬州:广陵古籍刻印社,1988年版。

[61]任县地方志编纂委员会:《河北省地方志·任县县志》,北京:中华书局,2000年版。

[62]秋爽、姚炎祥:《寒山寺论坛论文集(3013)》载夏久存:《寒山拾得故里详考》,上海:三联书店,2014年版。

[63](春秋)左丘明:《国语》,上海:上海古籍出版社,1978年版。

[64](唐)袁天罡、(唐)李淳风撰,孙正治校:《增补秘传万法归宗》,北京:中医古籍出版社,2012年版。

[65]（元）刘一清撰：《钱塘遗事》，上海：上海古籍出版社，1985年版。
[66]（明）田汝成：《两湖游览志余》，杭州：浙江人民出版社，1980年版。
[67]丁天魁：《国清寺志》，上海：华东师范大学出版社，2009年版。
[68]天台县志编纂委员会编纂：《天台县志》，北京：汉语大词典出版社1995年版。
[69]（明）卢熊：《洪武苏州府志》，扬州：广陵书社，2015年版。
[70]《黄帝内经》，北京：人民卫生出版社，2013年版。
[71]柳亚子：《柳亚子文集：磨剑室诗词集》，上海：上海人民出版社，1985年版。
[72]（战国）屈原：《楚辞》，长春：吉林大学出版社，2011年版。
[73]闻一多：《闻一多全集》，武汉：湖北人民出版社，2004年版。
[74]（清）胡渭：《禹贡锥指》，上海：上海古籍出版社，2006年版。
[75]（清）黄奭编：《尚书纬 河图 洛书》，上海：上海古籍出版社，1993年版。
[76]《纬书集成》载《河图始开图》，石家庄：河北人民出版社，1994年版。
[77]《纬书集成》载《春秋说题辞》，石家庄：河北人民出版社，1994年版。

第十六章　金国女真族的发源与"逐鹿中原"

华夏民族的历史文明发源于中原地区,在河洛文化中被称作以太极"中土黄"为核心,以东西南北中"五方"、金木水火土"五行"、青白赤黑黄"五色"为标志的唯物辩证观和地理方位学说。以开封为中心的中原地区,是华夏先民太极阴阳、五行、八卦文化的发源地,是三皇五帝以及夏商诸王共同居住、建都和繁衍发展的地方。

传统古史观认为,我国东北有三大基本族系:肃慎、秽貊和东胡。但是,肃慎、秽貊和东胡并不是上古以来东北地区族系的全部内容,在不同历史时期有着不同的氏族、地域、融合和文化个性特征。如春秋时期史学家左丘明《左传·昭公九年》记载:"肃慎、燕、亳,吾北土也。"[1]文中"北土"是指中原开封北部上古幽州南燕(今河南延津)、幽燕(今河北北部及辽宁部分地区)、北燕(今辽宁朝阳)等地。又如南朝刘宋时期的历史学家范晔《后汉书·东夷传》记载:"挹娄,古肃慎之国也。"[2]再如唐代史学家李延寿《北史·勿吉传》记载:"勿吉国在高句丽北,一曰靺鞨……即古肃慎氏也。"[3]上述文中"肃慎""燕""挹娄""勿吉""高句丽""靺鞨"等,都是不同历史时期北方氏族、地域、融合和文化的个性表现形式。

在史料记载中,至少在五帝和夏商时期,就有帝王后裔自太极五行、五方、五色文化发源地中原开封一带,向东、南、西、北迁徙的历史,逐步成为"东夷人""犬戎人""北狄人""匈奴人""胡房人"等,尽管不同历史时期这些帝王后裔迁离中原的远近有所差异,但大的方位、名称都是有迹可循的,也是基本一致的。这些帝王后裔仍以自己先祖三皇五帝以及夏商诸王原始居住的地理方位取名,称作"太极""燕山""渠搜""白山""黑水""胡房(葫芦)""胡林""金城""氐人""清(青)人"等等,用不同的中原华夏文化形式传承着三皇五帝时期创造的太极河洛学说和阴阳八卦理念。

金国、金人、女真族,就是在中国历史上一直传承着华夏先民创造太极阴阳文化、世代试图回归三皇五帝以及夏商诸王故土的古老民族。

一、开封古陈留是金人先祖之地

1. 太极文化传承于开封三皇五帝"中国"

开封,古称陈留、仪邑、大梁、浚仪等,是三皇之一的伏羲皇肇始太极八卦,首创华夏文明"河图洛书"的"龙马负图"之地。对此,北宋时期龙图阁学士、开封府尹包拯曾在开封仓颉庙造字台留下了"龙马负图处"的碑刻,印证着自己的"包"氏先祖包羲,又称"宓羲""庖牺""包牺""牺皇""皇羲""伏羲""太昊"等,在这里称王于天下的历史。

之后,伏羲把皇权传承给了开封杞县空桑的炎帝。清代的学者潘振解释中国先秦史籍《逸周书·尝麦解》记载:"赤(炎)帝,指神农九世孙帝榆罔也,居空桑。"[4]

炎帝将帝权传承给了开封北小黄城轩辕楼的黄帝。唐代学者王瓘的《轩辕本纪》中记载:黄"帝娶西陵氏于大梁(开封北),曰嫘祖,为元妃。生二子玄嚣、昌意"[5]。黄帝长子"玄嚣",也称"金天氏""少昊"。

黄帝将帝权传承给了开封杞县高阳镇(氏)颛顼帝。北宋的地理总志《太平寰宇记》引《图经》记载:开封"浚仪有高阳故城,颛顼高阳氏佐少昊有功,封于此城"[6]。

颛顼帝将帝权传承给了开封陈留古有莘国(氏)帝喾。唐代李吉甫《元和郡县图志》记载:"汴州陈留县古莘城,在县东北三十五里古莘国也。"[7]帝喾将帝权传承给了居住开封"负夏"之地的尧帝。战国时期思想家墨翟《墨子·尚贤上》记载:"尧举舜于服泽之阳,授之政,天下平。"[8]尧帝帝都"服泽之阳",即"服阳""负夏"。清末经学家孙诒让认为"服泽"之"服"与开封"逢泽"之"逢"双声,可通假,故"服泽"即开封"逢泽"。开封"服泽""逢泽"与"负夏"本在一地。西汉礼学家戴德《礼记·檀弓》记载:"……负夏。又阳夏,在开封。"[9]

尧帝将帝权传承给了开封浚水的舜帝。开封古称"浚仪""仪邑",其地名取自于"浚水"之"浚"和羲和氏、陈姓的"仪象台"之"仪"。晋代著名文学家、训诂学家郭璞所注《山海经》引《启筮》记载:"空桑之苍苍,八极之既张,乃有夫羲和,是主日月,职出入以为晦明。"[10]这表明羲和是居住在开封杞县"空桑",负责观测日月天象、制定历法之职的天官。宋代学者王应麟《玉海》记载:"浚水出浚仪县东,其地本卫之仪邑,浚水经焉。"[11]舜帝出生在流经开封北部和东部的古浚水,也称"浚帝""俊帝",死后葬在开封夏杼王都老丘北部的"鸣条"。

舜帝将帝权传承给了开封禹王台的夏王大禹。宋代学者王应麟《通鉴地理通释》记载：战国时期赵国史书"世本言，夏后居阳城，本在大梁之南，今陈留浚仪也"[12]。其中，"夏后"指夏王大禹；"大梁之南"指开封古陈留郡浚仪县南部"阳城"，今称"禹王台"。此后，夏朝王杼等六世在"老丘"，今开封祥符区杜良乡国都里一带建都210多年。中国考古学家郭沫若《中国史稿》明确写道：夏"杼为了扩大夏朝的统治范围，首先北渡黄河，迁都于黄河北岸的原，不久又东迁到老丘（今河南开封陈留北）。"[13]

夏朝王廑（胤甲）时期，自开封老丘迁都西河，今河南汤阴菜园镇西河村（一说滑县白道口西河京村），因两地都处古黄河、白水西岸故称"西河"。据西晋出土魏国《竹书纪年·夏纪》记载："胤甲即位，居西河。八年，天有妖孽，十日并出，照于东阳，其年胤甲陟。"[14]这里是中国著名地理学家顾颉刚、谭其骧等编校的《中国历史地图集·传说中的夏》所标"第六次迁都于西河"[15]的位置。直到夏王桀时期又迁回开封老丘一带，并在老丘及其北部的古平丘（今封丘黄陵岗平街一带）之地发生了商汤讨伐夏桀的"鸣条之战"，并在夏桀旧都建立了殷商西亳（景亳）王都。

2. 匈奴、胡虏、金人是华夏始祖伏羲"龙"的传人

夏朝灭亡后，夏桀后裔向北迁徙，逐步成为中原华夏北部匈奴人、胡虏人的一部分。

关于北方匈奴人、胡虏人的最早产生时间，可追溯到炎黄时期，是华夏先民氏族部落内部繁衍、斗争、迁徙和发展的结果。

"胡虏人"也称"葫芦人"，即"胡人"。"胡人"之"胡"，也是"葫芦"之"葫"。"葫芦"之"葫"，又称"瓢葫芦""匏瓜""苦瓠""苦匏""苦葫芦瓠""蒲瓜"等。用葫芦制成的葫芦胡琴，也称"胡琴"。"胡琴"有南北之说。南方壮族、布依族称"胡琴"为"葫芦胡"，壮语称"冉卜"，"冉"为胡琴统称，"卜"为葫芦，意即用葫芦制成的"胡琴"；北方、西北方少数民族称"胡琴"为"乡胡""稽（同奚）琴"，是在古代"葫芦琴"和弹弦乐器弦鼗的基础上衍变发展而成。

国内学者考证认为，华夏民族开天辟地的"盘古"，也称"匏瓠""盘瓠""葫芦"。"盘"字即"葫芦"，古义为开端，寓意生命开始繁衍。盘瓠就是盘葫、盘古，而盘古就是肇始中原华夏太极八卦文明的伏羲，是"狐""胡"人的先祖。伏羲居太极东方，图腾为青龙；炎帝居太极南方，图腾为赤龙；黄帝居太极中央，图腾为黄龙。黄帝时期的勾龙氏曾任管理北方事务的后土，其族人就是后来的胡人。而北方大荒之中后土子孙建立的"夸父国"，后来转化为"邓林"，也

称"林胡",为林中胡人之简称。匈奴则是以胡虏人、胡人为主干的部落联盟。

对于"胡人""匈奴",中国著名学者王国维《鬼方昆夷严狁考》认为:"见于商周间者,曰鬼方、曰昆夷、曰獯鬻;其在宗周之际,则曰严狁;入春秋后则始谓之戎,继曰狄;战国以降,又称之曰胡、曰匈奴。"[16]可见,他们大体在中原北部的太极"阴、鬼、狄"方位活动。

后来,匈奴在北方不断发展壮大,并有南、北匈奴之分:南匈奴包括南斯拉夫一些部族及今南欧一些部族的先人,北匈奴包括蒙古族、达斡尔人、锡伯人、鄂伦春人、女真人等。匈奴人自称是"龙的传人",意为伏羲青龙氏、黄帝黄龙氏的后裔。这与华夏民族的历史文明传承是一致的。所以,匈奴人的州府也称作"龙城""龙州""黄龙"等。

"龙城"曾是匈奴祭祀伏羲女娲、阴阳天地、祖先鬼神的地方,是匈奴人的政治、文化中心。其具体位置:一说在今内蒙古赤峰附近;一说在蒙古国中部和硕柴达木湖附近;一说在蒙古国满达勒戈壁附近杭爱山,即"燕然山"(由西周初期开封北部延津南燕国"燕然之山"文化传承而去,魏国大梁时期编撰的《穆天子传·卷一》[17]中有记载)附近。每年五月(中原本为三月),匈奴都要以先祖炎黄会盟于开封北部的荆隆山(也称"景龙山",古称"燕然山""南燕山""丰沮玉门""长狄"等)为典范,组织各部落会盟的"龙城大会"。

"龙城"也称"龙庭""龙祠",是匈奴人共同祭祀先祖的神地,如同华夏先民祭祀先祖于三皇五帝的昆仑山,也称"万祖之山""中国第一神山"一样。因此,匈奴人、胡虏人,包括达斡尔人、锡伯人、鄂伦春人、女真人等,都是不同历史时期自中原北迁的三皇五帝后裔子孙。

3. 金人先祖匈奴、胡虏人是开封夏王桀的后裔

匈奴、胡人是夏朝的遗民。对此,中国史籍多有记载。

据编撰于魏国大梁的古本《竹书纪年》记载:夏王"太康居斟寻,(后)羿亦居之,桀又居之"。又记载夏桀"筑倾宫、饰瑶台、作琼室、立玉门"。说明太康、后羿、桀同居夏都之一的"斟寻",即"倾宫""瑶台""琼室""玉门"之地。东晋著名方士王嘉《拾遗记·昆仑山》记载:昆仑山"傍有瑶台十二,各广千步,皆五色玉为台基"[18]。说明夏都之一的"斟寻",是建在上古时期中原昆仑山上的"倾宫、瑶台、琼室、玉门"之地。

从夏王桀在开封夏杼王都"老丘"(今祥符区杜良乡国都里一带)北部的"鸣条之战"中被商汤消灭的地理方位,以及夏王桀元妃妹喜、乐官师延居河南滑县万古乡妹村、冢后村(有师延冢);夏王桀忠臣关龙逢居河南长垣恼里镇龙

相村(有关龙逢陵墓);夏王桀太史令终古出自开封杞县高阳氏颛顼后裔;夏王桀御驾费昌居柏(伯)益祖地、大禹王都阳城(两者同在开封黄柏山一带);夏王桀时期伊尹居开封陈留古莘国空桑(今杞县葛岗空桑村)等历史地理遗存来判断,夏王大禹、启、太康、中康、相、杼、槐、芒、泄、不降、扃、廑、孔甲、皋、发、桀,以及后羿、寒浞均居住在上古时期的昆仑山,即夏都阳城、老丘(今开封古陈留)至西河(今河南汤阴菜园镇)之地,也是三皇五帝的发源地。

据汉代史学家司马迁《史记·匈奴列传》记载:"匈奴,其先祖夏后氏之苗裔也,曰淳维。唐虞以上有山戎、猃狁、荤粥,居北蛮。"[19]文中"淳维",也称"熏育""獯粥"。司马迁认为淳维为夏王桀与妾的儿子,称夏桀元妃妹喜为后母,是匈奴人的先祖,传说匈奴国是淳维逃往北方后,与此前的唐尧、虞舜后裔山戎、猃狁、荤粥等北蛮氏族融合所建。司马迁在《史记·匈奴列传》中还简要介绍了淳维北遁后匈奴千余年的历史,认为:"自淳维以至头曼千有余岁,时大时小,别散分离,尚矣,其世传不可得而次云。然至冒顿而匈奴最强大,尽服从北夷,而南与中国为敌国,其世传国官号乃可得而记云。"匈奴之所以"南与中国为敌国"的根本原因,是上古时期华夏氏族部落之间"逐鹿中原"的生死争夺,以及被华夏氏族逐出自己世代家园"中国",即中原的惨痛历史经历所造成的。

对于这一历史经历,唐代著名史学家司马贞《史记索隐》引乐产(一称乐彦)《括地谱》记载:"夏桀无道,(商)汤放之鸣条,三年而死,其子獯粥,妻桀之众妾,避居北野。随畜移徙,中国谓之匈奴。"文中"鸣条",在开封夏杼王都老丘北部一带。

其实,这种被迫迁离中原的情况,早在黄帝之后的五帝时期就已经开始。如先秦古籍《山海经·海内经》记载:"黄帝之孙曰始均,始均是生北狄。"文中"始均",传说为拓跋鲜卑的先祖和早期首领;"北狄"是古代中原华夏民族对北方少数民族的统称。战国时期著名思想家韩非《韩非子·十过》也记载:"昔者(夏)桀为有戎之会,而有缗叛之,(商)纣为黎丘之蒐而戎狄叛之,由无礼也。"[20]文中"戎狄",也是古代中原华夏民族对北方狄人和西方戎人等少数民族的合称。说明五帝和夏商时期都有华夏先民向北部迁徙,而成为"有戎""戎狄""拓跋鲜卑""匈奴"等北方氏族。

这就进一步证明,匈奴人发源于"中国""中原"是一个客观历史事实。

夏朝末代王桀在开封东北部的"鸣条之战"(古平丘,今河南封丘黄陵岗平街)中被商汤消灭之后,桀王之子熏育为逃避商汤攻伐,被迫带领夏桀王族和众妾向北逃亡,离开三皇五帝在开封"鸣条"一带的祖地,避居在茫茫北狄荒漠之地,后与山戎、猃狁、荤粥聚合,辗转放牧,世代繁衍,是后来胡人、匈奴人的重要组成部分。

所以,先秦古籍《山海经·大荒北经》中认为:"犬戎与夏人同祖,皆出于黄帝。"中国近代杰出学者王国维在《鬼方昆夷猃狁考》中,把匈奴名称的演变作了系统性概括,认为:商朝时的鬼方、混夷、獯鬻,周朝时的猃狁,春秋时的戎、狄,战国时的胡,都是后世所谓的匈奴。有的学者也把鬼戎、义渠、燕京、余无、楼烦、大荔等史籍中所见的北方少数民族,统称为"匈奴",也是这种历史传承观的重要体现。

窃以为,虽然不能过于简单地把不同时期的西戎、北狄、东夷少数民族混为一谈,但西戎、北狄、东夷少数民族在历史发展中不断融合、分裂、再融合的过程,乃是造成胡人、匈奴人民族构成复杂化的主要原因,也说明他们确实就是黄帝的后裔。

其实,不仅自中原开封一带北迁的华夏民族称作"胡人",而且南迁的华夏民族也称作"胡子",并建有"胡城""胡子国"等。尧、舜时期的乐正为后夔,也称"封伯"。夏朝王启时期让封伯儿子伯封掌管乐官之职,并建立封父(今开封北部封丘南)侯国,承袭封父氏族之地。西周灭亡封父国后,该氏族四处逃散,被称为"封(丰)人""鬼(魁)氏""夔(归)夷"等,其中:一支被迁徙鲁国曲阜;一支归属东夷人;一支向南迁移建立胡子国(今安徽阜阳一带),即"胡城"。对此,宋代学者罗泌《路史·国名记己》记载:"胡子国归姓。归姓,夔出。"[21]胡子国子孙以故国国名"归"为姓。胡子国灭亡后,向西南部的长江沿岸迁徙,夔门(一名瞿塘峡)、丰都、鬼城文化就是由后夔、鬼侯、封伯氏族的子孙传承而去。

可见,"胡人""胡子"共同的先祖家园,是在中原的开封、封丘之地。

二、金人萨满教传承着中原华夏太极八卦文明

"金人"之"金"氏,最早出自黄帝儿子金天氏少昊。少昊即"玄嚣",名"鸷(挚)",是黄帝的长子。唐代学者王瓘《轩辕本纪》记载:黄"帝娶西陵氏于大梁,曰嫘祖,为元妃。生二子玄嚣、昌意"。文中"大梁"是指魏国国都,今称开封;"玄嚣"是指黄帝与元妃嫘祖所生长子。少昊死后被尊为西方大帝。在华夏太极五行文化中,黄帝居"中、土、黄"方位,故称"中央帝",属"土",色"黄"。黄帝之"土"生金天氏之"金",玄嚣便以西方"金"德为王,号为"金天氏",在五色中为"白",四象中为"白虎"。所以,东汉泰山太守应劭《风俗通义》记载:金姓是"少昊金天氏之后"[22]。

部分少昊氏自开封一带东迁后被称作"东夷人",北迁后被称作"北狄人",都以"玄鸟",即"鸷鸟"为图腾(如下图)。鸷鸟是"燕"的别名,也是古人对鹰、

第十六章　金国女真族的发源与"逐鹿中原"

雕、枭、鹗等飞禽的统称,被肃慎人、金人、满人等视作最高图腾神鹰"海东青"来祭祀。而鸷鸟"燕"也是开封一带华夏历史上最早的地名,指上古时期小九州之一的"幽州""南燕"黄帝后裔姞姓国,是开封黄帝帝都轩辕楼北部济(姬)水流域"燕""延""奄""拿""兖""崦嵫(燕子)""燕然"等地名的最早发源地,也在黄帝"胙土封氏"的古代"拿山""长丘""延乡""燕然山""胙(祚)城"(今河南延津)之地。春秋之后的"幽州""兖州""幽燕""奄里""北燕""燕山""燕然山"等地名均由此历史文化传承而去。

金人太极图形面具和萨满鸷(青)鸟女神图

"南燕"是上古时期黄帝后裔帝喾元妃、有邰氏姜原的居住地。五代后晋政治家刘昫《唐书·宰相世系表》记载:"吉,出自姞姓,黄帝裔孙伯儵封于南燕,赐姓曰姞。其地亦即燕县(今河南延津、封丘一带)是也。"[23]文中"南燕",也是帝喾与元妃姜原(嫄)儿子后稷姞妃的居住地。对此,春秋时期史官左丘明的《左传·宣公三年》记载:"姞,吉人也,后稷之元妃也。""后稷"为商末西伯侯姬昌,即周文王的先祖。周人消灭中原商朝纣王的主要目的,就是要回归和统领自己先祖黄帝、帝喾和后稷的祖地开封北部昆仑山"天地人之中",也就是河南延津、封丘一带的"南燕"之地。

在少昊氏后裔中,有一支"金天氏"简化族号为"金"氏。如西汉匈奴休屠王之子金日䃅,因保存匈奴人的珍宝"祭天金人"(如下右图),故被汉武帝赐予"金"姓。"祭天金人"是匈奴所铸用来祭天的核心道具,是始祖天帝伏羲或"金天氏"少昊的文化象征;明代蒙古王子也先土干,元人额森图克、阿尔哈特实哩等也受赐为"金"姓;清乾隆帝所赐台湾土著七姓中也有"金"姓。高丽王朝大将李成桂废黜高丽王自立为"朝鲜"国王,欲将蒙古血统很浓的原高丽王朝王室家族(王姓)斩尽杀绝,"王"姓之人被迫改为"金""全""玉"等姓,以图生存。

和中原华夏民族一样,"金人"(即女真人)也曾经历过信仰原始宗教阶段。女真族信仰的原始宗教为多神教,即"萨满教",这表现了女真人初期对自然力和自然物的崇拜。他们像夏人和商人一样,多信天道,主张万物有灵。在诸种神灵中,尤为尊崇天神太一,也就是天帝太极、天皇伏羲。凡遇大事必祭天,祭天前后皆"斋戒"。还有于月望祭北斗七星的习俗,而北斗七星则是"天神之星"的人格化身,也是轩辕黄帝在天的神格化身。这些都是萨满教最早产生的文化由来。

清代银质金人神像

直到金国政权建立以后,萨满教仍没有消失,继续在金国上京一带流传。由女真氏族风俗而流传下来的拜天礼俗,逐步发展成为金国帝王之礼,而且更趋完备。

金朝女真族的歌舞音乐是拜天文化的组成部分,也曾受中原华夏文化影响,常用乐器有箫、琵琶、笙、鼓之类。直到宋代仍与中原文化进行交流。金朝宫廷乐工、歌女甚至也能表演宋朝词人柳永《望海潮》一类的乐曲。

女真族完颜氏族居住的阿什河,也称"按出虎水"。其中"按出"与"按春、阿术"均为女真语,译成汉语为"金"的意思;"虎水"之"虎",在华夏太极八卦文化的"四象"中为西方"白虎",与太极五行的"少阴、金、白"同一方位。因此,"阿什河"本义为"金水河",与宋朝皇都开封西部的金水河具有同一文化内涵;"阿城"本义也为"金(水)城"。

女真族祭祀典礼中,一祭鹰星,一祭先祖。鹰星"嘎思哈"(达拉朵敏鹰神)是萨满教的主祭星神,也是最大的北方图腾,由双子、御夫、猎户、金牛、小犬、天狼、参宿、觜宿、昴宿等星宿组成,宛若一只展翅大鹰,每当秋分后子夜3时见于西天,孟春正月亥时(21~23时)见于西天(如下图)。"西天"也在太极文化的"少阴、金天、白虎"方位,是女真族为自己居住地的山川、河流等起名的重要文化依据。

辽朝中期的公元11世纪,生女真族完颜部徙居按出虎水(今阿什河畔)一带繁衍生息,青年男女行歌于途中对歌求偶,产生《女真恋歌》《鹧鸪曲》。公元 1115 年金人建国后,代表女真"本曲"的《臻蓬蓬歌》传入中原,成为汉族官民效仿的流行歌舞。元代称之为"倒啦",明清称"蹦蹦""碰碰"歌,后来改称为"二人转",具有华夏太极八卦文化中天地阴阳混(婚)沌、中原郑卫"桑间濮上"遗风的同类性质。

女真人信仰的萨满教,是一种包括自然崇拜、图腾、万物有灵、祖先崇拜、巫术等信仰在内的原始宗教。因为通古斯语称"巫师"为"萨满",故得此称谓。萨满曾被认为有控制天气、预言、解梦、占星以及旅行到天堂或者地狱的能力。"萨满"一词,来自女真语和其他通古斯语族语言中,是"智者""晓彻"的意思。

女真后裔满人萨满教主祭鹰星图

国内学者通过综合地质考古资料、历代文献记载以及各地区民间传说,得出一个结论:中国萨满教最早源自东夷—九黎—蚩尤部落,自中原阪泉大战之后,蚩尤部落东迁为九夷,南迁为蛮越,西迁为犬戎,北迁为狄胡,至今中原四方少数民族风俗中都有萨满文化的遗存。如佛教于 14 世纪后,在相信萨满教(藏人称"苯教")的藏族人、蒙古人、满洲人中变得流行,萨满教仪式与藏传佛教结合在一起的宗教形式,被中国元代和清代制度化为国教。

从萨满教祝文里可以清楚地看出,它把一切有机和无机物都分为雌、雄。这与发源于中原华夏民族的太极阴阳文化是一致的。在萨满教观念里,天为父,地为母;天为雄,地为雌;日为雄,月为雌;铁为雄,石为雌;等等。如果仔细分辨,则无所穷尽。"雌""雄"的对立统一观念,随着萨满教的发展逐渐抽象化、形象化、象征化,并向一神教转化。最终,被高度抽象化以后,天变成了雄性的最高神,地变成了雌性的最高神,完成了它的历史发展进程(如下图)。从这个意义上来看,雌、雄是萨满教的起源和哲学基础。这正是对华夏民

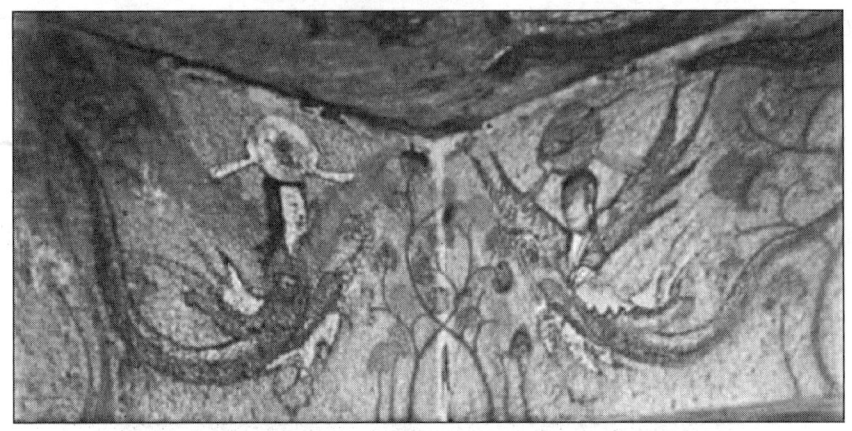

日阳、天父、伏羲与月阴、地母、女娲(韩国出土)图

族太极河洛文化、阴阳八卦学说本质含义的解释和传承。俄国著名蒙古学家道尔吉·班札罗夫在《黑教或称蒙古人的萨蛮教》一书中精辟地论述说:"实际上,他们是把天看作自然界的阳性根源,而把地看作是阴性根源。前者赋予生命,后者赋予形体。他们把前者叫作父,把后者叫作母。"[24]这也与太极八卦文化中"天"为乾、为阳、为日、为雄、为考父、为伏羲;"地"为坤、为阴、为月、为雌、为妣母、为女娲的对立统一根本原理,以及人为天父地母之子、伏羲女娲造人的人文历史观相一致(如右图)。

虽然,目前萨满教几乎销声匿迹,但这一古老的萨满文化至今仍在蒙古族、满族中以不同形式保存着。在蒙古族萨蛮教观念中,人类是上苍和大地之子,也是一代伟人毛泽东赞扬"天之骄子"成吉思汗为"一代天骄"的内在文化含义;在北京故宫里,"坤宁宫"便是当年清皇族供奉和祭祀萨满教神殿的主要场所;改"女真族"名为"满(洲)族"、建国号"大清"(由"大金"而来)的清太宗"黄台吉",直到清朝乾隆年

日阳、天父、伏羲与月阴、地母、女娲(新疆出土)图

间才改用现译"皇太极",又称"洪太主"。而"黄台吉"之"黄台"之"吉(即姞,为黄帝姬姓后裔)"、"皇太极"之"太极"、"洪太主"之"洪",均由发源于中原开封的华夏太极文化、"姬"姓黄帝宫室"黄台之丘"文化和"洪荒(流)""洪沟"(也称鸿沟、浪荡渠、汴水等)文化传承而得。

三、金人建国与回归华夏开封文化的历史传承

关于金国最早建都所在地,国家正史中早有定论,就是位于黑龙江哈尔滨阿城区南2公里之白城。这里是金国上京城会宁府府治之地(如下图)。

金国上京会宁牌坊图

但是,从考证典籍、方志与实地也不难发现,上京会宁府仅是金人建国120年间的都城之一,而燕京(今北京)、南京(今开封)也曾是金人的建都之地。

1. 金国在初都上京会宁府建国

公元1069年,女真完颜乌古乃助辽军讨平生女真五国剖阿里部拔乙门等叛辽有功,辽授乌古乃生女真部族节度使,治所"会宁州",今哈尔滨阿城区半拉城子遗址。此城被认为是女真人最早的建城之地。公元1115年,金景祖完颜乌古乃的孙子金太祖完颜旻,名阿骨打称帝,建立大金国,驻"会宁州"。"会宁州"被认为是女真人最早建国之地。

史书也记载,公元1115年,辽天祚帝逃往夹山被金军俘获,辽朝灭亡。同年,金太祖完颜阿骨打于按出虎水(黑龙江哈尔滨东南阿什河)之滨立国称帝,建立起奴隶主国家,国号"大金",立年号"收国",当年为"收国元年",确立了

皇权的统治。

关于"金国"之"金"的来历,据元朝宰相脱脱《金史·卷二·本纪第二太祖》记载,完颜阿骨打称帝时曾对群臣说:"辽以镔铁为号,取其坚也。镔铁虽坚,终亦变坏,唯金不变不坏。"[25]于是,便以"大金"为国号,具有望其永远不变不坏的寓意。其实,"金"在古代有"五金"之说,青金为铅、白金为银、赤金为铜、黑金为铁和黄色之金。因太极五行之"金"为白色,所以完颜氏族才崇尚白色的金,是西方金天氏玄嚣的象征。

女真兴起于"金水",实指黑龙江省松花江干流南岸的支流阿什河。魏晋至唐代此河称"安车骨水",金朝此河称"按出虎水",明朝此河称"金水河",清朝初期此河称"阿勒楚喀河"。公元1725年改称"阿什河",延续至今。金朝的"按出虎"之名,女真语也有"金子"之意,故明朝也称"金水河",国号名"金",在部分历史文献中也称"金源",为金国的代称。这说明完颜阿骨打称帝时所言"大金",与建都之地"阿什河""金水河"之"金"的文化含义是完全一致的。

建国之初,金国之都只设毡帐(称皇帝寨),晚年始筑宫殿。据宋朝宇文懋昭《大金国志》记载:"国初无城郭,星散而居,呼曰皇帝寨、国相寨、太子庄。后升皇帝寨曰会宁府,建为上京。"[26]可见,金人建国初期是没有"会宁府"之说的。

直到公元1123年,金太祖完颜阿骨打的四弟、金国第二代皇帝金太宗完颜晟继位后的第二年,才开始命汉人卢彦伦主持修建皇城为都城,升"会宁州"为"会宁府",今在哈尔滨阿城区南郊2公里处。此为女真族建都的开始。

金国皇城的格局是集当时辽都上京临潢府、宋都东京开封府风格于一身而建造的,大致采取了近似中轴线、近似均衡和近似对称的手法,规划街道里坊,营筑宫室官邸,许多地名也与开封宋都文化相符,使金都成为中国宋元时期最北部的都城大邑,也是金朝第一都。

公元1126年,金太宗时期占领北宋皇都开封。次年四月,北宋徽钦二帝被掳往金国五国城,古称"鹘里改路"(今黑龙江依兰县城西北)。

公元1138年,金太祖完颜阿骨打之嫡长孙、金朝第三位皇帝金熙宗完颜亶继位后,才以京师"会宁府"为"上京"。自此,始有"上京会宁府"之称。

公元1146年,金熙宗完颜亶又仿照被占领北宋皇都开封的规模进行了一次大规模扩建,奠定了南北二城的雏形。"上京会宁府"作为金国初都,一直延续到公元1153年,海陵王完颜亮迁都于燕京大兴府(今北京西南),公元1157年削"上京"之号为止。

2. 金人在燕京大兴府建立中都

公元1149年,金太祖完颜阿骨打庶长孙、金朝第四位皇帝完颜亮称帝。公元1153年,海陵王完颜亮迁都于燕京大兴府(今北京西南),此为金朝第二个都城。

中都燕京仿照北宋皇都开封(时称汴京)而建,但比开封城规模略小,城周五千三百二十八丈(约12.5公里余),方形,城门十三座,宫城位于全城的中央,平面呈长方形。宫城正南门应天门、皇城正南门宣阳门与外城正南门丰宜门同在一条轴线上。

为使中都繁荣,海陵王批准金国尚书右丞兼中书令张浩的请求,凡四方之民,欲居中都者,免役十年。同时,金朝采行"一都五京"制,"一都"为中都大兴府;"五京"为上京会宁府(一度取消上京号)、南京开封府、北京大定府、东京辽阳府和西京大同府。中都燕京大兴府是金朝第二个都城,今日北京之盛,肇自于当年金帝完颜亮迁都之故。

公元1158年,金帝完颜亮诏令左丞相张浩等营建南京开封府宫室。公元1161年,金帝完颜亮迁往新都南京开封府宫室,为进攻南宋做准备。

是年10月7日,东京辽阳府留守曹国公乌禄在辽阳即位,史称"金世宗",年号"大定"。完颜亮得到消息后,为早日灭宋北归,强令将士三日内渡江南下,由此激发兵变。11月,部将等在扬州龟山寺袭杀完颜亮。完颜亮死后,金兵不得不北撤。12月,金世宗完颜雍进驻中都,稳定大局。

金世宗完颜雍时期,为了便利漕运,又利用金口河引永定河水,开凿东至通州的运粮河。此后,中都燕京大兴府历经金世宗完颜雍、金章宗完颜璟、卫绍王完颜永济、金宣宗完颜珣四帝。

金宣宗完颜珣时期,蒙古国进一步崛起,金朝开始处于不利地位。公元1214年,金宣宗下诏南迁。5月18日,金宣宗启程迁都南京开封府。金宣宗的这一举动,极大地动摇了金朝人心。朝中投降派将领和受金压迫的契丹、汉军吏和地主土豪,纷纷叛金降蒙。成吉思汗从降蒙的金朝将士那里得知金宣宗南逃的消息,看清了金朝腐败无能的面目。公元1215年,蒙军发兵攻陷金朝中都燕京大兴府。

金国在燕京大兴府建立中都的历史至此结束,前后约61年。

3. 金人实现"逐鹿中原"建都黄帝华夏祖地开封

公元1214年,金宣宗完颜珣迁都南京开封府,在开封的年号分别为"贞祐"(1214~1217年)、"兴定"(1217~1222年)、"元光"(1222~1223年),历时

9年。公元1224年,金宣宗在内外交困中走完了他的一生,病死在皇宫宁德殿内,葬于开封之地。

之后,金宣宗第三子、金国第九位皇帝金哀宗完颜守绪继位。面对危局,金哀宗力图振作,即位后立即进行大刀阔斧的改革。对内大胆起用完颜合达等女真卓越将领和胥鼎等文武兼备的致仕官员;对外改变金宣宗的对夏、宋政策,与西夏和南宋停战、和解,专力抗击蒙古。然而,金朝的国势已积重难返,金哀宗虽竭尽全力,终究独木难支,无力回天。

公元1232年初,蒙军迅速包围金都南京开封府,金军坚守将近一年,南京城内粮食紧张,且瘟疫大起,总共50日时间内从各城门运出的死者有90余万人,贫不能葬者尚未包括在内。同年,金哀宗被迫撤离南京城,北渡黄河后,经滑州(今河南滑县)、归德(今河南商丘)、亳州(今安徽亳县)到达蔡州(今河南汝南)。

公元1233年,蒙军派使节至襄阳(今湖北襄阳)约南宋一起合攻蔡州。南宋将孟珙、江海率军2万、运粮30万石出兵助蒙灭金,合围蔡州。公元1234年,金哀宗深知亡国之日将至,不愿当亡国之君,遂下诏禅位于宗室完颜承麟。次日,完颜承麟受诏即皇帝位后,金哀宗自缢于蔡州城幽兰轩。同日,完颜承麟死于乱军中。宰相完颜忽斜虎得知消息后,也率领参政、总师、元师、兵丁500多人一同跳入汝水殉国。

金国在南京开封府建立皇都的历史至此结束,前后约21年。自金太祖完颜阿骨打建国至灭亡共120年。

夏末商初时期,金人的先祖淳维自夏桀王都开封鸣条一带出走北方,金人完颜氏又武力回归于华夏中原地区,应验了华夏太极阴阳对立统一文化中的"出入""去回""往返"等观点。

通过对金国女真族"逐鹿中原"华夏中土历史过程的分析研究,我们可以得出以下观点:

一是建都于黑龙江阿城的女真族金国,其人文历史与蒙古、鲜卑、高丽等北方氏族一样,本是上古时期以来自华夏民族太极文化发源地、昆仑山三皇五帝"中央之国"("中国"最早的简称)迁徙到中原北部的华夏先民子孙,是中华民族的重要组成部分,也是华夏民族自发源地不断向祖国四面八方繁衍、迁徙、发展和壮大的明证。正是这种不断地繁衍、迁徙、发展和壮大,才形成了今天的大中国疆土和大中华文化圈。

二是金国女真族生活习俗和萨满教文化,具有明显的中原华夏历史文明特征,是华夏人文始祖伏羲、女娲太极八卦、河图洛书文化的重要传承者。其延续的"黑龙""黄龙""黄台""白金""奶奶神""海东青""神虎""天地神""太一"等萨满文化和习俗,都在以不同形式记忆和传承着华夏民族太极河洛文明的本质属性,是中华民族文化遗产中不可或缺的重要内容。

三是金国女真族如同"逐鹿中原"的其他华夏族群一样,把以开封为中心的太极八卦文化发源地、三皇五帝共同居住、建都的昆仑山"中央之国",视作自己先祖神宗的最早发源地,念念不忘回归自己的祖根故土。每当中原地区处于动乱、衰落之时,就会主动加入"逐鹿中原"的氏族或族群斗争行列之中,以实现回归自古以来先祖故土的最大遗愿。金国女真族建都上京会宁府、燕京大兴府、南京开封府的客观事实,充分证明了这一历史的真实性。

这就是我们在女真族在黑龙江阿城建都 900 年之际,通过历史文化研究分析得出的基本观点,仅作为对金国女真族历史文化的一种思考吧!

文献来源:

[1](春秋)左丘明:《春秋左传》,哈尔滨:哈尔滨出版社,2011 年版。

[2](南朝)范晔:《后汉书》,郑州:中州古籍出版社,1996 年版。

[3](唐)李延寿:《北史》,北京:中华书局,2003 年版。

[4]黄怀信等:《逸周书汇校集注》,上海:上海古籍出版社,2007 年版。

[5]《纬书集成》,石家庄:河北人民出版社,1994 年版。

[6](宋)乐史著,王文楚等校:《太平寰宇记》,北京:中华书局,2007 年。

[7](唐)李吉甫著,贺次君校:《元和郡县图志》,北京:中华书局,2008 年版。

[8](战国)墨翟:《墨子全书》,北京:中国长安出版社,2009 年版。

[9]杨天宇撰:《礼记译注》,上海:上海古籍出版社,2004 年版。

[10](晋)郭璞注:《山海经》,上海:上海古籍出版社,1990 年版。

[11](宋)王应麟辑:《玉海》,南京:江苏古籍出版社,1988 年版。

[12](宋)王应麟著,傅林祥点校:《通鉴地理通释》,北京:中华书局,2013 年版。

[13]郭沫若主编:《中国史稿》,北京:人民出版社,1977 年版。

[14]方诗铭、王修龄校注:《古本竹书纪年辑证》,上海:上海古籍出版社,2005 年版。

[15]谭其骧编:《中国历史地图集》,北京:中国地图出版社,1982 年版。

[16]《王国维遗书》,上海:上海古籍书店,1983 年版。

[17](晋)郭璞编:《山海经 穆天子传》,长沙:岳麓书社,2006 年版。

[18](前秦)王嘉著,王根林校注:《拾遗记》,上海:上海古籍出版社,2012年版。

[19](汉)司马迁撰,(宋)裴骃集解,(唐)司马贞索隐,(唐)张守节正义,顾颉刚领衔点校,赵生群主持修订:《点校本二十四史修订本〈史记〉》,北京:中华书局,2014年版。

[20]高华平、王齐洲、张三夕译注:《韩非子》,北京:中华书局,2010年版。

[21](宋)罗泌:《路史》,北京:北京图书馆出版社,2010年版。

[22](汉)应劭撰,王利器校注:《风俗通义》,北京:中华书局,2010年版。

[23](后晋)刘昫等:《旧唐书》,北京:中华书局,1975年版。

[24]额尔登泰、乌云达赉校勘本:《蒙古秘史》,呼和浩特:内蒙古人民出版社,1980年版。

[25](元)脱脱等撰:《金史》,北京:中华书局,1975年版。

[26](元)宇文懋昭:《大金国志》,北京:中华书局,1986年版。